史記

全本 全注 全译

五 世家（二）

〔汉〕司马迁 著

杨燕起 译注

岳麓書社·长沙

史记卷四十三

赵世家第十三

原文

赵氏之先，与秦共祖。至中衍，为帝大戊御。[1]其后世蜚廉有子二人，而命其一子曰恶来，事纣，为周所杀，其后为秦。恶来弟曰季胜，其后为赵。

季胜生孟增。孟增幸于周成王，是为宅皋狼。[2]皋狼生衡父，衡父生造父。造父幸于周缪王。造父取骥之乘匹，与桃林盗骊、骅骝、绿耳，献之缪王。[3]缪王使造父御，西巡狩，见西王母[4]，乐之忘归。而徐偃王[5]反，缪王日驰千里马，攻徐

译文

赵氏的先人，和秦国有共同的祖先。传到中衍，替大戊帝驾车。他的后代蜚廉有两个儿子，其中一个儿子叫恶来，侍奉纣王，被周人所杀，他的后代是秦人的祖先。恶来的弟弟叫季胜，他的后代是赵人的祖先。

季胜生了孟增。孟增受到周成王的宠幸，这就是宅皋狼。皋狼生了衡父，衡父生了造父。造父受到周缪王宠幸。造父选取八匹良骥，和产于桃林塞的盗骊、骅骝、绿耳等名马，进献给缪王。缪王让造父给自己驾车，往西去巡行视察，会见了西王母，高兴得忘记了回家。徐偃王反叛，缪王驱马日驰千里，攻击徐偃王，将他打败。缪王

偃王，大破之。乃赐造父以赵城[6]，由此为赵氏。

就把赵城赏赐给造父，从此造父的家族开始姓赵。

注释 1 中：音 zhòng。 帝大戊：商的第十代君王。 御：驾车。 2 幸：宠幸。 宅皋狼：孟增之号。皋狼，本为地名，一作“郭狼”，在今山西吕梁市离石区一带。《史记索隐》：“盖孟增幸于周成王，成王居之于皋狼，故云皋狼。” 3 骥之乘匹：即八匹骏马。并四曰乘，并两曰匹。 桃林：地区名，即桃林塞，在今河南灵宝市至陕西华阴市之间的黄河、渭水南岸。其地产良马。 4 西王母：神话人物。《山海经》将她写成豹尾虎齿、蓬发戴胜的神母，《穆天子传》说她是雍容和平、能唱歌谣的妇人，《相如传·大人赋》说她是曜然白首、长生不死的老者，《汉武内传》又说她是天姿艳世的美女，而谯周视她为代地习俗所宗奉号称王父母的日月没落之神。 5 徐偃王：西周或春秋时徐戎的首领。古徐国中心在今江苏泗洪县南，有“地方五百里”。 6 赵城：邑名，亦即“造父邑”，在今山西洪洞县北。

自造父已下六世至奄父，曰公仲，周宣王时伐戎，为御。及千亩[1]战，奄父脱宣王。奄父生叔带。叔带之时，周幽王无道，去周如晋，事晋文侯，始建赵氏于晋国。

从造父以下六代到奄父，名叫公仲，周宣王时期讨伐戎族，他驾车。在千亩作战时，奄父帮宣王摆脱了困境。奄父生了叔带。叔带的时候，周幽王暴虐无道，他离开周朝去了晋国，侍奉晋文侯，开始在晋国建立赵氏家族。

自叔带以下，赵宗益兴，五世而至赵夙。

从叔带以下，赵氏宗族更加兴旺，五代后传到了赵夙。

赵夙，晋献公之十六年伐霍、魏、耿，而赵夙为将伐

赵夙，晋献公十六年攻打霍、魏、耿三个小国，让赵夙为将

霍，霍公求奔齐。[2]晋大旱，卜之，曰“霍太山为祟”[3]。使赵夙召霍君于齐，复之，以奉霍太山之祀，晋复穰[4]。晋献公赐赵夙耿。

去攻打霍国，霍公求逃奔到齐国。晋国发生大旱灾，进行占卜，说“霍太山的神灵作怪”。派赵夙从齐国召回霍君，恢复其君位，让他来供奉霍太山的祭祀，晋国才再次获得了丰收。晋献公把耿邑赐给赵夙。

注释 1 千亩：邑名，在今山西介休市南。 2 晋献公十六年：即公元前661年。 霍：国名，在今山西霍州西南。 魏：国名，在今山西芮城县北。 耿：国名，在今山西河津市东南。 为将：《史记志疑》案“为御”之讹。 求：霍公之名。 3 霍太山：山名，在今山西霍州与洪洞县之间汾水东岸。 祟(suì)：想象中的鬼怪祸人。 4 穰(ráng)：庄稼丰熟。

夙生共孟，当鲁闵公之元年[1]也。共孟生赵衰[2]，字子余。

赵衰卜事晋献公及诸公子，莫吉；卜事公子重耳，吉，即事重耳。重耳以骊姬之乱亡奔翟，赵衰从。翟伐廧咎[3]如，得二女，翟以其少女妻重耳，长女妻赵衰而生盾。初，重耳在晋时，赵衰妻亦生赵同、赵括、赵婴齐。[4]赵衰从重耳出亡，凡十九年，得反国。

赵夙生了共孟，其时正当鲁闵公元年。共孟生了赵衰，赵衰字子余。

赵衰对去侍奉晋献公还是众公子进行占卜，没有哪一个吉利；占卜侍奉公子重耳，吉利，就去侍奉重耳。重耳因骊姬之乱逃往翟国，赵衰跟着他。翟国攻打廧咎如，获得了两位女子，翟国把其中年少的女子嫁给重耳做妻，把年纪大的女子嫁给赵衰做妻而生下了赵盾。当初，重耳还在晋国的时候，赵衰的妻子也生下了赵同、赵括、赵婴齐。赵衰跟从重耳出国流亡，总共有十九年，才得以返回晋国。重耳做了晋文公，

重耳为晋文公，赵衰为原大夫，居原[5]，任国政。文公所以反国及霸，多赵衰计策，语在晋事[6]中。

赵衰任原邑大夫，居住在原邑，掌管国家大政。文公之所以能够返回晋国并且称霸，这其中许多都是赵衰的计策，这方面的内容记载在《晋世家》中。

赵衰既反晋，晋之妻固要迎翟妻，而以其子盾为適嗣，晋妻三子皆下事之。[7]晋襄公之六年[8]，而赵衰卒，谥为成季。

赵衰既已返回晋国，在晋国的妻子坚决要求接来他的翟国之妻，而把她生的儿子赵盾作为嫡子，晋国妻子所生的三个儿子都居于他之下。晋襄公六年，赵衰去世，谥号为成季。

注释　1 鲁闵公之元年：即公元前661年。　2 赵衰(cuī)：《晋语》以其为赵夙之弟，《左传·文公六年》称之为“成季”。　3 廧咎(qiáng jiù)如：春秋时赤狄的一支，居于今河南安阳市西南太行山脉南段一带。　4《史记志疑》：“《左传》同、括、婴齐是文公反国以女妻衰所生，乃盾之弟。盾为衰庶长子，故称宣孟，非衰娶翟女之前先有子也，此误。”　5 原：邑名，在今河南济源市西北。　6 晋事：指《晋世家》。　7 固要：坚决要求。　適(dí)嗣：依礼法可做继承人的嫡子。適，通“嫡”，指嫡子，即正妻所生的长子。亦指正妻所生的长子。　8 晋襄公之六年：即公元前622年。

赵盾代成季任国政。二年而晋襄公卒，太子夷皋年少，盾为国多难，欲立襄公弟雍。雍时在秦，使使迎之。太子母日夜啼泣，顿首谓赵盾曰：“先君何罪，释

赵盾代替成季掌管国家大权。两年后，晋襄公去世，太子夷皋年纪小，赵盾由于国家多难，想扶立襄公的弟弟雍。雍当时在秦国，赵盾就派遣使者去迎他。太子的母亲日夜哭泣，叩头对赵盾说：“先君有什么罪过，舍弃他的嫡子去另外

其適子而更求君?”赵盾患之,恐其宗与大夫袭诛之,乃遂立太子,是为灵公,发兵距所迎襄公弟于秦者。灵公既立,赵盾益专国政。

灵公立十四年[1],益骄。赵盾骤[2]谏,灵公弗听。及食熊蹯,胹不熟,杀宰人,持其尸出,赵盾见之。[3]灵公由此惧,欲杀盾。盾素仁爱人,尝所食桑下饿人反捍[4]救盾,盾以得亡。未出境,而赵穿弑灵公而立襄公弟黑臀,是为成公。赵盾复反,任国政。君子讥盾“为正卿,亡不出境,反不讨贼”,故太史书曰“赵盾弑其君”。[5]晋景公时而赵盾卒,谥为宣孟[6],子朔嗣。

寻求国君?”赵盾忧虑起来,恐怕襄公的宗室和大夫们袭击诛杀他,于是就让太子继位,这就是灵公,同时派出军队阻拦所要迎回的在秦国的襄公的弟弟。灵公继位后,赵盾更加专擅国家大权。

灵公继位十四年,越来越骄纵。赵盾屡次进谏,灵公不听从。等到有一次吃熊掌时,因熊掌没有煮熟,灵公就杀了主管膳食的宰夫,让人抬着他的尸体出宫,被赵盾看见了。灵公因此害怕,想杀了赵盾。赵盾素来仁慈爱人,曾经被他给过食物吃的桑树下的饥饿汉反过来捍卫救护赵盾,赵盾因而得以逃亡。赵盾还没有逃出国境,赵穿弑杀了灵公并扶立了襄公的弟弟黑臀,这就是成公。赵盾听到这个消息又返回京城,主持国家大政。君子讥笑赵盾“作为正卿,逃亡不出国境,返回来不声讨贼臣”,所以太史写道“赵盾弑杀了他的国君”。晋景公的时候赵盾去世,谥号为宣子,他的儿子赵朔承袭了爵位。

注释 1 灵公立十四年:即公元前607年。 2 骤:屡次,多次。 3 熊蹯(fán):熊掌。味美难熟。 胹(ér):煮。 宰人:《晋世家》作“宰夫”,

主管君主膳食的小臣。 4 捍:捍卫。 5 此以上事详《晋世家》。 6 宣孟:《史记志疑》:"孟非谥也,当作'宣子'。"

赵朔,晋景公之三年,朔为晋将下军救郑,与楚庄王战河上。[1]朔娶晋成公姊为夫人。

晋景公之三年,大夫屠岸贾欲诛赵氏。初,赵盾在时,梦见叔带持要而哭,甚悲;已而笑,拊手且歌。[2]盾卜之,兆绝而后好。[3]赵史援占之,曰:"此梦甚恶,非君之身,乃君之子,然亦君之咎。[4]至孙,赵将世益衰。"屠岸贾者,始有宠于灵公,及至于景公而贾为司寇,将作难,乃治灵公之贼以致赵盾,遍告诸将曰:"盾虽不知,犹为贼首。[5]以臣弑君,子孙在朝,何以惩罪?请诛之。"韩厥曰:"灵公遇贼,赵盾在外,吾先君以为无

赵朔,晋景公三年,赵朔替晋国统领下军援救郑国,和楚庄王在黄河之畔交战。赵朔娶了晋成公的姐姐做夫人。

晋景公三年,大夫屠岸贾想诛杀赵氏。当初,赵盾活着的时候,梦见祖先叔带抱着自己的腰部大哭,非常悲伤;随即又笑了,拍着手歌唱。赵盾为这件事占卜,卜兆中断了而后又有好的征兆。赵国史官援看了卜纹,说:"这个梦非常险恶,不会在您身上应验,而是在您的儿子身上,然而也是因为您的过错。到您的孙子辈,赵氏将会更加衰落。"屠岸贾开始受到灵公的宠爱,等到景公时他做了司寇,对赵氏发难的借口就是惩治杀害灵公的凶手赵穿,并进而连及赵盾,他对将领说:"赵盾就算不知道,仍然是罪魁祸首。作为臣子而弑杀国君,子孙们还在朝廷做官,怎么能惩治有罪的人?请求诛杀他们。"韩厥说:"灵公遇害的时候,赵盾在都城之外,我们的先君认为他没有罪过,所以没有

罪，故不诛。今诸君将诛其后，是非[6]先君之意而今妄诛。妄诛谓之乱。臣有大事而君不闻[7]，是无君也。”屠岸贾不听。韩厥告赵朔趣[8]亡，朔不肯，曰：“子必不绝赵祀，朔死不恨。”韩厥许诺，称疾不出。贾不请而擅与诸将攻赵氏于下宫[9]，杀赵朔、赵同、赵括、赵婴齐，皆灭其族。

诛杀他。如今诸君将要诛杀他的后代，这是否定了先君的本意而妄行诛杀。妄行诛杀就是作乱。臣子要做大事而国君不知道，这是眼中没有国君。”屠岸贾不听从。韩厥告诉赵朔赶快逃亡，赵朔不肯，说：“您一定不能让赵家的祭祀断绝，这样我死了也没有遗恨。”韩厥答应了，称说有病不出家门。屠岸贾不请示国君就擅自带领诸将领在下宫进攻赵氏，杀死了赵朔、赵同、赵括、赵婴齐，灭了他的全族。

注释　1 晋景公三年：即公元前 597 年。　下军：晋有上、中、下三军，各军皆有将、佐，中军将为三军主将，三军将佐为六卿。　河上：此指今郑州市西北黄河之畔。　2 持要：即抱着腰。要，同“腰”。　拊手：拍手。　3 兆：龟甲上显示吉凶的裂纹。　绝：中断。　好：佳兆。　4 援：赵国史官之名。　咎(jiù)：罪过。　5 司寇：官名，主管刑狱。自西周始，各国均有此官职。　灵公之贼：此指杀害灵公的人员。贼，杀人者。　贼首：杀人者的首领。　6 非：否定，反对。　7 闻：知道，了解。　8 趣(cù)：赶快，迅速。　9 下宫：赵氏家族的宫室名。

赵朔妻成公姊，有遗腹，走公宫匿。[1]赵朔客曰公孙杵臼，杵臼谓朔友人程婴曰：“胡不死？”程婴

赵朔娶了成公的姐姐为妻，有了遗腹子，逃到宫中藏匿。赵朔有个门客叫公孙杵臼，杵臼对赵朔的朋友程婴说：“你为什么不去死？”

曰:“朔之妇有遗腹,若幸而男,吾奉之;即女也,吾徐死耳。”[2]居无何,而朔妇免[3]身,生男。屠岸贾闻之,索[4]于宫中。夫人置儿绔中,祝曰:“赵宗灭乎,若号;即不灭,若无声。”[5]及索,儿竟无声。已脱,程婴谓公孙杵臼曰:“今一索不得,后必且复索之,柰何?”公孙杵臼曰:“立孤[6]与死孰难?”程婴曰:“死易,立孤难耳。”公孙杵臼曰:“赵氏先君遇[7]子厚,子强为其难者,吾为其易者,请先死。”乃二人谋取他人婴儿负之,衣以文葆,匿山中。[8]程婴出,谬[9]谓诸将军曰:“婴不肖,不能立赵孤。谁能与我千金,吾告赵氏孤处。”诸将皆喜,许之,发师随程婴攻公孙杵臼。杵臼谬曰:“小人哉程婴!昔下宫之难不能死,与我

程婴说:“赵朔的妻子怀有遗腹子,倘若有幸是个男孩,我就奉养他;如果是个女孩,我将慢慢去死。”过了没有多久,赵朔的妻子分娩,生了男孩。屠岸贾听说了,到宫中来搜索。夫人把小儿放在套裤里面,祝祷说:“赵家宗族要是绝灭,你就号哭;如果不会绝灭,你就不要发声。”等到搜索的时候,小儿竟没有发出声音。脱离了这次危险,程婴对公孙杵臼说:“如今他们搜索一次没有得手,以后必定还要再来搜索,怎么办?”公孙杵臼说:“扶立孤儿和去死比较哪样最难?”程婴说:“去死容易,扶立孤儿难。”公孙杵臼说:“赵氏的先君对待您很优厚,您勉强去做那件难事,我来做那件容易的事,请让我先于您去死。”于是二人谋划找来别人家的婴儿背着,包上有文采的小儿被,隐藏在山里。程婴出山来,欺骗诸将领说:“婴没有才能,不能扶立赵氏孤儿。谁能够给我千金,我就告诉他赵氏孤儿在什么地方。”诸将领都高兴起来,答应了他的条件,派出军队跟随程婴攻击公孙杵臼。杵臼假装说:“小人呀程婴!下宫的祸难你没有死去,和我商议

谋匿赵氏孤儿，今又卖我。纵不能立，而忍卖之乎？”抱儿呼曰：“天乎天乎！赵氏孤儿何罪？请活之，独杀杵臼可也。”诸将不许，遂杀杵臼与孤儿。诸将以为赵氏孤儿良[10]已死，皆喜。然赵氏真孤乃反在，程婴卒与俱匿山中。

藏匿孤儿，如今又出卖我。纵使你不能扶立他，又怎么忍心把他出卖呢？”杵臼抱着小儿呼喊着说：“天哪天哪！赵氏孤儿有什么罪？求你们别杀他，只杀了我杵臼。”诸将领不答应，就杀掉了杵臼和孤儿。诸将领认为赵氏孤儿确实已经死亡，都很高兴。然而赵氏的真孤儿还活着，程婴和他一起隐匿在山中。

注释　1 遗腹：丈夫已死而遗留在妇人腹中的妊娠子。　匿：藏匿。2 若：倘若。　即：如果。　徐：慢慢。　3 免：通“娩”，分娩。　4 索：搜索。5 绔(kù)：套裤。　若：你。　号(háo)：号哭，大声哭。　6 孤：少而无父曰孤。7 遇：对待。　8 负：背着。　文葆：有文采的小儿被。《史记集解》引徐广曰：“小儿被曰葆。”葆，通“褓”。　9 谬：伪装，假意。　10 良：确实。

居十五年，晋景公疾，卜之，大业之后不遂者为祟。[1]景公问韩厥，厥知赵孤在，乃曰：“大业之后在晋绝祀者，其赵氏乎？夫自中衍者皆嬴姓也。中衍人面鸟噣，降佐殷帝大戊，及周天子，皆有明德。[2]下及幽厉无道，而叔带去周

过了十五年，晋景公生了病，进行占卜，卜卦说是大业的后代中有不顺心的鬼魂在作怪。景公询问韩厥，他知道赵氏孤儿还活着，就说：“大业的后代在晋国断绝祭祀的，难道不是赵氏吗？从中衍开始都是嬴姓。中衍是人面鸟嘴，下来辅佐殷代大戊帝，直到周天子时期，他们都有完美的德性。之后到了周幽王、厉王的暴虐时期，叔带就离开周室

适晋，事先君文侯，至于成公，世有立功，未尝绝祀。[3] 今吾君独灭赵宗，国人哀之，故见龟策。[4] 唯君图之。[5]”景公问：“赵尚有后子孙乎？”韩厥具[6]以实告。于是景公乃与韩厥谋立赵孤儿，召而匿之宫中。诸将入问疾，景公因韩厥之众以胁[7]诸将而见赵孤。赵孤名曰武。诸将不得已，乃曰：“昔下宫之难，屠岸贾为之，矫以君命，并命群臣。[8] 非然，孰敢作难！微[9]君之疾，群臣固且请立赵后。今君有命，群臣之愿也。”于是召赵武、程婴遍拜诸将，遂反与程婴、赵武攻屠岸贾，灭其族。复与赵武田邑如故。

去了晋国，侍奉先君文侯，一直到成公时期，世代建立了功业，未曾断绝过祭祀。如今我们的国君唯独灭亡了赵氏宗族，国人哀怜他们，所以显示在卜筮的龟策上。希望您好好考虑一下。”景公询问：“赵氏还有后代子孙吗？”韩厥以实情相告。于是景公就和韩厥谋划扶立赵氏孤儿，召他来并隐匿在宫中。诸将领进宫来问候疾病，景公凭借韩厥的徒众胁迫诸将领来见赵氏孤儿。赵氏孤儿名叫赵武。诸将领不得已，就说：“昔日的下宫之难，是屠岸贾干的，他假托国君的旨命，并且命令我们。不是这样的话，谁又敢发难！如果不是国君有疾，我们本来也将请求立赵氏的后代。如今国君有了命令，这也正是我们的愿望呀。”于是景公召赵武、程婴出来拜见诸将领，这些将领反过来和程婴、赵武去攻击屠岸贾，灭了屠岸贾全族。景公又把赵氏原有的领地封给了赵武。

注释　1 十五年：依《晋世家》，景公病祟而卒，在十九年。　大业：秦、赵之远祖。大业生大费，大费生大廉，大廉之玄孙有中衍。　遂：顺意，如愿。　2 噣(zhòu)：亦作“咮”，鸟嘴。此指赵的祖先以鸟为图腾。　降：下来。　明德：完美的德性。　3 晋文侯元年为周幽王二年，即公元前

780年。 4 赵宗:赵氏宗族。 见:显示。 龟策:卜筮用的龟甲与蓍草。 5 唯:希望。 图:图谋,考虑。 6 具:全,都。 7 胁:胁迫,劫持。 8 矫:假托,诈称。 命:命令。 9 微:否定性假设连词。若非,如果不是。

及赵武冠[1],为成人,程婴乃辞诸大夫,谓赵武曰:"昔下宫之难,皆能死。我非不能死,我思立赵氏之后。今赵武既立,为成人,复故位,我将下报[2]赵宣孟与公孙杵臼。"赵武啼泣顿首固请,曰:"武愿苦筋骨以报子至死,而子忍去我死乎!"程婴曰:"不可。彼以我为能成事[3],故先我死;今我不报,是以我事为不成。"遂自杀。赵武服齐衰三年,为之祭邑,春秋祠之,世世勿绝。[4]

等到赵武行了冠礼,已经成人,程婴就辞却诸大夫,对赵武说:"从前下宫之难,别人都跟着主公去死。我并不是不可以死,我想着要扶立赵氏的后代。如今您已经继承赵氏,长大成人,恢复了过去的爵位,我将要下到九泉向赵宣孟和公孙杵臼报告。"赵武啼哭叩头坚决请求,说:"我愿意劳苦筋骨来报答您一直到死,而您忍心离开我去死吗?"程婴说:"不可不死。他们认为我能够把事情办成,所以先于我去死;如今我不去报告,他们会认为事情没有成功。"就自杀了。赵武穿了三年的齐衰丧服,为程婴划出了供祭祀费用之封邑,春秋都祭祀他,世世代代没有断绝。

注释 1 冠(guàn):冠礼。古时男子二十岁行冠礼,束发戴冠,表示已经成人。 2 下报:下到九泉去报告,意谓死。 3 成事:成就事功,指能立孤。 4 齐衰(zī cuī):丧服中五服之一,仅次于斩衰。服用粗麻布做成,因有缉边,故称"齐衰"。衰,通"缞"。 祭邑:供祭祀费用的封邑。 祠:祭祀。

赵氏复位十一年，而晋厉公杀其大夫三郤[1]。栾书畏及[2]，乃遂弑其君厉公，更立襄公曾孙周，是为悼公。晋由此大夫稍强。

赵氏恢复爵位十一年，晋厉公杀掉了他的大夫三郤。栾书害怕连累到自己，于是就弑杀他的国君厉公，改立襄公的曾孙周，这就是悼公。晋国大夫的势力从此逐渐强大起来。

赵武续赵宗二十七年，晋平公立[3]。平公十二年[4]，而赵武为正卿。十三年，吴延陵季子使于晋，曰："晋国之政卒归于赵武子、韩宣子、魏献子之后矣。"[5]赵武死，谥为文子。

赵武延续赵氏宗族二十七年，晋平公继位。平公十二年，赵武做了正卿。十三年，吴国延陵季子出使来到晋国，说："晋国的大政最终要归于赵武子、韩宣子、魏献子的后代了。"赵武死去，谥号叫文子。

文子生景叔[6]。景叔之时，齐景公使晏婴于晋，晏婴与晋叔向语。婴曰："齐之政后卒归田氏。"叔向亦曰："晋国之政将归六卿[7]。六卿侈矣，而吾君不能恤也。[8]"

文子生了景叔。景叔的时候，齐景公派晏婴出使到晋国，晏婴和晋国叔向对话。晏婴说："齐国的大政以后最终要归于田氏。"叔向也说："晋国的大政将要归于六卿。六卿行为邪僻，而我的国君却不为此忧虑。"

赵景叔卒，生赵鞅，是为简子。

赵景叔去世，生下了赵鞅，这就是简子。

注释　1 三郤(xì)：即郤锜、郤犨(chōu)、郤至。杀三郤事在晋厉公七年，即公元前574年。　2 栾书：即栾武子，时为中军帅，代郤克主政。　及：连及，连累到。　3 晋平公立于公元前557年。　4 平公十二年：《史记志疑》："《左·襄二十五年》赵文子为政，是平公十年，此误。"　5《史记志疑》:"季札之聘在平公十四年,此误作十三年。'武子'乃'文子'之误,然三子见存,不应称谥。《史诠》曰'"武子宣子献子"六字衍'。" 6 景叔:《史记志疑》:"《世本》景叔名成,《左传》亦曰赵成子。" 7 六卿:指范、中行(háng)、智、赵、韩、魏六大家族。 8 侈:邪行,行为邪僻。 恤:忧,忧虑。

赵简子在位,晋顷公之九年,简子将合诸侯戍于周。[1]其明年,入周敬王于周,辟弟子朝之故也[2]。

晋顷公之十二年,六卿以法诛公族祁氏、羊舌氏,分其邑为十县,六卿各令其族为之大夫。[3]晋公室由此益弱。

后十三年,鲁贼臣阳虎来奔,赵简子受赂,厚遇之。[4]

赵简子在位期间,晋顷公九年,简子统领会合诸侯守御周室。第二年,把周敬王送回周王室,周敬王为躲避弟弟王子朝而流亡在外。

晋顷公十二年,六卿依礼法诛杀公族大夫祁氏、羊舌氏,把他们的封邑分成十个县,六卿各让他们的族人去做各县的大夫。晋国公室由此更加衰弱。

其后十三年,鲁国的贼臣阳虎前来投奔,赵简子收了阳虎的礼物,就优厚地对待他。

注释 1 晋顷公之九年:即公元前517年。 将(jiàng):统领。 戍:守御。 2 辟:通"避"。 子朝:即王子朝,周景王庶长子,时与周敬王争夺王位。 3 祁氏、羊舌氏:二氏系晋之宗家,故为公族大夫。六卿诛二氏,为弱公室。 十县:分祁氏之田以为邬、祁、平陵、梗阳、涂水、马首、盂七县,分羊舌氏之田以为铜鞮、平阳、杨氏三县,共十县。均在今山西境。十县大夫非尽六卿之族,依次为司马弥牟、贾辛、司马乌、魏戊、知徐吾、韩固、孟丙、乐霄、赵朝、僚安。详见《左传·昭公二十八年》。 4 后十三年:即公元前 501 年,为晋定公之十一年。《左传·定公九年》阳虎“囚于齐。又以葱灵(装载衣物之车)逃,奔宋,遂奔晋,适赵氏”,是记此事。

赵简子疾,五日不知人,大夫皆惧。医扁鹊视之,出,董安于问。扁鹊曰:“血脉治[1]也,而何怪!在昔秦缪公尝如此,七日而寤。寤之日,告公孙支与子舆[2]曰:‘我之帝所,甚乐。吾所以久者,适有学也[3]。帝告我:“晋国将大乱,五世不安;其后将霸,未老而死;霸者之子且令而国男女无别。”[4]’公孙支书而藏之,秦谶[5]于是出矣。献公之乱,文公之霸,而襄公败秦师于殽[6]而归纵淫,此子之所闻。今主君之疾与之同,不出三日疾必间,间必有言也。[7]”

赵简子生病,五日不省人事,大夫们都很害怕。医生扁鹊给他诊视后出来,董安于问他。扁鹊说:“血脉正常,你们何必惊怪!从前秦缪公曾经也这样,七日才醒过来。秦缪公醒过来那日,告诉公孙支和子舆说:‘我到了天帝的处所非常欢乐。我之所以耽搁这么久,是要接受教导。天帝告诉我:“晋国将会大乱,有五代都不安定;这以后会有人称霸,在位不久就会死去;称霸之人的儿子将会让你们的国家男女不加区别。”’公孙支记下这些言论并收藏起来,秦代的预言从这个时候开始出现了。献公时候的变乱,文公时候的称霸,而襄公在殽山打败秦国军队回来就放纵地淫乐,这是您已经听说了的。如今主君的病和秦缪公相同,不出三日病一定会痊愈,病愈以后一定有话要说。”

注释 1 治:情况正常。 2 公孙支与子舆:二人皆为秦大夫。 3 适:相当于“是”。 学:同“斅(xiào)”,接受教导。《史记索隐》:“言我适来有所受教命，故云学也。" 4 五世：指献公、奚齐、悼子、惠公、怀公。《史记志疑》以为当是"三世"，即不数奚齐、悼子。 霸：指文公。 老：久。文公六十二就位，仅九年即去世，为短。 霸者之子：指襄公。 而：你。 男女无别：即下文之"纵淫"。然考《左传》，不见晋襄纵淫事，盖与《扁鹊传》同妄（《史记志疑》）。 5 谶（chèn）：预言，预兆。一种迷信活动。《史记会注考证》引顾炎武曰："然则谶记之兴，实始于秦人，而盛于西京之末也。" 6 殽（xiáo）：即崤山，在今河南洛宁县西北。 7 主君：对简子的敬称。 间（jiàn）：病愈。

居二日半，简子寤。语大夫曰："我之帝所，甚乐。与百神游于钧天，广乐九奏万舞，不类三代之乐，其声动人心。[1]有一熊欲来援[2]我，帝命我射之，中熊，熊死。又有一罴[3]来，我又射之，中罴，罴死。帝甚喜，赐我二笥，皆有副。[4]吾见儿在帝侧，帝属我一翟犬，曰：'及而子之壮也，以赐之。'[5]帝告我：'晋国且世衰，七世而亡，嬴姓将大败周人于范魁之西[6]，而亦不能有也。今余思虞舜之勋，适余将以其胄女孟

过了两天半，简子醒过来了。告诉大夫们说："我到天帝的处所，非常快乐。我和百神在天中央游玩，宏伟的乐曲多次演奏，并伴有万舞，和夏、商、周三代的乐曲不相像，它的音声激动人心。有一只熊想来抓我，天帝让我射它，我射中了熊，熊死了。又有一只罴来了，我又射它，射中了罴，罴死了。天帝非常高兴，赏赐给我两只竹箱，还附带有两只小箱子。我看见一个小儿在天帝的旁边，天帝把一只翟犬托付给我，说：'等这小儿到了壮年，就赐给他。'天帝告诉我：'晋国将会一代代衰弱，再过七代就要灭亡，嬴姓国家将在范魁地方的西边大败卫国人，但是也不能拥有它。如今我思念虞舜帝的功勋，恰当的时候

姚配而七世之孙[7]。"董安于受言而书藏之。以扁鹊言告简子,简子赐扁鹊田四万亩。

我将把他的后代女子孟姚许配给你的七世孙。"董安于把听到的话记下来加以收藏。他又把扁鹊的话告诉简子,简子赐给扁鹊四万亩田地。

注释 1 钧天:《淮南子》:"中央曰钧天。" 广乐:多种乐器合奏的宏伟壮丽的乐曲。 九:虚数,指代多次。 万舞:舞名,用于祭祀宗庙山川,兼有武舞、文舞二者,故名为"万"。 类:像。 2 援:抓。 3 罴(pí):熊的一种,又称马熊或人熊。 4 笥(sì):装衣物或饭食的竹器。 副:附带的。此指竹箱有附带的小箱子。 5 儿:指赵襄子。 属(zhǔ):托付。 6 周人:指卫国。卫的始立国者康叔为周武王的同母弟。 范魁:战国时先属卫,后归齐,在今河南范县境。 7 胄:后裔。 孟姚:即娃嬴,吴广之女。姚,姓。孟,字。 七世之孙:指武灵王。

他日,简子出,有人当道,辟之不去,从者怒,将刃之。[1]当道者曰:"吾欲有谒[2]于主君。"从者以闻。简子召之,曰:"嘻,吾有所见子晳[3]也。"当道者曰:"屏[4]左右,愿有谒。"简子屏人。当道者曰:"主君之疾,臣在帝侧。"简子曰:"然,有之。子之见我,我何为?"当道者曰:"帝

有一天,简子出门,有人拦在道路中间,驱赶也不离开,简子的随从人员大怒,将要用刀杀他。拦路人说:"我有事想要向主君陈说。"随从人员把话告诉简子。简子召见他,说:"嘻,我清楚地记得在哪里看见过你。"拦路人说:"请左右人员退避,我有话和您说。"简子让左右的人退避。拦路人说:"主君生病的时候,我在天帝的旁边。"简子说:"对,有这样的事。您看到我的时候,我在做什么?"拦路人说:"天

令主君射熊与罴，皆死。”简子曰：“是，且何也？”当道者曰：“晋国且有大难，主君首之[5]。帝令主君灭二卿[6]，夫熊与罴皆其祖也。”简子曰：“帝赐我二笥皆有副，何也？”当道者曰：“主君之子将克二国[7]于翟，皆子姓也。”简子曰：“吾见儿在帝侧，帝属我一翟犬[8]，曰‘及而子之长以赐之’。夫儿何谓以赐翟犬？”当道者曰：“儿，主君之子也。翟犬者，代之先也。主君之子且必有代。及主君之后嗣，且有革政而胡服，并二国于翟。[9]”简子问其姓而延之以官。当道者曰：“臣野人，致帝命耳。[10]”遂不见。简子书藏之府。

帝让主君射熊和罴，主君把它们都射死了。”简子说：“是，将会怎么样？”拦路人说：“晋国将会有大难，您会首当其冲。天帝让您灭掉二卿，熊和罴都是他们的祖先。”简子说：“天帝赐给我两只竹箱，又都带着个小箱子，这是什么意思？”拦路人说：“您的儿子将会在翟攻克两个国家，他们都是子姓。”简子说：“我见到一个小儿在天帝旁边，天帝把一只翟犬托付给我，说‘等这小儿长大了赐给他’。把翟犬送给小儿是什么意思？”拦路人说：“小儿，是您的儿子。翟犬，是代地人的祖先。您的儿子将来一定会占有代地。未来您的后代，将会有人变革政治而穿着胡人服装，在翟吞并两个国家。”简子问他的姓，想请他做官。拦路人说：“我是乡下人，只是转达天帝的命令罢了。”就不见人影了。简子记下这些话收藏在秘府中。

注释　1 当道：拦在道路中间。　辟：排除，驱赶。　刃：用刀杀。　2 谒：说明，陈述。　3 晢(zhé)：原作“晰”，疑为“晰”字之讹。《史记志疑》引《史诠》曰：“晰，明也，谓梦中明见子耳。《索隐》以子晰为当道人名，非。”

4 屏(bǐng):退避。 5 首之:首当其冲。 6 二卿:指范氏、中行氏。 祖:祖先。此指熊、罴是二卿祖先所崇拜的图腾。 7 二国:指代氏及智氏的领地。 8 翟犬:表示代的祖先。代属北狄,其始祖的图腾崇拜是犬,故以犬代其祖先。 9 革政而胡服:此指以后武灵王胡服骑射的改革。 二国:指中山国及胡。《史记正义》:"武灵王略中山地,至宁葭,西略胡地至楼烦、榆中是也。" 10 野人:乡下人。 致:转达,传致。

异日,姑布子卿见简子,简子遍召诸子相之。[1]子卿曰:"无为将军者。"简子曰:"赵氏其灭乎?"子卿曰:"吾尝见一子于路,殆君之子也。"简子召子毋恤[2]。毋恤至,则子卿起曰:"此真将军矣!"简子曰:"此其母贱,翟婢也,奚[3]道贵哉?"子卿曰:"天所授,虽贱必贵。"自是之后,简子尽召诸子与语,毋恤最贤。简子乃告诸子曰:"吾藏宝符于常山上[4],先得者赏。"诸子驰之常山上,求,无所得。毋恤还,曰:"已得符矣。"简子曰:"奏之。"毋恤曰:"从常山上临[5]代,代可取也。"

又有一天,姑布子卿来见简子,简子把众儿子都叫过来让他看骨相。子卿说:"没有能做将军的人。"简子说:"赵氏难道要灭亡吗?"子卿说:"我曾经在路上见到一个小孩,大概是您的儿子。"简子召儿子毋恤来。毋恤到了,子卿就站起来说:"这是真正的将军呀!"简子说:"这个儿子,他生母卑贱,是个翟族婢妾,为什么说他尊贵呢?"子卿说:"上天所授予的,即使卑贱也一定能尊贵。"从这以后,简子把众儿子都召在一起跟他们谈话,毋恤最贤能。简子于是告诉众儿子说:"我藏了宝符在常山上面,最先找到的有奖赏。"众儿子飞驰到常山上,到处寻找,没有找到。毋恤回来,说:"已经找到了宝符。"简子说:"把它交上来。"毋恤说:"从常山上居高临下,代国可以

简子于是知毋卹果贤，乃废太子伯鲁，而以毋卹为太子。

被我们攻取。”简子这才知道毋卹果真是贤能，就废掉太子伯鲁，而把毋卹立为太子。

注释 1 姑布子卿：人名。姑布，姓；子卿，名。长于相术。 相：相面。 2 毋卹：简子的庶子，即以后的赵襄子。 3 奚：何。此处询问原因，为什么。 4 宝符：朝廷用作信物的凭证，也指代表天命的符节。 常山：即恒山，为避汉文帝名讳改恒为常。在今河北曲阳县西北。 5 临：居高处朝向低处，面对。恒山之北为代地。

后二年，晋定公之十四年，范、中行作乱。[1] 明年春，简子谓邯郸大夫午曰：“归我卫士五百家，吾将置之晋阳。”[2] 午许诺，归而其父兄不听，倍言。[3] 赵鞅捕午，囚之晋阳。乃告邯郸人曰：“我私有诛午也，诸君欲谁立？[4]”遂杀午。赵稷、涉宾以邯郸反[5]。晋君使籍秦[6]围邯郸。荀寅、范吉射与午善，不肯助秦而谋作乱，董安于知之。[7] 十月，范、中行氏伐赵鞅，鞅奔晋阳，晋人围之。范吉射、荀寅仇人魏襄等谋逐荀寅，以梁

两年以后，是晋定公十四年，范氏、中行氏发动叛乱。第二年春天，简子对邯郸大夫赵午说：“归还我所得的卫国之士五百家，我要把他们安置在晋阳。”赵午答应了，回到邯郸后，他的父兄都不同意，他只好背弃了承诺。赵鞅拘捕了赵午，把他囚禁在晋阳。赵鞅对邯郸的人说：“我要诛杀赵午，你们想扶立他的哪位宗亲？”就杀了赵午。赵稷、涉宾在邯郸反叛。晋君派籍秦围困邯郸。荀寅、范吉射和赵午友善，不肯协助籍秦而谋划进攻赵鞅，董安于知道了。十月，范氏、中行氏进攻赵鞅，赵鞅逃奔晋阳，晋国人包围了他。范吉射、荀寅的仇人魏襄子

婴父代之；逐吉射，以范皋绎代之。[8]荀栎[9]言于晋侯曰："君命大臣，始乱者死。今三臣[10]始乱而独逐鞅，用刑不均。请皆逐之。"十一月，荀栎、韩不佞、魏哆[11]奉公命以伐范、中行氏，不克。范、中行氏反伐公，公击之，范、中行败走。丁未，二子奔朝歌。[12]韩、魏以赵氏为请。[13]十二月辛未，赵鞅入绛，盟于公宫。[14]

等人谋划驱逐荀寅，用梁婴父代替他；驱逐吉射，用范皋绎代替他。荀栎对晋侯进言说："先君任命大臣时说，最先发动叛乱的要处死。如今三个臣子最先发动叛乱而唯独驱逐赵鞅，处罚不公平。请将他们都驱逐。"十一月，荀栎、韩不佞、魏哆奉国君之令来进攻范氏、中行氏，没能取胜。范氏、中行氏反过来攻打定公，定公回击他们，范氏、中行氏失败逃跑。丁未日，这两个人奔往朝歌。韩、魏二家替赵氏说情。十二月辛未日，赵鞅进入绛都，在宫中和定公会盟。

注释　**1** 后二年：应作"后三年"。鲁阳虎奔晋在定公十一年，至定公十四年为整三年。　晋定公之十四年：公元前498年。　**2** 邯郸：邑名，后为赵都。即今河北邯郸市。　午：人名，赵鞅同族，封于邯郸。　卫士五百家：先一年赵鞅围卫，卫国人恐惧，贡出五百家，赵鞅将他们安置在邯郸，现在想将这五百家卫国士人迁徙到晋阳去。　晋阳：邑名，战国初之赵都，在今山西太原市西南。　**3** 其父兄：《史记集解》引服虔曰："午之诸父兄及邯郸中长老。"　倍：通"背"，背弃。　**4** 私有：私自要。　谁：指赵午的宗亲。　**5** 赵稷：赵午子。　涉宾：赵午家臣。　**6** 籍秦：人名，晋大夫籍游之子，籍谈之孙。晋正卿，时为上军司马。　**7** 荀寅：即六卿中之中行氏。其祖父荀偃曾是晋中军统帅，后中军改称中行，故荀氏也称中行氏。晋大夫逝遨生桓伯林父，林父生宣伯庚宿，庚宿生献伯偃，偃生穆伯吴，吴生寅。　范吉射：即六卿中之范氏。范氏，晋大夫隰叔之子，士蒍之后。芀生成伯缺,缺生武子会。会生文叔变,变生宣叔匄,匄生献子鞅,鞅生吉射。会食邑于范,因为范氏。 善:友善。 作乱:指进攻赵鞅。 8 魏襄:即魏襄子,名曼多,魏舒孙。 梁婴父:晋大夫。 范皋:范吉射之侧室子。 9 荀栎:即智文子,为智氏。智氏原与中行氏同承袭逝遨,姓荀氏。逝遨生庄子首,首生武子营,营生庄子朔,朔生悼子盈,盈生文子栎,栎生宣子申,申生智伯瑶。 10 三臣:范吉射、荀寅、赵鞅。 11 韩不佞:韩简子。 魏哆(chǐ):魏简子,名取。 12 丁未:十八日。 二子:指范吉射、荀寅。 朝歌:邑名,在今河南淇县。 13 请:请求,说情。《史记正义》按:"赵鞅被范、中行伐,乃奔晋阳,以其罪轻,故韩、魏为请晋君而得入绛。" 14 辛未:十二日。 绛(jiàng):晋都,在今山西翼城县东南。

其明年,知伯文子谓赵鞅曰:"范、中行虽信为乱,安于发之,是安于与谋也。[1]晋国有法,始乱者死。夫二子已伏罪而安于独在。"赵鞅患[2]之。安于曰:"臣死,赵氏定,晋国宁,吾死晚矣。"遂自杀。赵氏以告知伯,然后赵氏宁。

孔子闻赵简子不请晋君而执邯郸午,保晋阳,故书《春秋》曰"赵鞅以晋阳畔"。[3]

第二年,知伯文子对赵鞅说:"范氏、中行氏确实发动了叛乱,是董安于揭发出来的,这说明董安于参与了谋叛。晋国有法令规定,最先发动叛乱的要处死。范吉射、荀寅已经治罪而唯独董安于还活着。"赵鞅忧虑这件事。董安于说:"我死了,赵氏能安定,晋国能安宁,我就死而无憾了。"就自杀了。赵氏把情况告诉知伯,这才使赵氏获得安宁。

孔子听说赵简子不向晋君请示就拘囚了邯郸赵午,据守晋阳自保,所以在《春秋》上写道"赵鞅据守晋阳反叛"。

赵简子有臣曰周舍[4]，好直谏。周舍死，简子每听朝，常不悦，大夫请罪。简子曰："大夫无罪。吾闻千羊之皮不如一狐之腋。诸大夫朝，徒闻唯唯，不闻周舍之鄂鄂，是以忧也。[5]"简子由此能附赵邑而怀晋人。

赵简子有个臣子叫周舍，喜好直言进谏。周舍死后，简子每次上朝处理政事，常常不高兴，大夫们请罪。简子说："大夫们没有罪。我听说千张羊皮的价值还不如一张狐狸的腋下皮。诸大夫上朝，只听见恭敬顺从的应答声，听不见周舍那样的直言争辩，我因此忧虑。"简子因此能够使赵邑归附而怀柔晋国之人。

注释 1 信：确实。 发：揭发。 与：参与。 2 患：忧虑。 3 执：逮捕，拘囚。 畔：通"叛"，背叛。 4 周舍：人名。《史记集解》引《韩诗外传》曰："周舍立于门下三日三夜。简子使问之曰：'子欲见寡人何事？'对曰：'愿为鄂鄂之臣，墨笔操牍，从君之过，而日有所记，月有所成，岁有所效也。'" 5 唯唯：唯唯诺诺。 鄂鄂：同"谔谔"，直言争辩貌。

晋定公十八年[1]，赵简子围范、中行于朝歌，中行文子奔邯郸。明年，卫灵公卒。简子与阳虎送卫太子蒯聩于卫，卫不内，居戚。[2]

晋定公二十一年，简子拔邯郸，中行文子奔柏人[3]。简子又围柏人，中行文子、范昭子[4]遂奔齐。赵竟有

晋定公十八年，赵简子把范氏、中行氏包围在朝歌，中行文子逃奔到邯郸。第二年，卫灵公去世。简子和阳虎护送卫国太子蒯聩到卫国，卫国不让蒯聩进城，他只能居住在戚邑。

晋定公二十一年，简子攻克了邯郸，中行文子逃奔到柏人。简子又包围了柏人，中行文子、范昭子就奔往齐国。赵氏终于夺得了邯

邯郸、柏人。范、中行余邑入于晋。赵名晋卿，实专晋权，奉邑侔[5]于诸侯。

郸、柏人。范氏、中行氏的其余封邑归入晋国。赵氏名义上是晋国的卿，实际上独揽了晋国的大权，奉邑之多等同于诸侯。

晋定公三十年，定公与吴王夫差争长于黄池[6]，赵简子从晋定公，卒长吴。定公三十七年卒，而简子除三年之丧，期而已。[7]是岁，越王句践灭吴[8]。

晋定公三十年，定公和吴王夫差在黄池争当诸侯之长，赵简子跟随晋定公，最终让吴王当了诸侯之长。定公三十七年去世，简子免除了三年的服丧期，只服丧一年就终止了。这一年，越王句践灭掉了吴国。

注释 1 晋定公十八年：公元前 494 年。 2 内(nà)：同“纳”。 戚：卫邑，在今河南濮阳市东北。 3 柏人：晋邑，在今河北内丘县东北。 4 范昭子：即范吉射。 5 侔：齐，等。 6 争长：争当主盟人。 黄池：邑名，先隶卫，时属宋。在今河南封丘县西南。 7 三年之丧：古礼规定，君死，臣应守丧三年。 期(jī)：一周年。 8 灭吴：越灭吴在晋出公二年。“灭”当为“围”字。

晋出公十一年[1]，知伯伐郑。赵简子疾，使太子毋恤将而围郑。知伯醉，以酒灌击毋恤。毋恤群臣请死之[2]。毋恤曰：“君所以置毋恤，为能忍訽[3]。”然亦愠[4]知伯。知伯归，因谓简子，使废毋恤，简子不听。毋恤由

晋出公十一年，知伯攻打郑国。赵简子生病，派太子毋恤统兵去包围郑国。知伯喝醉了酒，用酒灌毋恤并且打他。毋恤的各个臣子请求杀死知伯。毋恤说：“主君让我做继承人的原因，是由于我能忍受耻辱。”不过他还是对知伯含有怨恨。知伯回去，劝简子废掉毋恤，简子不听从。毋

此怨知伯。

晋出公十七年,简子卒,太子毋卹代立,是为襄子。[5]

卹因此更加怨恨知伯。

晋出公十七年,简子去世,太子毋卹继位,这就是赵襄子。

注释 1 晋出公十一年:公元前464年。出公在位之前一年,即公元前475年,为我国历史上战国时期之始。 2 请死之:请求杀死知伯。 3 訽(gòu):同"诟",耻辱。 4 愠(yùn):怨恨,含怒。 5《史记志疑》:"简子卒于晋定公三十六年,非出公十七年也,此与《表》同误。据此,则上段之记事盖有不确之处。" 襄子:公元前457—前425年在位。

赵襄子元年[1],越围吴。襄子降丧食,使楚隆问吴王。[2]

襄子姊前为代王夫人。简子既葬,未除服,北登夏屋,请代王。[3]使厨人操铜枓以食代王及从者,行斟,阴令宰人各以枓击杀代王及从官,遂兴兵平代地。[4]其姊闻之,泣而呼天,摩笄自杀[5]。代人怜之,所死地名之为摩笄之山[6]。遂以代封伯鲁子周为代成君。伯鲁者,襄子兄,故太子。太子蚤死,故封其子。

赵襄子元年,越国包围吴国。襄子在服丧的食品上又降低一等,派楚隆慰问吴王。

襄子的姐姐原是代王的夫人。简子安葬以后,襄子还没有除掉丧服,就北登夏屋山,请来代王。襄子让厨房的人员拿着铜勺来供给代王和他的侍从饮食,在斟酒的时候,暗中指令主管膳食的人员用铜勺击打杀死代王和他的侍从官,于是发兵平定代地。他姐姐听说了,哭泣着呼喊上天,磨尖簪子自杀了。代地人怜悯她,把她死的地方命名为摩笄山。襄子就把代地封给伯鲁的儿子赵周,让他做代成君。伯鲁是襄子的哥哥,从前的太子。太子早就死了,所以封给他的儿子。

注释 1 赵襄子元年:公元前457年。 2 降丧食:依礼父丧食物必须减降。吴又被围,与吴王原有“好恶同之”的质言,不能前往救助,又从父丧之食物中加以减降。 楚隆:襄子家臣。 3 夏屋:山名,亦名华屋。西南与句注山(在今山西代县西)相接,在今山西繁峙县北。为北方之一险阻,用以分别内外。 请:请来。 4 枓(zhǔ):勺子。 斟:斟酒。 5 摩:通“磨”。 笄(jī):簪子。 6 摩笄之山:一名“磨笄山”,亦名“鸣鸡山”。在今河北涞源县境。

襄子立四年,知伯与赵、韩、魏尽分其范、中行故地。晋出公怒,告齐、鲁,欲以伐四卿。四卿恐,遂共攻出公。出公奔齐,道死。知伯乃立昭公曾孙骄,是为晋懿公。知伯益骄。请地韩、魏,韩、魏与之。请地赵,赵不与,以其围郑之辱。知伯怒,遂率韩、魏攻赵。赵襄子惧,乃奔保晋阳。

原过从,后,至于王泽,见三人,自带以上可见,自带以下不可见。[1]与原过竹二节,莫通。曰:“为我以是遗[2]赵毋卹。”原过

襄子继承卿位四年,知伯和赵、韩、魏三氏瓜分了范氏、中行氏原有的全部封地。晋出公大怒,告诉齐国、鲁国,想依靠这两国来讨伐四卿。四卿恐惧,就共同进攻出公。出公逃奔到齐国,半道上死去了。知伯于是扶立昭公的曾孙骄,这就是晋懿公。知伯更加骄纵。他向韩、魏索要土地,韩、魏给了他。又向赵索要土地,赵不给,是因为他包围郑国时羞辱了赵襄子。知伯生气,就率领韩、魏进攻赵。赵襄子害怕,就逃奔到晋阳据城自保。

原过跟从襄子出奔晋阳,途中落在后面,到了王泽,看见三个人,身体从腰带以上可以看见,从腰带以下不能看见。他们递给原过一段有两个节的竹,是没有打通的。他们说:“帮我们把这件东西送给赵毋

既至，以告襄子。襄子齐[3]三日，亲自剖竹，有朱书曰："赵毋卹，余霍泰山山阳侯天使也。三月丙戌，余将使女反灭知氏。女亦立我百邑，余将赐女林胡之地。[4]至于后世，且有伉王，赤黑，龙面而鸟噣，鬓麋髭頿，大膺大胸，修下而冯，左衽界乘，奄有河宗，至于休溷诸貉，南伐晋别，北灭黑姑。[5]"襄子再拜，受三神之令。

卹。"原过追上襄子后，把情况告诉襄子。襄子斋戒了三日，亲自把竹劈开，里面用朱笔写道："赵毋卹，我是霍泰山山阳侯的天使。三月丙戌这一天，我将让你灭掉知氏。你在百邑为我立庙，我将赐给你林胡地区。你的后代将有一位勇健的君主，他是赤黑色，有龙形面孔和鸟的钩嘴，有鬓眉，有髭髯，大脯大胸，下身修长而上身高大，衣襟左开，披甲乘马，占据河宗，直至休溷和各戎狄居住的地区，会向南去讨伐晋的别邑，在北边灭掉黑姑国。"襄子再次跪拜，接受三位神人的命令。

注释　1 原过：赵襄子属官。　王泽：地名，在今山西新绛县南。　带：腰带。　2 遗(wèi)：赠送。　3 齐(zhāi)：通"斋"，斋戒。　4 百邑：一以为邑名，在今山西霍州东南霍太山东侧。　林胡：地区名。在今内蒙古自治区包头市至陕西榆林市之间。　5 伉：勇健。　鬓(bìn)：面颊两旁近耳的头发。　麋(méi)：通"眉"。　髭(zī)：嘴上须。　頿(rán)：同"髯"，两颊上的长须。　膺(yīng)：胸脯。　修：长。　下：下体。　冯：高大。《风俗通》作"冯上"。　左衽：衣襟左开。　界乘：披甲乘马。界，通"介"，铠甲。　奄：覆盖，包括。　河宗：地区名，约为今山西保德县至陕西佳县之间一段黄河的两岸范围。　休溷(hùn)：地区名，在今山西介休市、吕梁市一带。　貉(mò)：亦作"貊"，戎狄之族。　晋别：晋的别邑。指韩、魏之邑。　黑姑：亦为戎族国家。

三国攻晋阳，岁余，引汾水灌其城，城不浸者三版。[1]城中悬釜[2]而炊，易子而食。群臣皆有外心，礼益慢，唯高共不敢失礼。襄子惧，乃夜使相张孟同[3]私于韩、魏。韩、魏与合谋，以三月丙戌，三国反灭知氏，共分其地。于是襄子行赏，高共为上。张孟同曰："晋阳之难，唯共无功。"襄子曰："方晋阳急，群臣皆懈，惟共不敢失人臣礼，是以先之。"于是赵北有代，南并知氏，强于韩、魏。遂祠三神于百邑，使原过主霍泰山祠祀。

其后娶空同氏[4]，生五子。襄子为伯鲁之不立也，不肯立子，且必欲传位与伯鲁子代成君。成君先死，乃取代成君子浣立为太子。襄子立三十三年

韩、魏和知氏进攻晋阳一年多，引导汾水来浸灌晋阳城，城墙三版高以上的地方没有被浸湿。城中的人们挂起锅来做饭，互相交换子女来当作食物。群臣们都有离叛之心，礼仪更加怠慢，只有高共一个人不敢失却礼节。襄子恐惧，就在夜晚派出辅相张孟同暗中去同韩、魏联系。韩、魏和他联合谋划，在三月丙戌日，三国反过来灭掉了知氏，共同瓜分了知氏的封地。于是襄子进行奖赏，高共的奖赏最高。张孟同说："晋阳时的危难，只有高共没有建功。"襄子说："正当晋阳危急的关头，群臣们都懈怠了，只有高共不敢失却作为臣子的礼节，因此最高的奖赏要先给他。"这个时候赵北边有代地，南边兼并了知氏土地，力量上比韩、魏都强大。于是襄子在百邑为三位神人修建了庙宇，派原过主持对霍泰山的祭祀。

其后赵襄子娶了空同氏的女子，生了五个儿子。襄子因为哥哥伯鲁没有继承卿位，不肯让自己的儿子继位，而一定要传位给伯鲁的儿子代成君。成君早先已经死去，就让代成君的儿子浣做太子。襄子继位

卒,浣立,是为献侯[5]。

三十三年去世,浣继承卿位,这就是献侯。

注释 1 三国:指韩、魏和知氏。 版:八尺。 2 釜:锅。 3 张孟同:《战国策》作“张孟谈”。 4 空同氏:空同地区的部族。空同,一作“崆峒”,在今甘肃平凉市西北。 5 献侯:公元前423—前409年在位。

献侯少即位,治中牟[1]。襄子弟桓子[2]逐献侯,自立于代,一年卒。国人曰桓子立非襄子意,乃共杀其子而复迎立献侯。

十年,中山武公初立[3]。十三年,城平邑[4]。十五年,献侯卒,子烈侯籍立。

献侯年少即位,治所设在中牟。襄子的弟弟桓子驱逐献侯,在代地自立为君,一年就去世了。赵国的人说桓子的继位不符合襄子的用意,就共同杀了桓子的儿子并重新迎回献侯让他继位。

十年,中山武公刚刚立国。十三年,筑平邑城。十五年,献侯去世,儿子烈侯籍继位。

注释 1 治:王都或地方官署所在地。 中牟:邑名,在今河南鹤壁市西。 2 桓子:《世本》名嘉。公元前424年在位。 3 中山:古鲜虞国,姬姓。《世本》云中山武公居顾(今河北定州市),桓公徙灵寿(今河北灵寿县西北),为赵武灵王所灭。 4 平邑:邑名,在今山西大同市东南。城平邑,《竹书》在六年。

烈侯[1]元年,魏文侯伐中山,使太子击守之。六年,魏、韩、赵皆相立为诸侯,追尊献子为献侯。

烈侯元年,魏文侯攻打中山,让他的太子击前往镇守。六年,魏、韩、赵都相继自立为诸侯,烈侯追称献子为献侯。

烈侯喜好音乐,对相国公仲连

烈侯好音，谓相国公仲连曰："寡人有爱，可以贵之乎？"[2]公仲曰："富之可，贵之则否。"烈侯曰："然。夫郑歌者枪、石二人，吾赐之田，人万亩。"公仲曰："诺。"不与。居一月，烈侯从代来，问歌者田。公仲曰："求，未有可者。"有顷，烈侯复问。公仲终不与，乃称疾不朝。番吾君自代来，谓公仲曰："君实好善，而未知所持。[3]今公仲相赵，于今四年，亦有进[4]士乎？"公仲曰："未也。"番吾君曰："牛畜、荀欣、徐越皆可。"公仲乃进三人。及朝，烈侯复问："歌者田何如？"公仲曰："方使择其善者。"牛畜侍烈侯以仁义，约以王道，烈侯逌然[5]。明日，荀欣侍以选练[6]举贤，任官使能。明日，徐越侍以节财俭用，察度[7]功德。所与无不充，君说。[8]烈侯使使

说："我有喜爱的人，可以让他尊贵吗？"公仲连说："让他富足可以，让他尊贵那不成。"烈侯说："好。善于演唱郑歌的枪、石二人，我赐给他们田地，每人一万亩。"公仲连说："行。"可是他并没有给他们田地。过了一个月，烈侯从代地回来，询问给歌者田地的情况。公仲连说："我去查找了，没有合适的地方。"过了不久，烈侯再次询问。公仲连最后还是没有给，就称有病，不去上朝。番吾君从代地来，对公仲连说："你的确是想做善事，但不知道如何做。如今你辅佐赵国，到现在已经四年，推荐过贤士吗？"公仲连说："没有。"番吾君说："牛畜、荀欣、徐越都可以推荐。"公仲连就推荐了这三个人。等到上朝之时，烈侯又问："给歌者的田地落实得怎么样？"公仲连说："正在派人选择田地中最好的。"这时牛畜就以仁义开导烈侯，用王道来教导他，烈侯的态度愈加温和。第二天，荀欣又用选贤任能的道理开导烈侯，教导他如何任用干练之人，选拔贤人。次日，徐越又以节省财物用度开导烈侯，教导

谓相国曰:"歌者之田且止。"官牛畜为师,荀欣为中尉,徐越为内史,赐相国衣二袭。[9]

九年,烈侯卒,弟武公[10]立。武公十三年卒,赵复立烈侯太子章,是为敬侯[11]。是岁,魏文侯卒。

烈侯如何考察臣下的功劳品德。他们所提的内容没有不充分的,烈侯很高兴。烈侯派使者对相国说:"给歌者田地的事暂且停下来。"他任命牛畜做师氏官,荀欣做中尉官,徐越做内史官,赐给相国两套衣服。

九年,烈侯去世,弟弟武公继位。武公十三年去世,赵国重新扶立烈侯的太子章,这就是敬侯。这一年,魏文侯去世。

注释 **1** 烈侯:公元前408—前387年在位。魏文侯太子,名击。 **2** 烈侯好音:此书于六年之后,然当在四年。好音,喜好音乐。 爱:指所喜爱的人。 **3** 番(pó)吾君:其时封君。番吾,地名,在今河北平山县东。 善:善事。 持:执行,实施。 **4** 进:推荐。 **5** 逌(yóu)然:舒适自得的样子。 **6** 练:干练。 **7** 察度(duó):考察衡量。 **8** 所与:指以上的提议。 充:充分。 说:通"悦"。 **9** 师:官名,即师氏的简称,掌教国子,并率所属守卫宫门。 中尉:官名,赵国此时设置,其职掌为"选练举贤,任官使能"。 内史:官名,西周始置,掌治京师。 袭:衣服的全套。 **10** 武公:公元前399—前387年在位。**11** 敬侯:公元前386—前375年在位。

敬侯元年,武公子朝作乱,不克,出奔魏。赵始都邯郸。

二年,败齐于灵丘。三

敬侯元年,武公的儿子朝发动叛乱,没有成功,逃奔到魏。赵国开始建都邯郸。

二年,在灵丘打败齐国。三

年，救魏于廪丘，大败齐人。四年，魏败我兔台。筑刚平以侵卫。五年，齐、魏为卫攻赵，取我刚平。六年，借兵于楚伐魏，取棘蒲。八年，拔魏黄城。九年，伐齐。齐伐燕，赵救燕。十年，与中山战于房子。

年，在廪丘援救魏国，大败齐国。四年，魏国在兔台打败我国。赵国修筑刚平城来入侵卫国。五年，齐国、魏国替卫国进攻赵国，夺取我国的刚平。六年，从楚国借兵攻打魏国，夺取了棘蒲。八年，拔取了魏国的黄城。九年，攻打齐国。齐国攻打燕国，赵国援救燕国。十年，赵国和中山国在房子交战。

十一年，魏、韩、赵共灭晋，分其地。[1] 伐中山，又战于中人。十二年，敬侯卒，子成侯种立[2]。

十一年，魏国、韩国、赵国共同灭亡了晋国，瓜分了它的土地。攻打中山国，又在中人地方开战。十二年，敬侯去世，儿子成侯种继位。

注释　1 按：是时但分其地，未灭晋。　2 成侯：公元前 374—前 350 年在位。

成侯元年，公子胜与成侯争立，为乱。二年六月，雨雪。三年，太戊午[1]为相。伐卫，取乡邑七十三。魏败我蔺[2]。四年，与秦战高安[3]，败之。五年，伐齐于鄄[4]。魏败我怀[5]。攻郑，败之，以

成侯元年，公子胜和成侯争着要继位，发动叛乱。二年六月，下了雪。三年，太戊午做国相。攻打卫国，夺取了七十三座乡聚城邑。魏国在蔺打败我国。四年，和秦国在高安开战，打败了它。五年，在鄄邑攻打齐国。魏国在怀邑打败我国。攻打郑国，打败了它，把它给了韩国，韩国把长子县给了我国。六年，中山国修筑长城。攻

与韩,韩与我长子[6]。六年,中山筑长城。伐魏,败涿泽,围魏惠王。[7]七年,侵齐,至长城。与韩攻周。八年,与韩分周以为两。九年,与齐战[8]阿下。十年,攻卫,取甄。十一年,秦攻魏,赵救之石阿[9]。十二年,秦攻魏少梁,赵救之。十三年,秦献公使庶长国伐魏少梁,虏其太子、痤。[10]魏败我浍,取皮牢。成侯与韩昭侯[11]遇上党。十四年,与韩攻秦。十五年,助魏攻齐。十六年,与韩、魏分晋,封晋君以端氏[12]。十七年,成侯与魏惠王遇葛孽。[13]

打魏国,在涿泽把它打败,包围了魏惠王。七年,侵犯齐国,到了长城脚下。和韩国攻打周室。八年,和韩国把周室分成两部分。九年,和齐国在东阿城下开战。十年,进攻卫国,夺取了甄邑。十一年,秦国进攻魏国,赵国在东阿援救它。十二年,秦国进攻魏国少梁,赵国援救它。十三年,秦献公派庶长名叫国的攻打魏国少梁,俘虏了魏国太子和公叔痤。魏国在浍水打败了我国,夺取了皮牢。成侯和韩懿侯在上党相遇。十四年,和韩国进攻秦国。十五年,协助魏国进攻齐国。十六年,和韩国、魏国瓜分晋国,把晋君封在端氏。十七年,成侯和魏惠王在葛孽相遇。

注释 1 太戊午:《史记集解》引徐广曰:"戊,一作'成'。"《汉书·古今人表》作"大成午",则"戊"乃"成"之讹。《战国策·韩策》正作"大成午"。 2 蔺:赵邑名,在今山西吕梁市离石区一带。 3 高安:《史记正义》:"盖在河东。今地未详。" 4 鄄(juàn):即甄,邑名,先隶卫,后属齐。在今山东鄄城县北。 5 怀:邑名,原隶郑,后属魏。在今河南武陟县西南。 6 长子:邑名,在今山西长子县西南。时郑被韩灭已六年,此句记载不明。 7 六年:当依《魏世家》在"五年"。 涿(zhuó)泽:魏地名,在今山西运城市西南。 8 战:徐广曰一作"会"。按:时齐强,其势诸侯莫敢致兵于齐,作“会”为是。 9 石阿:当依《秦本纪》《六国年表》作“石门”。石门,山名,在今山西运城市西南。 10 庶长:秦爵名,相当于东方诸国的卿。 国:庶长之名。 痤:公叔痤,魏国大臣。 11 昭侯:乃“懿侯”之误。 12 封晋君以端氏:事当在前敬侯十一年分晋之时。端氏,晋邑名。 13 依《魏世家》及《魏表》,当作“十八年”会于“部”。部,邑名,在今河北柏乡县北。 葛孽:地名,在今河北邯郸市一带。离部邑较远。

十九年,与齐、宋会平陆,与燕会阿。二十年,魏献荣椽,因以为檀台。二十一年,魏围我邯郸。二十二年,魏惠王拔我邯郸,齐亦败魏于桂陵。二十四年,魏归我邯郸,与魏盟漳水上。秦攻我蔺。二十五年,成侯卒。公子緤与太子肃侯争立,緤败,亡奔韩。

肃侯元年,夺晋君端氏,徙处屯留。[1]二年,与魏惠王遇于阴晋。三年,公子范袭邯郸,不胜而死。四年,朝天子。六年,攻齐,拔高唐。七年,公子刻攻魏首垣。十一年,秦孝公

十九年,和齐国、宋国在平陆盟会,和燕国在东阿盟会。二十年,魏国进献优质木材,用它建造了檀台。二十一年,魏国围困我国的都城邯郸。二十二年,魏惠王攻拔了我国的邯郸,齐国也在桂陵打败了魏国。二十四年,魏国将邯郸归还给我国,和魏国在漳水边上结盟。秦国进攻我国蔺邑。二十五年,成侯去世。公子緤和太子肃侯争着要继位,公子緤失败,逃奔韩国。

肃侯元年,夺取了晋君的端氏封邑,迁徙晋君让他住在屯留。二年,和魏惠王在阴晋相遇。三年,公子范袭击邯郸,没有取胜而死去了。四年,朝拜周天子。六年,进攻齐国,夺取了高唐。七年,公子刻进攻魏国首垣。十一年,秦孝公派商鞅攻打魏国,俘虏了魏国将领公子卬。赵国攻打魏国。十二年,秦孝公去

使商君伐魏，虏其将公子卬。赵伐魏。十二年，秦孝公卒，商君死。十五年，起寿陵。魏惠王卒。

十六年，肃侯游大陵，出于鹿门，太戊午扣马曰："耕事方急，一日不作，百日不食。"肃侯下车谢。

十七年，围魏黄[2]，不克。筑长城。

十八年，齐、魏伐我，我决河水灌之，兵去。二十二年，张仪相秦。赵疵与秦战，败，秦杀疵河西，取我蔺、离石。[3]二十三年，韩举与齐、魏战，死于桑丘。

二十四年，肃侯卒。秦、楚、燕、齐、魏出锐师各万人来会葬。子武灵王[4]立。

世，商君死去。十五年，兴建寿陵。魏惠王去世。

十六年，肃侯游览大陵，从鹿门出去，太戊午牵着马说："农耕的事正紧急，一日不劳作，就会有百日没食物吃。"肃侯走下车认错。

十七年，包围魏国的黄城，没能取胜。修筑长城。

十八年，齐国、魏国攻打我国，我国决开水道用黄河水浸灌他们，军队撤走了。二十二年，张仪做了秦的国相。赵疵和秦国开战，失败，秦国在黄河西部杀了赵疵，夺取了我国的蔺、离石。二十三年，韩举和齐国、魏国交战，死在桑丘。

二十四年，肃侯去世。秦国、楚国、燕国、齐国、魏国出动精锐部队各一万人来送葬。儿子武灵王继位。

注释　**1** 肃侯元年：公元前 349 年。　徙处屯留：事当在成侯五年。 **2** 黄：即敬侯八年所拔之黄城，后魏收复，今又围之。 **3** 赵疵：赵将。　取我蔺：《秦本纪》《六国年表》及本篇下文均言秦取蔺在武灵王之十三年，此时未取蔺。 **4** 武灵王：名雍，公元前 325—前 299 年在位。

武灵王元年，阳文君赵豹相。梁襄王与太子嗣，韩宣王与太子仓来朝信宫。[1]武灵王少，未能听政，博闻师三人，左右司过三人。[2]及听政，先问先王贵臣肥义，加其秩；国三老年八十，月致其礼。[3]

三年，城鄗。四年，与韩会于区鼠。五年，娶韩女为夫人。

八年，韩击秦，不胜而去。五国相王[4]，赵独否，曰："无其实，敢处其名乎！"令国人谓己曰"君"。

武灵王元年，阳文君赵豹任国相。梁惠王和太子嗣，韩宣王和太子仓来到信宫朝见。武灵王年少，还没能主持政事，设立了博闻师三人，左右司过三人来辅佐他。等到他亲自主持政事，首先问及先王时期的贵臣肥义，给他增加了俸禄；国内八十岁以上的德高望重的老人，每月都会给送去礼品。

三年，修筑鄗城。四年，和韩国在区鼠盟会。五年，娶了韩国女子做夫人。

八年，韩国攻击秦国，没有获胜就离去了。这年，有五个国家都称王，只有赵武灵王没这么做，他说："没有做王的实力，怎么敢称这个名号呢！"他让国内的人称自己为"君"。

注释　1 梁襄王：当作"梁惠王"。　嗣：太子(后为襄王)之名。　信宫：宫名。在今河北邯郸市永年区。　2 博闻：见闻广博。　司过：官名，伺察人君过错。　3 秩：官吏的俸禄。　三老：此指曾任要职的退休老臣或德高望重的老人。　礼：礼物。　4 五国相王：相王实有燕、秦、楚、齐、赵、魏、韩及宋、中山九国称王，楚在春秋前已称王，余亦皆不在武灵王八年。赵不肯王在三年，八年正是称王之时(《史记志疑》)。

九年，与韩、魏共击秦，秦败我，斩首八万级。齐败我观泽。十年，秦取我中都及西阳。齐破燕。燕相子之为君，君反为臣。十一年[1]，王召公子职于韩，立以为燕王，使乐池送之。十三年，秦拔我蔺，虏将军赵庄。楚、魏王来，过邯郸。十四年，赵何攻魏。

九年，和韩国、魏国一起攻击秦国，秦国打败我国，杀了八万人。齐国在观泽打败我国。十年，秦国夺取我国的中都和西阳。齐国攻破燕国。燕的国相子之做了国君，国君反倒成了臣子。十一年，武灵王从韩国召公子职来，扶立他做燕王，派乐池送他去燕国。十三年，秦国拔取我国的蔺邑，俘虏了将军赵庄。楚王、魏王来了，经过邯郸。十四年，赵何领军进攻魏国。

十六年，秦惠王卒。王游大陵。他日，王梦见处女鼓琴而歌诗曰："美人荧荧兮，颜若苕之荣。[2]命乎命乎，曾无我嬴！"异日，王饮酒乐，数言所梦，想见其状。吴广闻之，因夫人而内其女娃嬴。[3]孟姚也。孟姚甚有宠于王，是为惠后。

十六年，秦惠王去世。武灵王游览大陵。有一日，武灵王梦见一个未出嫁的女子弹着琴唱着诗说："美人艳丽呀，容貌如凌霄花一样光彩夺目。命运呀命运呀，竟然没有我嬴姓女！"另一日，武灵王饮酒很快乐，好几次说到自己做的梦，还说想见到梦中的情状。吴广听说了，就通过武灵王的夫人将他的女儿娃嬴送进宫。这女子就是孟姚。孟姚甚得武灵王的宠幸，她就是惠后。

十七年，王出九门，为野台，以望齐、中山之境。

十七年，武灵王出到九门，建造了野台，用来瞭望齐国、中山国的国境。

注释　**1** 十一年：非，事在十二年。《史记志疑》以为裴骃之说为"虚揣之谈”。又云:“窃意职为王时在哙死之后,昭王未立之先。职立二年卒,始立昭王。而昭王并非太子,太子已同君哙及相子之死于齐难矣。” **2** 荧荧:艳丽貌。 苕(tiáo):草名,也称凌霄、紫葳。夏秋开出大而艳丽、橙红色的花。 荣:草类开花或谷类结穗。 **3** 吴广:赵人。相传为虞舜之后。 娃:意为“美女”。

十八年,秦武王与孟说举龙文赤鼎,绝膑而死。赵王使代相赵固迎公子稷于燕,送归,立为秦王,是为昭王。

十九年春正月,大朝信宫。召肥义与议天下,五日而毕。王北略中山之地,至于房子,遂之代,北至无穷,西至河,登黄华之上。[1]召楼缓谋曰:“我先王因世之变,以长南藩之地,属阻漳、滏之险,立长城,又取蔺、郭狼,败林人于荏,而功未遂。[2]今中山在我腹心,北有燕,东有胡,西有林胡、楼烦、秦、韩之边,而无强兵之救,是亡社稷,奈何?[3]夫

十八年,秦武王和力士孟说比赛举有龙纹的赤鼎,砸断了膝盖骨而死去。赵王派代地相国赵固从燕国迎来公子稷,送他回秦国继位,这就是秦昭王。

十九年春天正月,在信宫大会群臣。召肥义来和他议论天下大事,五日才议完。武灵王往北略取了中山国的土地,到达了房子,就前往代地,最往北还到了无穷,往西到了黄河岸边,登上了黄华山。召楼缓来谋划说:“我的先王趁着世事的变化,成了南部藩属地区的首领,又沿着漳、滏的险要之地建筑了长城,又夺取了蔺邑、郭狼,在荏地打败林胡族人,但是功业尚未完成。如今中山国处在我国的腹心地带,我国北边有燕国,东边有东胡,西边有林胡、楼烦、秦国、韩国的边界,如果我国没有强大兵力的救护,这样下去社稷会灭亡的,怎么办?再说,要建立高超卓绝

有高世之名，必有遗俗之累[4]。吾欲胡服。”楼缓曰：“善。”群臣皆不欲。

的功名，一定会有前代遗留下来的习俗的牵累。我想实行胡服制度。”楼缓说：“好。”群臣们都不想变革。

注释 1 无穷：地名，即“无穷之门”。在今河北张北县南。 黄华：山名，盖在西河之侧。今地不详。 2 楼缓：与上文肥义，同为赵国大臣。 长(zhǎng)：动词，做……的首领。 藩：属国，属地。 属(zhǔ)：接连。 林：林胡。精于骑射的游牧部族。 荏(rěn)：邑名，在今河北任县东南。 3 东有胡：此指东胡，后为鲜卑。 楼烦：游牧部队。在今内蒙古呼和浩特市至山西宁武县之间的地带。 4 遗俗：前代遗留下来的习俗。 累：牵累。

于是肥义侍，王曰：“简、襄主之烈[1]，计胡、翟之利。为人臣者，宠有孝弟长幼顺明之节，通有补民益主之业，此两者臣之分也。[2]今吾欲继襄主之迹，开于胡、翟之乡，而卒世不见也。[3]为敌弱，用力少而功多，可以毋尽百姓之劳，而序往古之勋。[4]夫有高世之功者，负遗俗之累；有独智之虑者，任骜民之怨。[5]今吾将胡服

这时肥义在旁边侍奉，武灵王说：“简子、襄子二位主君的功业，在于计议到抗击胡、翟的利益。做臣子的受到宠幸时就应该有明孝悌、知长幼、顺从明理的德操，通达时就应该建立有益民众、有益君主的业绩，这两方面是臣子的职分。如今我想继续襄子主君的功业，开拓胡人、翟人居住的乡土，但在世上找尽了也不见得力的贤臣。我实行胡服是为了使敌人困弱，用的力气小而获得的功效多，可无须耗尽百姓的劳力，而能继承两位先主的勋业。大凡建立高超卓绝功业的人，就要承受着先世遗留下的习俗的牵累；有独到见解的深谋

骑射以教百姓，而世必议寡人，奈何？”肥义曰：“臣闻疑[6]事无功，疑行无名。王既定负遗俗之虑，殆无顾天下之议矣。夫论至[7]德者不和于俗，成大功者不谋于众。昔者舜舞有苗，禹袒裸国，非以养欲而乐志也，务以论德而约功也。[8]愚者暗成事，智者睹未形，则王何疑焉？[9]”王曰：“吾不疑胡服也，吾恐天下笑我也。狂夫[10]之乐，智者哀焉；愚者所笑，贤者察焉。世有顺我者，胡服之功未可知也。虽驱世以笑我，胡地中山吾必有之。”于是遂胡服矣。

远虑之士，就要承受傲慢之民的怨恨。如今我将要用胡服骑射来教导百姓，而社会上必定会议论我，怎么办？”肥义说：“我听说做事犹豫不决就不会成功，行动犹豫不决就不会成名。您既然一定要承受变革先世遗留下的习俗的谴责，恐怕无须顾及天下的议论了。追求崇高道德的人不和世俗相同，成就伟大功业的人不与众人谋划。从前虞舜拿兵器跳舞感化三苗，大禹赤身露体进入裸国，不是为了满足欲望和愉悦心志，而是致力于宣扬德政并获得成功。愚昧的人事情成功了还不明白道理，智慧的人能在事势还没有形成的时候看见端绪，那么您对这事为什么还要犹豫不决呢？”武灵王说：“我对实行胡服制毫不迟疑，我是担心天下人会嘲笑我。狂妄无知的人感到欢乐的事，智慧之人为之悲哀；愚昧的人所讥笑的事，贤能之人应该明察。社会上有顺从我的人，施行胡服的功效是不可限量的。即使是让全天下的人都来笑话我，胡人的土地以及中山国我也必定要占有的。”于是就穿起胡服来了。

注释　1 烈：功业。　2 宠：贵宠。　弟：同“悌”，敬爱兄长。　通：通达，显贵。　分：职分。　3 迹：功业。　开：开辟。　卒世：尽世，全世上。

4 为敌弱:我实行胡服,可以使敌人困弱。为,实行。 序:次序。此指继承。 往古:此指赵简子、襄子。 5 负:背负,承受。《史记正义》:"负,留也。言古周公、孔子留衣冠礼义之俗,今变为胡服,是负留风俗之谴累也。" 任:承担。 骜:通"傲",轻视,傲慢。《史记正义》:"言世有独计智之思虑者,必任隐逸敖慢之民怨望也。" 6 疑:犹豫不决。 7 至:最高。 8 舜舞有苗:据《韩非子·五蠹》,舜对三苗部族施行德化,拿着兵器跳舞,使三苗终于归服。有苗,即三苗。 禹袒裸国:传说裸国的人不穿衣服,禹为了进入裸国也就袒身露体。 约:邀,求取。 9 暗:不明白。 未形:萌芽状态,事物苗头。 10 狂夫:狂妄无知的人。

使王緤告公子成曰[1]:"寡人胡服,将以朝也,亦欲叔服之。家听于亲而国听于君,古今之公行[2]也。子不反亲,臣不逆君,兄弟[3]之通义也。今寡人作教[4]易服而叔不服,吾恐天下议之也。制国有常,利民为本;从政有经,令行为上。[5]明德先论于贱,而行政先信于贵。[6]今胡服之意,非以养欲而乐志也;事有所止而功有所出[7],事成功立,然后善也。今寡人恐叔之逆从政之经,以辅[8]叔

武灵王派王緤去告知公子成说:"我穿上了胡服,将要这样上朝,也想让叔叔穿上胡服。家里听从双亲而国家听从君主,是古今公认的行为准则。儿子不反叛双亲,臣子不违逆国君,是先王传下的道义通理。如今我制定教令变易服装而叔叔不穿戴,我担心天下人会加以议论。治理国家有常规,有利于民众是根本;参与政事有常道,让法令推行为前提。修明德政先要让一般平民施行,发布政令先要让地位高的人信从。如今施行胡服的用意,不是为了满足欲望和愉悦心志;事情有要达到的目的而功业要有所成就,事情成就功业建立,然后才得以完善。如今我恐怕

之议。且寡人闻之,事利国者行无邪,因贵戚者名不累,故愿慕公叔之义,以成胡服之功。[9] 使緤谒之叔,请服焉。"公子成再拜稽首曰:"臣固闻王之胡服也。臣不佞,寝疾,未能趋走以滋进也。[10] 王命之,臣敢对,因竭其愚忠。曰:臣闻中国者,盖聪明徇智之所居也,万物财用之所聚也,贤圣之所教也,仁义之所施也,《诗》《书》礼乐之所用也,异敏技能之所试也,远方之所观赴也,蛮夷之所义行也。[11] 今王舍此而袭远方之服,变古之教,易古之道,逆人之心,而怫学者,离中国,故臣愿王图之也。[12]"使者以报。王曰:"吾固闻叔之疾也,我将自往请之。"

叔叔违逆参与政事的原则,因而来帮助叔叔进行计议。而且我听说,事情对国家有利,行为就正当,凭借贵人,名分就不会受损害,所以希望仰仗叔叔的威仪,以完成施行胡服的功业。我派王緤向叔叔加以陈说,请叔叔穿上胡服。"公子成拜了两拜叩头说:"我已经听说王要施行胡服。我没有才能,生病躺在床上,没有能够奔走效力多多进言。王来命令我,我斗胆进言,以此竭尽我的愚忠。我听说中国是聪明睿智的人所居住的地方,是万物财用汇聚的地方,是贤圣颁行教化的地方,是仁义加以实施的地方,是《诗》《书》礼乐所运用的地方,是奇巧技能所展示的地方,是远方人们来观摩趋赴的地方,是蛮夷各族作为楷模的地方。如今王舍弃这些去承袭远方的服式,变动古人的教导,更易古时的正道,违逆众人的心意,而违背学者的要求,离弃中国的风俗,所以我希望王还是好好考虑一下。"使者把这些话如实禀报。武灵王说:"我听说叔叔生了病,我要亲自去见他。"

注释 1 王緤(xiè):人名,赵臣。 公子成:武灵王叔父,赵国贵族。

2 公行:公认的行为准则。 3 兄弟:《史记志疑》以为当依《战国策》作“先王”。 4 作教:制定教令。 5 制:治理。 常:常规。 从:参与。 经:常道,规范。 6 贱:卑贱。指一般民众,平民。 信:信从。 7 止:至,即达到目的。 出:成,成就。 8 辅:辅助,帮助。 9 邪:不正当。 因:凭借。 累:带累,使受害。 慕:仰仗。 义:威仪。 10 不佞:不才。自谦之词。 滋进:多多进言。 11 徇智:敏慧。 异敏:奇巧。 观赴:观摩,向往。 义行:即“仪型”,榜样,楷模。 12 袭:相因、继承。 怫(bèi):通“悖”,违背。

王遂往之公子成家,因自请之,曰:“夫服者,所以便用也;礼者,所以便事也。圣人观乡而顺宜,因事而制礼,所以利其民而厚其国也。[1] 夫翦发文身,错臂左衽,瓯越之民也。[2] 黑齿雕题,却冠秫绌,大吴之国也。[3] 故礼服莫同,其便一也。乡异而用变,事异而礼易。是以圣人果可以利其国,不一[4]其用;果可以便其事,不同其礼。儒者一师而俗异,中国同礼而教离,况于山谷之便乎?故去就[5]之变,智者

武灵王就前往公子成家,亲自去请求他说:“衣服是为了方便穿用的,礼仪是为了方便行事的。圣人观察乡俗而依据它采取适宜措施,根据事势而来制定相关的礼仪,这都是为了富国利民。大凡剪断头发,在身上刺花纹,绘饰臂膀,左开衣襟,这是瓯越地区的民众的习惯。染黑牙齿,刺饰面额,戴鱼皮帽,穿粗劣衣,这是大吴一带的风俗。所以礼制服装各地不同,为了便利却是一致的。乡俗不同而使用有变化,事势不同而礼制有更易。因此圣贤认为,只要对国家有利,就可以不限于一种方法;只要对办事有利,就可以不限于一种礼仪。儒者们同一师承而习俗各有差异,中原各国礼制相同而教化相异,更何况是为

不能一；远近之服，贤圣不能同。穷乡多异，曲学[6]多辩。不知而不疑，异于己而不非者，公焉而众求尽善也。今叔之所言者俗也，吾所言者所以制俗也。吾国东有河、薄洛之水，与齐、中山同之，无舟楫之用。[7]自常山以至代、上党，东有燕、东胡之境，而西有楼烦、秦、韩之边，今无骑射之备。故寡人无舟楫之用，夹水居之民，将何以守河、薄洛之水；变服骑射，以备燕、三胡[8]、秦、韩之边。且昔者简主不塞晋阳以及上党，而襄主并戎取代以攘诸胡，此愚智所明也。先时中山负齐之强兵，侵暴吾地，系累吾民，引水围鄗，微社稷之神灵，则鄗几于不守也。[9]先王丑之，而怨未能报也。[10]今骑射之备，

了山野偏僻地方的便利呢？所以取舍的变化，智慧的人不能强求一致；远近的服饰，贤圣者们也不能让它齐同。穷乡僻壤风俗多异，学识浅陋却多诡辩。不了解的事就不去怀疑，与自己不同的见解不去非议，才会公正地博采众见以求得尽善。如今叔父所说的是习俗，我所说的是制驭习俗。我国东面有黄河、漳水，和齐国、中山国共有，却没有舟船的设施。从常山一直到代地、上党，东边有燕国、东胡的国境，而西边有楼烦、秦国、韩国的边界，如今没有骑射的装备。所以我认为没有舟船的设施，住在河两岸的民众，将如何来守御黄河、漳水；改变服装练习骑射，是为了防备和燕国、三胡、秦国、韩国边界上的事变。而且从前简主不在晋阳以及上党设置要塞，而襄主并吞了戎族取得了代地来抵御各色胡人，这是无论愚智都了解的。先前中山国倚仗齐国的强大兵力，侵害暴虐我国的土地，拘捕我国的民众，引水围困鄗城，如果不是国家的神灵保佑，那么鄗城几乎就不能防守了。先王对这件事感到羞耻，但是还没能报仇。如今建立骑射的装备，

近可以便上党之形[11],而远可以报中山之怨。而叔顺中国之俗以逆简、襄之意,恶变服之名以忘鄗事之丑,非寡人之所望也。”公子成再拜稽首曰:“臣愚,不达于王之义,敢道世俗之闻,臣之罪也。今王将继简、襄之意以顺先王之志,臣敢不听命乎!”再拜稽首。乃赐胡服。明日,服而朝。于是始出胡服令也。

近可以方便利用上党的地势,而远可以报中山国入侵之仇。但是叔叔顺从中原国家的习俗来违逆简主、襄主的心意,厌恶变服的名声却忘记了鄗城事件的耻辱,这可不是我所希望的。”公子成再次跪拜叩首说:“我愚钝,不能理解王的深意,竟敢道出世俗的识见,这是我的罪过。如今王将要继承简主、襄主的遗愿并顺从先王的心志,我岂敢不听命!”他拜了两拜叩头行礼。武灵王就赐给他胡服。第二天,公子成穿着胡服上朝。于是武灵王颁布实施胡服制度的命令。

注释 1 乡:指乡俗。 宜:合适的措施。 厚:富厚。 2 翦:同“剪”。 文身:在身上刺花纹。 错臂:即文身,用丹青刺饰两臂。 左衽:左开衣襟。一作“右臂左衽”。右臂,右臂袒露。 瓯越:越族的一支,在今浙江一带,因其境有瓯江,故称。 3 黑齿:用草汁染黑牙齿。 雕题:在额上刺花纹。题,额。 却冠:又作“鲑冠”,《战国策》作“鳗冠”。鲑(guī)、鳗(mán)均为鱼名。谓以其皮为冠。 秫(shù)绌:粗拙缝制。指衣服粗劣。秫,通“鉥”,长针。绌,缝缀。 4 一:专一,固定。 5 去就:取舍。 6 曲学:偏颇浅陋的学说。 7 薄洛:水名,即漳水。 舟楫:船只。楫,浆。《史记正义》:“尔时齐与中山相亲,中山、赵共薄洛水,故言‘与齐、中山同之’,须有舟楫之备。” 8 三胡:林胡、楼烦、东胡。 9 负:倚仗。 系累:拘捕。 10 丑:羞耻。 怨:愤恨。 11 形:地势。

赵文、赵造、周袑、赵俊皆谏止王毋胡服[1]，如故法便。王曰："先王不同俗，何古之法？帝王不相袭，何礼之循？虙戏、神农教而不诛，黄帝、尧、舜诛而不怒。[2]及至三王，随时制法，因事制礼。法度制令各顺其宜，衣服器械各便其用。故礼也[3]不必一道，而便国不必古。圣人之兴也不相袭而王，夏、殷之衰也不易礼而灭。然则反古未可非，而循礼未足多[4]也。且服奇者志淫，则是邹、鲁无奇行也；俗辟者民易，则是吴、越无秀士也。[5]且圣人利身谓之服，便事谓之礼。夫进退之节，衣服之制者，所以齐常民也[6]，非所以论贤者也。故齐民[7]与俗流，贤者与变俱。故谚曰'以书御者不尽马之

赵文、赵造、周袑、赵俊都进谏劝武灵王不要改穿胡服，按原来的办法做更便利。武灵王说："先王的习俗不同，有什么古法可以仿效？帝王的治政不相沿袭，有什么礼制可以遵循？伏羲、神农主张教化而不实施刑罚，黄帝、尧、舜实施刑罚但不严酷。一直到夏、商、周三王时期，依据时势制定法令，根据事态制定礼仪。法令制度各服从实际需要，衣服器械各考虑方便应用。所以治理国家不必只用一种主张，只要能使国家便利就不必效法古代。圣人之所以能够兴起就是因为不相沿袭才可称王，夏朝、殷朝之所以衰败就是因为不改易礼制而遭灭亡。这样看起来违反古制未必就可非议，而遵循礼制未必值得称赞。如果说服装奇异的人就心志淫荡，那么邹国、鲁国就不会有不同凡俗之行的人了；习俗简陋的地方民众就轻率，那么吴国、越国就不会有德才优异的人士了。而且圣人认为有利于身体就可以称为好服装，方便于行事就可以称为好礼仪。大凡规定进退的礼节，衣服的制度，就是为了治理平民，不是为了要评论贤者。所以平民总是和流俗相伴，贤人却是

情,以古制今者不达事之变’。循法之功,不足以高世;法古之学,不足以制今。子不及也。”遂服胡招骑射。

和变革同道。因而谚语说‘按照书本赶车的不能摸透马的性情,用古法来制约当今的人不能通达事势的变化’。遵循古法的功效,不可能高出世俗;照搬古人的学说,不可能治理今世。你们没有这个识见。”于是全国开始穿胡服,招募士兵练习骑射。

注释 1 赵文、赵造、赵俊:均赵国贵族。 周祒(shào):赵大臣。 2 虑戏:即伏羲。 诛:刑罚。 怒:形容气势强盛。此指强暴,严酷。 3 礼也:当作“理世”,《商君列传》作“治世”,意同。理,治。 4 多:肯定,称赞。 5 淫:淫荡,放纵。 奇行:不同凡俗的行为。 辟:简陋。亦指邪,不正。 易:轻率,简慢。 秀士:德才优异之士。 6 齐:整齐,整治。治理。 常民:普通民众。 7 齐民:平民。

二十年,王略中山地,至宁葭;西略胡地,至榆中。[1]林胡王献马。归,使楼缓之秦,仇液之韩,王贲之楚,富丁之魏,赵爵之齐。代相赵固主胡,致其兵。[2]

二十一年,攻中山。赵祒为右军,许钧为左军,公子章为中军,王并将之。[3]牛翦将车骑,赵希

二十年,武灵王攻略中山国的土地,到了宁葭;往西攻略胡人的土地,到了榆中。林胡王献来马匹。回国后,派楼缓去秦国,仇液去韩国,王贲去楚国,富丁去魏国,赵爵去齐国。代相赵固掌管胡人,招来他们的兵众。

二十一年,进攻中山国。赵祒率领右军,许钧率领左军,公子章率领中军,武灵王总领诸将。牛翦统领战车兵和骑兵,赵希一并统领胡、代的兵众。赵军和他们一起经过山脉的险隘地带,在曲阳会合军队,攻打并夺取

并将胡、代。[4]赵与之陉，合军曲阳，攻取丹丘、华阳、鸱之塞。[5]王军取鄗、石邑、封龙、东垣。[6]中山献四邑和，王许之，罢兵。二十三年，攻中山。二十五年，惠后卒。使周袑胡服傅[7]王子何。二十六年，复攻中山，攘[8]地北至燕、代，西至云中、九原。

了丹丘、华阳、鸿上塞。武灵王统率的军队夺取了鄗、石邑、封龙、东垣。中山国献出四座城邑讲和，武灵王答应了，撤兵回国。二十三年，进攻中山国。二十五年，惠后去世。派周袑穿着胡服教导辅佐王子何。二十六年，再次进攻中山国，侵夺的土地北边到了燕国、代地，西边到了云中郡、九原邑。

注释 1 宁葭(jiā)：一作"蔓葭"，属中山。在今河北石家庄市西北。 榆中：地区名，在今内蒙古自治区伊金霍洛旗西北至陕西神木市之间。 2 主：掌管。 致：招来。 3 按：赵有三军，为中军、左军、右军。 4 牛翦：或即《战国策》之"牛赞"。 车骑：战车兵与骑兵。 胡、代：指其兵众。 5 陉(xíng)：指山脉中断处，山隘。 华阳：即恒山，此指其地区。《史记正义》引《括地志》云："北岳有五别名，一曰兰台府，二曰列女宫，三曰华阳台，四曰紫台，五曰太一宫。" 鸱之塞：即"鸿上塞"，在恒山北侧。 6 王军：武灵王统率之二军。 取鄗：《史记志疑》："鄗本赵邑，武灵三年尝城鄗矣，此何以言'取部'，岂前此曾为中山所取耶？" 石邑：邑名，在今河北石家庄市西南。 封龙：邑名。在石邑之南。 东垣：邑名，在今河北石家庄市东北。 7 傅：教导、辅佐。 8 攘：侵夺。

二十七年五月戊申，大朝于东宫，传国，立王子何以为王。[1]王庙见礼毕，

二十七年五月戊申日，在东宫举行盛大朝会，传授国君之位，确立王子何为国君。新国君参拜祖庙的

出临朝。[2]大夫悉为臣，肥义为相国，并傅王。是为惠文王[3]。惠文王，惠后吴娃子也。武灵王自号为主父。

礼仪进行完毕，出来后就登临朝堂理政。大夫们全都做了臣子，肥义做了相国，一并教导辅佐新王。这就是惠文王。惠文王是惠后吴娃的儿子。武灵王从此自称主父。

主父欲令子主治国，而身胡服将士大夫西北略[4]胡地，而欲从云中、九原直南袭秦，于是诈自为使者入秦。秦昭王不知，已而怪其状甚伟，非人臣之度，使人逐之，而主父驰已脱关矣。审问之，乃主父也。秦人大惊。主父所以入秦者，欲自略地形，因观秦王之为人也。

主父想让儿子主持国政，而自己穿着胡服率领士大夫到西北去巡视胡人的土地，想从云中、九原一直往南袭击秦国，于是自己伪装为一名使者进入秦国。秦昭王不知道，只是奇怪他的状貌非常魁伟，不像是一个臣子，派人去追他，但主父已经纵马离开了边关。仔细查问，真是主父。秦国人非常惊讶。主父之所以要进入秦国，是想亲自考察秦国的地形，借机看看秦王的为人。

注释 1 东宫：太子之宫。 传国：传递王位，让新君掌国。 2 庙见：参拜祖庙。新君就位必行之礼仪。 临朝：登临朝堂，处理政事。 3 惠文王：公元前 298—前 266 年在位。 4 略：巡视，巡行。

惠文王二年，主父行[1]新地，遂出代，西遇楼烦王于西河而致其兵。

惠文王二年，主父巡行新占领的土地，就从代地出发，往西在西河和楼烦王相遇而招来了他的兵众。

三年，灭中山，迁其王于肤施。[2]起灵寿[3]，北地

三年，灭了中山国，把中山的国王迁徙到肤施。修筑灵寿宫，北方

方从，代道大通。还归，行赏，大赦，置酒酺[4]五日，封长子章为代安阳君。章素侈[5]，心不服其弟所立。主父又使田不礼相章也。

的土地刚刚归服，代地的道路大为畅通。返回到国都，颁行奖赏，大赦天下，设置酒宴欢饮五日，把长子章封在代地做安阳君。章素来行为不端，心里不服他的弟弟继承君位。主父又派田不礼去辅佐章。

注释 1 行：巡行。 2 三年，灭中山：《史记志疑》："中山灭于武灵二十五年。而所书惠文三年灭中山，未可概指为误。盖以武灵二十五灭者，以得其国为灭，言其实也。以惠文三年灭者，以得其君为灭，重在君也。《通鉴纲目》武灵二十五年书'中山君奔齐'，是其国已，特其君未得，后乃得之。" 3 灵寿：宫名，在今河北灵寿西北。 4 酺(pú)：聚会饮酒。5 侈(chǐ)：奢侈，邪行。

李兑谓肥义曰："公子章强壮而志骄，党众而欲大，殆有私乎？[1]田不礼之为人也，忍杀而骄。二人相得，必有谋阴贼起，一出身侥幸。[2]夫小人有欲，轻虑浅谋，徒见其利而不顾其害，同类相推[3]，俱入祸门。以吾观之，必不久矣。子任重而势大，乱之所始，祸之所集也，子必先患。仁者爱万物而智者

李兑对肥义说："公子章正处壮年而为人骄纵，党徒众多而野心很大，恐怕他会有私心吧？田不礼的为人，残忍好杀并且骄横。这两个人彼此投合，必定会发生阴谋叛乱，企图侥幸掌权。小人有野心，就会思虑轻率而谋划短浅，只看见利益而不顾祸害，同类人互相怂恿，从而一起闯入祸乱之门。以我的观察，事情不久就要发生。您负有重任又掌握大权，动乱会从您这里开始，祸患会集中到您身上，您必定最先受害。仁人能慈爱万物而智者

备祸于未形，不仁不智，何以为国？子奚不称疾毋出，传政于公子成？毋为怨府[4]，毋为祸梯。”肥义曰：“不可。昔者主父以王属义也，曰：‘毋变而度，毋异而虑，坚守一心，以殁而世。’[5]义再拜受命而籍[6]之。今畏不礼之难而忘吾籍，变孰大焉？进受严命，退而不全，负[7]孰甚焉？变负之臣，不容于刑。谚曰‘死者复生，生者不愧’。[8]吾言已在前矣，吾欲全吾言，安得全吾身！且夫贞臣也难至而节见，忠臣也累至而行明。[9]子则有赐而忠我矣，虽然，吾有语在前者也，终不敢失。”李兑曰：“诺，子勉之矣！吾见子已[10]今年耳。”涕泣而出。李兑数见公子成，以备田不礼之事。

可备祸于未然，不仁不智，怎么治理国家？您何不称说有病不要出门，把行政的权力交给公子成呢？不要成为怨恨的集中之所，不要成为祸难的阶梯。”肥义说：“不可以。过去主父把王托付给我的时候，说：‘不要变更你的法度，不要改变你的思虑，一心一意坚守，直到你去世。’我拜了两拜接受命令，把它记下来了。如今害怕田不礼的发难而忘记了我记录于籍册上的话，什么罪过比变节更大呢？上朝接受了庄严的王命，退朝后不能全力执行，什么错误比违背道义更严重呢？变节背义的臣子，为刑罚所不容许。谚语说‘死者如果复生，生者面对他不应该感到惭愧’。我已经有言在先，我想顾全我的诺言，怎能只顾全我的身体！再说作为贞节之臣祸难到了才能显现节操，作为忠诚之臣牵累到了才能彰明德行。您的指教是忠心为我的，即使是这样，我有话在先，最终不敢食言。”李兑说：“是，您多保重吧！我能看见您就只有今年了。”说完就流着眼泪抽泣着出去了。李兑多次去见公子成，为了防备田不礼作乱的事。

注释 1 强壮:此指正处壮年。 欲:欲望,指野心。 2 得:投合。 出身:指挺身作乱。 3 推:推动,怂恿。 4 府:集中之所。 5 属(zhǔ):托付。 而:你。 度:法度。 虑:思虑。 6 籍:登记,即记录在籍册上。《史记索隐》:"谓当时即记录,书之于籍。" 7 负:此指违背道义。 8 "谚曰"句:《史记正义》:"肥义报李兑云:必尽力傅何为王,不可惧章及田不礼而生异心。使死者复更变生,并见在生者傅王无变,令我不愧之,若荀息也。" 9 难:祸难。 节:气节,节操。 累:牵累,连累。 10 已:同"以"。

异日,肥义谓信期[1]曰:"公子与田不礼甚可忧也。其于义也声善而实恶,此为人也不子不臣。[2]吾闻之也,奸臣在朝,国之残也;谗臣在中,主之蠹也。[3]此人贪而欲大,内得主[4]而外为暴。矫令为慢,以擅一旦之命,不难为也,祸且逮国。今吾忧之,夜而忘寐,饥而忘食。[5]盗贼出入,不可不备。自今以来,若有召王者必见吾面,我将先以身当之,无故[6]而王乃入。"信期曰:"善哉,吾得闻此也!"

又一日,肥义对信期说:"公子章和田不礼两人特别令人担忧。他们表面说得好但实际上非常邪恶,这两人的为人是不孝不忠。我听说了,有奸臣在朝堂是国家的祸害,有谗臣在宫中是君主的蛀虫。这种人贪婪并且野心很大,朝内争得君主宠幸就到外面施行残暴。假传王命傲慢无礼,以此专断一日的朝命,不是很难做到,这样的话祸患将要危及国家。如今我很担忧,夜晚忘记了睡觉,饥饿忘记了吃饭。对盗贼的出没,不可不加防备。从今以后,假若有来请君王的一定要先来见我,我将先用自身抵挡他,没有发生变故,君王才能进来。"信期说:"好啊,我听您这么说,就放心了!"

注释 1 信期:即下文之高信。 2 义:同"仪",外表。 不子不臣:不孝不忠。 3 残:祸害。 蠹:蛀虫。 4 得主:争得主上的宠幸。 5 慢:傲慢。 擅:专断。 命:朝命。朝廷的命令。 6 无故:没有发生变故。

四年,朝群臣,安阳君亦来朝。主父令王听朝,而自从旁观窥群臣宗室之礼。见其长子章儽然也,反北面为臣,诎于其弟,心怜之,于是乃欲分赵而王章于代,计未决而辍。[1]

主父及王游沙丘,异宫[2],公子章即以其徒与田不礼作乱,诈以主父令召王。肥义先入,杀之。高信即与王战。公子成与李兑自国至,乃起四邑之兵入距难,杀公子章及田不礼,灭其党贼而定王室。公子成为相,号安平君,李兑为司寇。[3]公子章之败,往走主父,主父开之[4],成、兑因围主父宫。公子章死,公子成、李兑谋曰:"以

四年,接受群臣朝拜,安阳君也来朝拜。主父让惠文王当朝处理政事,自己从旁窥察群臣和宗室贵族的礼仪。主父看见他的长子章颓丧的样子,反而面朝北做了臣子,屈居于他弟弟之下,心里怜悯他,于是就想把赵国一分为二,让章在代地做王,计划没有定下来就停止了。

主父和惠文王去游览沙丘,住在不同的宫室里,公子章就率领他的党徒和田不礼发动变乱,诈传主父的命令召见惠文王。肥义先进宫去,杀了他。高信就和惠文王一起作战。公子成和李兑从国都前来,发动四邑的兵众与之对抗,杀死了公子章和田不礼,灭了他们的党徒并安定了王室。公子成做了相国,称号叫安平君,李兑做了司寇。公子章战败时,往主父的宫室跑,主父开门接纳了他,公子成、李兑因而包围了主父的宫室。公子章死后,公子成、李兑商议说:"因为公子章的

章故围主父，即解兵，吾属夷[5]矣。”乃遂围主父。令宫中人“后出者夷”，宫中人悉出。主父欲出不得，又不得食，探爵鷇而食之[6]，三月余而饿死沙丘宫。主父定死，乃发丧赴诸侯。[7]

缘故，我们包围了主父的宫室，如果我们撤走军队，将会被灭族。”于是他们围住主父的宫室。他们对宫中的人说“谁在最后出来就要被灭族”，宫中的人就都出来了。主父想出来而不能，又找不到食物，就掏鸟窝抓幼雀当食物，三个多月后饿死在沙丘的宫里。等确定主父死亡后，他们就发丧讣告诸侯。

注释　1 傫(lěi)然：颓丧的样子。　诎(qū)：屈服。　辍(chuò)：中止，停止。　2 异宫：分住不同宫室。　3 国：指国都。　距：通“拒”，抗拒。
4 开之：谓开门而纳之。《史记正义》：“谓不责其反叛之罪，容其入宫藏也。”
5 夷：灭族。　6 爵：通“雀”。　鷇(kòu，又读 gòu)：待哺的幼雀。
7 定死：确定死亡。　赴：赴告，报丧。今作“讣”。

是时王少，成、兑专政，畏诛，故围主父。主父初以长子章为太子，后得吴娃，爱之，为不出者数岁，生子何，乃废太子章而立何为王。吴娃死，爱弛[1]，怜故太子，欲两王之，犹豫未决，故乱起，以至父子俱死，为天下笑，岂不痛乎！

这时惠文王年纪小，王子成、李兑专擅朝政，害怕被诛杀，所以包围主父。主父当初立长子章做太子，后来得到吴娃，喜爱她，为了她有好几年没有出宫，吴娃生下了儿子何，主父就废掉太子章而让何做赵王。吴娃死了，主父对她的爱减退，又怜悯原来的太子，想让两个人都做王，犹豫不决，所以变乱发生，以至于父子都死了，为天下人耻笑，这难道不值得痛惜吗？

五年，与燕鄚、易[2]。八

年，城南行唐[3]。九年，赵梁将，与齐合军攻韩，至鲁关[4]下。及十年，秦自置为西帝[5]。十一年，董叔与魏氏伐宋，得河阳[6]于魏。秦取梗阳[7]。十二年，赵梁将攻齐。十三年，韩徐为将，攻齐。公主[8]死。十四年，相国乐毅将赵、秦、韩、魏、燕攻齐，取灵丘，与秦会中阳。[9]十五年，燕昭王来见。赵与韩、魏、秦共击齐，齐王败走，燕独深入，取临菑。

五年，给予燕国鄚邑、易邑。八年，修筑南行唐城。九年，赵梁领兵，和齐国会合军队进攻韩国，到了鲁关之下。十年，秦昭王自立为西帝。十一年，董叔和魏国军队攻打宋国，从魏国得到了河阳。秦国夺取了梗阳。十二年，赵梁领兵攻打齐国。十三年，韩徐做将领，攻打齐国。这年，赵国公主死了。十四年，相国乐毅统领赵、秦、韩、魏、燕五国军队共同进击齐国，夺取灵丘，与秦会兵中阳。十五年，燕昭王来会见。赵与韩、魏、秦共同攻击齐国，齐王失败逃走，燕国军队单独深入齐国境内，夺取了临菑。

注释　1 弛：减退，减弱。　2 鄚(mò)：邑名，在今河北任丘市北。　易：邑名，在今河北易县。　3 南行唐：邑名，在今河北行唐县东北。　4 鲁关：关隘名，在今河南鲁山县西南。　5 秦自置为西帝：事在十一年。　6 河阳：亦称“河雍”，在今河南孟州市西。　7 梗阳：赵邑名，在今山西清徐县。　8 公主：武灵王与吴娃之女，惠文王姊。　9 乐毅：战国名将。详见《乐毅列传》。　灵丘：齐邑名，在今山东高唐南。《史记志疑》：“六国伐齐在明年，是岁惟秦击齐。”

十六年，秦复与赵数击齐，齐人患之。[1]苏厉[2]为齐遗赵王书曰：

十六年，秦国又和赵国多次攻击齐国，齐人感到忧虑。苏厉替齐国送给赵王一封信说：

臣闻古之贤君，其德行非布于海内也，教顺非洽于民人也，祭祀时享非数常于鬼神也。[3]甘露降，时雨至，年谷丰孰，民不疾疫，众人善之，然而贤主图之。[4]

今足下之贤行功力，非数加于秦也；怨毒积怒，非素深于齐也。[5]秦赵与国，以强征兵于韩，秦诚爱赵乎？[6]其实憎齐乎？物之甚者，贤主察之。秦非爱赵而憎齐也，欲亡韩而吞二周，故以齐餤天下。[7]恐事之不合，故出兵以劫[8]魏、赵。恐天下畏己也，故出质以为信。[9]恐天下亟反也，故征兵于韩以威之。声以德与国，实而伐空韩，臣以秦计为必出于此。[10]夫物固有势异而患同者，楚久伐而中山亡[11]，今齐久伐而韩必亡。破齐，

我听说古代的贤君，他的德行并非遍布海内各地，教导训诫并非普及所有的民众，四时祭祀的供品并非经常让鬼神品尝。可是甘露普降，下雨及时，五谷丰收，百姓不生疫病，众人称赞这些，然而贤明的君主还要进行深思。

如今您的贤德和功业，并非经常施予秦国；对齐国也并非素来就有极端的仇恨和久积的怒气。秦和赵是同盟国，用强力手段要求韩国出兵，秦国真是爱赵国吗？秦国确实恨齐国吗？任何事物过度，贤主就要认真观察。秦国并非是爱赵国而憎恨齐国，是想灭亡韩国并吞掉东、西二周，所以用齐国做食饵来引诱天下。恐怕事情不能成功，所以出兵来胁迫魏国、赵国。恐怕天下害怕自己，所以派出人质以取得信任。恐怕天下急速反叛，所以从韩国征兵以示威胁。宣称要给盟国恩惠，实际上是要攻打空虚的韩国，我认为秦国的计策一定是从这里出发。大凡事物本来就有形势各异而祸患相同的，楚国长期被攻伐之时，中山国却灭亡了，如今齐国要是长久被攻伐而韩国一定会灭亡。攻破

王与六国分其利也。亡韩,秦独擅之。收二周,西取祭器[12],秦独私之。赋田[13]计功,王之获利孰与秦多?

齐国,您可以和六国分得它的利益。灭亡韩国,利益就会被秦国独享。占领二周,往西取得宗庙祭祀的礼器,秦国会独自占有的。所得的土地和实际功业,您和秦国相比谁得的多?

注释 1 数(shuò):屡次,多次。十五年六国伐齐,十六年之时齐襄王保莒,田单守即墨,余地尽入燕,则当时之齐仅存二城。故《大事记》以为"苏厉之书不及,恐非此时事"。 2 苏厉:苏秦之弟,战国说士,倡合纵。《战国策》作"苏秦"。 3 教顺:教导训诫。顺,通"训"。 洽:周遍,广博。时享:四时祭祀宗庙之礼。此指四时贡献的祭品。 4 甘露:甘甜的露水。古人以为天下太平则天降甘露,是一种迷信思想。 时雨:适时之雨。 孰:同"熟"。 5 怨毒:极端怨恨。 素:向来。 6 与国:结盟国家。与,友善。 征兵:指要求出兵参战。 7 二周:指东周、西周两个小诸侯国。 餤(dàn):同"啖",吃。引申为诱饵。 8 劫:劫持,胁逼。 9 质:人质。 信:信任。 10 声:宣称,表示。 德:恩德。 空:空乏,空虚。 11 楚久伐而中山亡:谓楚国连年为诸侯国所伐,赵则趁机灭中山国。武灵王二十三年(前303)齐、韩、魏伐楚,赵攻中山。武灵王二十五年,秦、齐、韩、魏攻楚,赵攻中山,中山君奔齐。武灵王二十六年,秦伐楚。武灵王二十七年,秦大破楚军。赵惠文王三年(前296),魏伐楚。四年,赵主父与齐、燕共灭中山。 12 西取祭器:即灭亡周室。西,周都王城(今河南洛阳市西郊),赵取之,即为往西。祭器,指周王室宗庙祭祀的礼器,国家存在的象征。 13 赋田:授给田地。赋,授,给予。

说士之计曰:"韩亡三川,魏亡晋国,市朝未变而

正如说客所言:"韩国失掉三川郡,魏国失掉晋地,集市朝议还没有

祸已及矣。”[1]燕尽齐之北地，去沙丘、钜鹿敛三百里，韩之上党去邯郸百里，燕、秦谋王之河山，间三百里而通矣。[2]秦之上郡近挺关，至于榆中者千五百里，秦以三郡攻王之上党，羊肠之西，句注之南，非王有已。[3]逾句注，斩常山而守之，三百里而通于燕，代马胡犬不东下，昆山之玉不出，此三宝者亦非王有已。[4]王久伐齐，从强秦攻韩，其祸必至于此。愿王孰虑之。

且齐之所以伐者，以事王也；天下属行[5]，以谋王也。燕秦之约成而兵出有日矣。五国三分王之地，齐倍五国之约而殉王之患，西兵以禁强秦，秦废帝请服，反高平、根柔于魏，反巠分、先俞于赵。[6]齐之事王，宜为上佼，而今乃抵

结束而祸难已经到了。”燕国尽占齐国的北部地区，离沙丘、钜鹿就减少了三百里，韩国的上党离邯郸一百里，燕国、秦国谋取您的河山，抄偏僻小道只三百里就可以通达了。秦国的上郡接近挺关，到达榆中的路程是一千五百里，秦国依托三郡来进攻赵国的上党，那么羊肠坂道的西面、句注山的南面就不是您的了。越过句注山，截断常山并据守它，三百里路就通到了燕国，代地的良马、胡地的野狗不能东入赵国，昆仑山的宝玉不能运到赵国，这三种宝物也不是您的了。您长期攻伐齐国，跟从强大的秦国攻打韩国，最后结局必定如此。希望您仔细考虑一下。

况且齐国被秦国攻打，是因为齐国侍奉赵国；天下集结军队，是为了图谋赵国。燕国和秦国的盟约已订立，他们对赵国出兵的日子不远了。五国想把赵国的土地一分为三，齐国背弃五国的盟约而与赵国共患难，往西出兵来抑制强秦，秦国废除帝号请求屈服，把高平、根柔归还给魏国，把巠分、先俞归还给赵国。齐国与赵国的交情，应该说是上等交情，而如今赵国反而让齐国抵罪，我

罪，臣恐天下后事王者之不敢自必也。[7]愿王孰计之也。

恐怕天下以后侍奉您的人就不敢那么专一了。希望您仔细考虑一下。

今王毋与天下攻齐，天下必以王为义。齐抱[8]社稷而厚事王，天下必尽重王义。王以天下善秦，秦暴，王以天下禁之，是一世之名宠[9]制于王也。

如今您不和天下一道进攻齐国，天下必定认为您坚持正义。齐国整个国家都会归附您，天下一定全都敬重您的高义。您倡导天下跟秦国友好，秦国暴虐，您带领天下抑制它，一世的威名荣耀就都掌握在您手中了。

于是赵乃辍，谢秦不击齐。

于是赵国就停止了进兵，谢绝秦国，不再出击齐国。

王与燕王遇。廉颇将，攻齐昔阳，取之。[10]

惠文王和燕王相遇。廉颇领兵，攻打齐国的昔阳，夺取了。

注释　**1** 说(shuì)：游说。　三川：韩郡名，以其境内有黄河、洛水、伊水而得名。《史记正义》："河南之地，两川之间。"　市朝未变：喻时间短促。市，集市。朝，朝廷。　**2** 敛：减少。　间：间道，偏僻的小道。　**3** 挺关：关塞名，又称"遗遗之门"。在今陕西榆林市西北内蒙古自治区与陕西的交界线上。　三郡：当指北地郡、上郡、陇西郡。　羊肠：太行山上的坂道，以其萦曲如羊肠而得名。　句(gōu)注：山名，在今山西代县之西。　已：语气词，用法同"矣"。　**4** 斩：截断。　代马：代地产的良马。　胡犬：胡地产的野狗。《史记正义》引郭璞云："胡地野犬似狐而小。"　昆山：山名，即昆仑山。　**5** 属行(zhǔ háng)：集结军队。　**6** 五国：指秦、齐、韩、魏、燕。　倍：通"背"。　殉：有所求而不惜牺牲生命。　反：归还。　高平：邑名，在今河南孟州市西北。　根柔：其地不详。《战国策》作"温枳高平"。《史记志疑》以为"根柔之地未见，似宜从《策》"。　陉(xíng)分：山名。分，当作“山”,即句注山。 先俞:关塞名,即“西俞”。在今山西代县西北。 7 上佼(jiāo):上等交情。佼,通“交”。《战国策》正作“上交”。 必:专一。 8 抱:捧。 9 宠:荣耀。 10 昔阳:邑名,在今河北晋州市西北。此邑地处原中山国中心地带,赵灭中山,其地当已属赵,何得“攻齐”后取之?故《史记志疑》以为“盖一本作‘取齐淮北’者是也”。又以为“‘昔阳’当作‘淮北’”。

十七年,乐毅将赵师攻魏伯阳[1]。而秦怨赵不与已击齐,伐赵,拔我两城。十八年,秦拔我石城[2]。王再之卫东阳[3],决河水,伐魏氏。大潦[4],漳水出。魏冉来相赵。[5] 十九年,秦败我二城[6]。赵与魏伯阳。赵奢将,攻齐麦丘,取之。[7]

二十年,廉颇将,攻齐。王与秦昭王遇西河外。

二十一年,赵徙漳水武平[8]西。二十二年,大疫。置公子丹为太子。

十七年,乐毅率领赵军攻打魏国伯阳。而秦国怨恨赵国不和自己一同出击齐国,攻打赵国,夺取了我国两座城邑。十八年,秦国夺取了我国石城。惠文王再次到原卫国东阳,决开黄河水,灌入魏国。同年,赵国发生大涝,漳水溢出。魏冉来到赵国做国相。十九年,秦国攻取了我国两座城邑。赵国把伯阳给了魏国。赵奢领兵,攻打齐国麦丘,攻取了。

二十年,廉颇领兵,攻打齐国。惠文王和秦昭王在西河外相遇。

二十一年,赵国将漳水改道武平亭西边。二十二年,发生大疫病。同年,立公子丹为太子。

注释 1 伯阳:邑名,在今河南安阳市北。 2 石城:《史记正义》引《括地志》以为在相州林虑县西南九十里,即今河南林州市西南。《史记志疑》存疑。 3 东阳:邑名,先属卫,时属赵。在今河北德州市武城区一带。

4 潦(lào):同“涝”。水涝成灾。 5 魏冉:秦名相,封穰侯。详见《穰侯列传》。《史记志疑》:“是岁为惠文十八年,秦昭二十六年,冉复为秦相,安得相赵之事哉,误矣。” 6 败我二城:《秦本纪》载,昭襄王二十七,白起攻赵,取代光狼城。光狼城,在今山西高平市西。 7 赵奢:战国名将。详见《廉颇蔺相如列传》。 麦丘:地名,在今山东商河县西北。按:麦丘属燕。《十二诸侯年表》《田敬仲完世家》《廉颇蔺相如列传》皆不言取麦丘事。 8 武平:即武平亭,在今河北文安县北。

二十三年,楼昌将,攻魏幾,不能取。[1] 十二月,廉颇将,攻幾,取之。二十四年,廉颇将,攻魏房子,拔之,因城而还。又攻安阳[2],取之。二十五年,燕周将,攻昌城[3]、高唐,取之。与魏共击秦。秦将白起破我华阳[4],得一将军。二十六年,取东胡欧[5]代地。

二十七年,徙漳水武平南。封赵豹为平阳君。[6] 河水出,大潦。

二十八年,蔺相如伐齐,至平邑。[7] 罢城北九门大城。燕将成安君公孙操弑其王。[8] 二十九年,秦、韩

二十三年,楼昌领兵,攻打魏国幾邑,不能夺取。十二月,廉颇领兵,攻打幾邑,攻取了。二十四年,廉颇领兵,攻打魏国房子,夺取了,借机修筑城墙后回来了。又去攻打安阳,攻取了。二十五年,燕周领兵,攻打昌城、高唐,攻取了。和魏国一起攻打秦国。秦将白起在华阳攻破我军,俘获了一位将军。二十六年,攻取了被东胡驱使叛离赵国的代地。

二十七年,将漳水改道武平南边。同年,封赵豹为平阳君。黄河水溢出,发生大涝。

二十八年,蔺相如攻打齐国,到了平邑。停止修筑北边的九门大城。燕国将领成安君公孙操弑杀他的国君。二十九年,秦国、韩国相助攻打赵国,包围了阏与。赵

相攻，而围阏与[9]。赵使赵奢将，击秦，大破秦军阏与下，赐号为马服君[10]。

国派赵奢领兵，进击秦国，在阏与城下把秦军打得大败，赐给赵奢马服君称号。

三十三年，惠文王卒，太子丹立，是为孝成王[11]。

三十三年，惠文王去世，太子丹继位，这就是孝成王。

注释 1 楼昌：人名，赵将。 幾(qí)：地名，在今河北大名县东南。 2 安阳：邑名，在今河南安阳市西南。 3 昌城：邑名，在今山东淄博市东南。 4 华阳：邑名，在今河南新郑市北。秦破华阳在惠文二十六年，此误。 5 欧："驱"的古字。此指驱使代地叛离赵国。 6 赵豹：惠文王的同母弟。 平阳：赵邑名，在今河北临漳县西南。 7 平邑：赵邑名，在今河南南乐县东北。 8 将：《史记索隐·燕世家》引作"相"。事在赵惠文王二十七年。 王：燕惠王。 9 阏(yù)与：邑名，原韩地，后属赵。在今山西和顺县。 10 马服君：《史记正义》："因马服山为号也，虞喜《志林》云'马兵之首也。号曰马服者，言能服马也'。"按：马服山，在今河北邯郸市西北。 11 孝成王：公元前265—245年在位。

孝成王元年，秦伐我，拔三城。赵王新立，太后用事[1]，秦急攻之。赵氏求救于齐，齐曰："必以长安君[2]为质，兵乃出。"太后不肯，大臣强谏。太后明谓左右曰："复言长安君为质者，老

孝成王元年，秦国攻打我国，夺占三座城邑。赵王刚刚继位，太后主持朝政，秦国进攻得紧急。赵国向齐国求救，齐国说："一定要用长安君做人质，才能出兵。"太后不肯，大臣们强力劝谏。太后明确地对左右大臣说："再有人来说要长安君做人质的，老妇一定要把唾沫唾在他脸上。"左师触龙说希望拜见太后，太后带着强烈的怒气

妇必唾其面。”左师触龙言愿见太后，太后盛气而胥之。[3] 入，徐趋[4]而坐，自谢曰：“老臣病足，曾[5]不能疾走，不得见久矣。窃自恕，而恐太后体之有所苦也，故愿望见太后。[6]”太后曰：“老妇恃辇[7]而行耳。”曰：“食得毋衰乎？”曰：“恃粥耳。”曰：“老臣间者殊不欲食，乃强步，日三四里，少益嗜食，和于身也。”[8] 太后曰：“老妇不能。”太后不和之色少解。[9] 左师公曰：“老臣贱息舒祺最少，不肖，而臣衰，窃怜爱之，愿得补黑衣之缺以卫王宫，昧死以闻。”[10] 太后曰：“敬诺。年几何矣？”对曰：“十五岁矣。虽少，愿及未填沟壑而托之[11]。”太后曰：“丈夫[12]亦爱怜少子乎？”对曰：“甚于妇人。”太后笑

在等待着他。触龙进了宫，缓慢地走着小碎步坐下，自己谢罪说：“老臣有脚病，竟然不能快步行走，好久没有见到您了。我私下原谅自己，但恐怕太后的身体会不舒服，就想来拜见您。”太后说：“老妇靠着辇车行动。”触龙问：“您的饮食该没有减少吧？”太后说：“勉强吃些粥罢了。”触龙说：“老臣近来特别不想吃东西，就强行散步，每日走三四里，食欲稍为增加了，身体也舒适一些了。”太后说：“老妇我办不到。”太后的怒气有所缓和了。触龙说：“老臣有个儿子舒祺，年龄最小，没有出息，而我老了，私下宠爱他，希望让他能补个王宫卫士的缺额来保卫王宫，我冒着死罪向您禀告。”太后说：“好吧。年纪多大了？”触龙回答说：“十五岁了。虽然年纪小些，但希望趁我还没有入土的时候把他托付给您。”太后说：“男人也疼爱小儿子吗？”触龙回答说：“比女人疼爱。”太后笑着说：“还是女人更疼爱。”触龙回答说：“老臣私下认为您对燕后的疼爱超过了长安君。”太后说：“您错了，比不上长安君。”触龙说：“父母疼爱子女要为他们的长远利益着想。您送别燕后，握着她的脚

曰："妇人异甚[13]。"对曰："老臣窃以为媪之爱燕后贤于长安君。"[14] 太后曰："君过矣，不若长安君之甚。"左师公曰："父母爱子，则为之计深远[15]。媪之送燕后也，持其踵，为之泣，念其远也，亦哀之矣。[16] 已行，非不思也，祭祀则祝之曰'必勿使反'，岂非计长久，为子孙相继为王也哉？"太后曰："然。"左师公曰："今三世以前，至于赵主之子孙为侯者，其继有在者乎？"[17] 曰："无有。"曰："微独赵，诸侯有在者乎？"[18] 曰："老妇不闻也。"曰："此其近者祸及其身，远者及其子孙。岂人主之子侯则不善哉？位尊而无功，奉厚而无劳，而挟重器多也。[19] 今媪尊长安君之位，而封之以膏腴之地，多与之重器，而不及今令有功于国，一旦山陵崩，长安君何以自托于赵？[20] 老臣以媪为长安君

后跟，为她哭泣，想着她要去那么远，也怪可怜她呀。她已经走了，您并非不想她，祭祀的时候就为她祷告说'千万不要让她返回'，难道不是为她考虑了长久，让她的子孙相继成为国王吗？"太后说："是呀。"触龙说："从如今推到三代以前，直到赵氏建立赵国的时候，赵国君主的子孙封侯的，他们的继承人还有在侯位的吗？"太后说："没有了。"触龙说："不仅是赵国，其他诸侯的子孙封侯的，他们的继承人还有在侯位的吗？"太后说："老妇没有听说过。"触龙说："这是说明离得近的祸害连及自身，离得远的祸害连及子孙。难道国君的子孙为侯就一定都不好吗？地位尊贵但没有功勋，俸禄优厚但没有劳绩，而拥有的贵重宝物又非常多。如今您使长安君地位尊贵，并把肥沃的土地封给他，给了他很多贵重器物，如果不趁现在让他为国家建立功劳，一旦您辞别了人世，长安君凭什么在赵国立足？老臣认为您老替长安君考虑得太短了，所以认为您对

之计短也，故以为爱之不若燕后。”太后曰：“诺，恣[21]君之所使之。”于是为长安君约[22]车百乘，质于齐，齐兵乃出。

子义[23]闻之，曰：“人主之子，骨肉之亲也，犹不能持无功之尊，无劳之奉，而守金玉之重也，而况于予乎？”

他的疼爱不如对燕后的疼爱。”太后说：“好吧，任凭您派他到哪里去吧。”于是替长安君备办了百乘车辆，送他到齐国去做人质，齐国就出兵了。

子义听说了，说：“国君的儿子也是骨肉之亲，还不能依仗没有功勋的尊位，没有劳绩的俸禄，来保住金玉一类的重宝，更何况是我们这样的人呢？”

注释 1 太后：孝成王母亲，惠文王妻威后。 用事：当权，执政。 2 长安君：赵太后之少子，备受太后宠爱。 3 左师：官名，为优待老臣的荣誉官职。 触龙：人名。下文称“左师公”，“公”为尊称。《战国策》一本误将“龙言”二字合为“詟”，长沙马王堆三号汉墓出土的《战国策》残本亦作“龙言”，与此处同。 盛气：怒气很盛。 胥：等待。 4 徐趋：虽然是快步走，但动作缓慢。趋，疾步，快步。 5 曾(zēng)：副词，表示出乎意料。竟然。 6 恕：原谅。 苦：《战国策》作“郄(xì)”，不舒服。 7 恃辇(niǎn)：靠着辇车。辇，由人推着或拖着的小车。 8 间者：近来。 少(shǎo)：稍，略微。 嗜食：食欲。 和：舒适。 9 色：脸上的怒气。 解：缓解。 10 贱息：自己的儿子。贱，自谦之词。息，子孙，儿子。 黑衣：赵王宫卫士穿的衣服。此指宫中卫士。 昧死：冒死。 11 及：趁。 填沟壑(hè)：指死后埋入地下。 12 丈夫：古时对男子的称呼。 13 异甚：特别厉害。甚，表示程度深。 14 媪(ǎo)：对老年妇女的敬称。 燕后：燕王的正后，赵太后的女儿。 贤：胜过。 15 计深远：考虑长远利益。 16 持：握。 踵：脚后跟。 哀：哀怜。古代诸侯女儿嫁至他国为后，只有被废弃或亡国，才可回到本国。 17 三世：三代。

应指肃侯、武灵王、惠文王。　继：继承人。　**18** 微独：不止，不仅。此句承上文"诸侯"之后省略"之子孙为侯者，其继等"文字。　**19** 奉：通"俸"，俸禄。　挟(xié)：掌握，拥有。　重器：贵重的宝物。　**20** 尊：使尊贵。　膏腴：肥沃。　山陵崩：比喻国君死亡。此婉言威后去世。　自托：托身，立足。　**21** 恣：纵，任凭、听凭之意。　**22** 约：备办。
23 子义：人名，赵之贤士。

齐安平君田单将赵师而攻燕中阳，拔之。[1]又攻韩注人[2]，拔之。二年，惠文后卒，田单为相。

齐国安平君田单率领赵军去攻打燕国中阳，拔取了。又去进攻韩国注人，拔取了。二年，惠文后去世，田单任相国。

四年，王梦衣偏裻[3]之衣，乘飞龙上天，不至而坠，见金玉之积如山。明日，王召筮史敢占之[4]，曰："梦衣偏裻之衣者，残也。乘飞龙上天不至而坠者，有气而无实也。见金玉之积如山者，忧也。"

四年，孝成王梦见自己穿着左右两色的衣服，乘着飞龙上天，没等到达天上就掉下来了，看见金玉堆积得像座山。第二日，孝成王召筮史官敢来让他占梦，敢说："梦见穿着左右两色的衣服，象征残缺。乘着飞龙上天没等到达天上就掉下来了，象征有气势但没有实力。看见金玉堆积得像座山，象征忧患。"

注释　**1** 田单：齐国的王族。因从燕国的占领下收复齐国而封安平君。安平，邑名，在今山东青州市西北。　中阳：一作"中人"，又名"中人亭"，时属燕。在今河北唐县西。　**2** 注人：邑名，在今河南汝州市西。
3 偏裻(dū)：左右颜色不同的衣服。《史记正义》："杜预云：'偏，左右异色。裻在中，左右异，故曰偏。'按：裻，衣背缝也。"　**4** 筮史：用筮草占卜吉凶的史官。　敢：筮史之名。

后三日，韩氏上党守冯亭使者至，曰："韩不能守上党，入之于秦。其吏民皆安[1]为赵，不欲为秦。有城市邑十七，愿再拜入之赵，财王所以赐吏民。[2]"王大喜，召平阳君豹告之曰："冯亭入城市邑十七，受之何如？"对曰："圣人甚祸无故之利。"王曰："人怀吾德，何谓无故乎？"对曰："夫秦蚕食韩氏地，中绝不令相通，固自以为坐而受上党之地也。韩氏所以不入于秦者，欲嫁其祸于赵也。秦服其劳而赵受其利，虽强大不能得之于小弱，小弱顾能得之于强大乎？岂可谓非无故之利哉！且夫秦以牛田，之水通粮，蚕食，上乘倍战者，裂上国之地，其政行，不可与为难，必勿受也。[3]"王曰："今发百万之军而

其后三日，韩国上党郡太守冯亭的使者来到，说："韩国不能守御上党郡，把它献给了秦国。上党郡的官吏民众都情愿归入赵国，不想归入秦国。上党有十七座城邑，愿意归入赵国，任凭您裁决如何来赏赐官吏和民众。"孝成王非常高兴，召平阳君赵豹来告诉他说："冯亭献城邑十七座，接受它怎么样？"赵豹回答说："圣人认为无缘无故得到的利益是很大的祸患。"孝成王说："人家感念我们的恩德，怎么叫无缘无故呢？"赵豹回答说："秦国蚕食韩国的土地，把它从中截断，不让其南北相通，本来自认为可以轻易地获得上党郡的土地。韩国之所以不把它献给秦国，是因为想把祸患转嫁给赵国。秦国付出了辛劳而赵国获得了利益，如此，即使是强大的国家也不能从弱小的国家去得到利益，弱小的国家岂能从强大的国家那里得到利益呢？这难道可以说不是无缘无故的利益吗？而且秦国用牛耕种，从水路运送粮食来蚕食东方各国，把上等车乘和攻占的土地分给功臣，国内的政令得到贯彻施行，不可以和秦国作对，一定不要接收上

攻,逾年历岁[4]未得一城也。今以城市邑十七币[5]吾国,此大利也。"

党。"孝成王说:"如今秦国动员百万的兵力去进攻,积年累岁也没有得到一座城邑。现在韩国拿十七座城邑当礼物献给我国,这是很大的利益。"

注释 1 安:习惯,意气归向之。 2 十七:《战国策·秦策》正作"上党十七县"。 财王:请王裁决。财,通"裁"。 3 秦以牛田,之水通粮:《战国策》"牛田"下无"之"字。牛田,用牛耕种。意指粮食充足。水通粮,水道运送军粮。意指给养供应及时。 上乘:上等车乘。 倍战:奋力攻战。 上国:指韩国。 4 逾年历岁:经年累岁。 5 币:本指玉、马、皮、帛等礼物,此指作为礼物献纳。

赵豹出,王召平原君与赵禹而告之。[1]对曰:"发百万之军而攻,逾岁未得一城,今坐受城市邑十七,此大利,不可失也。"王曰:"善。"乃令赵胜受地,告冯亭曰:"敝国使者臣胜,敝国君使胜致命,以万户都三封太守,千户都三封县令,皆世世为侯,吏民皆益爵三级,吏民能相安,皆赐之六金。[2]"冯亭垂涕不见使者,曰:"吾不处三不义也:为主守地,不能死固[3],

赵豹出去,孝成王召平原君和赵禹来告诉他们这件事。这俩人回答说:"动员百万的兵力去进攻,好几年没有得到一座城邑,如今坐着就得到城邑十七座,这是大利益,不可以失掉。"孝成王说:"好。"就命令赵胜接受土地,告诉冯亭说:"敝国使臣赵胜,敝国君主派我来传达命令,用万户的城邑三座封给太守,千户的城邑三座封给县令,他们将世世代代做侯,官吏民众全都进爵三级,官吏民众能平安相处,都赏赐黄金一百二十两。"冯亭流着眼泪不接见使者,说:"我不能处在三不义的境地:替主君守卫土地,不能拼死固守,这是一不义;韩王把上党纳

不义一矣；入之秦，不听主令，不义二矣；卖主地而食之，不义三矣。”赵遂发兵取上党。廉颇将军军长平[4]。

入秦国，我不听主君的命令，这是二不义；出卖主君的土地而得到封爵，这是三不义。”赵国就出动军队夺取上党郡。廉颇统领军队驻扎在长平。

注释 **1** 平原君：赵胜，战国四公子之一。详见《平原君虞卿列传》。 赵禹：人名，赵宗室大臣。 **2** 太守：指冯亭。 六金：一百二十两金子。金，古代货币计算单位，以一镒为一金。一镒，二十两。 **3** 死固：拼死固守。 **4** 长平：赵邑名，在今山西高平市西北。《史记志疑》：“此上失书‘六年’二字。”

七年，廉颇免而赵括[1]代将。秦人围赵括，赵括以军降，卒四十余万皆坑之。[2]王悔不听赵豹之计，故有长平之祸焉。

七年，廉颇被免职而让赵括替代他领兵。秦国人包围了赵括，赵括搏战被射死后赵军投降，士卒四十多万人都被坑杀了。孝成王后悔不听从赵豹的计策，所以有长平这样的祸患。

王还，不听秦，秦围邯郸。武垣[3]令傅豹、王容、苏射率燕众反燕地。赵以灵丘封楚相春申君[4]。

孝成王回来，不答应秦国的要求，秦国包围了邯郸。武垣令傅豹、王容、苏射率领燕国民众返回燕地。赵国把灵丘封给楚国国相春申君。

八年，平原君如楚请救。还，楚来救，及魏公子无忌[5]亦来救，秦围邯郸乃解。

八年，平原君到楚国去请求救援。平原君回国后，楚国前来援救，魏公子无忌也来救援，秦国才解除对邯郸的包围。

注释 1 赵括:赵奢之子。详见《廉颇蔺相如列传》。 2 赵括以军降:非。“以”后当有“死”字,赵括被射死然后军降。 坑:坑杀,活埋。《廉颇蔺相如列传》载:“赵括出锐卒自博战,秦军射杀赵括。括军败,数十万之众遂降秦,秦悉坑之。” 3 武垣:赵邑名,在今河北河间市。 4 春申君:黄歇,战国四公子之一。详见《春申君列传》。 5 魏公子无忌:即信陵君,战国四公子之一。详见《魏公子列传》。

十年,燕攻昌壮[1],五月拔之。赵将乐乘、庆舍攻秦信梁军,破之。[2]太子[3]死。而秦攻西周,拔之。徒父祺出。[4]十一年,城元氏,县上原。[5]武阳君郑安平[6]死,收其地。十二年,邯郸廥[7]烧。十四年[8],平原君赵胜死。

十年,燕国进攻昌城,五月攻占了。赵将乐乘、庆舍进攻秦国信梁的军队,打败了它。太子去世。秦国进攻西周,攻占了它。大夫徒父祺领兵出境防备秦国。十一年,筑元氏城,将上原设置为县。武阳君郑安平死去,他的封地被收回了。十二年,邯郸堆放柴草的房舍被烧。十四年,平原君赵胜去世。

注释 1 昌壮:即昌城。 2 乐乘:乐毅之子。 信梁:秦将。王龁之号。3 太子:赵之太子,史失其名。 4 徒父祺:赵大夫。徒父,姓。祺,名。 出:领兵出境以备秦。 5 元氏:赵邑名,在今河北元氏县西北。 县:设置为县。 上原:地名,在今河北元氏县西。 6 郑安平:魏人。曾为秦将攻赵邯郸,战败降赵,封武阳君,二年后去世。武阳,在今河北易县东南。 7 廥(kuài):堆放柴草的房舍。 8 依《年表》《列传》在“十五年”。

十五年，以尉文封相国廉颇为信平君[1]。燕王令丞相栗腹约欢[2]，以五百金为赵王酒，还归，报燕王曰："赵氏壮者皆死长平，其孤未壮，可伐也。"王召昌国君乐閒[3]而问之。对曰："赵，四战[4]之国也，其民习兵，伐之不可。"王曰："吾以众伐寡，二而伐一，可乎？"对曰："不可。"王曰："吾即以五而伐一，可乎？"对曰："不可。"燕王大怒。群臣皆以为可。燕卒起二军，车二千乘，栗腹将而攻鄗，卿秦将而攻代。廉颇为赵将，破杀栗腹，虏卿秦、乐閒。

十五年，把尉文封给相国廉颇称他做信平君。燕王命令丞相栗腹和赵国交好，拿五百镒黄金给赵王祝酒，回到国内，报告燕王说："赵国健壮的男子都死在了长平，他们的遗孤还未长大，可以攻打赵国。"燕王召昌国君乐閒来询问他。乐閒回答说："赵国是四面受敌的国家，它的民众熟悉战争，不可以去攻打。"燕王说："我以众伐寡，派二人攻打一人，可以吗？"乐閒回答说："不可以。"燕王说："我就派五人去打一人，可以吗？"乐閒回答说："不可以。"燕王大怒。群臣都认为可以。燕国终于出动两军，战车两千辆，由栗腹率领一军去进攻鄗邑，卿秦率领一军去进攻代地。廉颇任赵将，打败杀死了栗腹，俘虏了卿秦、乐閒。

注释　1 尉文：今地不详。《史记正义》："尉文盖蔚州地。"　信平：廉颇号也，言笃信而平和也。　2 约欢：交好。　3 乐閒：乐毅之子。　4 四战：指四面受敌。

十六年，廉颇围燕。以乐乘为武襄君。十七年，假相大将武襄君攻燕，围其国。[1]

十六年，廉颇包围燕国。封乐乘为武襄君。十七年，代理相国大将武襄君进攻燕国，

十八年,延陵钧[2]率师从相国信平君助魏攻燕。秦拔我榆次三十七城。十九年,赵与燕易土[3]:以龙兑、汾门、临乐与燕;燕以葛、武阳、平舒与赵。

包围它的国都。十八年,延陵钧率领军队跟从相国信平君帮助魏国攻打燕国。秦国攻占我国榆次地区三十七座城邑。十九年,赵国和燕国交换领土:把龙兑、汾门、临乐给燕国;燕国把葛城、武阳、平舒给赵国。

二十年,秦王政初立。秦拔我晋阳。[4]

二十年,秦王嬴政刚刚继位。秦国攻占我国的晋阳。

二十一年,孝成王卒。廉颇将,攻繁阳[5],取之。使乐乘代之,廉颇攻乐乘,乐乘走,廉颇亡入魏。子偃立,是为悼襄王[6]。

二十一年,孝成王去世。廉颇领兵,进攻繁阳,夺取了它。派乐乘去替代他,廉颇攻击乐乘,乐乘逃跑,廉颇逃亡进入魏国。孝成王的儿子偃继位,这就是悼襄王。

注释 1 假相:代理相国。 国:指国都。 2 延陵钧:赵将,名钧。延陵,复姓。 3 易土:交换领土。 4 秦拔我晋阳:事在十九年。 5 繁阳:邑名,春秋时属魏。攻取繁阳,在孝成王卒前。 6 悼襄王:公元前244—前236年在位。

悼襄王元年,大备[1]魏。欲通平邑、中牟之道[2],不成。

悼襄王元年,举行盛大仪式与魏国交好。想开通平邑到中牟之间的道路,没有成功。

二年,李牧将,攻燕,拔武遂、方城[3]。秦召春平

二年,李牧领兵,进攻燕国,拔占了武遂、方城。秦国召春平君去,趁机把他扣留下来。泄钧替他对文

君[4]，因而留之。泄钧为之谓文信侯曰："春平君者，赵王甚爱之而郎中[5]妒之，故相与谋曰'春平君入秦，秦必留之'，故相与谋而内之秦也。今君留之，是绝赵[6]而郎中之计中也。君不如遣春平君而留平都[7]。春平君者言行信于王，王必厚割赵而赎平都。"文信侯曰："善。"因遣之。城韩皋。

信侯吕不韦说："春平君，赵王特别喜爱他，但郎中们妒忌他，所以共同谋划说'春平君进入秦国，秦国一定会扣留他'，因此郎中们共同谋划把他送到秦国来了。如今您扣留他，这会断绝了秦国与赵国的友好关系，也正好中了郎中们的计。您不如把春平君遣送回国而留下平都侯。春平君的言行得到赵王的信任，赵王必割出很多土地来赎取平都侯。"文信侯说："好。"因而遣送他回国了。修筑韩皋城。

注释　1 大备：举行隆重的仪式。　2 平邑：邑名，在今河南南乐县东北。　中牟：县名，在今河南鹤壁市西。《史记正义》："牟山之侧，时二邑皆属魏，欲渡黄河作道相通，遂不成也。"　3 武遂：燕邑名，在今河北保定市徐水区一带。　方城：燕邑名，在今河北固安县南。　4 春平君：赵悼襄王的太子。《战国策》作"春平侯"。　5 郎中：官名，为国君的近侍。　6 绝赵：与赵国断绝友好关系。　7 平都：《战国策》作"平都侯"，赵大臣。

三年，庞煖将，攻燕，禽其将剧辛[1]。四年，庞煖将赵、楚、魏、燕之锐师，攻秦蕞，不拔；移攻齐，取饶安。[2]五年，傅抵将，居平邑；庆舍将东阳河外师，守河

三年，庞煖领兵，进攻燕国，擒获燕将剧辛。四年，庞煖率领赵、楚、魏、燕、韩五国的精锐之师，进攻秦国的蕞地，没有攻下；移师进攻齐国，夺取了饶安。五年，傅抵领兵，驻扎在平邑；庆舍率领东阳及河外的军队，守卫黄河的桥梁。六年，

梁。[3]六年，封长安君以饶[4]。魏与赵邺[5]。

把饶阳封给长安君。魏国把邺邑给予赵国。

九年，赵攻燕，取狸、阳城[6]。兵未罢，秦攻邺，拔之。悼襄王卒，子幽缪王[7]迁立。

九年，赵国进攻燕国，夺取了狸地和阳城。还没来得及罢兵，秦国进攻邺邑，拔占了它。悼襄王去世，他的儿子幽缪王迁继位。

注释　1 剧辛：战国时将领，原居赵，后赴燕。是年战败被杀。　2 赵、楚、魏、燕：五国攻秦，此处缺韩。　蕞(zuì)：秦地名，在今陕西西安市临潼区。　饶安：齐邑名，在今河北孟村回族自治县南。　3 傅抵：人名，赵将。　河外：此指黄河南岸，今河南南乐、濮阳、范县之间的地带。　河梁：桥。　4 饶：邑名，即饶阳，在今河北饶阳县东。　5 邺：邑名，在今河北临漳县西南。　6 狸、阳城：《史记正义》以为燕无狸阳，当作"渔阳"。《史记志疑》以为《正义》甚谬，依《战国策》，狸与阳城乃二地名，燕取之于齐，今又为赵所取也。按：似当从《战国策》。　7 幽缪王：公元前235—前228年在位。幽缪，后人追谥。

幽缪王迁元年，城柏人。二年，秦攻武城，扈辄率师救之，军败，死焉。[1]

幽缪王迁元年，修筑柏人城。二年，秦国进攻武城，扈辄率领军队去援救，军败，扈辄战死。

三年，秦攻赤丽、宜安，李牧率师与战肥[2]下，却之。封牧为武安君。四年，秦攻番吾[3]，李牧与之战，却之。

三年，秦国进攻赤丽、宜安，李牧率军在肥累城下和秦军交战，打退了秦军。李牧被封为武安君。四年，秦国进攻番吾，李牧和秦军交战，打退了秦军。

五年，代地大动，自乐徐以西，北至平阴，台屋

五年，代地发生大地震，从乐徐往西，北边到达平阴，楼台、房

墙垣太半坏，地坼[4]东西百三十步。六年，大饥，民讹言曰："赵为号[5]，秦为笑。以为不信，视地之生毛[6]。"

七年，秦人攻赵，赵大将李牧、将军司马尚将，击之。李牧诛，司马尚免，赵忽及齐将颜聚代之。[7]赵忽军破，颜聚亡去。以王迁降。

八年十月，邯郸为秦。

屋、墙垣多半被破坏，地面裂开东西长有一百三十步。六年，大饥荒，百姓中传出民谣说："赵国人大哭，秦国人大笑。如果不相信，请看田地是不是长苗。"

七年，秦军进攻赵国，赵国大将李牧、将军司马尚领兵，迎击秦军。李牧被诛杀，司马尚被废免，赵忽和齐将颜聚来替代他们。赵忽军被打败，颜聚逃走了。因此赵王迁投降。

八年十月，邯郸归属秦国。

注释　1 武城：赵邑名，又名"东武城"。时秦所攻，除武阳外，还有"平阳"。　扈辄：人名，赵将。　2 肥：春秋时为肥子国，白狄的一支。亦即"肥累"，邑名，在今河北石家庄市藁城区一带。　3 番(pó)吾：亦作"播吾"，县名，在今河北磁县境。　4 坼(chè)：裂开。　5 号(háo)：大声哭。　6 毛：本指地面上长的草木。此指田中的禾苗。　7 李牧诛，司马尚免：赵王宠臣郭开受金为秦反间，使赵王诛李牧，废司马尚。　赵忽：又作"赵葱"，人名，赵将。

太史公曰：吾闻冯王孙[1]曰："赵王迁，其母倡也，嬖于悼襄王。[2]悼襄王废適[3]子嘉而立迁。迁素无行[4]，信谗，故诛其良将

太史公说：我听冯王孙说过："赵王迁，他母亲原是歌舞艺人，受到悼襄王宠爱。悼襄王废除嫡子嘉而让迁继位。迁素来没有好的品行，听信谗言，所以诛杀了他的良将李牧，而任用郭开。"难道这不是很荒

李牧，用郭开。”岂不谬哉！秦既虏迁，赵之亡大夫共立嘉为王。王代六岁，秦进兵破嘉，遂灭赵以为郡。[5]

谬吗？秦国俘虏了迁后，赵国逃亡出国都的大夫们共同扶立嘉做王。嘉在代地称王六年，秦国进兵攻破了嘉，彻底灭亡了赵国而将那里设置为郡。

注释 **1** 冯王孙：人名，汉武帝时代的博闻之士。 **2** 倡：歌舞人。《史记集解》引徐广曰：“《列女传》曰邯郸之倡。” 嬖(bì)：宠爱。 **3** 適：通“嫡”。 **4** 无行：没有好的品行。 **5** 按：《燕世家》载，燕王喜“二十七(前228)，秦虏赵王迁，赵降。赵公子嘉自立为代王”。又，“三十三年(前222)……虏燕王喜，卒灭燕。是岁，秦将王贲虏代王嘉。”故此，史以公元前222年为赵灭之年。

史记卷四十四

魏世家第十四

原文

魏之先，毕公高之后也。毕公高与周同姓。[1] 武王之伐纣，而高封于毕[2]，于是为毕姓。其后绝封，为庶人，或在中国[3]，或在夷狄。其苗裔[4]曰毕万，事晋献公。

译文

魏的祖先，是毕公高的后代。毕公高与周族是同姓。周武王讨伐商纣王，而后把高封在毕地，这时高开始以毕为姓。后来毕氏的封爵被取消，成了平民，族人有的在中原地区，有的在夷狄地区。毕氏的后代子孙中有个叫毕万的，侍奉晋献公。

注释　1 毕公高与周同姓：即为姬姓。《周本纪》叙文王十子，无毕公。《史记索隐》云："《左传》富辰说文王之子十六国有毕、原、丰、郇，言毕公是文王之子。此云与周同姓，似不用《左氏》之说。马融亦云毕、毛，文王庶子。"　2 毕：国名，在今陕西咸阳市东北。　3 中国：指中原地区。　4 苗裔：后代子孙。

献公之十六年，赵夙为御，毕万为右，以伐霍、耿、

晋献公十六年，赵夙担任驭手，毕万做了车右，去讨伐霍、耿、

魏,灭之。[1] 以耿封赵夙,以魏封毕万,为大夫。卜偃[2] 曰:"毕万之后必大矣。万,满数也;魏,大名也。[3] 以是始赏,天开[4] 之矣。天子曰兆[5] 民,诸侯曰万民。今命之大,以从满数,其必有众。[6]"初,毕万卜事晋,遇"屯"之"比"[7]。辛廖[8] 占之,曰:"吉。'屯'固,'比'入,吉孰大焉,其必蕃昌。[9]"

魏三个小国,灭掉了它们。把耿邑封给赵夙,把魏邑封给毕万,赵夙、毕万二人都成了大夫。卜偃说:"毕万的后代必定会兴旺。万,是个满数;魏,是个大名号。一开始就奖赏这个名号,是上天开启了他们的福源。天子管属的叫兆民,诸侯管属的叫万民。如今封他的名称是大,又象征着依从满数,他将来必定拥有众多的民众。"当初,毕万对侍奉晋国进行了占卜,得到的是从"屯"卦变而为"比"卦。辛廖占卜后说:"吉利。'屯'象征着草木坚实牢固,'比'象征亲密能够进入,没有比这更吉利的了,他必定会繁衍昌盛。"

注释 **1** 献公之十六年:即公元前661年。 赵夙:人名,赵之先祖。 御:车的驭手。 右:车右。负责保卫的武士,亦起平衡车辆的作用。 霍:国名,在今山西霍州西南。 耿:国名,在今山西河津市东南。 魏:国名,在今山西芮城县北。 **2** 卜偃:人名,即郭偃。晋国掌管占卜的大夫。 **3** 满数:数从一到万为满,故万为满数。 魏:本作"巍",高大。 **4** 开:启。以魏赏毕万,是为天开其福。 **5** 兆:亿万。 **6** 命:名,起名。 有众:拥有众多的人民。 **7** "屯"之"比":屯,下"震"上"坎";比,下"坤"上"坎"。屯卦的初九变为初六即为比卦。 **8** 辛廖:人名,晋大夫。 **9** "屯"固,"比"入:《史记集解》引杜预曰:"屯,险难也,所以为坚固。比,亲密,所以得入。" 按:险难,指草木萌生之艰难,成长后则坚实牢固。亲密,亦有顺从、依附之义。 蕃昌:繁衍昌盛。

毕万封十一年，晋献公卒，四子争更立，晋乱。而毕万之世弥大[1]，从其国名为魏氏。生武子[2]。魏武子以魏诸子[3]事晋公子重耳。晋献公之二十一年，武子从重耳出亡。十九年反，重耳立，为晋文公，而令魏武子袭魏氏之后封，列为大夫，治于魏。生悼子。[4]

毕万受封后的第十一年，晋献公去世，四个儿子争着更替继位，晋国政治混乱。而毕万的后代日渐壮大，以它的封地名称改姓魏氏。生了武子。魏武子用魏氏庶子的身份侍奉晋公子重耳。晋献公二十一年，武子跟从重耳出国流亡。经过十九年返回晋国，重耳继位，为晋文公，而让魏武子作为魏氏的后代继承封爵，置于大夫行列，治所设在魏邑。他生了悼子。

注释 **1** 世：后代。 弥：更，益。 **2** 武子：名犨(chōu)，谥武子。依《世本》，毕万生芒季，芒季生武仲州，则武子为毕万之孙。 **3** 诸子：庶子。 **4** 反：同"返"。 袭：继承。

魏悼子徙治霍。生魏绛。

魏绛事晋悼公。悼公三年，会诸侯。[1]悼公弟杨干乱行，魏绛僇辱杨干。[2]悼公怒曰："合诸侯以为荣，今辱吾弟！"将诛魏绛。或说悼公，悼公止。卒任魏绛政，使和戎、翟，戎、翟亲附。悼公之十一

魏悼子把治所迁徙到霍邑。他生了魏绛。

魏绛侍奉晋悼公。悼公三年，会盟诸侯。悼公的弟弟杨干扰乱了随军的行列，魏绛侮辱了杨干。悼公发怒说："我把会合诸侯当作荣耀，而有人竟侮辱我的弟弟！"将要诛杀魏绛。有人劝说悼公，悼公作罢。后来悼公任用魏绛当政，派他去同戎、翟修好，戎、翟就亲近归附晋国。悼公十一年，说："自从我任

年，曰："自吾用魏绛，八年之中，九合诸侯，戎、翟和，子之力也。"赐之乐，三让，然后受之。徙治安邑。魏绛卒，谥为昭子。生魏嬴。嬴生魏献子[3]。

用魏绛，八年中间，多次会盟诸侯，和戎、翟相处也很和睦，这都是您的功劳。"赐给魏绛音乐，他多次推让，然后才接受。魏绛把治所迁徙到安邑。魏绛去世，谥号叫昭子。他生了魏嬴。魏嬴生了魏献子。

献子事晋昭公。昭公卒而六卿[4]强，公室卑。

献子侍奉晋昭公。昭公去世后六卿强大，国君的公室卑弱。

注释 1 悼公三年：即公元前570年。时悼公在鸡泽（在今河北邯郸市东北）会诸侯。 2 杨干乱行：《左传》言"魏绛戮其仆"，仆即驾车人，杀杨干的驾车人，等于侮辱了杨干，故悼公怒。乱行（háng），扰乱军行。诸侯会盟时有军队跟随。杨干随晋军驻在鸡泽附近之曲梁，时魏绛为主管军法的中军司马。 僇（lù）辱：侮辱。僇，辱。 3 魏献子：《世本》，名荼。或名舒。 4 六卿：晋六卿即范氏、中行氏、智氏、赵氏、韩氏、魏氏六大家族。

晋顷公之十二年，韩宣子老，魏献子为国政。[1]晋宗室祁氏、羊舌氏相恶，六卿诛之，尽取其邑为十县，六卿各令其子为之大夫。[2]献子与赵简子、中行文子、范献子并为晋卿。[3]

晋顷公十二年，韩宣子退休，魏献子主持国家政事。晋的宗室祁氏和羊舌氏互相诽谤，六卿就将他们诛杀了，夺取了他们的全部封邑，并将其划分为十个县，六卿分别让自己的儿子去做这十县的大夫。献子同赵简子、中行文子、范献子一起成了晋国的卿。

其后十四岁而孔子相

十四年后，孔子做了鲁国的

鲁。[4]后四岁，赵简子以晋阳之乱[5]也，而与韩、魏共攻范、中行氏。魏献子生魏侈。魏侈与赵鞅共攻范、中行氏。

魏侈之孙曰魏桓子，与韩康子、赵襄子共伐灭知伯，分其地。[6]

傧相。四年以后，赵简子因为晋阳变乱的缘故，和韩氏、魏氏共同进攻范氏、中行氏。魏献子生了魏侈。魏侈和赵鞅一起进攻范氏、中行氏。

魏侈的孙子叫魏桓子，和韩康子、赵襄子共同攻打并灭了智伯，瓜分了他的封地。

注释 1 晋顷公之十二年：公元前514年。 韩宣子：韩起，谥宣子。 老：告老，退休。此处应为“卒”。《左传・昭公二十八年》云“秋，晋韩宣子卒”。 2 宗室：公族的分支。 祁氏：祁盈，祁午子。 羊舌氏：杨食我，叔向子。叔向食邑于杨。亦作“羊舌食我”。 恶(wù)：诽谤。 3 赵简子：赵鞅。 中行文子：荀寅。 范献子：范吉射。 4 其后十四岁：即晋定公十二年，公元前500年。 相：官名，掌会盟时的礼仪，属“行人”之职。 5 晋阳之乱：详见《赵世家》。晋阳，战国初之赵都，在今山西太原市西南。 6 魏桓子：名驹。 韩康子：名虔。 赵襄子：名无恤。 知伯：即智伯，又称智瑶。本姓葛，亦名荀瑶。封地智城，在今山西永济市东北。

桓子之孙曰文侯都[1]。魏文侯元年，秦灵公之元年也。[2]与韩武子、赵桓子、周威王同时。

六年，城少梁。[3]十三年，使子击围繁、庞，出其民。[4]十六年，伐秦，筑临晋、元里。

桓子的孙子是文侯都。魏文侯元年，就是秦灵公的元年。魏文侯和韩武子、赵桓子、周威烈王处在同一时期。

六年，修筑少梁城。十三年，派子击包围繁邑和庞邑，迁出邑中的居民。十六年，攻打秦国，修筑临晋、元里两座城。

注释 1 文侯都:《世本》名斯。 2 魏文侯元年:《辞海》所附《中国历史纪年表·战国纪年表》为公元前445年,为秦厉共公之三十二年。 秦灵公之元年:公元前424年。秦厉共公三十四年之后,中经躁公十四年,怀公四年始至灵公。与此处异,依《中国历史纪年表》即为魏文侯之二十二年,非元年。是年,为韩武子(名启章)元年、赵桓子(名嘉)元年(在位一年,其二年即为赵献侯元年)、周威烈王(文缺"烈"字)二年,故下文言"同时"。 3 六年:指公元前419年。 4 子击:魏文侯之太子。以后的武侯。 出:迁走。

十七年,伐中山,使子击守之,赵仓唐傅[1]之。子击逢文侯之师田子方于朝歌,引车避,下谒。[2]田子方不为礼。子击因问曰:"富贵者骄人乎?且贫贱者骄人乎?"子方曰:"亦贫贱者骄人耳。夫诸侯而骄人则失其国,大大而骄人则失其家。贫贱者,行不合,言不用,则去之楚、越,若脱躧[3]然,柰何其同之哉!"子击不怿[4]而去。西攻秦,至郑而还,筑雒阴、合阳。[5]

二十二年,魏、赵、韩列为诸侯。[6]

十七年,攻打中山国,派子击守卫它,由赵仓唐辅佐子击。子击在朝歌遇见了文侯的老师田子方,引车回避,下车进见。田子方不予回礼。子击因而问田子方说:"是富贵的人对人傲慢呢?或是贫贱的人对人傲慢呢?"田子方说:"也就是贫贱的人对人傲慢罢了。大凡诸侯要是对人傲慢就会失去自己的封国,大夫要是对人傲慢就会失去自己的家。贫贱的人,如果行为不相投合,意见不被采纳,就离开这里到楚国、越国去,这像脱掉自己的鞋子一样容易,怎么可以和富贵的人相等同呢?"子击不高兴地离开了。向西去进攻秦国,到达郑邑就回来了,修筑雒阴、合阳城。

二十二年,魏国、赵国、韩国被

二十四年，秦伐我，至阳狐[7]。

二十五年，子击生子罃[8]。

置于诸侯的行列之中。

二十四年，秦国攻打我国，到了阳狐。

二十五年，子击生了子罃。

注释 1 傅：辅佐。 2 朝歌：邑名，在今河南淇县。 谒：进见。 3 躧(xǐ)：鞋。 4 怿(yì)：高兴。 5 郑：邑名，在今陕西华县。 雒阴：地名，在今陕西大荔县南，洛水南岸。合阳：邑名，在今陕西渭南市华州区一带，黄河西岸。 6 二十二年：指公元前403年。是年晋大夫魏斯、赵籍、韩虔被周威王正式命为诸侯。 7 阳狐：地名。一说在今山西垣曲县东南；一说在今河北大名县东北。 8 子罃(yīng)：以后的惠王。

文侯受子夏经艺，客段干木，过其闾，未尝不轼也。[1]秦尝欲伐魏，或曰："魏君贤人是礼，国人称仁，上下和合，未可图也。"文侯由此得誉于诸侯。

任西门豹守邺，而河内称治。[2]

文侯接受子夏讲授经学，用客礼对待段干木，经过他的里门，没有哪一次不是握着车前横木弯腰低头表示敬重的。秦国曾经想攻打魏国，有人说："魏君礼待贤人，国中的人称赞他仁道，全国上下和睦同心，不可以去图谋它。"文侯因此在诸侯间享有盛誉。

文侯任用西门豹做邺地的长官，河内地区因此而治理得非常好。

注释 1 子夏：卜商，字子夏，故下文称"卜子夏"。 经艺：讲授经学。经，六经。亦称"六艺"。 客：以客礼相待。 段干木：子夏学生。段干，姓。木，名。魏国人。 闾：里巷的大门，也代称里巷。 轼(shì)：车前横木。

人在车上握轼低头，是表示对人的尊敬。《史记正义》引皇甫谧《高士传》云："文侯以客礼待段干木，出过其闾而轼。其仆曰：'君何轼？'曰：'段干木贤者也，不趣势利，怀君子之道，隐处穷巷，声驰千里，吾安得勿轼！干木先乎德，寡人先乎势；干木富于义，寡人富乎财。势不若德贵，财不若义高。'"（参见《史记正义·魏世家》）。 **2** 西门豹：战国时有名的地方长官。《河渠书》："西门豹引漳水溉邺，以富魏之河内。" 守邺：担任邺守。守，地方长官。邺(yè)，都邑名，在今河北临漳县西南。 河内：地区名，在古黄河的西北岸。

魏文侯谓李克[1]曰："先生尝教寡人曰'家贫则思良妻，国乱则思良相'。今所置非成则璜[2]，二子何如？"李克对曰："臣闻之，卑不谋尊，疏不谋戚。臣在阙门之外，不敢当命。[3]"文侯曰："先生临事勿让。"李克曰："君不察故也。居视其所亲，富视其所与，达视其所举，穷视其所不为，贫视其所不取。[4]五者足以定之矣，何待克哉！"文侯曰："先生就舍[5]，寡人之相定矣。"

魏文侯对李克说："先生曾经教导我说'家中贫穷就想有个贤良的妻子，国家混乱就想有个贤良的辅相'。如今要设置国相不是成子就是翟璜，这两个人怎么样？"李克回答说："我听说，卑贱的人不能为尊贵的人谋划事情，关系疏远的人不能为关系亲近的人谋划事情。我的职责在宫廷之外，不敢承当这个使命。"文侯说："先生既然遇上了这事，就不必谦让。"李克说："这是您没有考察的缘故。平常时看他亲近哪些人，富贵时看他结交哪些人，显达时看他举荐哪些人，窘迫时看他不做哪些事，贫苦时看他不取哪些物。从这五方面就足以确定人选了，哪里还需我说呢！"文侯说："先生回府去吧，我的国相已经确定了。"

注释 1 李克：战国初政治家，子夏弟子。《平准书》："魏用李克，尽地力，为强君。"《货殖列传》："当魏文侯时，李克务尽地力。"一以为此李克乃李悝。 2 成：魏文侯弟，即下文"魏成子"。 璜：下文之"翟璜"，时为上卿。 3 阙门：代指朝廷。阙，宫殿前面左右各一的高台建筑物。 当：承担。 4 居：平居，平常时候。 亲：亲近，交往。 达：显达，显贵。 举：举荐，推荐。 5 就舍：回府。舍，府第。

李克趋而出，过翟璜之家。[1]翟璜曰："今者闻君召先生而卜[2]相，果谁为之？"李克曰："魏成子为相矣。"翟璜忿然作色曰："以耳目之所睹记，臣何负[3]于魏成子？西河之守，臣之所进也。[4]君内以邺为忧[5]，臣进西门豹。君谋欲伐中山，臣进乐羊[6]。中山已拔，无使守之，臣进先生。[7]君之子无傅，臣进屈侯鲋。臣何以负于魏成子！"李克曰："且子之言克于子之君者，岂将比周[8]以求大官哉？君问而置相'非成则璜，二子何如'？克对曰：'君不察故也。居视其

李克快步走出宫门，到翟璜家去拜访。翟璜说："今日听说国君召唤先生去选择相国，究竟选定谁来做呢？"李克说："魏成子做国相。"翟璜气愤地变了脸色说："就凭您的所见所闻，我哪一点不如魏成子？西河的守将，是我推荐的。国君心中担忧邺地被赵国侵害，我推荐了西门豹。国君谋划想攻打中山国，我推荐了将军乐羊。中山国攻下来了，派不出人去镇守，我推荐了先生。国君的儿子缺乏师傅，我推荐了屈侯鲋。我怎么会比魏成子弱？"李克说："您把我推荐给您的国君，难道是要结党营私来求得高官吗？国君问设置国相'不是成子就是翟璜，这两个人怎么样？'我回答说：'您是不考察的缘故。平常时看他亲近哪些人，富贵时看他结交哪些人，显达时看他举荐哪些人，窘迫

所亲，富视其所与，达视其所举，穷视其所不为，贫视其所不取，五者足以定之矣，何待克哉！’是以知魏成子之为相也。且子安得与魏成子比乎？魏成子以食禄千钟，什九在外，什一在内，是以东得卜子夏、田子方、段干木。[9]此三人者，君皆师之[10]。子之所进五人者，君皆臣之。子恶[11]得与魏成子比也？”翟璜逡巡再拜曰：“璜，鄙人也，失对，愿卒为弟子。”[12]

时看他不做哪些事，贫苦时看他不取哪些物，从这五方面就足以确定人选了，哪里还需我说呢！’因此我知道魏成子要做国相了。而且您怎么能和魏成子相比呢？魏成子得到了千钟的俸禄，十分之九用在外面，只有十分之一用在家里，所以在东方得到了卜子夏、田子方、段干木。这三个人，国君都把他们当作师友。您所推荐的五个人，国君都把他们作为臣子。您怎么能够和魏成子相比呢？”翟璜迟疑徘徊拜了两拜说：“我翟璜是个浅薄的人，失于问对，甘愿终身做您的弟子。”

注释　1 趋：快步。　过：造访。　2 卜：决定，选择。　3 负：后，落在后面。　4 西河之守：指吴起。　进：推荐。　5 忧：指忧虑赵国进攻。　6 乐羊：魏国将军。　7 按：魏文侯灭中山后，封太子击为中山君，任用李克为中山相。　8 比周：结党营私。比，勾结。周，亲附。　9 千钟：指俸禄丰厚。钟，古容量单位，十釜为一钟，一釜为六斗四升。　10 君皆师之：《史记志疑》以为“当依《韩诗外传》作‘君皆师友之’，此盖缺‘友’字”。　11 恶(wū)：怎么。　12 逡(qūn)巡：迟疑徘徊之状。　鄙人：自谦之词，浅薄之人。　卒：终身。

二十六年，虢山崩，壅河。[1]三十二年，伐郑。

二十六年，虢山崩塌，堵塞了黄河。三十二年，攻打郑国。修筑酸枣

城酸枣。败秦于注。三十五年，齐伐取我襄陵。三十六年，秦侵我阴晋。

三十八年，伐秦，败我武下，得其将识。是岁，文侯卒，子击立，是为武侯。[2]

魏武侯元年，赵敬侯初立，公子朔为乱，不胜，奔魏，与魏袭邯郸，魏败而去。[3] 二年，城安邑、王垣[4]。七年，伐齐，至桑丘[5]。九年，翟败我于浍[6]。使吴起伐齐，至灵丘。齐威王初立。

十一年，与韩、赵三分晋地，灭其后。[7]

十三年，秦献公县[8]栎阳。十五年，败赵北蔺。

十六年，伐楚，取鲁阳。武侯卒，子罃立，是为惠王[9]。

城。在注人打败秦国。三十五年，齐国攻打并夺取了我国的襄陵。三十六年，秦国侵犯我国的阴晋。

三十八年，攻打秦国，在我国武城之下打败了它，俘获秦国将领识。这一年，文侯去世，儿子魏击继位，这就是武侯。

魏武侯元年，赵敬侯刚刚继位，公子朔发动叛乱，没有取胜，逃奔到魏国，同魏国一起袭击邯郸，魏军失败后撤离。二年，修筑安邑城、王垣城。七年，攻打齐国，到了桑丘。九年，翟族在浍水打败我国。派吴起攻打齐国，到了灵丘。齐威王继位。

十一年，和韩国、赵国三分晋国的土地，灭亡了晋君的后代。

十三年，秦献公修筑栎阳城。十五年，在北蔺打败赵国。

十六年，攻打楚国，夺取了鲁阳。武侯去世，儿子魏罃继位，这就是惠王。

注释　1 虢(guó)山：山名，在今河南三门峡市西一段黄河东岸。　壅：堵塞。　2 文侯卒：魏文侯卒于公元前387年。　武侯：公元前386—前371年在位。　3 按：赵敬侯于公元前386年继位，时为魏武侯之元年。 公子朔：当为“公子朝”。“朔”为赵氏远祖。 4 王垣：即垣县，因其境有王屋山而名“王垣”。 5 桑丘：原为燕邑，后属齐。魏救燕伐齐，故至此。 6 浍(kuài)：水名，源于山西翼城县东北，经曲沃县、侯马市于新绛南流入汾水。 7 按：三家分晋在公元前376年，当为魏武侯十一年。 8 县：《秦本纪》作“城”，是。 9 惠王：公元前370—前335年在位。

惠王元年。初，武侯卒也，子䓨与公中缓[1]争为太子。公孙颀自宋入赵，自赵入韩，谓韩懿侯曰：“魏䓨与公中缓争为太子，君亦闻之乎？今魏䓨得王错，挟上党，固半国也。因而除之，破魏必矣，不可失也。”[2]懿侯说，乃与赵成侯合军并兵以伐魏，战于浊泽，魏氏大败，魏君围。[3]赵谓韩曰：“除魏君，立公中缓，割地而退，我且利。”韩曰：“不可。杀魏君，人必曰暴；割地而退，人必曰贪。不如两分之。魏分为两，不强于宋、卫，则我终无魏之患矣。”赵不听。韩不说，以其少卒[4]夜去。惠王之所以身不死，国不分

惠王元年。当初，武侯去世的时候，子䓨和公中缓争着当太子。公孙颀从宋国进入赵国，从赵国进入韩国，对韩懿侯说：“魏䓨和公中缓争当太子，您也听说了吧？如今魏䓨得到了王错的辅佐，控制了上党地区，本来已经有半个国家了。借着这个机会除掉他，攻破魏国是必然的，不可失掉时机。”懿侯很高兴，就和赵成侯联合发兵攻打魏国，在浊泽开战，魏国大败，魏君被包围。赵国对韩国说：“除掉魏君，扶立公中缓，割了土地就撤退，我们将会获利。”韩国说：“不可以。杀了魏君，人家一定会说我们残暴；割了土地后撤退，人家一定会说我们贪婪。不如把它分成两部分。魏国分成了两部分，不比宋国、卫国强大，最终会使魏国不再是我们的祸患。”赵国不听从。韩国不高兴，率领它的少部分军队夜间

者，二家谋不和也。若从一家之谋，则魏必分矣。故曰"君终无適[5]子，其国可破也"。

离去。惠王之所以未死，魏国未被分割成两部分，是由于韩赵二家谋划时不和睦。如果依从任何一家的谋算，那么魏国一定会被分割。所以说"国君去世没有嫡子继承，这个国家就可能被攻破"。

注释　1 公中缓：魏武侯子。　2 公孙颀(qí)：人名。　韩懿侯：韩国国君，哀侯之子。　王错：魏大夫。后奔韩。　挟(xié)：挟制，控制。　固：本来。　3 说：通"悦"。　浊泽：魏地名，在今山西运城市东南。　4 少卒：少部分军队。　5 適：通"嫡"。

二年，魏败韩于马陵，败赵于怀。[1]三年，齐败我观[2]。五年，与韩会宅阳[3]。城武堵[4]。为秦所败。六年，伐取宋仪台[5]。九年，伐败韩于浍。与秦战少梁，虏我将公孙痤，取庞。秦献公卒，子孝公立。

二年，魏国在马陵打败了韩国，在怀地打败了赵国。三年，齐国在观泽打败了我国。五年，和韩国在宅阳相会。修筑武堵城。被秦国打败。六年，攻打并夺取了宋国的仪台。九年，在浍水岸边打败了韩国。和秦国在少梁开战，俘虏了我国将领公孙痤，夺取了庞邑。秦献公去世，儿子孝公继位。

注释　1 马陵：邑名，春秋属卫，山东莘县西南，一说在今河南范县西南；一说在今河北大名县东南。具体地址，仍须考证。　怀：魏邑名，在今河南武陟县西南。　2 观：亦名"观泽"，邑名，在今河南清丰县南。3 宅阳：亦名"北宅"，地名，在今河南郑州市北。　4 武堵：《六国年表》作"武都"。今地不详。　5 仪台：邑名，在今河南商丘市东南。

十年，伐取赵皮牢[1]。彗星见[2]。十二年，星昼坠，有声。

十四年，与赵会鄗[3]。十五年，鲁、卫、宋、郑君来朝。[4]十六年，与秦孝公会杜平[5]。侵宋黄池[6]，宋复取之。

十七年，与秦战元里，秦取我少梁。围赵邯郸。十八年，拔邯郸。赵请救于齐，齐使田忌、孙膑救赵，败魏桂陵。[7]

十九年，诸侯围我襄陵。筑长城，塞固阳[8]。

二十年，归赵邯郸，与盟漳水上。二十一年，与秦会彤[9]。赵成侯卒。二十八年，齐威王卒。中山君相魏。[10]

十年，攻打并夺取了赵国皮牢。彗星出现。十二年，有星在白天坠落，发出了声响。

十四年，和赵国在鄗地相会。十五年，鲁、卫、宋、郑各国国君前来朝见。十六年，和秦孝公在杜平相会。这年，侵占了宋国的黄池，宋国又夺回了黄池。

十七年，和秦国在元里开战，秦国夺取了我国的少梁。魏国包围了赵都邯郸。十八年，拔占了邯郸。赵国向齐国请求救援，齐国派将军田忌、孙膑援救赵国，在桂陵打败魏国。

十九年，诸侯国包围我国的襄陵。修筑长城，建造了固阳关塞。

二十年，归还给赵国邯郸，与赵国在漳水旁会盟。二十一年，和秦国在彤地相会。赵成侯去世。二十八年，齐威王去世。中山国国君担任魏相。

注释　1 皮牢：邑名，在今山东翼城县东。　2 见：出现。　3 鄗(hào)：赵邑名，在今河北高邑县东。　4 鲁：鲁共公。　卫：卫成侯。　宋：宋剔成。　郑：即“韩”。韩灭郑，徙都新郑，故“韩”亦称“郑”。　5 杜平：邑名，在今陕西澄城县东。　6 黄池：邑名，以今河南封丘县南。　7 田忌：

齐将。 孙膑:战国著名军事家。详见《孙子吴起列传》。 桂陵:邑名,在今河南长垣市西北。 8 塞(sài):此为修建关塞。 固阳:魏邑名,在今陕西神木市南。《史记正义》按:"魏筑长城,自郑滨洛,北达银州,至胜州固阳县为塞也。固阳有连山,东至黄河,西南至夏、会等州。" 9 彤:秦邑名,在今陕西渭南市华州区一带。 10 中山君:《史记索隐》按:"魏文侯灭中山,其弟守之,后寻复国,至是始令相魏。其中山后又为赵所灭。" 相魏:任魏国国相。

三十年,魏伐赵,赵告急齐。齐宣王用孙子计,救赵击魏。魏遂大兴师,使庞涓将,而令太子申为上将军。[1]过外黄,外黄徐子谓太子曰:"臣有百战百胜之术。"太子曰:"可得闻乎?"客曰:"固愿效[2]之。"曰:"太子自将攻齐,大胜并莒,则富不过有魏,贵不益[3]为王。若战不胜齐,则万世无魏矣。此臣之百战百胜之术也。"太子曰:"诺,请必从公之言而还矣。"客曰:"太子虽欲还,不得矣。彼劝太子战攻,欲啜汁[4]者众。太子虽欲

三十年,魏国攻打赵国,赵国向齐国告急。齐宣王采纳孙膑的计谋,援救赵国进击魏国。魏国就大肆兴兵,派庞涓率领,而让太子申任上将军。路过外黄,外黄人徐子对太子说:"我有百战百胜的方法。"太子说:"可以讲给我听吗?"徐子说:"原本就想说给您听。"徐子接着说:"太子自己统兵攻打齐国,取得大胜并占领莒地,就是富也不过拥有魏国,贵也不会超过做魏王。假若不能战胜齐国,就会万世也不能得到魏国了。这就是我百战百胜的方法。"太子说:"好吧,我一定听从您的话返回国去。"徐子说:"太子即使想回国,也不能了。那些劝说太子开战进攻,想借机取利的人是很多的。太子即使想返回国去,恐怕也不能了。"太子因此想返回国去,

还，恐不得矣。”太子因欲还，其御曰：“将出而还，与北[5]同。”太子果与齐人战，败于马陵。齐虏魏太子申，杀将军涓，军遂大破。

他的驾车人说：“领兵出国无缘无故就返回和败逃是一样的。”太子果然和齐国人开战，在马陵失败了。齐国俘虏了魏国的太子申，杀死了将军庞涓，魏军大败。

注释 **1** 按：齐击魏及下文虏魏太子申、杀将军庞涓事，详见《孙子吴起列传》。《传》言“魏与赵攻韩，韩告急于齐”，与此异。又，时为公元前362年，齐威王一十七年，非“宣王”；齐威王死于公元前343年，即魏惠王之二十八年。孙子，指孙膑。《中国历史纪年表》作齐威王死于公元前320年，有误。 **2** 效：呈献，进献。 **3** 益：超过。 **4** 啜(chuò)汁：吃残汤剩饭。此处比喻借机取利。 **5** 北：败北，败逃。

三十一年，秦、赵、齐共伐我，秦将商君[1]诈我将军公子卬而袭夺其军，破之。秦用商君，东地至河，而齐、赵数破我，安邑近秦，于是徙治大梁。[2]以公子赫为太子。

三十一年，秦国、赵国、齐国一起来攻打我国，秦国将领商君欺诈我国的将军公子卬并突袭夺取了他的军队，打败了魏军。秦国任用商君，东边的土地扩展到了黄河，而齐国、赵国屡次打败我国，安邑接近秦国，于是把国都迁徙到大梁。立公子赫做太子。

三十三年，秦孝公卒，商君亡秦归魏，魏怒，不入。三十五年，与齐宣王会平阿[3]南。

三十三年，秦孝公去世，商君从秦国逃到魏国，魏国大怒，不接纳他。三十五年，和齐宣王在平阿之南相会。

惠王数被于军旅，卑礼厚币以招贤者。[4]邹衍、淳于

惠王多次在战争中遭受失

髡、孟轲皆至梁。[5]梁惠王曰:"寡人不佞[6],兵三折于外,太子虏,上将死,国以空虚,以羞先君宗庙社稷,寡人甚丑之。叟不远千里,辱幸至弊邑之廷,将何以利吾国?[7]"孟轲曰:"君不可以言利若是。夫君欲利则大夫欲利,大夫欲利则庶人欲利,上下争利,国则危矣。为人君,仁义而已矣,何以利为!"

三十六年,复与齐王会甄[8]。是岁,惠王卒,子襄王[9]立。

败,所以就用谦恭的礼节和厚重的礼物来招纳贤人。邹衍、淳于髡、孟轲都来到梁国。梁惠王说:"我没有才能,三次在外折兵损将,太子被俘虏,上将军战死,国家因而空虚,羞辱了先代君王和宗庙社稷,我感到特别惭愧。先生们不远千里,屈尊光临敝国朝廷,将采用什么方法来使我国获利?"孟轲说:"您不可以像这样谈论利。您想获利则大夫也会想获利,大夫想获利则平民也会想获利,上上下下争着要获利,国家就危险了。作为人君,只要施行仁义就够了,何必要讲利呢?"

三十六年,再次和齐王在甄邑相会。这一年,惠王去世,儿子襄王继位。

注释 1 商君:商鞅。破魏公子卬军事,详见《商君列传》。 2 数(shuò):屡次。 治:此指国都所在地。 大梁:魏都,在今河南开封市。 3 平阿:齐邑名,在今安徽怀远县西南。 4 被:遭受。 军旅:指战争。 币:礼物。 5 邹衍:战国阴阳家。详见《孟子荀卿列传》。 淳于髡:人名,以滑稽著称。详见《孟子荀卿列传》与《滑稽列传》。 孟轲:孟子。战国时儒家的代表。《史记志疑》:"孟子至梁不在惠王三十五年。" 梁:即魏。魏国迁都大梁后亦称"梁"。梁惠王即魏惠王。 6 不佞:不才。 7 叟:对长者的尊称。 辱幸:屈尊光临。 8 甄(juàn):卫邑名,在今山东鄄城县北。 9 襄王:公元前 334—前 319 年在位。 按:据《六国年表》,惠王卒于公元前 335 年。《中国历史纪年表》载，惠王卒于 319 年，此处之叙述与《六国年表》一致。

襄王元年，与诸侯会徐州[1]，相王也。追尊父惠王为王。

五年，秦败我龙贾军四万五千于雕阴，围我焦、曲沃。予秦河西之地。

六年，与秦会应。秦取我汾阴、皮氏、焦。魏伐楚，败之陉山。七年，魏尽入[2]上郡于秦。秦降我蒲阳[3]。八年，秦归我焦、曲沃。

十二年，楚败我襄陵。诸侯执政与秦相张仪会齧桑。十三年，张仪相魏。魏有女子化为丈夫。秦取我曲沃、平周。

十六年，襄王卒，子哀王[4]立。张仪复归秦。

哀王元年，五国[5]共攻秦，不胜而去。二年，齐败我观津[6]。五年，秦使樗里

襄王元年，与诸侯在徐州相会，为了互相称王。襄王给他父亲追加尊号为王。

五年，秦国在雕阴打败了我国龙贾统领的四万五千人的军队，包围了我国的焦邑和曲沃。把河西地区割给了秦国。

六年，和秦国在应地相会。秦国夺取了我国的汾阴、皮氏、焦邑。魏国攻打楚国，在陉山打败了它。七年，魏国把全部的上郡土地划给秦国。秦国降服了我国的蒲阳。八年，秦国把焦、曲沃归还给我国。

十二年，楚国在襄陵打败我国。诸侯国主持朝政的官员和秦国国相张仪在齧桑相会。十三年，张仪担任魏相。魏国有个女人变成了男人。秦国夺取了我国的曲沃、平周。

十六年，襄王去世，儿子哀王继位。张仪重新回到了秦国。

哀王元年，韩、魏、楚、赵、燕五国共同进攻秦国，没有取胜就撤离了。二年，齐国在观津打败我国。

子伐取我曲沃，走犀首岸门。[7]六年，秦来立公子政[8]为太子。与秦会临晋。七年，攻齐。与秦伐燕。

五年，秦国派樗里子攻打并夺取了我国曲沃，犀首逃跑到岸门。六年，秦国来扶立公子政做太子。和秦国在临晋相会。七年，进攻齐国。和秦国攻打燕国。

注释 1 徐(shū)州：亦称“徐(shū)州”，齐地名，在今山东滕州南。 2 入：交纳。 3 蒲阳：魏邑名，在今山西隰(xí)县。《史记志疑》：“秦取蒲阳而复归之，故魏入上郡为谢也。” 4 哀王：《中国历史纪年表》中魏国无哀王。上文襄王在位之年即惠王“后元”之年，则此哀王三年，实为襄王在位之二十三年。 5 五国：韩、魏、楚、赵、燕。《史记志疑》以为“攻秦者六国”，故此亦当有齐。 6 观津：《史记志疑》以为当作“观泽”，魏邑名，原属赵。 7 樗(chū)里子：秦昭王弟，因居樗里而为号。详见《樗里子甘茂列传》。 曲沃：《史记志疑》以为当作“焦”。 犀首：本为魏官名，此指连横家公孙衍。见《张仪列传》之附传。 岸门：魏地名，在今山西河津市南之汾水东岸。 8 公子政：魏国公子。

八年，伐卫，拔列城二。[1]卫君患之。如耳[2]见卫君曰：“请罢魏兵，免成陵君，可乎？”卫君曰：“先生果能，孤请世世以卫事先生。”如耳见成陵君曰：“昔者魏伐赵，断羊肠，拔阏与，约斩赵，赵分而为二，所以不亡者，魏

八年，攻打卫国，攻占了相邻的两座城。卫君忧虑起来。如耳去见卫君说：“请允许我去让魏国罢兵，免掉成陵君，可以吗？”卫君说：“先生果真能够办到，我请求能世世代代用卫国来侍奉先生。”如耳见到成陵君说：“从前魏国攻打赵国，切断了羊肠坂道，拔取了阏与城，准备分割赵国，赵国一分而为二，但之所以没有灭亡，是因为魏国做了诸侯的合纵

为从主也。[3]今卫已迫亡，将西请事于秦。与其以秦醳卫，不如以魏醳卫，卫之德魏，必终无穷。[4]”成陵君曰：“诺。”如耳见魏王曰：“臣有谒[5]于卫。卫故周室之别[6]也，其称小国，多宝器。今国迫于难而宝器不出者，其心以为攻卫醳卫不以王为主，故宝器虽出必不入于王也。臣窃料之，先言醳卫者必受卫[7]者也。”如耳出，成陵君入，以其言见魏王。魏王听其说，罢其兵，免成陵君，终身不见。

长。如今卫国已经临近灭亡，将会向西去请求侍奉秦国。与其让秦国去解救卫国，不如让魏国来解救卫国，这样卫国必定会对魏国感激不尽。”成陵君说：“好。”如耳去会见魏王说：“我有关于卫国的事向您陈述。卫国是过去周王室的一个分支，虽说它是小国，但有很多宝器。如今迫于祸患但宝器还没有交出的原因，是认为进攻卫国和解救卫国都不是由您来做主，所以宝器即使是交出也一定不会献纳给您的。我私下猜测，先提出解救卫国的人一定会是接受了卫国贿赂的那个人。”如耳出去，成陵君进来，在会见魏王时说出了他的意见。魏王听了他的言辞，就撤掉了他领的兵，免掉了成陵君，终身不再见他。

注释 1 伐卫：翟章伐卫。 列城：邻近的城邑。列，各，诸。 2 如耳：魏大夫。 3 约斩：准备分割。 从(zòng，旧读 zōng)主：诸侯合纵之长。 4 醳(shì)：通“释”，释放，解救。 德：感激。 5 谒：陈述。 6 别：分支。 7 受卫：接受卫国贿赂。

九年，与秦王会临晋。张仪、魏章[1]皆归于魏。魏相田需死，楚害张

九年，和秦王在临晋相会。张仪、魏章都回到了魏国。魏相田需死了，楚国惧怕张仪、犀首和薛公做魏

仪、犀首、薛公。[2] 楚相昭鱼谓苏代曰[3]:"田需死,吾恐张仪、犀首、薛公有一人相魏者也。"代曰:"然相者欲谁而君便之?"昭鱼曰:"吾欲太子之自相也。"代曰:"请为君北[4],必相之。"昭鱼曰:"柰何?"对曰:"君其为梁王,代请说君。"昭鱼曰:"柰何?"对曰:"代也从楚来,昭鱼甚忧,曰:'田需死,吾恐张仪、犀首、薛公有一人相魏者也。'代曰:'梁王,长主[5]也,必不相张仪。张仪相,必右秦而左魏[6]。犀首相,必右韩而左魏。薛公相,必右齐而左魏。梁王,长主也,必不便也。'王曰:'然则寡人孰相?'代曰:'莫若太子之自相。太子之自相,是三人者皆以太子为非常相也,皆将务以其国事魏,欲得丞相玺也。[7] 以魏之强,而三万乘之国[8]辅之,魏必

相。楚相昭鱼对苏代说:"田需死了,我担心张仪、犀首、薛公中有一人要做魏相了。"苏代说:"若是这样,谁做魏相对您才便利呢?"昭鱼说:"我想让太子自任丞相。"苏代说:"请让我替您往北跑一趟,必定让太子做丞相。"昭鱼说:"有什么办法?"苏代回答说:"假设您是梁王,我请求向您游说。"昭鱼说:"怎么游说?"苏代回答说:"我苏代从楚国来,昭鱼特别担忧,说:'田需死了,我担心张仪、犀首、薛公中有一人来担任魏相。'苏代说:'梁王,是贤明的君主,必定不会让张仪做丞相。张仪做丞相,必定偏袒秦国而看轻魏国。犀首做丞相,必定偏袒韩国而看轻魏国。薛公做丞相,必定偏袒齐国而看轻魏国。梁王,是贤明的君主,一定会知道这对魏国不利。'魏王说:'那么我该让谁来做丞相?'苏代说:'不如太子自己来做丞相。太子自己做丞相,这样那三个人都认为太子不会长久做丞相,他们都将致力于让他们的国家来侍奉魏国,因为他们想得到丞相的职位。依仗魏

安矣。故曰莫若太子之自相也。'" 遂北见梁王,以此告之。太子果相魏。

国的强大,又有三个拥有万乘战车的大国来辅助,魏国必定是安全了。所以说不如太子自己来做丞相。'" 于是苏代就往北会见梁王,将上述话跟梁王说了一遍。太子果然做了魏相。

注释 1 魏章:曾为魏将,后又相秦。 2 害:惧怕。 薛公:此指齐孟尝君田文,然事实误。魏有田文为武侯相,又有魏文子相襄王,名均偶同于孟尝君。时孟尝方相齐,其奔魏在此后之二十六七年,不得谋为魏相。此误以魏文子为薛子。 3 昭鱼:昭奚恤。 苏代:苏秦之弟。附见《苏秦列传》。 4 北:北行。 5 长(zhǎng)主:贤君。 6 右:看重,偏向。古时尚右。 左:看轻。 7 太子:即以后的昭王。 非常相:不是长久的丞相。太子继位为君后当让出相位。 务:致力于。 得丞相玺:得到丞相职位。玺,印章。 8 万乘之国:拥有万辆兵车的诸侯大国。乘,辆。

十年,张仪死。十一年,与秦武王会应。十二年,太子朝于秦。秦来伐我皮氏,未拔而解。十四年,秦来归武王后[1]。十六年,秦拔我蒲反、阳晋、封陵。十七年,与秦会临晋。秦予我蒲反。十八年,与秦伐楚。二十一年,与齐、韩共败秦军函谷。

二十三年,秦复予我

十年,张仪死去。十一年,魏王和秦武王在应地相会。十二年,太子去秦国朝见秦王。秦国来攻打我国皮氏,没有攻下就撤走了。十四年,秦国把秦武王王后送回魏国。十六年,秦国攻占了我国的蒲坂、阳晋、封陵。十七年,魏国和秦昭王在临晋相会。秦国把蒲坂还给魏国。十八年,魏国和秦国攻打楚国。二十一年,魏国和齐国、韩国共同在函谷关打败秦军。

河外及封陵为和。哀王卒，子昭王[2]立。

昭王元年，秦拔我襄城。二年，与秦战，我不利。三年，佐韩攻秦，秦将白起败我军伊阙二十四万[3]。六年，予秦河东[4]地方四百里。芒卯以诈重[5]。七年，秦拔我城大小六十一。八年，秦昭王为西帝，齐湣王为东帝，月余，皆复称王归帝。九年，秦拔我新垣、曲阳之城。

十年，齐灭宋，宋王死我温。十二年，与秦、赵、韩、燕共伐齐，败之济西，湣王出亡。燕独入临菑。与秦王会西周。

十三年，秦拔我安城。兵到大梁，去[6]。十八年，秦拔郢，楚王徙陈。

十九年，昭王卒，子安釐王[7]立。

二十三年，秦国归还给我国河外和封陵以讲和。哀王去世，儿子昭王继位。

昭王元年，秦国攻占我国的襄城。二年，和秦国开战，我国不利。三年，佐助韩国进攻秦国，秦将白起在伊阙打败我方军队二十四万人。六年，魏国把黄河东岸纵横四百里的土地给予秦国。芒卯因为智诈在魏国被看重。七年，秦国攻拔我大小城邑六十一座。八年，秦昭王称西帝，齐湣王称东帝，一个多月以后，都恢复称王，放弃称帝。九年，秦国攻占了我国的新垣、曲阳二城。

十年，齐国灭掉宋国，宋国国王死在我国温县。十二年，和秦、赵、韩、燕四国一同攻打齐国，在济水之西把它打败，湣王从国都出逃。燕国单独进入临菑都城。魏昭王和秦王在西周相会。

十三年，秦国攻占我国安城。秦兵到了大梁，又离去了。十八年，秦国攻拔了楚国的鄢郢，楚王徙都到陈地。

十九年，昭王去世，儿子安釐王继位。

注释 1 武王后：魏公室女，秦武王娶为后，武王在位四年死，后无子，故将她送回魏国。 2 昭王：公元前295—前277年在位。 3 二十四万：合韩、魏之军言之，非仅指魏。 4 河东：自北而南流向的黄河以东，即今山西境内的地区。 5 诈：智诈。 重：看重。 6 去：《史记集解》引徐广曰："十四年大水。"秦军盖因水灾而撤离。 7 安釐王：名圉，公元前276—前243年在位。

安釐王元年，秦拔我两城。二年，又拔我二城，军大梁下，韩来救，予秦温以和。三年，秦拔我四城，斩首四万。四年，秦破我及韩、赵，杀十五万人，走我将芒卯。魏将段干子请予秦南阳[1]以和。苏代[2]谓魏王曰："欲玺者段干子也，欲地者秦也。今王使欲地者制玺，使欲玺者制地，魏氏地不尽则不知已。[3]且夫以地事秦，譬犹抱薪救火[4]，薪不尽，火不灭。"王曰："是则然也。虽然，事始已行，不可更矣。"对曰："王独不见夫博之所以贵枭者，便则食，不

安釐王元年，秦国攻拔我国两座城邑。二年，又攻拔了我国两座城邑，驻军在大梁城下，韩国前来援救，魏国给了秦国温县以求和。三年，秦国攻占了我国四座城邑，斩杀魏军四万。四年，秦国攻破我国和韩国、赵国，杀死了十五万人，赶跑了我国将领芒卯。魏将段干子请求把南阳地区送给秦国来讲和。苏代对魏王说："想得到印章的是段干子，想得到土地的是秦国。如今您让想得到土地的控制印章，让想得到印章的控制土地，魏国的土地不给尽，交易就不会停止。况且拿土地来贿赂秦国，等于抱着柴薪去救火，柴薪不烧完，火不会熄灭。"魏王说："这个讲法是对的。即使如此，事情已经开始执行，不可以变更了。"苏代回答说："您唯独没留意到玩博局游戏，看重枭子的原因，有

便则止矣。[5]今王曰‘事始已行,不可更’,是何王之用智不如用枭也?”

九年,秦拔我怀。十年,秦太子外质于魏死。

利,就吃掉对方的子;无利,就停下来。如今您说‘事情已经开始施行,不可更改’,难道您在运用智谋治理国家上还不如博戏时的用枭吗?”

九年,秦国攻占我国怀邑。十年,在魏国做人质的秦国太子死在魏国。

注释 1 南阳:地区名,在今温县以西黄河北岸之河南西北角一带。
2 苏代:《战国策·魏策三》作“孙臣”。 3 制:控制。 已:止。
4 抱薪救火:亦作“负薪救火”。然“抱”,似当作“抛”,抛,扔。薪,薪柴。
5 博:博局游戏。一般用骰(tóu)子五枚扔掷。 贵枭(xiāo):看重刻有枭形的骰子。 食:吃掉对方的棋子。《史记正义》:“博头有刻为枭鸟形者,掷得枭者合食其子,若不便则为余行也。”

十一年,秦拔我郪丘[1]。秦昭王谓左右曰:“今时韩、魏与始孰强?”对曰:“不如始强。”王曰:“今时如耳、魏齐[2]与孟尝、芒卯孰贤?”对曰:“不如。”王曰:“以孟尝、芒卯之贤,率强韩、魏以攻秦,犹无柰寡人何也。今以无能之如耳、魏齐而率弱韩、魏以伐秦,其无柰寡人何亦明矣。”左右皆曰:“甚然。”中旗冯

十一年,秦国攻拔了我国的郪丘。秦昭王对左右侍臣说:“现在的韩国、魏国和当年的韩国、魏国相比,哪个时期强大?”侍臣回答说:“现在不如当年强大了。”昭王说:“现在的如耳、魏齐和孟尝君、芒卯比谁贤能?”侍臣回答说:“不如孟尝君、芒卯贤能。”昭王说:“用孟尝君、芒卯的贤能,率领强大的韩国、魏国军队来进攻秦国,还不能把我怎么样。如今用无能的如耳、魏齐并率领衰弱的韩国、魏国军队来攻打秦国,更不能把我怎么样,这是很

琴而对曰[3]:“王之料天下过矣。当晋六卿之时,知氏最强,灭范、中行,又率韩、魏之兵以围赵襄子于晋阳,决晋水以灌晋阳之城,不湛[4]者三版。知伯行水,魏桓子御,韩康子为参乘。[5]知伯曰:‘吾始不知水之可以亡人之国也,乃今知之。’汾水可以灌安邑,绛水可以灌平阳[6]。魏桓子肘韩康子,韩康子履魏桓子,肘足接于车上,而知氏地分,身死国亡,为天下笑。[7]今秦兵虽强,不能过知氏;韩、魏虽弱,尚贤[8]其在晋阳之下也。此方其用肘足之时也,愿王之勿易[9]也!”于是秦王恐。

明显的。”左右的侍臣都说:“非常正确。”中旗官倚着琴瑟回答说:“您对天下的形势估计错了。当晋国六卿存在的时候,知氏最强大,他灭掉了范氏、中行氏,又率领韩氏、魏氏的兵众在晋阳包围了赵襄子,决开晋水来浸灌晋阳城,高度在三版以上的地方才没淹没在大水中。知伯视察水情,由魏桓子驾车,韩康子做参乘。知伯说:‘我开始不知道水可以灭亡别人的国家,如今却知道了。’汾水可以浸灌安邑,绛水可以浸灌平阳。魏桓子用臂肘碰韩康子,韩康子用鞋踩魏桓子,肘脚在车上暗中触接,因而知氏的土地就被瓜分,自身死了且国家灭亡,为天下所耻笑。如今秦兵虽然强大,不能超过知氏;韩国、魏国虽然衰弱,但还是要超过当初在晋阳城下的时候。现在正是它们用肘和脚暗中互相触接的时候,希望您一定不要轻视它们!”于是秦王恐惧起来。

注释　1 郪(qī)丘:一作“廪丘”,又作“邢丘”,魏邑名。在今山东东阿县境。　2 魏齐:魏昭王相,魏国公子。　3 中旗:官名,掌琴瑟。《战国策》作“中期”。　冯(píng):通“凭”,依靠,凭借。　4 湛(chén):通“沉”。

事详《赵世家》。 5 行水:察观水情。 参乘:陪乘。 6 平阳:韩邑名,在今山西临汾市西南,汾水西岸。 7 肘:指用臂肘碰人。 履:指用鞋踩人。 8 贤:胜过。 9 易:轻视。

齐、楚相约而攻魏,魏使人求救于秦,冠盖相望[1]也,而秦救不至。魏人有唐雎者,年九十余矣,谓魏王曰:"老臣请西说秦王,令兵先臣出。"魏王再拜,遂约[2]车而遣之。唐雎到,入见秦王。秦王曰:"丈人芒然乃远至此,甚苦矣!夫魏之来求救数矣,寡人知魏之急已。"[3]唐雎对曰:"大王已知魏之急而救不发者,臣窃以为用策之臣无任[4]矣。夫魏,一万乘之国也,然所以西面而事秦,称东藩,受冠带,祠春秋者,以秦之强足以为与也。[5]今齐、楚之兵已合于魏郊矣,而秦救不发,亦将赖其未急也。[6]使之大急,彼且割

齐国、楚国相约联合进攻魏国,魏国派出使者去向秦国求救,使者络绎不绝,但是秦国的救兵还是不到。魏国有个叫唐雎的人,年纪九十多岁了,对魏王说:"老臣请求往西去游说秦王,让他的救兵先于我走出秦国。"魏王拜了两拜,就备办车辆把唐雎送到秦国。唐雎到达,进宫拜见秦王。秦王说:"老人家远道而来,真是辛苦了!魏国派人来求救已经好多次了,我知道魏国的事情很紧急。"唐雎回答说:"大王已经知道魏国危急但是救兵还没有发出去的原因,我私下认为是谋划的大臣们无能。魏国,是一个万乘的国家,然而之所以要面向西来侍奉秦国,愿意做秦国在东方的藩属,接受秦国的礼仪,春秋进贡协办秦国的祭祀,是因为秦国的强大足以促使我国与其相交。如今齐国、楚国的军队已经会集在魏都的郊外了,秦国的救兵却不发出,也就是想魏国还不太危急吧。

地而约从，王尚何救焉？必待其急而救之，是失一东藩之魏而强二敌之齐、楚，则王何利焉？”于是秦昭王遽[7]为发兵救魏。魏氏复定。

赵使人谓魏王曰：“为我杀范痤，吾请献七十里之地。”魏王曰：“诺。”使吏捕之，围而未杀。痤因上屋骑危[8]，谓使者曰：“与其以死痤市，不如以生痤市。有如痤死，赵不予王地，则王将柰何？故不若与先定割地，然后杀痤。”魏王曰：“善。”痤因上书信陵君曰：“痤，故魏之免相也，赵以地杀痤而魏王听之，有如强秦亦将袭赵之欲[9]，则君且柰何？”信陵君[10]言于王而出之。

假如一定要等魏国形势特别危急，齐楚已经分割了土地而且相约合纵，您还有什么可救的呢？必定等到魏国危急才去救它，这样做，将失掉一个可做东方藩属的魏国而使两个敌对国家齐国、楚国强大起来，那么您还能得到什么好处呢？”于是秦昭王马上就发兵援救魏国。魏国重新安定。

赵国派人对魏王说：“替我杀了范痤，我愿意献上七十里土地。”魏王说：“可以。”魏王派官吏去拘捕范痤，包围了他但还没有斩杀。范痤于是爬上屋骑在屋脊上，对使者说：“与其拿死了的范痤去交换，不如拿活着的范痤去交换。假如范痤死了，赵国不给土地，那么君王能有什么办法？所以不如和赵国先确定割让的土地，然后再来杀范痤。”魏王说：“好。”范痤趁机给信陵君上书说：“范痤，是过去魏国被免职的丞相，赵国拿土地交换要杀痤而魏王听从了，假若强大的秦国也将沿用赵国的办法对待您，那么您将怎么办？”信陵君向魏王进谏之后，魏王把范痤释放了。

注释 1 冠盖相望：使者的车辆陆续不断。冠，使者所戴的帽子。盖，车盖。相望,后者可以望见前者。 2 约:备办。 3 丈人:对老者的尊称。 芒然:亦即“芒芒然”,疲乏貌。 已:语气助词,用法同“矣”。 4 无任:无能。 5 东藩:东方藩属。 冠带:本指服制,引申为礼仪、教化。 祠春秋:春秋进贡以协办秦国的祭祀。 与:《史记索隐》:“与谓许与为亲而结和也。” 6 合:会集。 赖:依恃。 7 遽(jù):马上,立即。 8 危:屋脊。 9 有如:假若。 袭:沿袭,沿用。10 信陵君:即魏无忌,战国四公子之一。事详《魏公子列传》。

魏王以秦救之故,欲亲秦而伐韩,以求故地。无忌谓魏王曰:

秦与戎翟同俗,有虎狼之心,贪戾[1]好利无信,不识礼义德行。苟有利焉,不顾亲戚兄弟,若禽兽耳,此天下之所识也,非有所施厚积德也。故太后母也,而以忧死;穰侯舅也,功莫大焉,而竟逐之;两弟无罪,而再夺之国。[2]此于亲戚若此,而况于仇雠[3]之国乎?今王与秦共伐韩而益近秦患,臣甚惑之。而王不识则不明,群臣莫以闻则不忠。

魏王由于有秦国援救的缘故,想亲好秦国而去攻打韩国,以求得到原属魏国而被韩国掠去的土地。公子无忌对魏王说:

秦国和戎翟习俗相同,有虎狼一样的野心,贪婪残暴喜好功利毫无信用,不懂得礼义德行。假若有什么功利可图,会不顾亲戚兄弟,像禽兽一般地去追求,这是天下人所知道的,它是不会向人施予恩惠而积累德行的。以前的太后是昭王的母亲,由于他的废黜忧伤致死;穰侯是他舅舅,没有谁的功劳能比穰侯大,却最终被逐出国都;两个弟弟没有罪过,却两次夺去他们的权力让他们去了封国。对亲戚尚能如此,更何况是对敌国呢?如今您和秦国共同去攻打韩国并更加亲近秦国,我感到特别疑惑。如果您不了解

今韩氏以一女子奉一弱主[4],内有大乱,外支强秦、魏之兵,王以为不亡乎?韩亡,秦有郑地,与大梁邺,王以为安乎?[5]王欲得故地,今负[6]强秦之亲,王以为利乎?

这些,就是不英明;群臣谁都没有向您奏知,就是不忠诚。

如今韩国由一位女人辅佐一个幼弱的君主,内部有大乱,外部又要应付强大的秦国、魏国的军队,您认为它不会灭亡吗?韩国灭亡,秦国占有从前郑国范围的土地,就和大梁城邻近了,您认为安全吗?您想得到从前属于魏国的土地,如今依仗和强大的秦国亲善,您认为有利吗?

注释 1 戾(lì):残暴。 2 太后:宣太后,秦昭王之母,昭王在位之前期掌政,后昭王听从范雎建议而加以废黜,以故忧伤而死。 穰(rǎng)侯:魏冉,宣太后异父弟。拥立昭王,任相专权。详见《穰侯列传》。 两弟:指秦昭王的两个同母弟泾阳君嬴中,高陵君嬴悝。后均被逐出关。按:秦昭王采取的实为辟除外戚专政加强王权的措施,于秦后来的发展有利。 3 仇雠(chóu):仇视敌对。 4 一女子奉一弱主:指韩桓惠王年幼,由母后代行执政。奉,帮助。此为辅佐。 5 郑地:指韩地。郑亡后,原郑地已入韩,故称。 邺:当为"邻"字。《史记索隐》云:"《战国策》'邺'作'邻'字为得。" 6 负:依仗。

秦非无事之国也,韩亡之后,必将更事,更事,必就易与利,就易与利,必不伐楚与赵矣。[1]是何也?夫越山逾河,绝韩上党而攻强赵,是复阏与之

秦国不是不生事端的国家,韩国灭亡之后,必将挑起其他事端;挑起其他事端,必定去做容易和有利的事;要做容易和有利的事,必定不会去攻打楚国和赵国了。这是为什么?要是越大山跨黄河,穿过韩国的上党地区去进攻强大的赵国,这

事，秦必不为也。[2] 若道河内，倍邺、朝歌，绝漳滏水，与赵兵决于邯郸之郊，是知伯之祸也，秦又不敢。[3] 伐楚，道涉谷，行三千里而攻冥阸之塞，所行甚远，所攻甚难，秦又不为也。[4] 若道河外，倍大梁，右蔡左召陵，与楚兵决于陈郊，秦又不敢。故曰秦必不伐楚与赵矣，又不攻卫与齐矣。

种重复阏与失败之事，秦国必定是不会做的。假若取道河内地区，背对着邺邑、朝歌，越过漳水、滏水，和赵兵在邯郸的郊外决战，这种重蹈知伯祸患之事，秦国又不敢去做。攻打楚国，取道涉谷，行进三千里去进攻冥阸关塞，所要走的路特别远，所要攻的地方特别难攻取，秦国又不会去做。假若取道河外地区，背靠着大梁，右边是上蔡、召陵，和楚兵在陈邑郊外决战，秦国又不敢去做。所以说秦国必定不会去攻打楚国和赵国，又不会去进攻卫国和齐国。

注释　**1** 无事：不生事端。　更事：挑起其他事端。　**2** 绝：越过，穿过。　阏与之事：见《赵世家》惠文王之二十九年及其注文。　**3** 道：取道。　倍：通“背”。　**4** 涉谷：《史记索隐》云，涉谷是往楚之险路。从秦向楚有两道，涉谷是西道，河内是东道。又，《史记会注考证》按：“《索隐》‘河内’当作‘河外’。”　冥阸：古隘道名，为楚之险塞。

夫韩亡之后，兵出之日，非魏无攻已。秦固有怀、茅、邢丘，城[1] 垝津以临河内，河内共、汲必危；有郑地[2]，得垣雍，决荧泽水灌大梁，大梁必亡。王

在韩国灭亡之后，秦国出兵的时候，除了魏国再没有可攻的目标了。秦国本来就占有怀邑、茅邑、邢丘，修筑了垝津城来监临河内地区，河内地区的共邑、汲邑一定危险了；有了原来的郑国地盘，得到了垣雍，决开荥泽的水来浸灌大梁，大梁必定亡失。您的使者出访

之使者出过而恶安陵氏于秦[3],秦之欲诛之久矣。秦叶阳、昆阳与舞阳邻,听使者之恶之,随安陵氏而亡之,绕舞阳之北,以东临许,南国必危,国无害已?[4]

秦国,犯有过失,在秦国对安陵氏加以诽谤,秦国想诛杀安陵氏已经很久了。秦国的叶阳、昆阳和魏国的舞阳邻近,若听任使者的诽谤,那叶阳、昆阳会随着安陵氏一起被灭亡,那样秦国绕过舞阳的北面,向东临近许地,南方的国土必定危险了,国家会不受害吗?

注释 1 城:筑城。又,《史记索隐》据《战国策》云邢丘、安城,以为"城"上少"安"字。安城,魏邑名,在今河南原阳县西。 2 郑地:《史记集解》引徐广曰:"成皋、荥阳亦属郑。" 3 出:出访。 过:过失。 恶(wù):诽谤,中伤。 安陵氏:魏襄王弟封于安陵,因以为氏。安陵,亦作"鄢陵"。4 许:春秋时许国故地,时属魏,在今河南许昌市东。 南国:许在魏国之南,故称。

夫憎韩不爱安陵氏可也,夫不患秦之不爱南国非也。异日者,秦在河西晋,国去梁千里,有河山以阑之,有周韩以间之。[1]从林乡军以至于今,秦七攻魏,五入囿中,边城尽拔,文台堕,垂都焚,林木伐,麋鹿尽,而国继以围。[2]又长驱梁北,东至陶卫之郊,

憎恨韩国而不爱护安陵氏是可以的,不担心秦国而不爱护南方国土就不对了。从前,秦国处在黄河西岸晋国的故地,它离大梁有上千里,有黄河和大山阻挡着,有周和韩国在中间隔绝。自从秦国攻打林乡以来直到如今,秦国七次进攻魏国,五次进入囿田泽,边境的城邑尽让它攻拔,文台毁坏,垂都被烧,林木砍光了,麋鹿全没有了,国都继而被包围。它又从大梁北边长驱直入,东边到了陶邑、卫邑的郊外,北边到达了阚邑。所有被秦国占领了

北至平监[3]。所亡于秦者，山南山北，河外河内，大县数十，名都数百。[4]秦乃在河西晋，去梁千里，而祸若是矣。又况于使秦无[5]韩，有郑地，无河山而阑之，无周韩而间之，去大梁百里，祸必由此矣。

的，山南山北，河内河外，大县有几十个，名都有几百座。秦国在黄河西岸晋国的故地，离大梁有百里，其祸患都到了这种程度。更何况若让秦国灭亡了韩国，占有了原来属郑国的地盘，魏国没有了黄河和大山的阻挡，没有了周和韩国的阻隔，秦国到大梁只百里路程，魏国的亡国之祸必定由此而起。

注释　**1** 河西晋：黄河西岸晋国的故地。　阑：阻挡。　间：间隔，隔绝。**2** 从林乡军：自从秦国攻打林乡战事以来。林乡，邑名，亦作“林”“林中”，在今河南新郑市东。　堕(huī)：通“隳”，毁坏。　国：国都。　**3** 平：当作“乎”字。　监：通“阚(kàn)”，邑名，在今山东济宁市西北。　**4** 山：《史记会注考证》以为指太行山、王屋山一带，不当指华山。《史记正义》则以为指华山。　河外河内：《史记正义》：“河外谓华州以东至虢、陕，河内谓蒲州以东至怀、卫也。”　大县数十，名都数百：《战国策》作“大县数百，名都数十”。　**5** 无：通“亡”，灭亡。

异日者，从[1]之不成也，楚、魏疑而韩不可得也。韩受兵三年，秦桡之以讲，识亡不听，投质于赵，请为天下雁行顿刃，楚、赵必集兵，皆识秦之欲无穷也，非尽亡天下之国

从前，合纵没有能成功，楚国、魏国怀疑而韩国又不可能参加盟约。如今韩国遭受战祸已经三年，秦国拿讲和让它屈从，韩国知道会灭亡又不听从，把抵押投向了赵国，请求作为天下的先锋去拼死战斗，楚国、赵国必定会聚合兵力，都知道秦国的欲望是没有穷尽的，不把天

而臣海内，必不休矣。[2]是故臣愿以从事王，王速受楚赵之约，赵挟韩之质以存韩，而求故地，韩必效之。[3]此士民不劳而故地得，其功多于与秦共伐韩，而又[4]与强秦邻之祸也。

下各国都灭亡了而使整个海内臣服，它是不会停止的。因此我希望用合纵之策来侍奉您，您迅速接受楚国、赵国的盟约，赵国扶持韩国的抵押来保存韩国，这样来求得原属于魏国的土地，韩国必定会致送给您。这样士民不需劳苦，过去的土地就得到了，它的功效比和秦国一起去攻打韩国要多，却又没有和强大的秦国为邻的祸患。

注释 1 从(zòng，旧读 zōng)：合纵。 2 桡(náo)：屈从。 讲：讲和，媾和。 识亡：知道要灭亡。 雁行：像飞雁一样成行成列地前进。 顿刃：把兵器的刃都用钝了，指拼死作战。顿，通“钝”。 3 以从事：用合纵来侍奉。 效：呈献，致送。 4 又：当从《战国策》作“无”。

夫存韩安魏而利天下，此亦王之天时已。通韩上党于共、宁，使道安成，出入赋之，是魏重质韩以其上党也。[1]今有其赋，足以富国。韩必德魏爱魏重魏畏魏，韩必不敢反魏，是韩则魏之县也。魏得韩以为县，卫[2]、大梁、河外必安矣。今不存韩，二周、安陵必危，楚、赵大

保存了韩国就安定了魏国并有利于天下，这正是给您的天赐良机。沟通韩国的上党地区到达共邑、宁邑，让它取道安城，商贾出入收取赋税，这就是重新把韩国的上党地区当作了抵押。如今有了这样的赋税，足以让国家富强。韩国一定会感激魏国，爱护魏国，看重魏国，畏惧魏国，韩国必定不敢反叛魏国，这样，韩国就等于是魏国的一个县了。魏国得到韩国作为县，卫国、大梁、河外地区必然会安定了。如今不保存

破，卫、齐甚畏，天下西乡而驰秦入朝而为臣不久矣。[3]

韩国，东周西周、安陵必定危险，楚国、赵国被打得大败，卫国、齐国会非常畏惧，天下面向西方奔着去秦国朝拜去做它的臣子的日子将不远了。

注释 1 宁：魏邑名，亦作“修武”。《史记集解》引《韩诗外传》云：“武王伐纣，勒兵于宁，故曰修武。”在今河南获嘉县。 安成：即“安城”，魏邑名。 出入：指商贾出入。 赋：动词，收取赋税。 重：重新，重复。 质：抵押。 2 卫：时独处濮阳，有怀君在位，朝魏，故为魏之附庸。 3 二周：东周、西周二小国。 乡：通“向”，面向，朝着。

二十年，秦围邯郸，信陵君无忌矫[1]夺将军晋鄙兵以救赵，赵得全。无忌因留赵。二十六年，秦昭王卒。

二十年，秦国包围邯郸，信陵君魏公子无忌假托君命夺取将军晋鄙的兵权率领军队援救赵国，赵国得以保全。无忌因而留在赵国。二十六年，秦昭王去世。

三十年，无忌归魏，率五国[2]兵攻秦，败之河外，走蒙骜。魏太子增质于秦，秦怒，欲囚魏太子增。或[3]为增谓秦王曰：“公孙喜[4]固谓魏相曰‘请以魏疾击秦，秦王怒，必囚增。魏王又怒，击秦，秦必伤’。今王囚增，是喜之计中也。故不若贵增

三十年，无忌回到魏国，率领燕、赵、韩、楚、魏五国的军队进攻秦国，在河外地区打败了秦军，秦将蒙骜逃跑了。魏国的太子增在秦国当人质，秦国大怒，想把太子增囚禁起来。有人替太子增对秦王说：“公孙衍原本就对魏国的宰相说过‘请命令魏军迅速出击秦国，秦王一发怒，必定要囚禁增。魏王又一发怒，出击秦国，秦国必定受伤害’。如今您囚禁增，这正是中了公孙衍的计谋。所以不如优待太子增，借以与魏国和好，并以

而合魏，以疑之于齐、韩。”秦乃止增。

三十一年，秦王政初立。

此使齐国、韩国对魏国产生怀疑。”秦王于是打消了囚禁太子增的念头。

三十一年，秦王政继位。

注释 1 矫：假托君命。事详《魏公子列传》。 2 五国：燕、赵、韩、楚、魏。 3 或：有人。《战国策》作“苏秦为公子增谓秦王”。 4 公孙喜：《战国策》作“公孙衍”。按：公孙喜早为秦所虏，此时久无其人，当作“公孙衍”。

三十四年，安釐王卒，太子增立，是为景湣王[1]。信陵君无忌卒。

景湣王元年，秦拔我二十城，以为秦东郡。二年，秦拔我朝歌。卫徙野王[2]。三年，秦拔我汲。五年，秦拔我垣、蒲阳、衍[3]。十五年，景湣王卒，子王假[4]立。

王假元年，燕太子丹使荆轲刺秦王，秦王觉之。[5]

三年，秦灌大梁，虏王假，遂灭魏以为郡县。

三十四年，安釐王去世，太子增继位，这就是景湣王。信陵君公子无忌去世。

景湣王元年，秦国攻占我国二十座城邑，设置为秦国的东郡。二年，秦国攻占我国的朝歌。把卫元君迁徙到野王。三年，秦国攻占我国的汲邑。五年，秦国攻占我国的垣邑、蒲阳、衍氏。十五年，景湣王去世，儿子王假继位。

王假元年，燕国太子丹派遣荆轲行刺秦王，秦王发觉了。

三年，秦国用水浸灌大梁，俘虏了王假，就把魏国灭亡了，将它设置为郡县。

注释 1 景湣王：《世本》名午。公元前242—前228年在位。 2 野王：邑名，在今河南沁阳市。秦将卫元君从濮阳徙于此。 3 衍：又称“衍氏”，邑名。在今河南郑州市北。 4 王假：公元前227—前225年在位。魏之末代君王，为秦所灭。 5 荆轲刺秦王：事详《刺客列传·荆轲传》。

太史公曰：吾适故大梁之墟，墟中人曰：“秦之破梁，引河沟而灌大梁，三月城坏，王请降，遂灭魏。”[1] 说者皆曰魏以不用信陵君故，国削弱至于亡，余以为不然。天方令秦平海内，其业未成，魏虽得阿衡之佐，曷益乎？[2]

太史公说：我从前去过大梁的旧墟，住在旧墟一带的人说：“秦国攻破大梁的时候，是引了鸿沟的水来浸灌大梁，经过三个月大梁城墙崩塌了，王假请求投降，于是魏国灭亡了。”议论的人都说魏国是因为没有重用信陵君的缘故，所以国家日渐削弱以至于灭亡，我认为不是这样。形势的发展促使秦国平定天下，在其功业还没有完成时，魏国即使得到像阿衡一般的贤臣辅佐，有什么用呢？

注释 1 适：往。 墟：废墟，旧址。 河沟：即“鸿沟”，古运河名。约于魏惠王十年（前360）开通，以其在大梁北边流过，故秦可引黄河水浸灌大梁城。 2 天：依全篇文意分析，此“天”当指事势。此一论赞正是表现司马迁事势史观的重要之处。 阿衡：即伊尹，建立殷商的重要辅佐之臣。详见《殷本纪》。 曷：何。

史记卷四十五

韩世家第十五

原文

韩之先与周同姓，姓姬氏。其后苗裔事晋，得封于韩原，曰韩武子。[1]武子后三世有韩厥，从封姓为韩氏。[2]

韩厥，晋景公之三年，晋司寇屠岸贾将作乱，诛灵公之贼赵盾。[3]赵盾已死矣，欲诛其子赵朔。韩厥止贾，贾不听。厥告赵朔令亡。朔曰："子必能不绝赵祀，死不恨矣。"韩厥许之。及贾诛赵氏，厥称疾不出。程婴、公孙杵臼之藏赵孤赵武也[4]，厥知之。

译文

韩国的祖先和周王室同姓，姓姬。他的后代有人在晋国做官，被封在韩原，叫作韩武子。武子以后三代有个韩厥，以封地名称为姓而为韩氏。

韩厥，晋景公三年，晋国司寇屠岸贾将要发动变乱，就诛杀了弑害灵公的赵盾。赵盾死了以后，屠岸贾还想诛杀他的儿子赵朔。韩厥制止屠岸贾，屠岸贾不听从。韩厥告诉赵朔让他逃亡。赵朔说："您一定能使赵氏的祭祀不断绝，这样我死了也就没有遗恨了。"韩厥答应了他。等到屠岸贾诛杀赵氏家族的时候，韩厥称说有病不出门。程婴、公孙杵臼藏匿赵氏孤儿赵武的事，韩厥全都知道。

注释 1 苗裔:后代子孙。 韩原:晋地名,在今陕西韩城市南。 2 韩厥:韩献子。见下文。 从封姓:依从封地名称作为姓氏。因封于韩原,故称韩氏。 3 晋景公:公元前599—前581年在位。 司寇:官名,掌管刑狱。 屠岸贾作乱:事详《赵世家》。 贼:杀人曰贼。此指赵穿弑晋灵公,即《春秋》所书"赵盾弑其君"。 4 按:程婴、公孙杵臼藏赵孤事,详见《赵世家》及其注文。 赵武:赵朔之子,即赵文子。

景公十一年,厥与郤克将兵八百乘伐齐,败齐顷公于鞍,获逄丑父。[1]于是晋作六卿,而韩厥在一卿之位,号为献子。[2]

晋景公十七年,病,卜,大业之不遂者为祟。[3]韩厥称赵成季[4]之功,今后无祀,以感景公。景公问曰:"尚有世[5]乎?"厥于是言赵武,而复与故赵氏田邑[6],续赵氏祀。

晋景公十一年,韩厥和郤克领八百辆兵车去攻打齐国,在鞍地打败齐顷公,俘虏了逄丑父。于是晋国设置了六军,韩厥做了新中军将领,处在一卿的位置上,号称献子。

晋景公十七年,景公病了,进行占卜,是说大业的后代中有心愿未实现的人的鬼魂在作怪。韩厥就赞扬赵成季的功劳,说如今他的后代没有进行祭祀,借以感动景公。景公询问说:"赵成季还有后代吗?"韩厥于是提起赵武,景公就重新把赵氏从前的封地采邑交给他,让他接续赵氏的祭祀。

注释 1 郤(xì)克:即郤献子,晋国执政大臣。 乘:一车四马。 鞍(ān):齐邑名,在今山东济南市西北。 逄(páng)丑父:齐大夫,时为齐景公车右。 2 晋作六卿:晋国为奖赏鞍之战的功劳,设立六军,即在原有三军基础上增设新中、上、下三军,各有将佐,又增六人为卿。"六卿",当作"六军"。见《左传·成公三年》。 韩厥在一卿之位:依杜预按《左传》名次推算,韩厥时为新中军将,故为一卿。余五卿为赵括、巩朔、韩穿、荀雅、赵旃。 3 大业:秦、赵的远祖。见《秦本纪》。 遂:顺意。 祟(suì):鬼神作怪祸害人。 4 赵成季:即赵衰。重耳流亡时的重要辅佐,后来成为晋文公时的大臣。 5 世:后代。 6 田邑:封地采邑。

晋悼公之七年,韩献子老。[1] 献子卒,子宣子代[2]。宣子徙居州[3]。

晋平公十四年[4],吴季札使晋,曰:"晋国之政卒归于韩、魏、赵矣。"

晋顷公十二年[5],韩宣子与赵、魏共分祁氏、羊舌氏十县。晋定公十五年[6],宣子与赵简子侵伐范、中行氏。宣子卒,子贞子代立。贞子徙居平阳[7]。

贞子卒,子简子代。简子卒,子庄子代。庄子卒,子康子代。康子与赵襄子、魏桓子共败知伯,分其地,地益大,大于诸侯。

康子卒,子武子[8]代。武子二年,伐郑,杀其君幽公。十六年,武子卒,子景侯[9]立。

晋悼公七年,韩献子退休。献子去世,其职位由他的儿子宣子接替。宣子迁居州邑。

晋平公十四年,吴国季札出使晋国,说:"晋国的政权最终要归入韩、魏、赵三家的手中了。"

晋顷公十二年,韩宣子和赵氏、魏氏共同瓜分了祁氏、羊舌氏的十个县的土地。晋定公十五年,宣子和赵简子侵犯攻打范氏、中行氏。宣子去世,儿子贞子接替他。贞子迁到平阳居住。

贞子去世,由儿子简子接替。简子去世,由儿子庄子接替。庄子去世,由儿子康子接替。康子和赵襄子、魏桓子共同打败了智伯,瓜分了他的封地,韩氏的封地益加扩大,比一般的诸侯国还大。

康子去世,由儿子武子接替。武子二年,攻打郑国,杀了郑的国君幽公。十六年,武子去世,儿子景侯继位。

注释 1 晋悼公之七年：公元前566年。老：告老，退休。 2 代：父子相继，替代其业。 3 州：晋邑名，在今河南沁阳市南。 4 晋平公十四年：公元前544年。 5 晋顷公十二年：公元前514年。 6 晋定公十五年：公元前497年。 7 平阳：晋邑名，在今山西临汾市西南。 8 武子：公元前424—前409年在位。 9 景侯：公元前408—前400年在位。

景侯虔元年，伐郑，取雍丘[1]。二年，郑败我负黍[2]。

六年，与赵、魏俱得列为诸侯。[3]

九年，郑围我阳翟[4]。景侯卒，子列侯[5]取立。

景侯虔元年，攻打郑国，夺取了雍丘。二年，郑国在负黍把我国打败。

六年，和赵国、魏国都被置于诸侯的行列。

九年，郑国包围我国阳翟。景侯去世，儿子列侯取继位。

注释 1 雍丘：邑名，在今河南杞县。 2 负黍：邑名，在今河南登封市西南。 3 按：韩景侯六年，即公元前403年，韩、魏、赵初为侯。 4 阳翟：都邑名，在今河南禹州市。 5 列侯：公元前399—前387年在位。

列侯三年，聂政[1]杀韩相侠累。九年，秦伐我宜阳[2]，取六邑。十三年，列侯卒，子文侯[3]立。是岁魏文侯卒。

文侯二年，伐郑，取阳城[4]。伐宋，到彭城，执宋君[5]。七年，伐齐，至桑丘[6]。郑反

列侯三年，聂政刺杀了韩相侠累。九年，秦国攻打我国宜阳，夺取了六座城邑。十三年，列侯去世，儿子文侯继位。这一年魏文侯去世。

文侯二年，攻打郑国，夺取了阳城。攻打宋国，到达彭城，拘执了宋君。七年，攻打齐国，到了

晋[7]。九年，伐齐，至灵丘[8]。十年，文侯卒，子哀侯[9]立。

桑丘。郑国打败了晋国。九年，攻打齐国，到了灵丘。十年，文侯去世，儿子哀侯继位。

注释 1 聂政：战国时著名刺客。其刺韩相侠累事详见《刺客列传·聂政传》。 2 宜阳：都邑名，在今河南宜阳县。 3 文侯：公元前 386—前 377 年在位。 4 阳城：郑邑名，在今河南登封市东南。 5 宋君：宋休公。 6 桑丘：燕邑名，在今河北保定市徐水区一带。 7 反晋：当依《六国年表》作"败晋"。 8 灵丘：齐邑名，在今山东高唐县南。 9 哀侯：公元前 376—前 375 年在位。

哀侯元年，与赵、魏分晋国。二年，灭郑，因徙都郑[1]。

六年，韩严弑其君哀侯，而子懿侯[2]立。

懿侯二年，魏败我马陵[3]。五年，与魏惠王会宅阳[4]。九年，魏败我浍[5]。十二年，懿侯卒，子昭侯[6]立。

哀侯元年，和赵、魏瓜分了晋国。二年，灭亡了郑国，因而迁都到郑邑。

六年，韩严弑杀他的国君哀侯，于是哀侯的儿子懿侯继位。

懿侯二年，魏国在马陵打败我国。五年，和魏惠王在宅阳相会。九年，魏国在浍水打败我国。十二年，懿侯去世，儿子昭侯继位。

注释 1 郑：都邑名，在今河南新郑市。韩，先都平阳，次都宜阳，再都阳翟，四都郑（南郑）。 2 懿侯：公元前 374—前 363 年在位。《六国年表》作"庄侯"。 3 马陵：齐地名，在今河北大名县东北。 4 宅阳：亦名"北宅"，地名，在今河南郑州市北。 5 浍：水名，汾水支流。 6 昭侯：公元前 362—前 333 年在位。

昭侯元年，秦败我西山[1]。二年，宋取我黄池[2]。魏取朱[3]。六年，伐东周，取陵观、邢丘。[4]

昭侯元年，秦国在西山打败我国。二年，宋国夺取了我国黄池。魏国夺取了朱地。六年，攻打东周，夺取了陵观、邢丘。

八年，申不害[5]相韩，修术行道，国内以治，诸侯不来侵伐。

八年，申不害任韩国丞相，修明君主驾驭臣下的权术，施行法家治国之道，韩国内部得到了治理，诸侯国不敢前来侵犯攻伐。

十年，韩姬弑其君悼公[6]。十一年，昭侯如秦。二十二年，申不害死。二十四年，秦来拔我宜阳[7]。

十年，韩姬弑杀了国君悼公。十一年，昭侯前往秦国。二十二年，申不害死去。二十四年，秦国前来攻打我国宜阳。

注释　1 西山:《史记会注考证》:“西山，河南宜阳、鲁山一带皆是。” 2 黄池:韩邑名，在今河南封丘县西南。 3 朱:韩地。《六国年表》作“魏取我朱”。 4 东周:仅有巩邑，在今河南巩义市。 陵观:今地不详。 邢丘:邑名，在今河南温县东。按:陵观、邢丘当时不属东周，故《史记志疑》以为此二地名有误。 5 申不害:亦称申子，原为郑国人，学刑名法术，是战国时期法家的代表人物之一。见《老子韩非列传》。 6 韩姬:韩大夫。 弑其君悼公:其事无考。 7 秦来拔我宜阳:秦之拔宜阳为以后之事，故《史记志疑》以为“拔”乃“攻”字之误。

二十五年，旱，作高门。屈宜臼[1]曰:“昭侯[2]不出此门。何也？不时。吾所谓时者，非时日也，人

二十五年，韩国发生旱灾，韩昭侯还要建造高门。屈宜臼说:“昭侯出不了这座门。为什么呢？因为不合时宜。我所说的‘时’，不是指时日，人本来就有顺利和不顺利的时

固有利不利时。昭侯尝利矣，不作高门。往年秦拔宜阳，今年旱，昭侯不以此时恤民之急，而顾益奢，此谓‘时绌举赢’。[3]”二十六年，高门成，昭侯卒，果不出此门。子宣惠王[4]立。

侯。昭侯曾经有顺利的时候，并没有建造高门。往年秦国攻占了宜阳，今年天旱，昭侯不在这个时候体恤民众的急难，反而更加奢侈，这叫作‘衰败的时候却做奢侈的事情’。”二十六年，高门建成了，昭侯去世，果然没有走出这座城门。儿子宣惠王继位。

宣惠王五年，张仪相秦。八年，魏败我将韩举。十一年，君号为王。与赵会区鼠[5]。十四年，秦伐败我鄢[6]。

宣惠王五年，张仪任秦国丞相。八年，魏国打败了我国将领韩举。十一年，韩国国君改称为王。宣惠王与赵武灵王在区鼠相会。十四年，秦国来进攻，在鄢地打败我国。

注释　1 屈宜臼：楚大夫，当时在魏国。　2 昭侯：此及下两“昭侯”，《史记志疑》以为均宜作“君侯”。　3 恤：体恤，救济。　时绌举赢：《史记集解》引徐广曰：“时衰耗而作奢侈。”　4 宣惠王：公元前332—前312年在位。　5 区（ōu）鼠：地名，在今河北大名县东北。　6 鄢：韩邑名，在今河南鄢陵县西北。

十六年，秦败我修鱼，虏得韩将鳆、申差于浊泽。[1]韩氏急，公仲谓韩王曰：“与国[2]非可恃也。今秦之欲伐楚久矣，王不如因张仪

十六年，秦国在修鱼打败我国，在观泽俘虏韩国两位将领鳆、申差。韩国形势危急，相国公仲侈对韩王说：“友好国家并不是可以依恃的。如今秦国想攻打楚国已经很久了，您不如通过张仪来跟秦国讲和，送给秦国一个有名的都邑，准备好盔甲器械，和秦国一道往南

为和于秦，赂以一名都，具甲，与之南伐楚，此以一易二之计也。[3]”韩王曰：“善。”乃警公仲之行，将西购于秦。[4]楚王闻之大恐，召陈轸[5]告之。陈轸曰：“秦之欲伐楚久矣，今又得韩之名都一而具甲，秦韩并兵而伐楚，此秦所祷祀而求也。今已得之矣，楚国必伐矣。王听臣为之警四境之内，起师言救韩，命战车满道路，发信臣，多其车，重其币，使信王之救己也。[6]纵韩不能听我，韩必德王也，必不为雁行以来，是秦韩不和也，兵虽至，楚不大病也。[7]为能听我绝和于秦，秦必大怒，以厚怨韩。韩之南交楚，必轻秦；轻秦，其应秦必不敬：是因秦、韩之兵而免楚国之患也。”楚王曰：“善。”乃警四境之内，兴师言救韩。

去攻打楚国，这是拿一座名都换取秦国不攻打韩国而又能和它一起去攻打楚国的计谋。”韩王说：“很好。”就为公仲侈的举动做好警戒，将要往西去和秦国媾和。楚王听说了非常恐惧，召陈轸来告诉他这一情况。陈轸说：“秦国想攻打楚国很久了，如今又得到韩国的一座名都并准备好了盔甲器械，秦韩两国合军来攻打楚国，这正是秦国祷告祭祀所期求的。如今秦国已经得到了，楚国必定会遭到攻伐了。您若是听从我的建议，就先在全国境内加强戒警，扬言要发兵援救韩国，命令在道路上摆满战车，派出使臣，多给他一些车辆，加重所携带的礼物，让韩国相信您会去援救它。即使韩国不能听从我国，韩国必定会感激您，必定不会齐心协力跟从秦国前来，这样秦韩两国就不会和睦，军队即使到了，楚国也不会遭受大的祸害。如果韩国能听从我国，不与秦国和好，秦国一定会大怒，对韩国的怨恨会更加深。韩国在南方交结了楚国，必定慢待秦国；慢待秦国，它应酬秦国的时候必定不会恭敬：这是借着秦国、韩国的战争来免除楚国的患难。”

命战车满道路，发信臣，多其车，重其币。谓韩王曰："不穀[8]国虽小，已悉发之矣。愿大国遂肆志于秦，不穀将以楚殉韩。[9]"韩王闻之大说，乃止公仲之行。公仲曰："不可。夫以实伐我者秦也，以虚名救我者楚也。王恃楚之虚名，而轻绝强秦之敌，王必为天下大笑。且楚韩非兄弟之国也，又非素约[10]而谋伐秦也。已有伐形[11]，因发兵言救韩，此必陈轸之谋也。且王已使人报于秦矣，今不行，是欺秦也。夫轻欺强秦而信楚之谋臣，恐王必悔之。"韩王不听，遂绝于秦。秦因大怒，益甲伐韩。大战，楚救不至韩。十九年，大破我岸门[12]。太子仓质于秦以和。

楚王说："很好。"就在全国范围加强警戒，扬言要发兵援救韩国。楚王命令在道路上摆满战车，派出使臣，多给他一些车辆，让他携带着厚重的礼物。使臣对韩王说："敝国虽小，已经把军队全部派出来了。希望贵国想对秦国怎么样就怎么样，我将会倾尽楚国来为韩国死战。"韩王听说了非常高兴，就不让公仲侈再去秦国。公仲侈说："不可以。用实际行动来攻打我国的是秦国，拿空虚言词说援救我国的是楚国。您依恃楚国的空虚言词，而轻易与秦国这样强大的敌人绝交，您必定会被天下人取笑。而且楚国与韩国并不是兄弟国家，又并不是原先约定而合谋攻打秦国的。秦韩已经有了要去攻打楚国的迹象，楚国见机出动军队说是来援救韩国，这一定是陈轸的谋划。再说您已经派人去禀报了秦国，如今又不去了，这是欺骗秦国。要是轻易欺骗强大的秦国而相信楚国的谋臣，恐怕您会后悔的。"韩王不听从，就和秦国断绝了交往。秦国因此大怒，增加兵力攻打韩国。秦韩两军大战，楚国的救兵没有来到韩国。十九年，秦国在岸门大败我国。韩国用太子仓去做人质来同秦国讲和。

注释 1 鳆(sōu)、申差:韩二将名。主帅是太子奂。 浊泽:当作“观泽”,浊泽乃魏地。 2 与国:友好国家。 3 赂:赠送财物。 具甲:准备盔甲武器。 一易二:一,指一名都。易,交换。二,指使秦不伐韩、与秦一起伐楚。 4 警:警戒,戒备。 购:通“媾”,讲和。 5 陈轸:纵横家。由秦奔楚,后复至秦。见《张仪列传》后所附《陈轸传》。 6 信臣:使臣。 币:礼物。 7 德:感激。 雁行:像大雁一样有次序地排列行进,比喻同心协力,共同前进。 病:祸患。 8 不穀:古代王侯自称的谦词。穀,善。 9 肆志:放纵情志,欲伸快意。 殉:从死。 10 素约:原先约定。 11 形:迹象。 12 岸门:地名,在今山西河津市南,汾水东岸。

二十一年,与秦共攻楚,败楚将屈丐,斩首八万于丹阳[1]。是岁,宣惠王卒,太子仓立,是为襄王[2]。

襄王四年,与秦武王会临晋[3]。其秋,秦使甘茂攻我宜阳。五年,秦拔我宜阳,斩首六万。秦武王卒。六年,秦复与我武遂[4]。九年,秦复取我武遂。十年,太子婴朝秦而归。十一年,秦伐我,取穰[5]。与秦伐楚,败楚将唐昧。

二十一年,和秦国一起进攻楚国,打败了楚国将领屈丐,在丹阳斩杀了八万人。这一年,宣惠王去世,太子仓继位,这就是襄王。

襄王四年,襄王和秦武王在临晋相会。这年秋天,秦国派甘茂进攻我国宜阳。五年,秦国攻取了我国宜阳,斩杀了六万人。秦武王去世。六年,秦国重新把武遂交给我国。九年,秦国再次攻取了我国武遂。十年,太子婴朝拜秦国回来。十一年,秦国攻打我国,夺取了穰邑。和秦国一起攻打楚国,打败了楚国将领唐眛。

注释 1 丹阳:丹水之阳,地区名。在今河南西峡县西淅水与丹水之间地带。 2 襄王：公元前311—前296年在位。 3 临晋：魏邑名，在今陕西省大荔县东。 4 武遂：韩地名，在今山西垣曲县东南黄河北岸。 5 穰（rǎng）：韩邑名，在今河南邓州市境。

十二年，太子婴死。公子咎、公子虮虱争为太子。时虮虱质于楚。苏代谓韩咎曰："虮虱亡在楚，楚王欲内[1]之甚。今楚兵十余万在方城之外，公何不令楚王筑万室之都雍氏之旁，韩必起兵以救之，公必将矣。[2]公因以韩楚之兵奉虮虱而内之，其听公必矣，必以楚韩封公也。"韩咎从其计。

楚围雍氏，韩求救于秦。秦未为发，使公孙昧入韩。公仲曰："子以秦为且救韩乎？"对曰："秦王之言曰'请道南郑、蓝田，出兵于楚以待公'。殆不合矣。"公仲曰："子以为果乎？"对曰："秦王必祖张仪之故智。[3]楚威王攻梁[4]也，张仪谓秦王曰：'与楚攻魏，魏

十二年，太子婴去世。公子咎、公子虮虱争着要做太子。这时虮虱在楚国当人质。苏代对韩咎说："虮虱流亡在楚国，楚王特别想把他送回国来。如今十多万楚兵驻扎在方城的北边，您何不让楚王在雍氏的旁边建筑一座有万户人家的都邑，这样韩国必定调动军队来援救雍氏，您一定会做将领的。您借着韩楚两国的兵力把虮虱奉送回国，他必定会听从您的，必定会把楚韩两国交界的地带封给您的。"韩咎听从了苏代的计谋。

楚国包围雍氏，韩国向秦国求救。秦国还没有发兵，楚国派公孙昧进入韩国。公仲说："您认为秦国将会援救韩国吗？"公孙昧回答说："秦王说'请求取道南郑、蓝田，出兵到楚国来等待您'。恐怕不能会合了。"公仲说："您认为会是真的吗？"公孙昧回答说："秦王必定会效法张仪从前的计谋。楚威王进攻梁国，张仪对秦王说：'和楚国

折而入于楚，韩固其与国也，是秦孤也。不如出兵以到之，魏楚大战，秦取西河之外以归。[5]’今其状阳言与韩，其实阴善楚。[6]公待秦而到，必轻与楚战。楚阴得秦之不用也，必易与公相支也。[7]公战而胜楚，遂与公乘楚，施三川而归。[8]公战不胜楚，楚塞[9]三川守之，公不能救也。窃为公患之。司马庚三反于郢，甘茂与昭鱼遇于商於，其言收玺，实类有约也。[10]”公仲恐，曰：“然则柰何？”曰：“公必先韩而后秦，先身而后张仪[11]。公不如亟以国合于齐楚，齐楚必委国[12]于公。公之所恶者张仪也，其实犹不无秦[13]也。”于是楚解雍氏围。

一起进攻魏国，魏国受到挫折就会投向楚国，韩国本来是他的友好国家，这样秦国就被孤立。不如出兵来迷惑它，魏国和楚国大战，秦国就可以取得黄河西边的土地回来了。’如今秦王假言和韩国友好，但实际上暗中亲近楚国。您等待秦军的到来，必定会轻率地和楚国交战。楚国暗中知道秦国不会真的替韩国效力，必定很容易和您相对抗。您若战胜了楚国，秦国就会和您凌驾在楚国之上，在三川地区耀武扬威后回国。您若战败于楚国，楚国堵住三川地区加以防守，您就不能得救了。我私下替您忧虑。司马庚三次从楚国鄢郢返回秦国，甘茂和昭鱼在商於地区相遇，他扬言要收回攻韩楚军的印章，其实好像订立有盟约。”公仲恐惧起来，说：“既然这样，那么该怎么办？”公孙昧说：“您必定要先考虑韩国自身然后再考虑秦国是否会救援，先想好自救的办法然后再去想对付张仪的计谋。您不如赶快让韩国和齐楚联合，齐楚两国必定会把政事委托给您处理。您所厌恶的是张仪的计谋，其实还是不能无视秦国。”于是楚国解除了对雍氏的包围。

注释 1 内:同“纳”。 2 方城:楚修筑的一段长城名。起于今河南邓州市北,西北上至南阳市西北,折向东至平顶山市西南,又往东南至泌阳县东北为止,为楚之北方屏障。长城东段内侧有一邑,亦名方城,在今河南方城县东北。 外:方城的北边。 雍氏:韩邑名,在今河南禹州市东北。 3 祖:效法,沿袭。《史记集解》引徐广曰:“祖者,宗之习之谓也。” 故智:从前的计谋。 4 梁:即魏。魏迁都大梁后亦称“梁”。 5 到:欺骗,迷惑。 西河之外:黄河西边的土地,时属魏。西河,自北往南流的一段黄河的名称。 6 阳言:假言,佯言。 与韩:和韩国友好。 善:亲善,交好。 7 不用:指不会真为韩国效力。 相支:相持,相对抗。 8 乘:凌驾。 施:施威,扬威。 三川:地区名。因有黄河、洛水、伊水而得名,为周天子京都所在地。 9 塞:阻塞,堵住。 10 司马庚:秦人。 反:同“返”。 郢:楚都。此指鄢郢,在今湖北宜城市东南。 甘茂:秦相。详见《樗里子甘茂列传》。 昭鱼:楚相。 玺:印信。此指将军带兵的印信。 约:盟约。 11 张仪:此指“张仪之故智”。12 委国:委托人管理国事。 13 无秦:无视秦国。

苏代又谓秦太后弟芈戎[1]曰:“公叔伯婴[2]恐秦楚之内虮虱也,公何不为韩求质子于楚?楚王听入质子于韩,则公叔伯婴知秦楚之不以虮虱为事,必以韩合于秦楚。[3]秦楚挟韩以窘魏,魏氏不敢合于齐,是齐孤也。公又为秦求质子于楚,楚不听,怨结

苏代又对秦国宣太后的弟弟芈戎说:“公叔伯婴害怕秦楚两国把虮虱送回国,您何不替韩国请求楚国把质子送回国?楚国如果不答应把质子送回韩国,那么公叔伯婴就知道秦楚两国不看重虮虱,必定让韩国和秦楚两国联合。秦楚两国挟制韩国来使魏国困迫,魏国又不敢和齐国联合,这样齐国就被孤立了。您又替秦国请求楚国把质子虮虱送到秦国,楚国不听从,就和韩国结了

于韩。韩挟齐魏以围楚，楚必重公。公挟秦楚之重以积德于韩，公叔伯婴必以国待公。”于是虮虱竟不得归韩。韩立咎为太子。齐、魏王来。

十四年，与齐、魏王共击秦，至函谷而军焉。十六年，秦与我河外及武遂。[4]襄王卒，太子咎立，是为釐王[5]。

怨仇。韩国挟制齐魏两国来包围楚国，楚国必定会看重您。您凭借秦楚两国的看重向韩国施加恩德，公叔伯婴必定会拿整个国家来侍奉您。”结果虮虱未能回到韩国。韩国确立公子咎做太子。齐王、魏王来到韩国。

十四年，和齐王、魏王共同进击秦国，到了函谷关就把军队驻扎在那里。十六年，秦国把河外的土地和武遂还给我国。襄王去世，太子咎继位，这就是釐王。

注释　**1** 芈(mǐ)戎：芈，姓；戎，名，宣太后同父弟，先号华阳君，后又号新城君。　**2** 公叔伯婴：即原昭襄王太子婴。时已死，故有上文争为太子事。此段叙说系追述。　**3** 楚王听入质子于韩：《史记正义》以为“楚王”下，承前脱“不”字。当从。　不以虮虱为事：即不重视虮虱。　**4**《史记志疑》：“事在十四年，‘河外及’三字衍。”　**5** 釐王：公元前295—前273年在位。

釐王三年，使公孙喜率周、魏攻秦。[1]秦败我二十四万[2]，虏喜伊阙。五年，秦拔我宛[3]。六年，与秦武遂地二百里。十年，

釐王三年，派公孙喜率领韩国、魏国军队进攻秦国。秦国打败了我方二十四万人，在伊阙俘虏了公孙喜。五年，秦国攻拔了我国宛邑。六年，将武遂二百里的土地给了秦国。十年，秦国在夏山打败

秦败我师于夏山[4]。十二年，与秦昭王会西周而佐秦攻齐。齐败，湣王出亡。十四年，与秦会两周间。二十一年，使暴鸢[5]救魏，为秦所败，鸢走开封。

二十三年，赵、魏攻我华阳[6]。韩告急于秦，秦不救。韩相国谓陈筮[7]曰："事急，愿公虽病，为一宿之行。"陈筮见穰侯。穰侯曰："事急乎？故使公来。"陈筮曰："未急也。"穰侯怒曰："是可以为公之主使乎？夫冠盖相望[8]，告敝邑甚急，公来言未急，何也？"陈筮曰："彼韩急则将变而佗从[9]，以未急，故复来耳。"穰侯曰："公无见王，请今发兵救韩。"八日而至，败赵、魏于华阳之下。是岁，釐王卒，子桓惠王[10]立。

我国军队。十二年，和秦昭王在西周相会并佐助秦国进攻齐国。齐国失败，湣王逃到国外。十四年，在东西二周之间和秦国相会。二十一年，派暴鸢去援救魏国，被秦国打败，暴鸢跑到了开封。

二十三年，赵国、魏国进攻我国华阳。韩国向秦国告急，秦国不出兵救援。韩国相国对陈筮说："事态紧急，希望您即使有病在身，也能连夜到秦国去一趟。"陈筮会见了穰侯魏冉。穰侯说："事态紧急吗？所以派您前来。"陈筮说："还不很紧急。"穰侯生气说："如果是这样，您的君主还能派您来吗？使者络绎不绝，来向敝邑报告说事情特别紧急，您来了又说不紧急，为什么？"陈筮说："韩国真危急了，就会改变主意依从他国，因为还没有到危急的程度，所以我又来了。"穰侯说："您不要去见秦王了，现在我立即发兵援救韩国。"八日后秦国军队就到了，在华阳山下打败了赵国、魏国。这一年，釐王去世，儿子桓惠王继位。

注释　1 公孙喜：魏将名。　周：此时之周没有能力伐秦。《秦本纪》《六国年表》均作“韩”。 2 二十四万:《史记志疑》以为“失其实”。 3 宛(yuān):韩邑名,在今河南南阳市。 4 夏山:自《史记正义》即已未详为何地。 5 暴鸢(yuán):韩将名。 6 华阳:山名,又名“华”“华下”。在今河南郑州市东南。 7 陈筮:人名。筮,徐广曰,一作“筌”。《史记志疑》以为当依《战国策》作“田苓”。 8 冠盖相望:络绎不绝。冠、盖,指使者的帽子、车辆的伞形篷。相望,前后可以互相望见,言其多。 9 佗(tā)从:追随或依从他人。佗,其他的,别的。 10 桓惠王:公元前272—前239年在位。

桓惠王元年,伐燕。九年,秦拔我陉,城汾旁。十年,秦击我于太行,我上党郡守以上党郡降赵。十四年,秦拔赵上党,杀马服子卒四十余万于长平。十七年,秦拔我阳城、负黍。二十二年,秦昭王卒。二十四年,秦拔我城皋、荥阳。二十六年,秦悉拔我上党。二十九年,秦拔我十三城。三十四年,桓惠王卒,子王安[1]立。

王安五年,秦攻韩,韩急,使韩非[2]使秦,秦留非,因杀之。

桓惠王元年,攻打燕国。九年,秦国攻拔我国陉邑,在汾水旁边修筑了邑城。十年,秦国在太行山地区攻击我国,我国上党郡守带着上党郡投降赵国。十四年,秦国攻取了上党,在长平杀死了马服子赵括的士卒四十多万。十七年,秦国攻拔了我国阳城、负黍。二十二年,秦昭王去世。二十四年,秦国攻拔了我国城皋、荥阳。二十六年,秦国攻占了整个上党地区。二十九年,秦国攻取了我国十三座城邑。三十四年,桓惠王去世,儿子王安继位。

王安五年,秦国进攻韩国,韩国危急,派韩非出使秦国,秦国扣留了韩非,借故杀了他。

九年,秦国俘虏了王安,把韩

九年，秦虏王安，尽入其地，为颍川郡。韩遂亡。

国的全部土地归入秦国，将其设置为颍川郡。韩国就此灭亡。

注释 1 王安：公元前238—前230年在位。在位时韩为秦所灭。2 韩非：战国末著名法家人物。事详《老子韩非列传》。

太史公曰：韩厥之感晋景公，绍赵孤之子武，以成程婴、公孙杵臼之义，此天下之阴德也。[1] 韩氏之功，于晋未睹其大者也。然与赵、魏终[2]为诸侯十余世，宜乎哉！

太史公说：韩厥感动了晋景公，使赵氏的孤儿赵武能够继承家业，从而成就了程婴、公孙杵臼的大义，这是天下的一种暗中施加于人的恩德。韩氏家族在晋国本没有什么太大的功劳。但韩氏最终却能和赵氏、魏氏一样做了十几代的诸侯，也是很应该的吧！

注释 1 绍：接续，继承。 阴德：暗中施德于人。 2 终：最终，终竟。

史记卷四十六

田敬仲完世家第十六

原文

陈完者，陈厉公他之子也。[1] 完生，周太史过陈，陈厉公使卜完，卦得“观”之“否”：“是为观国之光，利用宾于王。此其代陈有国乎？不在此，而在异国乎？非此其身也，在其子孙。若在异国，必姜姓。姜姓，四岳之后。物莫能两大，陈衰，此其昌乎？”[2]

译文

陈完，是陈厉公他的儿子。陈完生下来，周王室的太史官路过陈国，陈厉公让他替陈完占卜吉凶，结果是由“观”卦变为“否”卦：“这就是说观看到了国家盛德的光辉，借助外力成了君王身旁的上宾。这个孩子将要为陈氏占有一个国家吗？不在这里而在其他的国家吗？不是这个孩子自身，而是他的子孙。假若在其他的国家，必然是姜姓的。姜姓国家，是古时四岳官的后代。两个事物不能同时强大，陈国要衰落，这个国家将会昌盛起来吗？”

注释

1 陈完：亦名田敬仲，春秋时陈国公族，陈厉公之子，后奔齐改姓田氏。　陈厉公：陈国国君，前706—前700年在位。　他：陈厉公之名，下文"他"亦指陈厉公。 2"观"之"否(pǐ)":从观卦(䷓)"坤"下"巽"上,演化到否卦(䷋)"坤"下"乾"上,六四变为九四。之,到……去,即演变。"观"为吉卦,"否"为凶卦。 观国之光:观见国之盛德光辉。 利用:借助外力以达到某种目的。 宾于王:君王身旁之贵宾,意指将要掌大权,当贵臣。宾,宾客。这段卜筮之词,并详《左传·庄公二十二年》,可参见。 有国:占有一国。 四岳:传说尧时分掌四时、方岳之官。《陈世家》作"太岳"。

厉公者,陈文公[1]少子也,其母蔡女。文公卒,厉公兄鲍立,是为桓公[2]。桓公与他异母。及桓公病,蔡人为他杀桓公鲍及太子免而立他,为厉公。厉公既立,娶蔡女。蔡女淫于蔡人,数归,厉公亦数如蔡。桓公之少子林怨厉公杀其父与兄,乃令蔡人诱厉公而杀之。林自立,是为庄公[3]。故陈完不得立,为陈大夫。厉公之杀,以淫出国,故《春秋》曰"蔡人杀陈他",罪之也。[4]

厉公,是陈文公的小儿子,他母亲是蔡国女子。文公去世,厉公的哥哥陈鲍继位,这就是桓公。桓公和陈他不是一个母亲所生。等到桓公病重,蔡国人替陈他杀死了桓公鲍和太子陈免并扶立陈他为厉公。厉公继位后,娶了蔡国女子。蔡国女子和蔡国人淫乱,多次返回蔡国,厉公也多次来到蔡国。桓公的小儿子陈林怨恨厉公杀死了他的父亲和兄长,就让蔡国人引诱厉公并杀死了他。陈林自行继位,这就是庄公。因此陈完不能够继位,只做了陈国大夫。厉公被杀,是由于淫乱而轻易出国,所以《春秋》记载说"蔡国人杀死了陈他",是在指责他。

注释 1 陈文公:陈国国君,前754—前745年在位。 2 桓公:陈桓公,陈国国君，名鲍，前 744—前 707 年在位。 **3** 庄公：陈庄公，陈国国君，名林，前 699—前 693 年在位。 **4** 以淫出国：因淫乱而离开国家。 蔡人杀陈他：他，《春秋》《左传》均作“佗”。 罪：指责。

庄公卒，立弟杵臼，是为宣公[1]。宣公二十一年，杀其太子御寇。御寇与完相爱，恐祸及己，完故奔齐。齐桓公欲使为卿，辞曰：“羁旅之臣，幸得免负檐，君之惠也，不敢当高位。[2]”桓公使为工正[3]。齐懿仲欲妻完，卜之，占曰：“是谓凤皇于蜚，和鸣锵锵。有妫之后，将育于姜。五世其昌，并于正卿。八世之后，莫之与京。”[4]卒妻完。完之奔齐，齐桓公立十四年矣。

庄公去世，他的弟弟杵臼被立为国君，这就是宣公。宣公二十一年，杀死了太子御寇。御寇和陈完关系好，陈完害怕祸患连及自己，就奔往齐国。齐桓公想任命他做卿，他辞谢说：“我这寄居在外的臣子荣幸地免除了一切劳苦，这全是君主的恩惠，我不敢承当很高的官位。”桓公就让他任百工的官长。陈大夫懿仲想把女儿嫁给他为妻，进行卜筮，占辞说：“这就叫作凤凰在飞舞，雌雄二鸟锵锵地鸣叫相和。有妫氏的后代，将会在姜姓齐国繁衍。经过五代就会昌盛，位为正卿。八代以后，没有谁的地位能比他高。”齐懿仲于是把女儿嫁给陈完。陈完奔往齐国的时候，齐桓公继位十四年了。

注释 **1** 宣公：陈宣公，名杵臼，前 692—前 648 年在位。 **2** 羁(jī)旅：寄居在外。 负檐：即负担。檐，同“担”。 **3** 工正：官名，掌管百工。 **4** 齐懿仲：疑为陈懿仲，陈国大夫。 妻：给人娶妻。 凤皇：即凤凰。古代相传为神鸟，雄曰凤，雌曰凰。 蜚：通“飞”。 和鸣：雌雄二鸟，鸣声相和。 锵锵(qiāng)：凤鸣声。“凤皇于蜚，和鸣锵锵”，此二句比喻其夫妻必能相和。　有妫(guī)：传说舜曾居妫水旁（今山西永济市南）而名，后因以为姓，陈国为妫姓。　五世：敬仲、稚孟夷、湣孟庄、文子须无、桓子无宇。　正卿：上卿，春秋时诸侯国最高执政大臣。桓子无宇位为上大夫，亦即卿。　八世：桓子无宇生武子开与釐子乞，兄弟相代为二世，乞生成子常，计前共八世。　莫之与京：没有比他（陈完）高的。京，高、大。此占辞亦见《左传·庄公二十二年》。

完卒，谥为敬仲。仲生稚孟夷[1]。敬仲之如齐，以陈字为田氏。

陈完去世，谥号为敬仲。敬仲生了稚孟夷。敬仲来到了齐国，把陈氏改称田氏。

田稚孟夷生湣孟庄，田湣孟庄生文子须无。田文子事齐庄公。

田稚孟夷生了湣孟庄，田湣孟庄生了文子须无。田文子侍奉齐庄公。

晋之大夫栾逞作乱于晋，来奔齐，齐庄公厚客之。晏婴与田文子谏，庄公弗听。

晋国大夫栾逞在晋国作乱，逃到齐国，齐庄公用优厚的客礼对待他。晏婴和田文子加以劝谏，庄公不听从。

文子卒，生桓子无宇。田桓子无宇有力，事齐庄公，甚有宠。

文子去世，生子桓子无宇。田桓子无宇很有气力，侍奉齐庄公，甚得齐庄公宠信。

无宇卒，生武子开与釐子乞。田釐子乞事齐景公为大夫，其收赋税于民以小斗受之，其禀予民以大斗，行阴德于民，而景公

无宇去世，生了武子开和釐子乞。田釐子乞侍奉齐景公做了大夫，他向民众收取赋税用小斗收进来，却用大斗借给民众，暗中给民众恩惠，但是景公并不加禁止。因此，田氏很得人心，宗族更加强盛起来，齐国民众都感念田氏的恩德。晏子屡

弗禁。[2]由此田氏得齐众心，宗族益强，民思田氏。晏子数谏景公，景公弗听。已而使于晋，与叔向私语曰："齐国之政其卒归于田氏矣。"[3]

次劝谏景公，景公不听从。随后晏子出使到晋国，和叔向私下议论说："齐国的政权将来最终会归入田氏手中了。"

晏婴卒后，范、中行氏反晋。晋攻之急，范、中行请粟于齐。田乞欲为乱，树党于诸侯，乃说景公曰："范、中行数有德于齐，齐不可不救。"齐使田乞救之而输之粟。

晏婴去世以后，范氏、中行氏反叛晋国公室。晋国公室对他们进攻得很紧急，范氏、中行氏请求向齐国借军粮。田乞想进行变乱，在诸侯各国网罗自己的党羽，就劝告景公说："范氏、中行氏屡次给齐国恩德，齐国不可不予援救。"齐国就派田乞去援救并向他们输送粮食。

注释 1 稚(zhì)孟夷：盖稚为名，孟夷为字。 2 禀：赐予、给予。 阴德：暗中施德于人。 3 叔向：春秋时晋国大夫，即羊舌氏，名肸(xī)。 卒：最终。 田氏：即田釐子乞。

景公太子死，后有宠姬曰芮子，生子荼。景公病，命其相国惠子与高昭子以子荼为太子。[1]景公卒，两相高、国立荼，是为晏孺子。而田乞不说，欲立景公他子阳生。阳生素与乞欢。晏孺子之立也，

景公的太子死去，后来有位受宠的姬妾叫芮子，生了儿子荼。景公病重，命令国相国惠子和高昭子立子荼做太子。景公去世，两位国相高氏、国氏扶立荼，这就是晏孺子。但是田乞不高兴，想扶立景公的另外一个儿子阳生。阳生向来和田乞关系亲密。晏孺子继位了，阳生逃奔鲁国。田乞假装侍奉高昭子、

阳生奔鲁。田乞伪事高昭子、国惠子者，每朝代参乘[2]，言曰："始诸大夫不欲立孺子。孺子既立，君相之，大夫皆自危，谋作乱。"又绐大夫曰："高昭子可畏也，及未发先之。[3]"诸大夫从之。田乞、鲍牧与大夫以兵入公室，攻高昭子。昭子闻之，与国惠子救公。公师败。田乞之众追国惠子，惠子奔莒，遂反杀高昭子。晏圉[4]奔鲁。

国惠子这些人，每次乘车上朝，田乞总是亲自站在车右陪侍，放出话说："开始的时候诸大夫都不想扶立孺子。孺子已经继位，你们辅佐他，大夫们人人自危，图谋发动变乱。"又欺骗大夫们说："高昭子是很可怕的，要趁着他还没有发难就先下手。"诸大夫听从了他的意见。田乞、鲍牧和大夫们领兵冲进国君的宫室，进攻高昭子。昭子听说了，和国惠子去救国君。国君的军队失败。田乞的兵众追击国惠子，惠子逃奔到莒邑，兵众就返回来杀掉了高昭子。晏圉逃奔到鲁国。

注释　1 相：春秋战国时辅佐君王执政之人，后称为宰相、丞相、国相。　国惠子：名夏。　高昭子：名张。　2 每朝代参乘：每次上朝代替当参乘。在车右。　3 可畏：令人畏惧。　发：发难。　4 晏圉(yǔ)：晏婴之子。

田乞使人之鲁，迎阳生。阳生至齐，匿田乞家。请诸大夫曰："常之母有鱼菽之祭，幸而来会饮。[1]"会饮田氏。田乞盛阳生橐[2]中，置坐中央。发橐，出阳生，曰："此乃齐君

田乞派人去了鲁国，迎回阳生。阳生到了齐国，隐藏在田乞家里。田乞请来诸大夫说："田常的母亲准备了薄陋的肴馔，希望大家来相会聚饮。"他们因此在田乞家里面相会聚饮。田乞把阳生盛在一个皮囊里边，放置在座位的中央。他打开皮囊，使阳生出来，说："这就是齐国的君

矣。”大夫皆伏谒[3]。将盟立之，田乞诬[4]曰：“吾与鲍牧谋共立阳生也。”鲍牧怒曰：“大夫忘景公之命乎？”诸大夫欲悔，阳生乃顿首曰：“可则立之，不可则已。”鲍牧恐祸及己，乃复曰：“皆景公之子，何为不可！”遂立阳生于田乞之家，是为悼公。乃使人迁晏孺子于骀，而杀孺子荼。悼公既立，田乞为相，专齐政。

主了。”大夫们都趴在地上通报姓名拜见。将要结盟扶立他，田乞谎称：“是我和鲍牧谋划共同扶立阳生的。”鲍牧生气地说：“大夫们忘记了景公的遗命吗？”诸大夫想反悔，阳生就叩头说：“可以的话，我就继位，不可以就算了。”鲍牧害怕祸患连及自己，又说：“都是景公的儿子，有什么不可以！”就在田乞家中扶立了阳生，这就是悼公。同时派人把晏孺子迁徙到骀地，并且杀了孺子荼。悼公继位后，田乞做了丞相，专断了齐国的政权。

注释　1 常之母：田常的母亲，就是指田乞的妻子。　鱼菽之祭：表示薄陋的肴馔。菽，豆类的总称。祭，盛主人之馔。　幸：希望。　2 橐(tuó)：皮囊。　3 伏谒：伏地通姓名拜见。　4 诬：诬陷，欺骗。

四年，田乞卒，子常代立，是为田成子。

鲍牧与齐悼公有郄[1]，弑悼公。齐人共立其子壬，是为简公。田常成子与监止俱为左右相，相简公。田常心害[2]监止，监

四年，田乞去世，儿子田常接替他的职位，这就是田成子。

鲍牧和齐悼公之间有隔阂，就杀了悼公。齐国人共同扶立他的儿子壬，这就是简公。田常成子和监止分任左、右丞相，辅佐简公。田常忌妒监止，监止受到简公的宠幸，权力很大，故而没法将他排挤掉。于

止幸于简公，权弗能去。于是田常复修釐子之政[3]，以大斗出贷，以小斗收。齐人歌之曰："妪乎采芑，归乎田成子！[4]"齐大夫朝，御鞅[5]谏简公曰："田、监，不可并也，君其择焉。"君弗听。

是田常再次用釐子时的政策，用大斗出借粮食，再用小斗来回收。齐国人歌颂他说："妇女们采集芑菜呀，愿意把它们送给田成子！"齐国大夫们上朝，御鞅劝谏简公说："田常、监止二人，不可能并存，您要加以选择。"国君不听从。

注释　1 郄(xì)：隔阂。 2 心害：忌妒。 3 釐子之政：即田乞时的政策。 4 妪(yù)：妇女的通称。 芑(qǐ)：一说指谷类植物，一说为野菜名。 归乎田成子：意指老百姓欢迎田成子执政。 5 御鞅：御，官名；鞅，人名。

子我者，监止之宗人也，常与田氏有郤。[1]田氏疏族[2]田豹事子我有宠。子我曰："吾欲尽灭田氏適[3]，以豹代田氏宗。"豹曰："臣于田氏疏矣。"不听。已而豹谓田氏曰："子我将诛田氏，田氏弗先，祸及矣。"子我舍公宫，田常兄弟四人乘如公宫，欲杀子我。子我闭门。简公与妇人饮檀台，将欲击田

子我，就是监止的同族人，平常和田氏有隔阂。田氏的远房宗亲田豹侍奉子我受到宠幸。子我说："我想将田氏的嫡系子孙全部除掉，让你来做田氏家族宗主。"田豹说："我和田氏宗族的血缘关系疏远。"没有答应。随后田豹对田氏说："子我将要诛灭田氏宗族，田氏不先下手，祸患就要到来了。"子我住在简公宫中，田常兄弟四个人乘车来到简公的宫室，想杀死子我。子我闭上宫门。简公和妇女们在檀台饮酒作乐，正想去攻击田常。太史官子余说："田常不敢发动变乱，他是来为

常。太史子余曰:“田常非敢为乱,将除害。”简公乃止。田常出,闻简公怒,恐诛,将出亡。田子行曰:“需,事之贼也。[4]”田常于是击子我。子我率其徒攻田氏,不胜,出亡。田氏之徒追杀子我及监止。

国家除害的。”简公就停止了发兵。田常出来,听说简公发怒了,害怕被诛杀,准备逃亡。田子行说:“迟疑,是办事的祸害。”田常于是就攻击子我。子我率领他的徒众进攻田氏,没能取胜,就逃走了。田氏的家徒追击并杀死了子我和监止。

简公出奔,田氏之徒追执简公于徐州。简公曰:“蚤从御鞅之言,不及此难。”田氏之徒恐简公复立而诛己,遂杀简公。简公立四年而杀。于是田常立简公弟骜,是为平公。平公即位,田常为相。

简公逃出国都,田氏的家徒追逐到徐州把他拘执起来。简公说:“我如果早一点听从御鞅的建议,就不会遭受这样的灾难了。”田氏的家徒害怕简公复位后诛杀自己,就杀死了简公。简公继位四年被杀。于是田常扶立简公的弟弟骜,这就是平公。平公即国君之位,田常担任丞相。

注释 1 子我:当依《齐太公世家》及其所据之《左传》作“阚止”,又作“监止”。 宗人:同族之人。 2 疏族:远族,远亲。 3 適:通“嫡”,嫡长子、嫡系。 4 需:迟疑。 贼:祸害。

田常既杀简公,惧诸侯共诛己,乃尽归鲁、卫侵地,西约晋、韩、魏、赵氏,南通吴、越之使,修功行赏,亲于百姓,以故齐

田常已经杀死简公,惧怕诸侯各国共同来诛伐自己,就把齐国所侵占的鲁国、卫国的土地全部归还给它们,在西边和晋、韩、魏、赵各国相约交好,在南边和吴国、越国通使往来,

复定。

田常言于齐平公曰:"德施人之所欲,君其行之;刑罚人之所恶,臣请行之。[1]"行之五年,齐国之政皆归田常。田常于是尽诛鲍、晏、监止及公族之强者,而割齐自安平[2]以东至琅邪,自为封邑。封邑大于平公之所食[3]。

田常乃选齐国中女子长七尺以上为后宫,后宫以百数,而使宾客舍人出入后宫者不禁。及田常卒,有七十余男[4]。

田常卒,子襄子盘代立,相齐。常谥为成子。

按功赏赐,亲和百姓,因此齐国重新获得了安定。

田常对齐平公进言说:"施加恩德是人们所希望的,您来实行;处以刑罚是人们所厌恶的,请让我来实行。"这样实行了五年,齐国的政事大权都落到田常手中。田常于是把鲍氏、晏氏、监止一族和公族中势力强大的人全都诛杀掉了,并割出齐国安平以东直到琅邪的土地,作为自己的领地。他的领地的面积比平公占有的领地还要大。

田常又选择齐国国内身高在七尺以上的女子做后宫姬妾,他的后宫姬妾有几百人,他让宾客、从属任意出入后宫而不加禁止。等到田常去世的时候,他有七十多个儿子。

田常去世,儿子襄子田盘接替他的职位,担任齐相。田常的谥号叫成子。

注释 1 德施:施加恩德。 刑罚:处以刑罚。 2 安平:齐邑名,时在齐都临菑之东淄水东岸,今山东淄博市临淄区东北。 3 食:即食邑,领地。 4 七十余男:《史记索隐》:"鲍昱云'陈成子有数十妇,生男百余人',与此亦异。然谯允南案《春秋》,陈恒为人,虽志大负杀君之名,至于行事亦修整,故能自保,固非苟为禽兽之行。夫成事在德,虽有奸子七十,只以长乱,事岂然哉?言其非实也。"

田襄子既相齐宣公，三晋杀知伯，分其地。[1]襄子使其兄弟宗人尽为齐都邑大夫，与三晋通使，且以有齐国。[2]

襄子卒，子庄子白立。田庄子相齐宣公。宣公四十三年，伐晋，毁黄城，围阳狐。明年，伐鲁、葛及安陵[3]。明年[4]，取鲁之一城。

庄子卒，子太公和[5]立。田太公相齐宣公。宣公四十八年，取鲁之郕。明年，宣公与郑人会西城。伐卫，取毌丘。宣公五十一年卒，田会自廪丘反。

田襄子担任齐宣公的国相时，晋国的韩、赵、魏三家杀了智伯，瓜分了他的封地。襄子派他的兄弟和族人去担任齐国各都邑的大夫，和韩、赵、魏三家通使往来，田氏几乎拥有了整个齐国。

襄子去世，儿子庄子田白继承职位。田庄子辅佐齐宣公。宣公四十三年，攻打晋国，摧毁了黄城，包围了阳狐。第二年，攻打鲁城、葛邑和安陵。第三年，夺取了鲁国的一座城邑。

庄子去世，他的儿子太公田和继位。田太公辅佐齐宣公。宣公四十八年，夺取了鲁国郕邑。第二年，宣公和郑国人在西城相会。攻打卫国，夺取了毌丘。宣公五十一年去世，田会在廪丘反叛。

注释　1 三晋：指韩、赵、魏。　知伯：又作智伯、知瑶，战国初晋四卿之一。　2 都邑大夫：所封城邑之长官。　且：将近，几乎。　3 安陵：古地名，即鄢陵。《史记志疑》："'葛'当作'莒'，'安陵'疑误。"　4 明年：明年之明年，即第三年。　5 太公和：即田太公，亦名田和。

宣公卒，子康公贷立。贷立十四年，淫于酒、妇人，不听政。太公乃迁康

宣公去世，儿子康公贷继位。贷继位十四年，沉湎于酒色，不处理政事。太公就把康公迁徙到海滨，

公于海上，食一城[1]，以奉其先祀。明年，鲁败齐平陆。

只给他一座城做食邑，以便他供奉祖先的祭祀。第二年，鲁国在平陆打败了齐国。

三年，太公与魏文侯会浊泽，求为诸侯。魏文侯乃使使言周天子及诸侯，请立齐相田和为诸侯。周天子许之。康公之十九年，田和立为齐侯，列于周室，纪元年。[2]

三年，太公和魏文侯在浊泽相会，请求周天子和各诸侯承认自己为诸侯。魏文侯就派出使者去对周天子和各诸侯国说明，请求确立齐国丞相田和做诸侯。周天子允许了。康公十九年，周天子封田和为齐侯，列名于周王室，此年即为田和称诸侯的元年。

注释 1 食一城：以一城为其食邑。 2 康公之十九年：即公元前386年。 列于周室：国名置列于周王室。 纪元年：以独立国家开始依君王在位年数纪事。元年，君王在位之始年。

齐侯太公和立二年，和卒，子桓公午立。[1] 桓公午五年，秦、魏攻韩[2]，韩求救于齐。齐桓公召大臣而谋曰："蚤救之孰与晚救之？"驺忌曰："不若勿救。"段干朋曰："不救，则韩且折而入于魏，不若救之。"田臣思曰："过矣君之谋也[3]！秦、魏攻韩，

齐侯太公田和继位两年后，田和去世，儿子桓公午继位。桓公午五年，秦国、魏国进攻韩国，韩国向齐国求救。齐桓公召集大臣谋划时说："早去救跟晚去救哪个比较好？"驺忌说："不如不去救。"段干朋说："不援救，那么韩国将会受挫折而并入魏国，不如去援救好。"田臣思说："你们的计谋都错了！秦国、魏国进攻韩国，楚国、赵国必定去援救它，这是上天把燕国给予了齐国。"桓公说：

楚、赵必救之，是天以燕予齐也。”桓公曰：“善。”乃阴告韩使者而遣之。韩自以为得齐之救，因与秦、魏战。楚、赵闻之，果起兵而救之。齐因起兵袭燕国，取桑丘。

六年，救卫。桓公卒，子威王[4]因齐立。是岁，故齐康公卒，绝无后，奉邑皆入田氏。

“好。”就暗中告诉韩国使者一定去援救并把他打发走了。韩国自认为得到了齐国的援救，因而就和秦国、魏国交战。楚国、赵国听说了，果然出动军队去援救。齐国借机起兵袭击燕国，夺取了桑丘。

六年，援救卫国。桓公去世，儿子威王因齐继位。这一年，原来的齐康公去世了，没有后代，封地全都归于田氏。

注释　1 和立二年：依《辞海》后附《中国历史纪年表·战国纪年表》田和公元前404—前385年在位。田和卒后，有“齐侯剡(yǎn)”于公元前384—前375年在位十年，然后才为桓公。　桓公：公元前374—前357年在位。　2 秦、魏攻韩：梁玉绳以为“此乃齐宣王二十九年胜燕哙事，误载于桓公五年”。详见《史记志疑》卷二十四。　3 过矣君之谋也：即“君之谋过矣”。过，错误。　4 威王：按《中国历史纪年表》，威王于公元前356—前320年在位。《十二诸侯年表》则载，威王于公元前378—前334年在位。

齐威王元年，三晋因齐丧来伐我灵丘。三年，三晋灭晋[1]后而分其地。六年，鲁伐我，入阳关[2]。晋[3]伐我，至博陵。七年，

齐威王元年，韩、赵、魏三国趁着齐国有丧事来攻打我国灵丘。三年，韩、赵、魏三国灭亡晋国宗室并瓜分了它的土地。六年，鲁国攻打我国，进入了阳关。魏国来攻打我国，到达了博陵。七年，卫国攻打我

卫伐我，取薛陵。九年，赵伐我，取甄。

国，夺取了薛陵。九年，赵国攻打我国，夺取了甄邑。

注释 1 灭晋：《史记志疑》："是时分其地而未灭也。" 2 阳关：关塞名，在今山东泰安市南，梁父山西南。 3 晋：当作"魏"。

威王初即位以来，不治，委政卿大夫，九年之间，诸侯并伐，国人不治。[1]于是威王召即墨大夫而语之曰："自子之居即墨也，毁言日至。然吾使人视即墨，田野辟，民人给，官无留事，东方以宁。[2]是子不事吾左右以求誉也。"封之万家。召阿大夫语曰："自子之守阿，誉言日闻。然使使视阿，田野不辟，民贫苦。昔日赵攻甄，子弗能救。卫取薛陵，子弗知。是子以币厚吾左右以求誉也。[3]"是日，烹阿大夫，及左右尝誉

威王初即位以来，不处理政事，把全部政事委托给卿和大夫办理，九年之内，诸侯们都来攻打，齐国人不得安宁。于是威王召即墨大夫来并告诉他说："自从您在即墨任职，毁谤的言论每日都会传到我耳朵里。然而我派人视察即墨，田野开垦，民众丰足，官府没有积压的政事，东方因此也获得了安宁。这是您不去奉承我左右的侍从以求得赞扬的缘故。"封给他一万家。召东阿的大夫来告诉他说："自从您治理阿邑，赞扬的言论每天都会传到我耳朵里。然而派使者去视察阿邑，田野没有开垦，民众贫苦。从前赵国进攻甄邑，您没有能去援救。卫国夺取了薛陵，您都不知道。这是您用礼物贿赂了我左右的侍从以便求得赞扬的结果。"这一天，烹杀了阿邑大夫，连左右侍从中曾经赞扬过他的人都一并给烹杀了。于是起兵往西去攻击赵国、

者皆并烹之。遂起兵西击赵、卫，败魏于浊泽而围惠王。[4] 惠王请献观以和解，赵人归我长城。[5] 于是齐国震惧，人人不敢饰非，务尽其诚。齐国大治。诸侯闻之，莫敢致兵于齐二十余年。

卫国，在浊泽打败了魏国并包围了梁惠王。梁惠王请求献出观邑以求得和解，赵国人归还给了我国的长城。于是整个齐国又震惊又恐惧，人人都不敢粉饰过错，而致力于竭尽自己的忠诚。齐国因此得到了特别好的治理。诸侯们听说了，此后的二十多年不敢侵犯齐国。

注释 1 委政：委托政事。 国人不治：此“治”意为安定，安宁。 2 辟：开垦。 给(jǐ)：丰足。 留事：积压的政事。 3 币：指玉、马、皮、帛、丝织品等礼物。 厚：此处指贿赂。 誉：称誉，赞扬。 4 击赵、卫：《史记志疑》：“事无考。” 惠王：魏惠王，亦即梁惠王。 5 观(guàn)：亦名“观泽”，齐邑名。《史记志疑》：“败魏浊泽与伐魏取观是两事，不得并为一端，且是齐伐而取之，非魏因败浊泽而献观以和也。” 长城：齐之长城，东起今山东青岛市黄岛区之海滨，西到今山东平阴县北之济水岸边。

驺忌子以鼓琴见威王，威王说而舍之右室须臾，王鼓琴，驺忌子推户入曰：“善哉鼓琴！”王勃然不说，去琴按剑曰：“夫子见容未察，何以知其善也？”[1] 驺忌子曰：“夫大弦浊以春温者，君也；小弦廉折以清者，相也；[2] 攫之深，

驺忌子凭借善于弹琴进见齐威王，威王很高兴，把他安置在宫中的右室居住。没过多久，威王在弹琴，驺忌子推门而入说：“琴弹得真好呀！”威王含着怒气脸上变色很不高兴，推开琴，手按着剑说：“先生只见到表面现象而没有深入观察，为什么就知道是弹得好呢？”驺忌子说：“大弦声音宽缓如同春气温和，是象征着国君；小弦高亢明快而

醳之愉者，政令也；[3] 钧谐以鸣，大小相益，回邪而不相害者，四时也：吾是以知其善也。[4]" 王曰："善语音[5]。" 驺忌子曰："何独语音，夫治国家而弭[6] 人民皆在其中。" 王又勃然不说曰："若夫语五音之纪，信未有如夫子者也。[7] 若夫治国家而弭人民，又何为乎丝桐[8] 之间？" 驺忌子曰："夫大弦浊以春温者，君也；小弦廉折以清者，相也；攫之深而舍之愉者，政令也；钧谐以鸣，大小相益，回邪而不相害者，四时也。大复而不乱者，所以治昌[9] 也；连而径者[10]，所以存亡也：故曰琴音调[11] 而天下治。夫治国家而弭人民者，无若乎五音[12] 者。" 王曰："善。"

不互相扰乱，是象征着辅相；指勾拨得深，手放开得舒展，是象征着政令；琴声和谐而响亮，大小相互配合，回旋婉转而不相干扰，象征着四时：我因此知道您弹得好。" 威王说："您很会谈论音乐。" 驺忌子说："何止是谈论音乐，治理国家和安定人民的道理也都在其中。" 威王勃然色变，很不高兴地说："如果是谈论五音的原理，确实还没有比得上先生的。如果是讲治理国家和安定人民，它的道理又怎么会存在于弹琴当中呢？" 驺忌子说："大弦声音宽缓如同春气温和，是象征着国君；小弦高亢明快而不互相扰乱，是象征着辅相；指勾拨得深而手放开得舒展，是象征着政令；琴声和谐而响亮，大小相互配合，回旋婉转而不相干扰，是象征着四时。反复弹奏而不混乱，是由于国家因治理而得以昌盛；连续不断而前后贯通，能使国家保全而不致灭亡：所以说琴声调和，天下就会得到治理。治理国家和安定人民的道理，没有一条不像协调音乐的。" 威王说："好。"

注释　1 勃然：因发怒而变色。　见容：刚刚看到面容（外表）。　察：

观察,审察。 2 浊、清:《史记索隐》引蔡邕曰:"凡弦以缓急为清浊。琴,紧其弦则清,缦其弦则浊。" 春温:如春气温和。 廉折:高亢明快。《史记集解》引《琴操》曰:"大弦者,君也,宽和而温。小弦者,臣也,清廉而不乱。" 3 攫(jué):以手指拨弦。 醳(shì):通"释",放开。 愉:一作"舒"。 4 钧谐:和谐。 大小相益:声音的大小、轻重互相配合,润色。 回邪:回旋婉转。 5 音:指乐音道理。 6 弭(mǐ):顺服,安定。 7 纪:道理,准则。 信:确实。 8 丝桐:指琴。古多以桐木为琴,練丝为弦,故称。 9 治昌:因治理而达到昌盛。 10 连:连续不断。 径:前后贯通。 11 调:调和,和谐。 12 五音:宫、商、角、徵、羽。五音常代指音乐。

驺忌子见三月而受相印。淳于髡见之曰:"善说哉!髡有愚志,愿陈诸前。"[1] 驺忌子曰:"谨受教。"淳于髡曰:"得全全昌[2],失全全亡。"驺忌子曰:"谨受令,请谨毋离前[3]。"淳于髡曰:"豨膏棘轴,所以为滑也,然而不能运方穿。[4]"驺忌子曰:"谨受令,请谨事左右[5]。"淳于髡曰:"弓胶昔干,所以为合也,然而不能傅合疏罅。[6]"驺忌子曰:"谨受令,请谨自

驺忌子进见威王后三个月就接受了相印。淳于髡见到他说:"您真会说话呀!我有愚蠢的见解,想在您面前陈说。"驺忌子说:"我洗耳恭听。"淳于髡说:"能在人臣事君的礼节上全无过失,身和名也都会昌盛;如果全都有失误,身和名也全要毁亡。"驺忌子说:"我将牢记您的教导,在君主跟前小心谨慎不犯过失。"淳于髡曰:"用大猪的油脂涂抹棘轴,就是为了让它润滑,然而如果是方形的穿孔,就不能运转。"驺忌子说:"我将牢记您的教导,一定会谨慎地在国君左右侍奉。"淳于髡说:"把旧弓涂上胶放置在矫正器上加压,就是为了使它黏合,然而不能用这种方法弥合裂缝。"驺忌子说:"我将牢记您的教导,

附于万民。”淳于髡曰：“狐裘虽敝，不可补以黄狗之皮。”驺忌子曰：“谨受令，请谨择君子，毋杂小人其间。”淳于髡曰：“大车不较，不能载其常任；[7]琴瑟不较，不能成其五音。”驺忌子曰：“谨受令，请谨修法律而督奸吏。”淳于髡说毕，趋出，至门，而面其仆曰：“是人者，吾语之微言五，其应我若响之应声，是人必封不久矣。”[8]居期年，封以下邳，号曰成侯。

一定谨慎地扎根在万民之中。”淳于髡说：“即使狐腋的裘皮衣破败了，也不能用黄狗的皮来补缀。”驺忌子说：“我将牢记您的教导，一定会谨慎地挑选君子，不让愚庸的小人混杂在其中。”淳于髡说：“大车不加校量，不能承载平时负担的重量；琴瑟不加校量，就不能使五音形成悦耳的音乐。”驺忌子说：“我将牢记您的教导，一定谨慎地修明法规政令并严厉督察奸吏。”淳于髡说完了，快步出宫，到了门外遇见他的仆人就说：“这个人，我说出了五条微言，他的反应就像回音应和声响一样的敏捷，他不久一定会受封的。”过了一年，齐威王将下邳封给驺忌，称他为成侯。

注释　1 髡（kūn）：即淳于髡，齐国大臣。详见《孟子荀卿列传》及《滑稽列传》。　愚志：愚蠢之见解。　陈：陈述。　诸：兼词，之于。　2 得全：指能在人臣事君的礼节上俱全无失。　全昌：指身与名俱昌。　3 毋离前：在君主跟前小心谨慎，不犯过失。　4 豨（xī）膏：大猪之脂肪。豨，大猪。膏，脂肪。　棘轴：以棘木为车轴，至滑而坚也。　方穿：方形的穿孔。　5 谨事左右：谨慎地侍奉于左右，言每事须顺从。　6 弓胶昔干：言做弓之法，用胶涂在旧的弓干上，然后置于矫正弓弩的器具中，加压使之黏合。昔，久，旧。　傅合：附着，弥合。　疏罅（xià）：空隙、裂缝。　7 较：同“校”，校量。　常任：平常负担之重量。　8 趋：小步快走。　微言：

含义深刻而微妙之语言。 响之应声：如同回音一样应和。响，回音。《史记集解》引《新序》曰："齐稷下先生喜议政事。驺忌既为齐相，稷下先生淳于髡之属七十二人皆轻驺忌，以为设以微辞，驺忌必不能及，乃相与俱往见驺忌。淳于髡之徒礼倨，驺忌之礼卑。淳于髡等称辞，驺忌知之如应响，淳于髡等辞诎而去，驺忌之礼倨，淳于髡之礼卑。故所以尚干将、莫邪者，贵其立断也；所以尚骐骥者，为其立至也。必且历日旷久，则系氂能挈石，驽马亦能致远。是以聪明捷敏，人之美材也。"

威王二十三年，与赵王会平陆。二十四年，与魏王会田[1]于郊。魏王问曰："王亦有宝乎？"威王曰："无有。"梁王曰："若寡人国小也，尚有径寸之珠[2]照车前后各十二乘者十枚，柰何以万乘之国而无宝乎？"威王曰："寡人之所以为宝与王异。吾臣有檀子者，使守南城，则楚人不敢为寇东取，泗上十二诸侯皆来朝。[3]吾臣有肦子者，使守高唐，则赵人不敢东渔于河。[4]吾吏有黔夫者，使守徐州，则燕人祭北门，赵人祭西门，徙而从

威王二十三年，和赵王在平陆相会。二十四年，和魏王在国都郊外相会打猎。魏王询问说："您也有宝物吗？"威王说："没有。"梁王说："像我这样的小国家，尚且用直径一寸的宝珠十枚在车辆前后照耀，这种车总共达十二辆，为什么您这样的万乘之国却没有宝物呢？"威王说："我认为的宝物与您所认为的不同。我的臣子中有个叫檀子的，派他去镇守南城，那么楚国人就不敢向东来侵害掠夺，泗水流域的十二个诸侯小国都会前来朝拜。我的臣子中有个叫肦子的，派他去镇守高唐，那么赵国人就不敢往东来到黄河上捕鱼。我的官吏中有个叫黔夫的，派他镇守徐州，那么燕国人就到北门祭祀，赵国人就到西门祭祀，祈求神灵护佑使其免受攻击，而跟着

者七千余家。吾臣有种首者，使备盗贼，则道不拾遗。将以照千里，岂特十二乘哉！”梁惠王惭，不怿[5]而去。

他迁徙的有七千多家。我的臣子中有个叫种首的，派他去防备盗贼，于是道不拾遗。我的宝贝将帮我照耀千里，岂止是十二辆车呢！”梁惠王惭愧，感到不愉快就离去了。

注释 1 田：打猎。 2 径寸之珠：直径一寸的宝珠。 3 檀子：齐臣。 东取：向东侵掠齐国。 泗上：泗水流域。 十二诸侯：指邹、鲁、陈、蔡等国。 4 盼(bān)子：即田盼，齐臣。 渔：捕鱼。 5 怿(yì)：喜悦，愉快。

二十六年，魏惠王围邯郸，赵求救于齐。齐威王召大臣而谋曰：“救赵孰与勿救？”驺忌子曰：“不如勿救。”段干朋曰：“不救则不义，且不利。”威王曰：“何也？”对曰：“夫魏氏并邯郸，其于齐何利哉？且夫救赵而军其郊，是赵不伐而魏全也。故不如南攻襄陵以弊魏[1]，邯郸拔而乘魏之弊。”威王从其计。

二十六年，魏惠王包围邯郸，赵国向齐国求救。齐威王召集大臣们谋划说：“援救赵国和不援救赵国哪样好？”驺忌子说：“不如不去援救。”段干朋说：“不去援救就不符合道义，而且会对齐国不利。”威王说：“为什么呢？”段干朋回答说：“如果魏国并吞了邯郸，这对齐国有什么好处呢？再说援救赵国而在它的国都郊外驻扎军队，这样赵国不被攻打并且魏国也不会有什么损失。所以不如向南去进攻襄陵来使魏国受损，邯郸如果被攻拔，就可以利用魏国的疲惫而使它受损。”威王听从了他的计策。

其后成侯驺忌与田忌

后来成侯驺忌和田忌不相友

原文	译文
不善,公孙阅[2]谓成侯忌曰:"公何不谋伐魏,田忌必将。战胜有功,则公之谋中[3]也;战不胜,非前死则后北[4],而命在公矣。"于是成侯言威王,使田忌南攻襄陵。十月,邯郸拔,齐因起兵击魏,大败之桂陵。[5]于是齐最强于诸侯,自称为王,以令天下。	善,公孙阅对成侯忌说:"您何不谋划攻打魏国,田忌必定要领兵。作战胜利有了功劳,就是您的谋划应验了;作战没有取胜,田忌不是向前战死就是后退败北,这样他的命运就掌握在您手里了。"于是成侯去向威王进言,派田忌往南进攻襄陵。十月,魏国攻占了邯郸,齐国趁机起兵出击魏国,在桂陵把魏军打得大败。于是齐国在诸侯中成了最强大的国家,自己把称号改作王,来号令天下。

注释　1 弊(bì)魏:指使魏遭受损失。　2 公孙阅:齐国大臣。《战国策》作"公孙闬"。　3 中:应验,成功。　4 非前死则后北:不是向前战死就是后退败北。北,败北。　5 十月:当依《战国策》作"七月"。　邯郸拔:《史记志疑》:"邯郸为赵之都城,其君在焉,魏安得拔其都乎?揆诸情势,深所难信,《史》言妄矣。"

原文	译文
三十三年,杀其大夫牟辛[1]。	三十三年,杀死了他的大夫牟辛。
三十五年,公孙阅又谓成侯忌曰:"公何不令人操十金卜于市,曰:'我田忌之人也。吾三战而三胜,声威天下。欲为大事,亦	三十五年,公孙阅又对成侯驺忌说:"您何不让人拿着二百两黄金到市上去占卜,让他说:'我是田忌手下的人。我们三次出战就三次取胜,声威震动天下。想办件大事,不知道是吉利还是不吉利?'"等这个

吉乎不吉乎？'"卜者出，因令人捕为之卜者，验其辞于王之所。田忌闻之，因率其徒袭攻临淄，求成侯，不胜而奔。[2]

三十六年，威王卒，子宣王[3]辟强立。

要占卜的人走了，就派人把那个为他占卜的人逮捕，在威王那里验证问卜之辞。田忌听说了，就率领他的徒众袭攻临淄，搜捕成侯，没能取胜就奔逃了。

三十六年，威王去世，儿子宣王辟强继位。

注释 1 牟辛：齐国大夫。一说"大夫"或作"夫人"。牟辛为夫人之姓字。2 求：捉拿，搜捕。 奔：田忌出奔时间有误，当在宣王二年马陵之战后。3 宣王：田齐宣王，名辟强，公元前319—前301年在位。

宣王元年，秦用商鞅[1]。周致伯[2]于秦孝公。

二年，魏伐赵。赵与韩亲，共击魏。赵不利，战于南梁[3]。宣王召田忌复故位。韩氏请救于齐。宣王召大臣而谋曰："蚤[4]救孰与晚救？"驺忌子曰："不如勿救。"田忌曰："弗救，则韩且折而入于魏，不如蚤救之。"孙子曰："夫韩、魏之兵未弊而救之，是吾代韩受魏之兵，顾反听命于

宣王元年，秦国任用商鞅。周王室授予秦孝公霸主的地位。

二年，魏国攻打赵国。赵国和韩国亲近，共同出击魏国。赵国不利，在南梁战败。宣王召回田忌恢复其原来的职位。韩国向齐国请求援救。宣王召集大臣们谋划说："早去援救和晚去援救相比哪样好？"驺忌子说："不如不去援救。"田忌说："不去援救，那么韩国将会受挫折而屈从于魏国，不如及早去援救。"孙膑说："如果韩国、魏国的军队还没有困顿，我们就去援救，这样我们将会替韩国承受魏国军队的进攻，结果我们反而要听从韩国的指挥。而且魏国有攻破韩国的打算，韩

韩也。且魏有破国之志，韩见亡，必东面而诉于齐矣。吾因深结韩之亲而晚承魏之弊，则可重利而得尊名也。”[5]宣王曰：“善。”乃阴告韩之使者而遣之。韩因恃齐，五战不胜，而东委国于齐。齐因起兵，使田忌、田婴将，孙子为师，救韩、赵以击魏，大败之马陵，杀其将庞涓，虏魏太子申。[6]其后三晋之王皆因田婴朝齐王于博望，盟而去。

国出现亡国迹象，必定向东来齐国求救。那时我们再发兵，既可以与韩国交厚，又可以趁魏国疲惫打败它，如此则实利和美名兼得。”宣王说：“好。”就暗中告诉韩国使者要去援救并打发他回国。韩国依仗齐国，五次交战都没有取胜，就向东来把国家委托给齐国。齐国于是起兵，派田忌、田婴领兵，让孙膑做军师，援救韩国而攻击魏国，在马陵把魏军打得大败，杀了魏国的将领庞涓，俘虏了魏国的太子申。之后，韩、赵、魏三国的君王都通过田婴在博望朝见了齐王，与齐国结盟以后离去了。

注释　1 商鞅：战国中期政治家，出生于卫国，原名卫鞅，后受秦孝公重用变法，封于商、於，所以又名商鞅。详见《商君列传》。　2 致伯：表达授予霸主的地位。伯，通“霸”。　3 南梁：邑名，在今河南汝州市一带。　4 蚤：此处连同下文之“蚤”，皆通“早”。　5 顾反：反而、却。　东面：面向东。　承：通“乘”，趁。　重利：极大好处。　6 田婴：齐国宗室大臣，威王少子。为将者尚有“田肦(bān)”。　救韩、赵以击魏：“赵”字衍。

七年，与魏王会平阿[1]南。明年，复会甄。魏惠王卒。明年，与魏襄王会徐州，诸侯相王[2]也。十年，楚围

七年，齐王和魏王在平阿之南相会。第二年，再次在甄邑相会。魏惠王去世。次年，和魏襄王在徐州相会，是为了诸侯国互相称王。

我徐州。十一年，与魏伐赵，赵决河水灌齐、魏，兵罢。十八年，秦惠王[3]称王。

宣王喜文学游说之士，自如驺衍、淳于髡、田骈、接予、慎到、环渊之徒七十六人，皆赐列第，为上大夫，不治而议论。[4]是以齐稷下[5]学士复盛，且数百千人。

十九年，宣王卒，子湣王[6]地立。

十年，楚国包围了我国徐州。十一年，和魏国攻打赵国，赵国决开黄河引水浸灌齐、魏两国军队，军队撤离了。十八年，秦惠王称王。

宣王喜爱从事文学和游说的士人，像驺衍、淳于髡、田骈、接予、慎到、环渊等七十六人，都赐给不同等级的宅第，任命他们为上大夫，不具体处理政事而只议论是非。因此齐国稷下宫中的学士重新兴盛起来，达到数百乃至上千人。

十九年，宣王去世，儿子湣王地继位。

注释　1 平阿(ē)：古地名，在今安徽怀远县西南。　2 相王(wàng)：互相承认为王。　3 秦惠王：秦国国君，亦称秦惠文王，其称王在公元前325年，即齐威王三十二年。至齐宣王之十八年(前302)，时为秦昭襄王之五年，无须再称王。　4 驺衍：亦作邹衍，战国时思想家，阴阳家代表人物。　田骈(pián)：齐国人，著有《田子》二十五篇。　接予：齐国人，著有《接子》二篇。　慎到：赵国人，著有《慎子》四十二篇。　环渊：楚国人，有著作上、下两篇。　列第：各类等级的住宅。　上大夫：战国诸侯国卿以下，大夫分为上、中、下三等，上大夫为上等。　议论：评论是非，发表言论。　5 稷下：地名，在齐都城临菑稷门附近，齐曾在此设馆，任各派学者讲学议论。　6 湣王：田齐湣王，名地，公元前300—前284年在位。此据《中国历史纪年表》，与本篇所叙有差异。

湣王元年，秦使张仪与诸侯执政[1]会于齧桑。三年，封田婴于薛[2]。四年，迎妇于秦。七年，与宋攻魏，败之观泽。

十二年，攻魏。楚围雍氏[3]，秦败屈丐。苏代谓田轸[4]曰："臣愿有谒于公，其为事甚完，使[5]楚利公，成为福，不成亦为福。今者臣立于门，客有言曰魏王谓韩冯[6]、张仪曰：'煮枣将拔，齐兵又进，子来救寡人则可矣；不救寡人，寡人弗能拔。'此特转辞[7]也。秦、韩之兵毋东，旬余，则魏氏转韩从秦，秦逐张仪，交臂而事齐楚，此公之事成也。[8]"田轸曰："柰何使无东？"对曰："韩冯之救魏之辞，必不谓韩王曰'冯以为魏'，必曰'冯将以秦韩之兵东却齐宋，冯因抟[9]三国之兵，乘屈丐之弊，南割于楚，故

湣王元年，秦国派张仪和诸侯各国执掌政事大权的重臣在齧桑相会。三年，把田婴封在薛邑。四年，从秦国迎来女子做妻。七年，和宋国进攻魏国，在观泽把魏国打败。

十二年，进攻魏国。楚国包围雍氏，秦国打败楚将屈丐。苏代对田轸说："我想拜见您，想为您办一件好事，这件事对楚国有利，对您也有利，事情成功了是福，不成功也是福。今天我站在门口，有客人谈到魏王对韩冯、张仪说：'煮枣将被攻拔，齐兵又来进犯，您二位来救寡人就可以不败；不来救寡人，寡人无能为力只好听任齐国攻占。'这只不过是婉转之辞。秦国、韩国的军队不向东进发，只要十多天时间，那么魏国就会转变态度，韩国顺从秦国，秦国驱逐张仪，拱手而去侍奉齐国、楚国，这样您的事情就成功了。"田轸说："怎么让秦国、韩国不派兵东进呢？"苏代回答说："韩冯援救魏国的言辞，必定不会对韩王说'韩冯这样做是为了魏国'，必定会说'韩冯将要率领秦韩两国的军队东行去抗御齐国、

地必尽得之矣’。张仪救魏之辞，必不谓秦王曰‘仪以为魏’，必曰‘仪且以秦韩之兵东距[10]齐宋，仪将抟三国之兵，乘屈丐之弊，南割于楚，名存亡国，实伐三川而归，此王业也’。公令楚王与韩氏地，使秦制和，谓秦王曰‘请与韩地，而王以施三川，韩氏之兵不用而得地于楚’。[11]韩冯之东兵之辞且谓秦何？曰‘秦兵不用而得三川，伐楚韩以窘[12]魏，魏氏不敢东，是孤齐也’。张仪之东兵之辞且谓何？曰‘秦韩欲地而兵有案，声威发于魏，魏氏之欲不失齐楚者有资矣’。[13]魏氏转秦韩争事齐楚，楚王欲而无与地，公令秦韩之兵不用而得地，有一大德[14]也。秦韩之王

宋国，韩冯因而集聚三国的军队，趁着屈丐战败的困顿，向南从楚国割取土地，从前失掉的土地必定会全部得到了’。张仪援救魏国的言辞，必定不会对秦王说‘张仪是为了魏国’，必定会说‘张仪将要率领秦韩两国的军队向东去抗拒齐国、宋国，张仪将会聚集三国的军队，乘着屈丐战败的困顿，向南从楚国割取土地，名义上是要保存将会灭亡的国家，实际上是攻打了三川地区就回来，这是一种帝王的事业’。您让楚王给予韩国土地，让秦国控制和谈，对秦王说‘请让楚国给予韩国土地，而您能借此施威名于三川地区，韩国的军队不动用就可以从楚国得到土地’。韩冯向东发兵的言辞将会怎样对秦国说呢？说‘秦国不动用军队就得到了三川地区，攻打楚韩二国来使魏国陷入困境，魏国不敢发兵往东，这样就孤立了齐国’。张仪向东发兵的言辞将会怎么说呢？说‘秦韩两国想得到土地却按兵不动，声威震动了魏国，那些主张魏国与齐楚二国联合的人就有理由了’。魏国转变了对秦韩二国的态度争着去侍奉齐国、楚国，楚王正想得到魏国侍奉而不给韩国土地，您让秦韩两国不动用军队而能得

劫于韩冯、张仪而东兵以徇服魏，公常执左券以责于秦韩，此其善于公而恶张子多资矣。[15]”

到土地，对这两国来说是一种巨大的恩德。秦韩两国国君受到韩冯、张仪的胁迫向东发兵来使魏国顺服，您就成了秦国、韩国的债主，这对您极其有利而对张仪极其不利。”

注释 1 执政：掌握大权、主持政务之臣。 2 薛：齐邑名，亦名“徐(shū)州”，在今山东滕州南。 3 雍氏：魏邑名，在今河南禹州市东北。 4 田轸：又称“陈轸”，楚国大臣。 5 使：据《战国纵横家书》，应为“便”。 6 韩冯：人名，韩国相，又名“公仲侈”。 7 转辞：婉转之辞。 8 转：转变策略、态度。 逐：驱逐。 交臂：犹“拱手”。 9 抟(tuán)：结聚，集中。 10 距：通“拒”，抗拒，抵御。 11 公：此指田轸。 制和：控制议和。 12 窘：窘迫，使……陷入困境。 13 案：按兵不动。 声威：名声威势。 资：凭借，依靠。 14 大德：巨大的恩德。《史记正义》：“苏代谓陈轸，今秦朝之兵不战伐而得地，陈轸于秦朝岂不有大恩德。” 15 劫：威逼，威胁。 徇服：顺服。 左券(quàn)：券是古代的一种契据，常分为两半，债权人和债务人各执其一作为凭证。左券为上，右券为下。债权人拥有左券，后以左券喻主动或成事有把握。 责(zhài)：通“债”。 张子：指张仪。

十三年，秦惠王卒。二十三年，与秦击败楚于重丘。二十四年，秦使泾阳君质于齐。二十五年，归泾阳君于秦。孟尝君薛文入秦，即相秦。文亡

十三年，秦惠王去世。二十三年，齐国和秦国在重丘击败了楚国。二十四年，秦国派泾阳君到齐国做质子。二十五年，齐国把泾阳君归还秦国。孟尝君薛文进入秦国，随即做了秦相。同年，薛文逃离了秦国。二十六年，齐国和韩国、魏国共

去。二十六年,齐与韩魏共攻秦,至函谷军焉。二十八年,秦与韩河外以和,兵罢。二十九年,赵杀其主父。齐佐赵灭中山。

三十六年,王为东帝,秦昭王为西帝[1]。苏代自燕来,入齐,见于章华东门。齐王曰:"嘻,善,子来!秦使魏冉致帝,子以为何如?"对曰:"王之问臣也卒,而患之所从来微,愿王受之而勿备称也。[2]秦称之,天下安之,王乃称之,无后也。且让争帝名,无伤也。[3]秦称之,天下恶之,王因勿称,以收天下,此大资也。且天下立两帝,王以天下为尊齐乎?尊秦乎?"王曰:"尊秦。"曰:"释帝,天下爱齐乎?爱秦乎?"王曰:"爱齐而憎秦。"曰:"两帝立约伐赵,孰与伐桀宋[4]之利?"王曰:"伐桀宋利。"对曰:"夫约钧,然

同进攻秦国,到了函谷关,就驻扎在那里。二十八年,秦国把河外地区给了韩国来讲和,军队撤走了。二十九年,赵国杀死了主父。齐国佐助赵国灭亡了中山国。

三十六年,齐湣王称东帝,秦昭王称西帝。苏代从燕国来,进入齐国,齐王在章华东门接见他。齐王说:"嘿,好啊,您来了!秦国派魏冉来尊我为帝,您认为怎么样?"苏代回答说:"您问得太突然了,而祸患的发展是不明显的,希望您接受了但不称帝。秦国称了帝,如果得到天下认同,您再来称帝,也不算迟。而且在争称帝号方面推让,也没有什么伤害。秦国称了帝,天下的人很憎恨,您借机不称帝,来收取天下人心,这是一笔很大的本钱。而且天下立了两个帝,您认为天下是尊崇齐国呢,还是尊崇秦国呢?"湣王说:"尊崇秦国。"苏代说:"齐国放弃帝号,天下的人是喜欢齐国呢,还是喜欢秦国呢?"湣王说:"喜欢齐国并憎恨秦国。"苏代说:"两帝订立盟约攻打赵国,跟攻打桀宋比较哪样有利?"湣王说:"攻打桀宋有利。"

与秦为帝而天下独尊秦而轻齐，释帝则天下爱齐而憎秦，伐赵不如伐桀宋之利，故愿王明释帝以收天下，倍约宾秦，无争重，而王以其间举宋。[5] 夫有宋，卫之阳地[6]危；有济西，赵之阿东国危；有淮北，楚之东国危；有陶、平陆，梁门不开。释帝而贷之以伐桀宋之事，国重而名尊，燕楚所以形服，天下莫敢不听，此汤武之举也。[7] 敬秦以为名，而后使天下憎之，此所谓以卑为尊者也。愿王孰虑之。”于是齐去帝复为王，秦亦去帝位。

苏代回答说：“要是约定同时称帝，但天下只尊崇秦国而轻视齐国，放弃帝号，那么天下喜欢齐国并憎恨秦国，攻打赵国又不如攻打桀宋有利，因此，我希望您公开地放弃帝号来收取天下人心，违背盟约，摈弃秦国，不要和秦国争高低，而您利用这个时机攻占宋国。如果占有了宋国，卫国的阳地也就危险了；有了济水西岸地区，赵国阿地以东一带的国土就危险了；有了淮水北岸地区，楚国的东部国土就危险了；有了陶邑、平陆，魏都大梁的城门就不能打开了。放弃帝号而用攻打桀宋的事情来代替，国家的地位加重，名声受到尊崇，燕国、楚国会因为形势所迫而臣服，天下没有谁敢不听从，这是商汤、周武王一样的举动呀。以敬重秦国做名义，然后又让天下去憎恨秦国，这就是所谓以谦卑博取尊贵的做法。希望您认真地考虑一下。”于是齐王放弃了帝号，照旧称王，秦王也除去了帝位。

注释　**1** 按：秦昭王称帝在其十九年，即公元前288年。　**2** 卒(cù)：通“猝”，突然，仓猝。　微：不明。　备：充任，充当。　**3** 让争：辞让争称。　伤：有害、妨碍。　**4** 桀宋：宋王偃，宋辟公之子，自立为宋君后，又自立为王。执政期间暴虐无道，淫于酒、妇人，其他诸侯王将其比作夏桀，所以称为“桀宋”。　**5** 钧：平均、均等。此指同时签约(称帝)。　倍：

通“背”。 举:攻下、占领。 6卫之阳地:指前卫国所占据的黄河以南地区,时属魏,约在今河南濮阳一带。 7贷:通“代”,代替。 形服:迫于形势而臣服。

三十八年,伐宋。秦昭王怒曰:“吾爱宋与爱新城、阳晋同。韩聂与吾友也,而攻吾所爱,何也?”苏代为齐谓秦王曰:“韩聂之攻宋,所以为王也。齐强,辅之以宋,楚魏必恐,恐必西事秦,是王不烦一兵,不伤一士,无事[1]而割安邑也,此韩聂之所祷于王也。”秦王曰:“吾患齐之难知[2]。一从一衡[3],其说何也?”对曰:“天下国[4]令齐可知乎?齐以攻宋,其知事秦以万乘之国自辅,不西事秦则宋治[5]不安。中国白头游敖之士皆积智欲离齐秦之交,伏式结轶西驰者,未有一人言善齐者也,伏式结轶东驰者,未有一人言善秦者也。[6]何

三十八年,齐国攻打宋国。秦昭王发怒说:“我爱宋国和爱新城、阳晋是一样的。韩聂和我是朋友,却进攻我所爱的国家,是为什么?”苏代替齐国对秦王说:“韩聂进攻宋国,就是为了您。齐国强大,再加上宋国的辅助,楚国、魏国必定恐惧,一旦恐惧,它们必定会向西来侍奉秦国,这样,您不用烦劳一兵,不用伤害一士,不进行战事就割取了安邑,这就是韩聂所祝祷于您的呀。”秦王说:“我担心齐国的行为难以预料。一会儿合纵,一会儿连横,其中的道理是什么?”苏代回答说:“天下各诸侯国的情况能让齐国都预料到吗?齐国进攻宋国,他知道侍奉秦国就有万乘之国辅助自己,不向西侍奉秦国那么宋国也会不安定。中原各国以游说为职业的老者们都积虑蓄智想离间齐秦二国的交好,乘车西驰秦国的人,没有一个会说要和齐国友善的,乘车东驰齐国的人,没有一个会说要和秦国友

则？皆不欲齐秦之合也。何晋楚之智而齐秦之愚也！晋楚合必议齐秦，齐秦合必图晋楚，请以此决事。”秦王曰：“诺。”于是齐遂伐宋，宋王出亡，死于温。齐南割楚之淮北，西侵三晋，欲以并周室，为天子。泗上诸侯邹鲁之君皆称臣，诸侯恐惧。

善的。这是为什么呢？因为他们都是不希望齐、秦二国联合呀。为什么晋楚两国这样明智而齐秦两国这样愚蠢呢？晋楚二国联合必定议论齐秦二国，齐秦二国联合必定图谋晋楚二国，请根据这个情况决定行事吧。”秦王说：“好。”于是齐国就攻打宋国，宋王出国逃亡，死在温邑。齐国向南割取了楚国的淮水北岸，向西侵入了三晋，想趁机吞并周王室，成为天子。泗水一带的诸侯国如邹、鲁的国君都向齐国称臣，诸侯们感到恐惧。

注释　1 无事：指不进行征伐。　2 难知：（行为）难以预料、知晓。　3 一从一衡：时而参加合纵，时而又加入连横。从，通“纵”。衡，通“横”。　4 天下国：指天下各诸侯的情况。　5 宋治：宋国治理的土地。《战国策》作“宋地”。　6 中国：泛指中原诸侯国。　白头游敖之士：以游说为职业的老者。敖，闲游，游嬉。　伏式结轶(zhé)：凭伏在车前横木上，车辙互相交错、重叠。式，通“轼”，车前横木。轶，车辙。

三十九年，秦来伐，拔我列城九。

四十年，燕、秦、楚、三晋合谋，各出锐师以伐，败我济西。王解[1]而却。燕将乐毅遂入临淄，尽取齐

三十九年，秦国前来攻打，攻占了我国相邻的城池九座。

四十年，燕国、秦国、楚国、三晋联合谋划，各自派出精锐部队前来攻伐，在济水西岸把我军打败。王师溃散并且退却。燕将乐毅就进入临淄，夺取了齐国全部珍宝和藏器。

之宝藏器。湣王出亡，之卫。卫君辟宫舍之，称臣而共具。[2]湣王不逊，卫人侵之。湣王去，走邹、鲁，有骄色，邹、鲁君弗内[3]，遂走莒。楚使淖齿将兵救齐，因相齐湣王。淖齿遂杀湣王而与燕共分齐之侵地卤器。[4]

湣王出国逃亡，前往卫国。卫君打开王宫让他居住下来，对他称臣并供给一切用具。湣王不谦逊，卫国人愤而攻击他。湣王离去，跑到了邹国、鲁国，但他神色傲慢，邹国、鲁国的国君都不接纳他，他就跑到了莒城。楚国派淖齿统兵援救齐国，淖齿趁势做了齐湣王的辅相。淖齿就杀了湣王而和燕国共同分享了从齐国侵占的土地和掳掠来的宝器。

湣王之遇杀，其子法章变名姓为莒太史敫家庸。[5]太史敫女奇法章状貌，以为非恒人[6]，怜而常窃衣食之，而与私通焉。淖齿既以去莒，莒中人及齐亡臣相聚求湣王子，欲立之。法章惧其诛己也，久之，乃敢自言“我湣王子也”。于是莒人共立法章，是为襄王。以保莒城而布告齐国中：“王已立在莒矣。”

湣王遇害，他的儿子法章变换姓名替莒城太史敫家做家佣。太史敫的女儿看到法章的状貌觉得奇怪，认为他不是一个平常人，怜悯他，常常偷偷地给他一些衣服食物，并和他暗中结为夫妻。淖齿离开了莒城后，莒城中的人和齐国的亡臣们聚在一起寻找湣王的儿子，想扶立他为君。法章害怕他们会诛杀自己，过了很久，才敢自己说出“我是湣王的儿子”。于是莒城人共同扶立法章，这就是襄王。他们据守莒城并向齐国境内发布告令：“齐王已经在莒城确立了。”

注释　1 解(jiě)：溃败，离散。　2 辟宫：打开宫门。　共具：供奉一切用具。共，通“供”，供奉，供给。　3 内：同“纳”，接纳、容纳。

4 淖(nào)齿:楚将领。《史记索隐》:"淖音女教反。" 卤器:掳掠来的宝器。卤,通"掳"。 5 法章:田齐国君,名法章,后为襄王。公元前283—前265年在位。 敫:音 jiǎo 或 yuè。 家庸:即家佣。私家雇用的佣工。 6 恒人:常人,一般的人。

襄王既立,立太史氏女为王后,是为君王后,生子建。太史敫曰:"女不取媒因自嫁,非吾种也,污吾世。[1]"终身不睹君王后。君王后贤,不以不睹故失人子之礼。

襄王在莒五年,田单以即墨攻破燕军,迎襄王于莒,入临菑。齐故地尽复属齐。齐封田单为安平君。

十四年,秦击我刚、寿。十九年,襄王卒,子建[2]立。

王建立六年,秦攻赵,齐楚救之。秦计曰:"齐楚救赵,亲[3]则退兵,不亲遂攻之。"赵无食,请粟于齐,齐不听。周子曰:"不如听之以退秦兵,不听则秦兵不

襄王继位后,立太史氏的女儿做了王后,这就是君王后,生了儿子建。太史敫说:"女儿不通过说媒就自己出嫁,不是我宗族的后代,玷污了我家的名声。"他终身都不去看望君王后。君王后贤惠,不因为父母不来看望她的缘故就失却做女儿的礼节。

襄王住在莒城的五年,田单占据即墨城攻破了燕军,从莒城迎接襄王,进入临菑。齐国原有的土地全都重新归属齐国。齐国封田单为安平君。

十四年,秦国进击我国刚、寿二邑。十九年,襄王去世,儿子建继位。

王建继位六年,秦国进攻赵国,齐楚两国去援救它。秦国谋划说:"齐楚两国援救赵国,他们关系密切,我们就退兵;不密切,我们就进攻。"赵国没有了粮食,向齐国请求借粟,齐国不答应。周子说:"不

却，是秦之计中而齐楚之计过也。且赵之于齐楚，捍蔽[4]也，犹齿之有唇也，唇亡则齿寒。今日亡赵，明日患及齐楚。且救赵之务，宜若奉漏瓮沃焦釜也。[5]夫救赵，高义也；却秦兵，显名也。义救亡国，威却强秦之兵，不务为此而务爱粟，为国计者过矣。”齐王弗听。秦破赵于长平四十余万，遂围邯郸。

如答应赵国来让秦国退兵。若不答应，那么秦兵就不会撤退，这样秦国的谋划得逞了而齐楚两国的谋划则失败了。而且赵国对于齐国、楚国来说，是一种屏障，这就像牙齿外边有嘴唇，嘴唇没有了，牙齿就会受寒。今天赵国灭亡了，明日祸患就延及齐国、楚国。而且援救赵国这种事情，应该像捧着漏水的瓮去浇烧焦的锅一样。再说援救赵国，是高尚的义举；使秦国撤退，声名可以显赫。仗义解救将亡的国家，扬威退却强秦的军队，不致力于此而只一味爱护粟粮，替国家出谋划策的人是大错特错了。”齐王不听从。秦国在长平攻破了赵国四十多万军队，于是包围了邯郸。

注释 1 取媒：通过媒人介绍。 吾种：我们宗族的后代。 2 建：田齐最末一位国君，公元前 264—前 221 年在位。 3 亲：亲密，密切。此指齐楚联合救赵的态度。 4 捍蔽：屏藩，屏障。 5 务：事务，事情。 奉：捧。 沃：自上浇下。 釜（fǔ）：古代军队用的炊具，相当于今天的锅。

十六年，秦灭周[1]。君王后卒。二十三年，秦置东郡[2]。二十八年，王入朝秦，秦王政[3]置酒咸阳。三十五年，秦灭韩。三十七年，秦灭

十六年，秦国灭了东周。君王后去世。二十三年，秦国设置东郡。二十八年，王建进入秦国朝拜，秦王嬴政在咸阳设酒宴款待。三十五年，秦国灭亡了韩

赵。三十八年，燕使荆轲刺秦王，秦王觉，杀轲。明年，秦破燕，燕王亡走辽东。明年，秦灭魏，秦兵次于历下[4]。四十二年，秦灭楚。明年，虏代王嘉[5]，灭燕王喜。

国。三十七年，秦国灭亡了赵国。三十八年，燕国派荆轲去刺杀秦王，秦王发觉了，杀死了荆轲。第二年，秦国攻破燕国，燕王逃奔辽东。第二年，秦国灭亡了魏国，秦兵驻扎在历下。四十二年，秦国灭亡了楚国。第二年，秦国俘虏了代王嘉，灭掉了燕王喜。

注释　1 周：指东周。文缺“东”字。　2 东郡：秦始皇所置郡名，公元前 242 年设，治所在今河南濮阳市西南。　3 秦王政：即秦始皇，名嬴政。　4 次：驻扎。　历下：齐邑名，在今山东济南市。　5 代王嘉：代，战国时一小国名。嘉为其君王之名。

四十四年，秦兵击齐。齐王听相后胜[1]计，不战，以兵降秦。秦虏王建，迁之共[2]。遂灭齐为郡。天下壹并于秦，秦王政立号为皇帝。始，君王后贤，事秦谨，与诸侯信，齐亦东边海上，秦日夜攻三晋、燕、楚，五国各自救于秦，以故王建立四十余年不受兵。君王后死，后胜相齐，多

四十四年，秦兵进击齐国。齐王听信辅相后胜的计策，不进行战斗，领兵投降秦国。秦国俘虏了王建，把他迁徙到共邑。齐国从此灭亡，成为秦国的郡县。天下完全统一于秦国，秦王嬴政立号为皇帝。当初，君王后贤能，侍奉秦国谨慎，对诸侯各国也讲信用，加之齐国地处东方海滨，秦国日夜紧急进攻三晋、燕国、楚国，五国面对秦国的进攻分别谋求自救，因此王建继位四十多年，国家没有遭受过战争创伤。君王后死去，后胜辅佐齐国，他接受了秦国的很多用于离间的金钱，

受秦间金[3],多使宾客入秦,秦又多予金,客皆为反间,劝王去从朝秦,不修攻战之备,不助五国攻秦,秦以故得灭五国。五国已亡,秦兵卒入临淄,民莫敢格[4]者。王建遂降,迁于共。故齐人怨王建不蚤与诸侯合从攻秦,听奸臣宾客以亡其国,歌之曰:“松耶柏耶?住建共者客耶?”[5]疾建用客之不详也。[6]

派了许多宾客去秦国,秦国又给这些宾客许多钱物,宾客回来都成了为秦国效力的间谍,劝说齐王放弃合纵去朝拜秦国,不修缮进攻作战的设备,不帮助其他五国攻打秦国,秦国因而能够灭亡五国。五国灭亡后,秦兵终于进入了临淄,民众中没有一个敢于抵抗的人。王建就投降了,被迁徙到了共邑。所以齐国人怨恨王建不早和诸侯合纵去进攻秦国,听了奸臣和宾客的话而使自己的国家灭亡了,他们唱着歌说:“松树林呢,还是柏树林呢?让王建居住到共邑去的不是这些宾客吗?”意思是责备王建任用宾客不加审慎。

注释 1 后胜:齐国大臣,曾为齐相。 2 共:邑名,原属魏,在今河南辉县市。 3 间金:离间用的金钱。 4 格:抵抗、抵御。 5 松耶柏耶:指建住在共邑的松柏之间。 住建共者客:让齐王建住在共地的是那些大臣宾客。 6 疾:非难。 详:审慎。

太史公曰:盖孔子晚而喜《易》[1]。《易》之为术,幽明远矣,非通人达才孰能注意焉![2]故周太史之卦田敬仲完,占至十世之后;及完奔齐,懿仲卜之亦

太史公说:大概孔子晚年喜欢《易经》。《易经》作为一种学问,很深奥,不是学识渊博明达事理的人谁能够专注于它呢!所以周王室的太史为田敬仲完占卦,能够推算到十代以后;等到陈完奔往齐国,懿仲的占卜也是这样说。田乞和田常所

云。田乞及常所以比犯二君，专齐国之政，非必事势之渐然也，盖若遵厌兆祥云。[3]

以能接连弑杀两位国君，专断了齐国的政事，不一定全是事势发展的渐进过程造成的，大概是遵循了占卜兆辞的祥瑞吧。

注释 **1**《易》：又名《周易》，儒家六经之一。它是一部具有浓厚占卦迷信色彩和朴素辩证思想的历史文献。 **2** 幽明：深奥。 通人：学识渊博之人。 达才：明智达理之人。 注意：专注，留意。 **3** 比：接连、频频。 渐：渐进。 遵：遵循。

史记卷四十七

孔子世家第十七

原文

孔子生鲁昌平乡陬邑。[1]其先宋人也，曰孔防叔。[2]防叔生伯夏，伯夏生叔梁纥[3]。纥与颜氏女野合而生孔子，祷于尼丘得孔子。[4]鲁襄公二十二年[5]而孔子生。生而首上圩顶[6]，故因名曰丘云。字仲尼[7]，姓孔氏。

译文

孔子生在鲁国昌平乡陬邑。他的祖先是宋国人，叫孔防叔。防叔生了伯夏，伯夏生了叔梁纥。叔梁纥和一位颜氏女子未按礼制手续结合并生下了孔子，他们是在尼丘山向神祈求后才生下孔子的。鲁襄公二十二年，孔子出生。他生下来时头顶上中间低四周高，因此给他取名叫丘。字仲尼，姓孔。

注释 **1** 昌平乡：乡名，亦名"昌衍"，在今山东曲阜市东南。 陬(zōu)邑：邑名，在今山东曲阜市东南。 昌平乡又在陬邑之东南。此邑之东有座尼丘山。《史记索隐》："孔子居鲁之邹邑昌平乡之阙里也。"《史记正义》："夫子生在邹，长徙曲阜，仍号阙里。" **2** 按：《史记索隐》引《家语》云："孔子，宋微子之后。宋襄公生弗父何，以让弟厉公。弗父何生宋父周，周生世子胜，胜生正考父，考父生孔父嘉，五世亲尽，别为公族，姓孔氏。孔父生子木金父，金父生睪夷。睪夷生防叔，畏华氏之逼而奔鲁，故孔氏为鲁人也。”孔子之祖先乃由宋奔鲁,《史记志疑》以为“奔鲁者乃孔子五代祖木金父,防叔之祖也”。 3 叔梁纥(hé):人名,孔子之父。 4 颜氏女:据《家语》名“徵在”。 野合:非据礼制而成婚,或谓私奔。 祷(dǎo):向神祈求。 5 鲁襄公二十二年:即周灵王二十一年,公元前 551 年。 6 圩(wū)顶:《史记索隐》:“圩音乌,顶音鼎。圩顶言顶上窳也,故孔子顶如反宇。反宇者,若屋宇之反,中低而四傍高地。” 7 仲尼:孔子之字。仲,排行第二。据《家语》,孔子有异母兄名“孟皮”。

丘生而叔梁纥死,葬于防山[1]。防山在鲁东,由是孔子疑其父墓处,母讳之也。[2]孔子为儿嬉戏,常陈俎豆,设礼容。[3]孔子母死,乃殡五父之衢,盖其慎也。[4]郰人輓父之母诲孔子父墓[5],然后往合葬于防焉。

孔子要绖,季氏飨士,孔子与往。[6]阳虎绌曰[7]:“季氏飨士,非敢飨子也。”孔子由是退。

孔丘出生不久叔梁纥就死去了,葬在防山。防山在鲁国东部,由于这种情况孔子搞不清楚他父亲安葬的地方,母亲避而不谈这件事。孔子小时候嬉玩游戏,常常摆设出祭祀的俎豆等礼器,学做祭祀的礼仪动作。孔子的母亲死后,孔子将其灵柩停在五父之衢,可见他是非常慎重的。郰地人輓父的母亲告知孔子,他的父亲的坟地在防山后,孔子才把他的母亲的灵柩送到了防山,与他的父亲合葬在一起。

孔子腰间系着服丧的麻带,季氏设宴款待当地的士人,孔子也前往参加。阳虎贬退他说:“季氏设宴款待名士,并不想款待您呀。”孔子因此就退回来了。

注释 1 防山:防邑之山。防邑,在陬邑之东北,在今山东曲阜市东。2 孔子疑其父墓处:古代墓葬不堆土成坟丘,故难确识其处。 讳(huì):

隐瞒，避忌。 3 俎(zǔ)豆：古代祭祀用以载牲的礼器。有青铜制的，也有木制漆饰的。 礼容：礼制仪容。 4 殡(bìn)：殓而未葬。其时可长达三年，然后择吉日而葬。 五父之衢：地名，在今曲阜市东北。《史记正义》以为是"鲁城内衢道"。 慎：慎重。 5 郰：即"陬"。或作"鄹"。 诲：指教，告知。 6 要绖(dié)：服丧期间腰间系有麻带。要，"腰"的本字。绖，丧服中的麻带。 飨：用酒食款待人。 与(yù)往：前往参加。与，参与，参加。 7 阳虎：季氏家臣。 绌：通"黜"，排除，贬退。《史记正义》："阳虎以孔子少，故折之也。"

孔子年十七，鲁大夫孟釐子病且死[1]，诫其嗣懿子曰："孔丘，圣人[2]之后，灭于宋。其祖弗父何始有宋而嗣让厉公。[3]及正考父佐戴、武、宣公，三命兹益恭，故鼎铭云：'一命而偻，再命而伛，三命而俯，循墙而走，亦莫敢余侮。饘于是，粥于是，以糊余口。'[4]其恭如是。吾闻圣人之后，虽不当世，必有达者。[5]今孔丘年少好礼，其达者欤？吾即没[6]，若必师之。"及釐子卒，懿子与鲁人南宫敬叔[7]往学礼焉。

孔子十七岁的时候，鲁大夫孟釐子病重将死，告诫他的儿子懿子说："孔丘，是圣人的后代，他的祖先在宋国败灭。他的祖父弗父何开始时本来可以掌管宋国，却让位给厉公。等到正考父辅佐宋戴公、武公、宣公，被任命三次而越发恭敬，所以正考父庙中鼎上的铭文说：'第一次被任命，鞠躬而受；第二次被任命，弯腰而受；第三次被任命，俯首而受，顺着墙根小步快走，也没有谁敢欺侮我。在这个鼎内熬稠粥，在这个鼎内熬稀粥，我用这些粥来糊口。'他恭敬到这种程度。我听说圣人的后代，即使不能做国君，也必定会有显达的人。如今孔丘年纪小却好礼，他不就是显达的人吗？我如果死了，你一定要拜他做老师。"等到釐子去

是岁，季武子卒，平子代立。[8]

世，懿子和南宫敬叔就前往孔子那里学礼。这一年，季武子去世，平子接替了他的职位。

注释 1 孟釐子病且死：据《左传》，孟釐子死于鲁昭公二十四年，即公元前518年，时孔子年三十四，非止“十七”。 2 圣人：指弗父何及正考父。 3 按：宋湣公共去世，弟弟炀公熙继位。湣公庶子鲋祀弑炀公，欲立湣公世子弗父何，何让不受，鲋祀继位为厉公。 4 正考父：弗父何之曾孙。 佐：辅佐。 戴、武、宣公：三人均宋国国君。 三命：三次受命。一命为士，再命为大夫，三命为卿。 兹益：同义词连用，更加。 鼎：考父庙之鼎。 饘(zhān)于是：在这个鼎中熬稠粥。饘，厚粥。是，指这座鼎。 粥：稀粥。 糊余口：糊口，本是吃粥的意思。比喻生活艰难，勉强度日。 5 当世：做国君。 达：显贵。 6 即没：如果死了。
7 南宫敬叔：与懿子同为孟釐子之子，《史记索隐》以为不应更言“鲁人”。
8 季武子：时为鲁国执政。 平子：季武子之孙。

孔子贫且贱。及长，尝为季氏史，料量平；尝为司职吏而畜蕃息。[1] 由是为司空[2]。已而去鲁，斥乎齐，逐乎宋、卫，困于陈、蔡之间，于是反鲁。[3] 孔子长九尺有六寸，人皆谓之“长人”而异之。[4] 鲁复善待，由是反鲁。

孔子小时候贫穷，且地位低贱。等到长大，曾经做过管理仓库的小官，计算称量都很准确；曾经做过管理牧场的小官，能使牲畜繁殖兴旺。因此他做了司空。不久他离开鲁国出游，但被齐国排斥，被宋国、卫国驱逐，在陈国、蔡国之间的地带受到困迫，于是返回鲁国。孔子高有九尺六寸，人们都叫他“高个子”，认为他很特别。鲁国重新给予他很好的待遇，因此他才返回了鲁国。

注释 1 史:《史记志疑》:"《索隐》玄一本作'委吏',是也,与《孟子》合,朱子《序说》亦从之。"委吏,掌管委积仓库的小官。 料:计算。 量:称量。 平:公平,准确。 司职吏:管理牧场的小官。 畜:牧畜。 蕃息:繁殖兴旺。 2 司空:官名,掌管工程建造。 3 斥:被排斥。 逐:被驱赶。 困:困迫,困厄。 4 九尺有六寸:有,通"又"。以周制一尺约为当今六寸略少。九尺六寸约当今之一米九十。 长人:高个子。

鲁南宫敬叔言鲁君曰:"请与孔子适[1]周。"鲁君与之一乘车,两马,一竖子俱,适周问礼,盖见老子云。[2]辞去,而老子送之曰:"吾闻富贵者送人以财,仁人[3]者送人以言。吾不能富贵,窃仁人之号,送子以言,曰:'聪明深察而近于死者,好议人者也。博辩广大危其身者,发人之恶者也。为人子者毋以有己,为人臣者毋以有己。'[4]"孔子自周反于鲁,弟子稍益进焉[5]。

鲁国南宫敬叔向鲁君进言说:"请让我和孔子一道去周王室。"鲁君给了他一辆车,两匹马,还派一名童仆和他们同行,前往周王室询问礼制的事,这次他大概是见到了老子。孔子告辞要离去,而老子送他的时候说:"我听说富贵的人给人家送的是财物,有仁德的人给人家送的是言论。我不是富贵之人,但窃得'仁人'之名,就送给你几句话吧,这就是:'聪明深察而经常受到威胁接近死亡的人,是因为他是喜好议论别人的人。博辩广大而常常会危害自身的人,是因为他是揭发人家坏事的人。为人子的不要想着自己而要想着父母,为人臣的不要想着自己而要想着君主。'"孔子从周王室返回鲁国,来向他求学的弟子渐渐增多了。

注释 1 适:往,到……去。 2 竖子:小子,童仆。 问礼:《老子韩非列传》亦记此事,可参。 3 仁人:有仁德之人。 4 窃:冒充,借用。此作谦词。 近于死者:指经常受到威胁,接近于死亡的人。 恶:丑恶,坏事。 毋以有己:不要心存自己。 5 稍:渐渐。 进:增多。

是时也,晋平公淫,六卿擅权,东伐诸侯;楚灵王兵强,陵轹中国;齐大而近于鲁。[1]鲁小弱,附于楚则晋怒;附于晋则楚来伐;不备于齐,齐师侵鲁。

这时,晋平公淫乱,六卿专权,往东去攻打其他诸侯国;楚灵王军队强大,欺压中原各国;齐国地盘大又接近鲁国。鲁国地盘小又虚弱,依附于楚国则晋国发怒;依附于晋国则楚国来攻打;不防备齐国,则齐国军队要侵犯鲁国。

鲁昭公之二十年[2],而孔子盖年三十矣。齐景公与晏婴来适鲁,景公问孔子曰:"昔秦缪公国小处辟[3],其霸何也?"对曰:"秦,国虽小,其志大;处虽辟,行中正。身举五羖,爵之大夫,起累绁之中,与语三日,授之以政。[4]以此取之,虽王可也,其霸小矣。"景公说。

鲁昭公二十年,这时孔子大概有三十岁了。齐景公和晏婴来到鲁国,景公询问孔子:"从前秦缪公的国家小且处在偏僻地带,可他为什么能称霸呢?"孔子回答说:"秦国虽然小,但它的国君志向远大;地理位置虽然偏僻,但行政措施却恰到好处。秦缪公亲自举荐百里奚,封给他大夫爵位,将他从拘禁的境遇中加以起用,和他交谈三天,授给他国政大权。从这一点来看,秦缪公在天下称王都是可以的,称霸算不了什么。"景公听了很高兴。

注释 1 是时:指孔子年十七之时,为公元前535年,晋平公之二十三年,楚灵王之六年。 六卿:晋国的范氏、中行氏、智氏、韩氏、赵氏、魏氏六大家族。 2 鲁昭公之二十年:即公元前522年。时为齐景公之二十六年。 3 辟:通“僻”。 4 身举:亲自举荐。 五羖(gǔ):指五羖大夫百里奚,以其用五张黑公羊皮赎来,故称。事详《秦本纪》。 累绁(xiè):同“缧绁”,绑人的绳索,引申为拘禁。

孔子年三十五,而季平子与郈昭伯以斗鸡故得罪鲁昭公,昭公率师击平子,平子与孟氏、叔孙氏三家共攻昭公,昭公师败,奔于齐,齐处昭公乾侯。[1]其后顷之,鲁乱。孔子适齐,为高昭子家臣,欲以通乎景公。[2]与齐太师语乐,闻《韶》音,学之,三月不知肉味,齐人称之。[3]

孔子三十五岁的时候,季平子由于和郈昭伯斗鸡的缘故得罪了鲁昭公,昭公率领军队袭击季平子,季平子和孟氏、叔孙氏三个家族共同进攻昭公,昭公的军队失败,逃奔到齐国,齐国把昭公安置在乾侯这个地方。此后不久,鲁国发生内乱。孔子前往齐国,做了高昭子的家臣,想通过高昭子见到齐景公。孔子和齐国太师谈论音乐,听到了《韶》的乐曲,就学习它,因为太全神贯注,他三个月内尝不出肉的味道,齐国人称赞他。

注释 1 斗鸡:杜预曰:“季平子、郈昭伯二家相近,故斗鸡。”事详《鲁周公世家》。 三家:季孙氏、孟孙氏、叔孙氏鲁国三家贵族,时季平子专权。 乾(gān)侯:本为春秋时乾侯之邑。在今河北成安县东南。 2 高昭子:齐国贵族。 家臣:幕僚。 通:沟通交往关系。 3 太师:乐官。《韶》:歌颂舜帝美德的乐曲。 三月不知肉味:言其学习专心专意,而获得无限满足。 称:称赞。

景公问政孔子，孔子曰：“君君[1]，臣臣，父父，子子。”景公曰：“善哉！信如君不君[2]，臣不臣，父不父，子不子，虽有粟，吾岂得而食诸！”他日又复问政于孔子，孔子曰：“政在节财[3]。”景公说，将欲以尼谿田封孔子。晏婴进曰：“夫儒者滑稽而不可轨法；倨傲自顺，不可以为下；崇丧遂哀，破产厚葬，不可以为俗；游说乞贷，不可以为国。[4]自大贤之息，周室既衰，礼乐缺有间。[5]今孔子盛容饰，繁登降之礼，趋详之节，累世不能殚其学，当年不能究其礼。[6]君欲用之以移齐俗，非所以先细民也[7]。”后，景公敬见孔子，不问其礼。异日，景公止孔子曰：“奉子以

齐景公询问孔子如何为政，孔子说：“国君要像个国君，臣子要像个臣子，父亲要像个父亲，儿子要像个儿子。”景公说：“好啊！果真要是做国君的不像个国君，做臣子的不像个臣子，做父亲的不像个父亲，做儿子的不像个儿子，就算有很多的粮食，我怎么能吃得着呢？”另一日，景公又再次向孔子询问如何为政，孔子说：“处理国家政事最重要的在于节约财政费用。”景公很高兴，想把尼谿的田地封给孔子。晏婴前来劝阻说：“儒生们能言善辩混淆是非，不可能用法律来规范他们；傲慢不恭自以为是，不可以让他们做您的臣下；推崇丧事极尽悲哀，破败家产来行隆重葬礼，不可以让他们所办的丧礼成为风俗；驰骋游说乞求官禄，不可以让他们治理国家。自从大贤之人相继下世以后，周王室随之衰落下去，礼乐制度残缺不全已经很久了。如今孔子特别讲究容貌装饰，把上下朝和朝拜进谒时的礼仪搞得特别繁琐，好几代都不能穷尽他的学问，毕生也不能终极他的礼仪。您想任用他来改变齐国的习俗，不是用来引导百姓的好办法。”后来，景公虽然很有礼貌地接见了孔子，但再也不向他询问礼制的

季氏，吾不能，以季孟之间待之。”[8] 齐大夫欲害孔子，孔子闻之。景公曰：“吾老矣，弗能用也。”孔子遂行，反乎鲁。

事了。又一天，景公留住孔子说：“想让我给您像季氏那样的待遇，那是不可能的，我给您低于季氏而高于孟氏的待遇。”齐国的大夫有人想害孔子，孔子听说了。景公说：“我已经老了，不能任用你了。”孔子于是离开了齐国，返回鲁国。

注释 **1** 君君：国君要像个做国君的样子。亦即依照礼制，国君要尽到应有的职责。下文臣臣、父父、子子，句式同此。《史记集解》引孔安国曰：“当此之时，陈恒制齐，君不君，臣不臣，故以此对也。” **2** 君不君：国君不像个国君的样子。亦即依照礼制，国君没有尽到应有的职责。下文臣不臣、父不父、子不子，句式同此。《史记集解》引孔安国曰：“言将危也。陈氏果灭齐。” **3** 节财：节约财政费用。 **4** 滑稽：指能言善辩，圆转多变。 轨法：用法律加以规范。 倨傲：傲慢不恭。 自顺：自以为是。 为下：做臣下，服从别人。 崇：推崇。 遂哀：极尽悲哀之情。 乞贷：乞求官禄。 为国：治理国家。 **5** 大贤：指周文王、周公等人。 息：灭。 有间：时间已经很久。 **6** 繁：繁琐。 登降：指上下朝。 趋详：朝拜、进谒。节：礼节。 累世：几代。 殚(dān)：穷尽。 当年：毕生。 究：终极。 **7** 先：倡导，引导。 细民：平民百姓。 **8** 止：留住。 以季孟之间待之：《史记集解》引孔安国曰：“鲁三卿，季氏为上卿，最贵；孟氏为下卿，不用事。言待之以二者之间也。”

孔子年四十二，鲁昭公卒于乾侯，定公立。定公立五年，夏，季平子卒，桓子嗣立[1]。季桓子穿井得土缶，

孔子四十二岁的时候，鲁昭公在乾侯去世，定公继位。定公继位五年，夏天，季平子去世，桓子继承职位。季桓子挖井得到一

中若羊，问仲尼，云得狗。[2]仲尼曰："以丘所闻，羊也。丘闻之，木石之怪夔、罔阆，水之怪龙、罔象，土之怪坟羊。"[3]

件口小腹大的陶器，中间像只羊，询问仲尼的时候说是得到了一只狗。仲尼说："依我所闻，是羊。我听说，木石的怪物有夔、魍魉，水中的怪物有龙、罔象，土中的怪物有坟羊。"

注释 1 嗣立：继承职位。 2 土缶(fǒu)：小口大腹的陶器。《史记索隐》："《家语》云'桓子穿井于费，得物如土缶，其中有羊焉'是也。" 得狗：《史记集解》引韦昭曰："获羊而言狗者，以孔子博物，测之。" 3 怪：非常见，故曰怪。 夔(kuí)：传说中的一种奇异动物，如龙，一足。 罔阆：即"魍魉"，同"罔两"，传说中的精怪，好学人声而迷惑人。 龙：传说中的神兽。 罔象：传说中吃人的怪兽，一名"沐肿"。 坟羊：还未分出雌雄的怪物。

吴伐越，堕会稽，得骨节专车。[1]吴使使问仲尼："骨何者最大？"仲尼曰："禹致群神于会稽山，防风氏后至，禹杀而戮之，其节专车，此为大矣。"[2]吴客曰："谁为神？"仲尼曰："山川之神足以纲纪天下，其守为神，社稷为公侯，皆属于王者。"[3]客曰："防风何守？"仲尼曰："汪罔氏之

吴国攻打越国，毁坏了会稽城，得到一节有一辆车长的骨头。吴国派出使者询问仲尼："什么样的骨头最大？"仲尼说："大禹招来群神到会稽山，防风氏违命迟到，大禹杀了他陈尸示众，他的一节骨头有一辆车长，这是最大的了。"吴国客人说："谁是神？"仲尼说："山川的神灵足以兴云致雨造福天下，负责监守当地山川并按时祭祀的就是神，只守卫社稷不负责山川祭祀的是公侯，他们都隶属于王者。"客人说："防

君守封、禺之山，为鳌姓。[4]在虞、夏、商为汪罔，于周为长翟，今谓之大人。”客曰：“人长几何？”仲尼曰：“僬侥氏三尺，短之至也。[5]长者不过十之[6]，数之极也。”于是吴客曰：“善哉圣人！”

风氏监守什么地方？”仲尼曰：“汪罔氏的君长监守封山、禺山，是鳌姓。在虞、夏、商三代叫汪罔，在周朝叫长翟，如今被称为大人。”客人说：“他们的人有多高？”仲尼说：“僬侥氏是高三尺，算最矮的人了。最高的人也不能超过十倍，也就是三丈，这已是极限了。”于是吴国客人说：“了不起呀圣人！”

注释 **1** 堕：通“隳”，毁坏。 会(kuài)稽：越国都城，以有会稽山而得名。在今浙江绍兴市。 骨节专车：一节骨头长满一车。《史记集解》引韦昭曰：“骨一节，其长专车。专，擅也。” **2** 群神：此指掌管各地山川的君长即部落首领。神，山川之神，代指山川。 防风氏：一部落首领名。后至：违命迟到。 戮(lù)：陈尸示众。 **3** 足以纲纪天下：谓名山大川能兴云致雨以利天下。 其守为神：指负责监守当地山川并按时祭祀的即是神。 社稷为公侯：《史记集解》引王肃曰：“但守社稷无山川之祀者，直为公侯而已。” 属：隶属。 **4** 汪罔氏：上古部落名。 封：封山。 禺：禺山。封、禺二山在今浙江德清县西之武康镇。 **5** 僬(jiāo)侥(yáo)氏：矮人部落名。《史记集解》引韦昭曰：“僬侥，西南蛮之别名也。” 至：极点。**6** 十之：十倍。此指三丈。

桓子嬖臣曰仲梁怀，与阳虎有隙。[1]阳虎欲逐怀，公山不狃[2]止之。其秋，怀益骄，阳虎执[3]怀。桓子怒，阳虎因囚桓子，与盟

季桓子有个宠臣叫仲梁怀，和阳虎之间有隔阂。阳虎想要驱逐仲梁怀，公山不狃阻止了他。这年秋天，仲梁怀更加骄纵了，阳虎把仲梁怀拘禁起来。桓子发怒，阳虎借机囚禁

而醳[4]之。阳虎由此益轻季氏。季氏亦僭于公室,陪臣执国政,是以鲁自大夫以下皆僭离于正道。[5]故孔子不仕,退而修诗、书、礼、乐,弟子弥众,至自远方,莫不受业焉。[6]

了桓子,直到桓子认输立下盟约,阳虎才释放了他。阳虎从此更加轻视季氏。季氏也超越本分侵害公室,作为陪臣却执掌了国家政权,由此鲁国自大夫以下都超越本分,背离了礼制的正道。所以孔子不愿意在鲁国做官,退闲在家研修整理诗、书、礼、乐,他的弟子更加多了,有的甚至来自遥远的地方,没有谁不虚心向他求教。

注释 1 嬖臣:宠幸之臣。 隙:嫌隙,隔阂。 2 公山不狃:《论语》作“公山弗扰”,季氏家臣。 3 执:拘执,拘囚。 4 醳:通“释”,释放。 5 僭:超越本分。 陪臣:重臣,臣子的臣子。季氏对天子而言为陪臣。 6 仕:做官,参政。 退而修诗、书、礼、乐:《史记志疑》:“时为定公五年(前505),恐未曾修诗、书、礼、乐也,疑衍。”

定公八年,公山不狃不得意于季氏,因阳虎为乱,欲废三桓之適,更立其庶孽阳虎素所善者,遂执季桓子。[1]桓子诈之,得脱。定公九年,阳虎不胜,奔于齐。是时孔子年五十。

定公八年,公山不狃在季氏家中不能称心如意,借着阳虎发动变乱,想废掉三桓的嫡长子,改而扶立他们的庶子中和阳虎向来友善的人,就拘囚起季桓子。桓子用计欺骗他,得以逃脱。鲁定公九年,阳虎没能取胜,逃奔到齐国。这时孔子是五十岁。

公山不狃以费畔季氏,使人召孔子。[2]孔子循道弥久,温温无所试,莫能

公山不狃凭借费邑背叛季氏,派人召孔子来。孔子探究所依循的治国之道已经很久了,但他心中愁

己用,曰:"盖周文、武起丰镐而王,今费虽小,傥庶几乎!"[3]欲往。子路不说,止孔子。孔子曰:"夫召我者岂徒哉?如用我,其为东周[4]乎!"然亦卒不行。

其后定公以孔子为中都宰,一年,四方皆则之。[5]由中都宰为司空,由司空为大司寇[6]。

闷,无处展示才能,没有谁来任用自己,他说:"大概周文王、武王起于丰、镐才称的王,如今费邑虽然很小,也许差不多可以成事哩!"于是想前往应召。子路不高兴,阻止孔子。孔子说:"召唤我的人会让我白白地跑一趟吗?如果任用我,我将在东边兴起一个周王朝一样的国家来!"然而最终也没有成行。

此后,鲁定公任命孔子做中都邑的长官,结果一年间大见成效,各地地方官都来向他讨教。后来他由中都邑长官升任司空,再由司空升任大司寇。

注释 1 三桓:季孙、叔孙、孟孙三家贵族均为鲁桓公之后,故称。 適:通"嫡",嫡长子。 庶孽:即"庶子",指妾媵之子。 执季桓子:依《左传》,囚季桓子在定公五年,此八年为阳虎将杀季氏于蒲圃,非执之也。 2 费(bì):季氏封邑,在今山东费县东南。 畔:通"叛",背叛。 3 循道:探索所依循的治世之道。弥久:已经很久。弥、久,二字同义。 温温:同"愠",愁苦,愁闷。 无所试:无处施展才能。试,试用。 傥:也许,或者。 庶几:差不多。《史记索隐》检《家语》及孔氏之书,并无此言,故桓谭亦以为诬也。《史记志疑》引《史记疑问》曰:"迁以孔子欲费与不狃为可以文、武乎?是从叛也,何妄之甚。" 4 东周:《史记集解》引何晏曰:"兴周道于东方,故曰东周也。" 5 宰:长官。 四方:《家语》作"西方"。《史记集解》引王肃曰:"鲁国近东,故西方诸侯皆取法则焉。" 6 大司寇:官名,掌刑狱、纠察等事。地位属卿。

定公十年春，及齐平[1]。夏，齐大夫黎鉏言于景公曰："鲁用孔丘，其势危齐。"乃使使告鲁为好会[2]，会于夹谷。鲁定公且以乘车好往[3]。孔子摄相事[4]，曰："臣闻有文事者必有武备，有武事者必有文备。[5]古者诸侯出疆，必具官以从。请具左右司马[6]。"定公曰："诺。"具左右司马。会齐侯夹谷，为坛位，土阶三等，以会遇之礼相见，揖让而登。[7]献酬之礼毕，齐有司趋而进曰："请奏四方之乐。"[8]景公曰："诺。"于是旍旄羽袚矛戟剑拨鼓噪而至。[9]孔子趋而进，历阶而登，不尽一等，举袂而言曰："吾两君为好会，夷狄之乐何为于此！请命有司！"[10]有司却之，不去，则左右视晏子与景公。景公心怍，麾而去之。[11]有顷，齐有司趋而进曰："请奏宫中

鲁定公十年春天，同齐国和好。夏天，齐国大夫黎鉏向景公进言说："鲁国任用孔丘，势必危害齐国。"就派遣使者告知鲁国要进行友好会晤，定在夹谷相会。鲁定公将要乘着车不带武备前往。孔子代理司仪事务，说："我听说凡是进行外交活动的必定要有武力防备，进行武事活动的必定要有外交配合。古时候诸侯走出国界，必定配备武官随从。请求配备左右司马官。"定公说："行。"配备了左右司马官。在夹谷和齐侯相会，设置了盟坛和席位，土坛的台阶是三级，用会遇的礼仪相见，拱手恭让沿阶登至坛上。主人敬酒的礼仪结束，齐国的主事官员快步上前说："请允许演奏四方的乐曲。"景公说："好。"于是持着旍旄羽袚矛戟剑拨的艺人喧扰地一拥而上。孔子快步上前，一脚一级地登上台阶，还差一级台阶站住了，举起衣袖并进言说："我们两国的国君进行友好相会，为什么要表演这样一些夷狄的乐曲！请命令办事官员让他们撤下去！"主事官员叫乐队退下，他们

之乐。”景公曰:“诺。”优倡侏儒为戏而前[12]。孔子趋而进,历阶而登,不尽一等,曰:“匹夫而营惑[13]诸侯者罪当诛!请命有司!”有司加法焉,手足异处[14]。景公惧而动,知义不若,归而大恐,告其群臣曰:“鲁以君子之道辅其君,而子独以夷狄之道教寡人,使得罪于鲁君,为之奈何?”有司进对曰:“君子有过则谢以质[15],小人有过则谢以文。君若悼[16]之,则谢以质。”于是齐侯乃归所侵鲁之郓、汶阳、龟阴之田以谢过。

却不肯离去,孔子于是左右看看晏子和景公。景公心里惭愧,挥手让他们撤下去。过了一会儿,齐国的主事官员快步上前说:“请允许演奏宫中的乐曲。”景公说:“好。”歌舞艺人和取乐的矮人上前来进行表演。孔子快步上前,一脚一级地登上台阶,还差一级台阶时站住了,说:“匹夫小人凡敢来戏弄炫惑诸侯国君的,其罪当被诛杀!请命令办事官员惩处他们!”主事官员只好依法将这些人斩杀。景公心生畏惧,大为震惊,知道齐国在道义上不如鲁国,回国后非常恐慌,告诉他的群臣说:“鲁国用君子的道义辅佐国君,而你们只是用夷狄的办法教导寡人,让我得罪了鲁君,这该怎么办?”主管官员上前回答说:“君子有过错就用实际的具体的东西以示悔改,小人有过错则用言辞虚礼去敷衍。您如果心中恐惧,就用实际具体的东西好了。”于是齐侯就把齐国所侵占的鲁国的郓邑、汶阳、龟阴的田地归还鲁国以示歉疚。

注释 1 平:和好。 2 好会:友好相会。 3 好往:不带武备前往。 4 摄:代理。 相事:傧相即司仪的职事。 5 文事:文治之事,指外交。武事:军事,指战争。 6 司马:官名,掌军政、军赋的高级武官。 7 坛:盟坛。 位:坛上席位。 等:级。 揖让:宾主相见的礼节。揖,拱手为礼。 登:沿阶升坛。 8 献酬:主人向宾客敬酒。酬,劝酒;先自饮,再请宾客饮，为酬。 有司：主事官员。 9 旍(jīng)：同“旌”，竿头缀旄牛尾，下有五彩析羽，用以指挥或开道。 袚(fú)：舞者所执的皮制物。 拨(fá)：大楯。 鼓噪：喧扰，起哄。欲以执鲁君。 10 历阶而登：一脚登一级快步而上。依礼，两脚登上一级才能再登上另一级。 不尽一等：还有一级没有登上。 袂(mèi)：衣袖。 11 怍(zuò)：惭愧。 麾：通“挥”，指挥。 12 优倡：乐舞艺人。 侏儒：乐队中供取乐的矮人。 戏：戏谑。 13 营(yíng)惑：亦作“荧惑”，迷惑，炫惑。 14 手足异处：谓斩杀。 15 质：指具体、实在的东西。 16 悼：哀痛，恐惧。

定公十三年夏，孔子言于定公曰：“臣无藏甲，大夫毋百雉之城。[1]”使仲由为季氏宰，将堕三都[2]。于是叔孙氏先堕郈[3]。季氏将堕费，公山不狃、叔孙辄率费人袭鲁。公与三子[4]入于季氏之宫，登武子之台。费人攻之，弗克，入及公侧。孔子命申句须、乐颀下伐之[5]，费人北。国人追之，败诸姑蔑[6]。二子奔齐，遂堕费。将堕成，公敛处父谓孟孙曰：“堕成，齐人必至于北门。且成，孟

定公十三年夏天，孔子向定公进言说：“臣子不能有收藏的武器，大夫不能有百雉的城墙。”派仲由去做季氏家臣，将要折毁季孙、叔孙、孟孙三家邑地的城墙。于是叔孙氏先折毁了郈邑城墙。季氏将要折毁费邑的城墙，公山不狃、叔孙辄率领费邑人袭击鲁公。定公和季孙、叔孙、孟孙都进入季氏的宫中，登上了武子台。费人去进攻，不能攻下，但到达了定公的侧面。孔子命令申句须、乐颀下台去进攻，费邑人败北而逃。鲁国都城的人去追逐，在姑蔑把他们打败了。公山不狃、叔孙辄逃奔齐国，于是折毁了费邑城墙。将要折毁成邑的城墙时，公敛处父对孟孙氏说：“折毁了成邑城墙，齐国人必将进逼我们的北大门。且成邑的城墙，是孟氏的保障，没有了成邑城墙，

氏之保鄣，无成，是无孟氏也。我将弗堕。"[7]十二月，公围成，弗克。

这等于是没有了孟氏。我们不应该将它拆毁。"十二月，定公派人包围成邑，没有能取胜。

注释 1 甲：此指兵器。 雉：《史记集解》引王肃曰："高丈长丈曰堵，三堵曰雉。" 2 堕：通"隳"，拆毁。 三都：指季孙氏、叔孙氏、孟孙氏三家邑地的城墙。《史记志疑》以为"堕三都"之说系史公信《左传》《公羊》而出，后为《家语》因袭，似成实情。"但考《左传》，侯犯以郈叛，公山不狃以费叛。郈、费之堕，叔、季自堕之，郈、费不叛，则二氏方欲资为保障，即欲堕之，其将能乎？观围成弗克，可见已……谓孔子堕三都之城，并堕成邑，误甚。" 3 郈(hòu)：叔孙氏邑名，在今山东东平县东南。 4 三子：指季孙氏、孟孙氏、叔孙氏。 5 申句须、乐颀(qí)：二人皆为鲁大夫。 6 姑蔑：邑名，在今山东泗水县东。 7 成：孟孙氏邑名，在今山东泗水县西北。 公敛处父：孟孙氏家臣，成的地方长官。 鄣：同"障"。

定公十四年，孔子年五十六，由大司寇行摄相事，有喜色。[1]门人曰："闻君子祸至不惧，福至不喜。"孔子曰："有是言也。不曰'乐其以贵下人[2]'乎？"于是诛鲁大夫乱政者少正卯。与闻国政三月，粥羔豚者弗饰贾，男女行者别于涂，涂不拾

鲁定公十四年的时候，孔子五十六岁，从大司寇担任代理相的职位，有些喜形于色。他的弟子说："听说君子祸难临头不恐惧，福气到了不欣喜。"孔子说："是有这样的话。不是也有说'因为身处高位且能礼贤下士而高兴'的吗？"于是诛杀了扰乱政事的鲁国大夫少正卯。他参与处理国家政事三个月，出卖羊羔、生猪的不再漫天要价，出行的男女各走各的路不相混杂，道不拾遗。四方的宾

遗。[3]四方之客至乎邑者不求有司，皆予之以归[4]。

客来到鲁国城邑的不需要再送礼给政府官员，他们都能得到细心照顾而有宾至如归的感受。

注释 1 定公十四年：公元前496年。 行摄相事：担任代理相职位。相，处理政务的最高行政官。 2 贵：指身居高位。 下人：礼贤下士。 3 与闻：参与。 粥(yù)：同"鬻"，卖。 饰贾：漫天要价。贾，通"价"。 4 皆予之以归：《家语》"皆如归"。意思是说：都给予了细心照顾，使其有宾至如归的感受。

齐人闻而惧，曰："孔子为政必霸，霸则吾地近焉，我之为先并矣。盍致地焉？"犁鉏曰："请先尝沮之；沮之而不可，则致地，庸迟乎！"[1]于是选齐国中女子好者八十人，皆衣文衣而舞《康乐》，文马三十驷，遗鲁君，陈女乐文马于鲁城南高门外。[2]季桓子微服往观再三，将受，乃语鲁君为周道游，往观终日，怠于政事。[3]子路曰："夫子可以行矣。"孔

齐国人听说后感到畏惧，说："孔子主持政事，鲁国必定会称霸，鲁国称了霸，那么我国的土地靠它最近，我国会被它先兼并了。何不向鲁国赠送些土地呢？"犁鉏说："请先尝试着破坏他们的君臣关系；要是破坏不能成功，那时再去赠送土地，难道还会晚吗？"于是齐国选择了齐国国内漂亮的女子八十人，给她们都穿上华丽的衣服并教会她们跳《康乐》舞蹈，又用披着彩色装饰的马一百二十匹，赠送给鲁君，把女子乐舞队和装饰着的马陈列在鲁国都城南面高门的外边。季桓子穿着平民服装暗中前往观看了两三遍，准备接受，就说服鲁君在周边的道路上巡游，鲁君整日前往观看，就把政事荒怠了。子路说："老师可以离开鲁

子曰："鲁今且郊，如致膰乎大夫，则吾犹可以止。"[4]桓子卒受齐女乐，三日不听政；郊，又不致膰俎于大夫。孔子遂行，宿乎屯。而师己送，曰："夫子则非罪。"孔子曰："吾歌可夫？"歌曰："彼妇之口，可以出走；彼妇之谒，可以死败。盖优哉游哉，维以卒岁！"[5]师己反，桓子曰："孔子亦何言？"师己以实告。桓子喟然叹曰："夫子罪我以群婢故也夫！"

国了。"孔子说："鲁国如今将要郊祭了，如果能把祭祀用的烤肉分送给大夫，那么我还可以留下来。"桓子终于接受了齐国的女子乐舞队，三日不上朝处理政事；郊祭以后，又不把祭祀用的烤肉和盛肉的俎器分送给大夫。孔子于是离开了鲁国，住宿在屯地。乐师师己来送他，说："先生是没有过错的。"孔子说："我唱一首歌可以吗？"他于是唱道："那些妇人的言论，害得我不得不出走；那些妇人受到了宠爱，国家因此可能灭亡破败。从此我能轻松快活悠闲自得呀，因为这样才会安度余生！"师己返回，桓子说："孔子又说了些什么？"师己如实告诉了他。桓子很有感触地叹息道："先生是怪我接受了那一群齐国女子呀！"

注释　1 犁鉏：上文作"黎鉏"，齐国大夫。　沮(jǔ)：阻挠，败坏。此指破坏君臣之间的关系。　庸：岂。　2 好：漂亮。　文衣：华丽的衣服。《康乐》：舞曲名。　文马：身披彩色装饰的马。　驷：一车四马。　遗(wèi)：赠送。　3 微服：改变身份着平民服装暗中察访。　为周道游：在四周的道路上巡行，借以出城观看齐国的女子乐舞。　4 郊：郊祭。在南郊祭天。　膰(fán)：祭祀用的烤肉。祭毕分送给大夫，以示尊重。
5 出走：指贤人。　谒：请谒，进见。此指受到宠爱。　死败：指国家。　维：因为。

孔子遂适卫，主[1]于子路妻兄颜浊邹家。卫灵公问孔子："居鲁得禄几何？"对曰："奉粟六万[2]。"卫人亦致粟六万。居顷之，或谮[3]孔子于卫灵公。灵公使公孙余假一出一入[4]。孔子恐获罪焉，居十月，去卫。

孔子于是前往卫国，寄居在子路妻子的哥哥颜浊邹家中。卫灵公询问孔子："居住在鲁国得到的俸禄是多少？"孔子回答说："俸禄为小米六万小斗。"卫国人也给他小米六万小斗。过了没有多久，有人在卫灵公面前说孔子的坏话。灵公派公孙余假操着兵器进出孔子的住处威胁他。孔子担心在这里惹出罪祸，住了十个月，就离开了卫国。

注释 1 主：寓居在人家，即以其家人为主人。 2 奉：通"俸"，俸禄。 粟：小米。 六万：《史记正义》："六万小斗，计当今二千石也。周之斗升斤两皆用小也。" 3 谮(zèn)：说坏话，诋毁。 4 一出一入：指持着兵器进出，表示威胁孔子。

将适陈，过匡，颜刻为仆，以其策指之曰："昔吾入此，由彼缺也。"[1]匡人闻之，以为鲁之阳虎。阳虎尝暴匡人，匡人于是遂止孔子。孔子状类阳虎，拘焉五日。颜渊后，子曰："吾以汝为死矣。"颜渊曰："子在，回何敢死！"匡人拘孔子益急，

孔子将要前往陈国，经过匡邑，颜刻是孔子的赶车人，他拿着马鞭指着说："从前我们进入过这座城，是从那个缺口处突破的。"匡邑人听说了，认为孔子是鲁国的阳虎。阳虎曾经残暴地对待匡邑人，匡邑人于是就围困了孔子。孔子的状貌像阳虎，他被拘禁了五天。颜渊行进中落在后面，孔子说："我以为你已经死了。"颜渊说："您在，我颜回怎么敢死！"匡邑人围攻孔子越来越急，弟子们害怕

弟子惧。孔子曰:"文王既没,文不在兹乎[2]?天之将丧斯文也,后死者不得与于斯文也[3]。天之未丧斯文也,匡人其如予何!"孔子使从者为甯武子[4]臣于卫,然后得去。

了。孔子说:"文王已经去世了,周代有关礼乐制度的文化不就在我这里吗?上天要是想让这种文化绝灭,在文王后死的我就不会掌握这种文化。上天如果是没有想让这种文化绝灭,匡邑人又能把我怎么样呢!"孔子派随从人员留在卫国去做甯武子的臣属,之后才得以离去。

注释 **1** 匡:卫邑名,在今河南长垣县西南。 颜刻:人名,曾为阳虎(即阳货,有谓阳虎字货)驾过车。 仆:驾车人。 缺:进攻时的突破缺口。《史记正义》引《琴操》云:"孔子到匡郭外,颜(渊)〔刻〕举策指匡穿垣曰:'往与阳货正从此入。'匡人闻其言,告君曰:'往者阳货今复来。'乃率众围孔子数日,乃和琴而歌,音曲甚哀,有暴风击军士僵仆,于是匡人有知孔子圣人,自解也。" **2** 文:文化,指周代的礼乐制度。 兹:此。指孔子自己。 **3** 后死者:亦指孔子自身。 与:参与。引申为了解,掌握。 **4** 甯武子:人名。《史记志疑》以为甯武子仕卫在鲁僖公年间,至孔子围匡时已历百五六十年,甯氏族灭已久,或此别为一人乃可。

去即过蒲[1]。月余,反乎卫,主蘧伯玉[2]家。灵公夫人有南子者,使人谓孔子曰:"四方之君子不辱欲与寡君为兄弟者,必见寡小君。[3]寡小君愿见。"孔子辞谢,不

孔子离开匡邑后随即路过蒲邑。一个多月以后,返回卫国,寄居在蘧伯玉家中。灵公的夫人有个叫南子的,派人对孔子说:"四方来的君子想和我国国君结为兄弟的,必定来拜见我们夫人。我们夫人愿意接见。"孔子本来想推辞谢绝,后来不得已才出来拜见她。夫人坐在细葛布帐子里面。孔

得已而见之。夫人在絺帷[4]中。孔子入门，北面稽首[5]。夫人自帷中再拜，环佩玉声璆然[6]。孔子曰："吾乡为弗见，见之礼答焉。"子路不说。孔子矢之曰："予所不者，天厌之！天厌之！"[7]居卫月余，灵公与夫人同车，宦者雍渠参乘，出，使孔子为次乘，招摇市过之。[8]孔子曰："吾未见好德如好色者也。"[9]于是丑之，去卫，过曹。是岁，鲁定公卒。

子进门，面朝北叩头。夫人在帷帐中拜了两拜，只听到她身上佩带的美玉互相撞击发出叮当的清脆声响。事后孔子说："我向来不想去拜见她，已经见了就得以礼对她。"子路听了不高兴。孔子发誓说："我如果做了什么不好的事，上天就厌弃我吧！上天就厌弃我吧！"在卫国住了一个多月，灵公和夫人同坐一辆车，让宦者雍渠在车右陪乘，出了宫门，让孔子坐在后面第二辆车上，张扬炫耀地从集市上经过。孔子说："我没有见过喜好德性能像喜好女色一样的人。"这时他觉得灵公的行为丑恶，就离开了卫国，经过曹国。这一年，鲁定公去世了。

注释　1 蒲：卫邑名，与匡邑邻近。在今河南长垣县。　2 蘧(qú)伯玉：卫大夫，名瑗。　3 不辱：谦词，不以为辱。　寡小君：本国国君夫人的谦称。时南子掌握卫国实权。　4 絺(chī)帷：细葛布帐子。　5 稽(qǐ)首：叩头至地。　6 璆(qiú)然：美玉相击发出的声音。璆，美玉。　7 矢：通"誓"，发誓。　所：如果。　不(fǒu)：同"否"，《论语·雍也》正作"否"。不好，不对，指做事不合于礼。　厌：厌弃。　8 参乘：居车右陪乘。　次乘：跟在后面的第二辆车。　招摇：张扬炫耀。　9 好德如好色：像喜好女色一样喜好道德。《史记集解》引何晏曰："疾时薄于德，厚于色，故发此言也。"又引李充曰："使好德如好色，则弃邪而反正矣。"

孔子去曹适宋，与弟子习礼大树下。宋司马桓魋欲杀孔子[1]，拔其树。孔子去。弟子曰："可以速矣。"孔子曰："天生德于予，桓魋其如予何！"[2]

孔子离开曹国前往宋国，和弟子们在一棵大树底下演习礼仪。宋国的司马桓魋想杀了孔子，拔掉了这棵树。孔子要离开这个地方。弟子们说："可以加快速度了。"孔子说："上天让我怀有圣德，桓魋他又能把我怎么样呢？"

孔子适郑，与弟子相失，孔子独立郭东门。[3]郑人或谓子贡曰："东门有人，其颡似尧，其项类皋陶，其肩类子产，然自要以下不及禹三寸，累累若丧家之狗。"[4]子贡以实告孔子。孔子欣然笑曰："形状，末[5]也。而谓似丧家之狗，然哉！然哉！"

孔子前往郑国途中，和弟子们走散了，他独自一人站在外城的东门。郑国有人对子贡说："东门有个人，他的额头像尧，后颈像皋陶，肩膀像子产，然而从腰以下比大禹短了三寸，瘦瘠疲惫得像一只丧家狗。"子贡把这些话如实告诉孔子。孔子高兴地笑着说："议论我的形貌，是微不足道的事。至于说我像只丧家狗，说得对！说得对！"

注释 1 桓魋(tuí)欲杀孔子：据《曲礼·子贡问解》，孔子责备桓魋奴役工匠为自己造石椁，故怀恨在心，而起杀意。 2 "天生德于予"句：上天使我具有圣德。《史记集解》引包咸曰："天生德者，谓授以圣性，德合天地，吉无不利，故曰其如予何。" 3 相失：走散，失掉联系。 郭：外城。
4 颡(sǎng)：额头。 项：颈的后部。 要(yāo)："腰"的本字。 不及：少，短。 累累(léi léi)：通"羸羸"，瘦瘠疲惫貌。 丧家之狗：《史记集解》引王肃曰："丧家之狗，主人哀荒，不见饮食，故累然而不得意。孔子生于乱世，道不得行，故累然不得志之貌也。《韩诗外传》曰'丧家之狗，既敛而榑，有席而祭，顾望无人’也。” 5 末：不重要之事物，轻微不足道。

孔子遂至陈，主于司城贞子家。岁余，吴王夫差伐陈，取三邑而去。赵鞅伐朝歌。楚围蔡，蔡迁于吴。吴败越王句践会稽。

有隼集于陈廷而死，楛矢贯之，石砮，矢长尺有咫。[1]陈湣公使使问仲尼。仲尼曰：“隼来远矣，此肃慎[2]之矢也。昔武王克商，通道九夷百蛮，使各以其方贿来贡，使无忘职业。[3]于是肃慎贡楛矢石砮，长尺有咫。先王欲昭其令德，以肃慎矢分大姬，配虞胡公而封诸陈。[4]分同姓以珍玉，展亲；分异姓以远方职，使无忘服。[5]故分陈以肃慎矢。”试求之故府[6]，果得之。

孔子于是到了陈国，寄居在司城贞子家中。过了一年多，吴王夫差攻打陈国，夺取了三座城邑撤走了。赵鞅攻打朝歌。楚国包围蔡国，蔡国迁到了吴地。吴国在会稽打败了越王句践。

有只隼栖止在陈国的宫廷而死去了。它的身体被楛箭射穿了，这箭用了石制箭镞，箭杆有一尺八寸长。陈湣公派使者询问仲尼。仲尼说：“这只隼是从很远的地方飞来的，射它的是肃慎部族的箭。从前周武王战胜殷商，沟通了和九夷百蛮的关系，让他们各用自己的土特产来进贡，以便使他们不忘记其职分。于是肃慎部族进贡了楛木箭杆和石制箭镞，长一尺八寸。先王为了表彰诸侯的美德，把肃慎进贡的箭分给了武王的长女大姬，把她许配给虞胡公，将陈地封给虞胡公。把珍贵的玉器分给同姓诸侯，表示重视亲族关系；把远方进贡的地方特产分给异族诸侯，让他们不要忘记服从周王室。所以把肃慎贡献来的箭杆分给了陈国。”湣公派人到过去收藏各地方物的仓库中去寻求，果然找到了。

孔子住在陈国三年，正遇上晋楚

孔子居陈三岁，会晋楚争强，更伐陈，及吴侵陈，陈常被寇。[7]孔子曰："归与归与！吾党之小子狂简[8]，进取不忘其初。"于是孔子去陈。

两国争霸，它们轮番攻打陈国，等到吴国来侵犯陈国，陈国常常遭遇掠夺。孔子说："回去吧回去吧！我家乡的这班学生志向远大而行为粗疏，但他们都有进取心，也没有忘记自己的初衷。"于是孔子离开了陈国。

注释 1 隼(sǔn)：鸟纲、隼科各种类的通称，猛禽。 集：栖止。 楛(hù)：树名。 砮(nǔ)：箭镞。 咫(zhǐ)：长度单位，周制八寸。 2 肃慎：古族名。周时处于今乌苏里江两岸我国东北东部和俄罗斯东部沿海地区。后来为女真族。 3 九夷百蛮：泛指各少数民族。 方贿：方物，地方土特产。贿，财物。 职业：职分，义务。 4 昭：表彰，显扬。 令：美。 大姬：武王长女。 虞胡公：陈之始封者胡公满为虞帝舜的后代，故名。 5 展亲：重视亲族。展，重。 忘服：忘记服从。 6 故府：过去收藏各地方物的仓库。 7 更：轮流，更替，交替。 寇：侵害，掠夺。 8 吾党：指我的故乡鲁国。党，古以五族（五百家）为一党。 狂简：志向远大而行为粗率。

过蒲，会公叔氏以蒲畔，蒲人止孔子。弟子有公良孺者，以私车五乘从孔子。其为人长贤，有勇力，谓曰："吾昔从夫子遇难于匡，今又遇难于此，命也已。吾与夫子再罹难，

经过蒲邑，正遇上公叔氏据守蒲邑背叛卫国，蒲邑人扣留了孔子。孔子的弟子中有个公良孺的人，用自己的五乘私车跟从着孔子。此人高大贤能，勇敢而有气力，对孔子说："我从前跟从先生在匡邑遇到祸难，如今又在这里遇到祸难，是命中注定的。我和先生一再地遭受危难，宁

宁斗而死。[1]”斗甚疾[2]。蒲人惧，谓孔子曰：“苟毋适卫，吾出子。”与之盟，出孔子东门。孔子遂适卫。子贡曰：“盟可负邪？”孔子曰：“要盟[3]也，神不听。”

愿战斗而死去。”战斗非常猛烈。蒲邑人惧怕，对孔子说：“假若您不前往卫国，我们就放您出城。”和他们订立盟约后，他们放孔子出了东门。孔子于是前往卫国。子贡说：“订立的盟约可以违背吗？”孔子说：“是在要挟下订立的盟约，神灵不会听从。”

注释 1 罹(lí)：遭受。 宁斗而死：《史记索隐》引《家语》云：“我宁斗死，挺剑而合众，将与之战，蒲人惧。” 2 疾：猛烈。 3 要(yāo)盟：通过要挟订立的盟约。

卫灵公闻孔子来，喜，郊迎，问曰：“蒲可伐乎？”对曰：“可。”灵公曰：“吾大夫以为不可。今蒲，卫之所以待晋、楚也，以卫伐之，无乃不可乎？[1]”孔子曰：“其男子有死之志，妇人有保西河之志。[2]吾所伐者不过四五人[3]。”灵公曰：“善。”然不伐蒲。

卫灵公听说孔子来到，很高兴，到郊外来迎接，询问说：“蒲邑可以去攻打吗？”孔子回答说：“可以。”灵公说：“我的大夫们认为不可以。如今的蒲邑，是卫国防备晋楚二国的地方，用卫国的军队去攻打，恐怕不可以吧？”孔子说：“蒲邑的男人们有宁死不投靠他国的志气，妇女有保住西河不想开战的志向。我们所要攻打的只不过是跟着公叔氏搞背叛的四五个人。”灵公说：“好。”然而他也没有去攻打蒲邑。

灵公老，怠于政，不用孔子。孔子喟然叹曰：

灵公老了，懒得处理政务，所以不任用孔子。孔子很有感触地叹息说：“假若有任用我的国家，一整年就差不

“苟有用我者，期月而已，三年有成。[4]”孔子行。

多了，三年就会大有成效。”孔子只好离开。

注释 1 待：防备，防御。 无乃：恐怕。 2 死：此指宁死也不投靠他国。《史记集解》引王肃曰：“公叔氏欲以蒲适他国，而男子欲死之，不乐适他。” 西河：地区名，卫国所属的黄河西岸。在今河南内黄县至浚县一带。《史记集解》引王肃曰：“妇人恐惧，欲保西河，无战意也。” 3 四五人：指与公叔氏一同叛卫的人。 4 期(jī)月：一整年。 成：成效，成就。

佛肸为中牟宰。[1]赵简子攻范、中行，伐中牟。佛肸畔，使人召孔子。孔子欲往。子路曰：“由闻诸夫子：‘其身亲为不善者，君子不入也。’今佛肸亲以中牟畔，子欲往，如之何？”孔子曰：“有是言也。不曰坚乎，磨而不磷；不曰白乎，涅而不淄。[2]我岂匏瓜[3]也哉，焉能系而不食？”

佛肸任中牟邑的地方长官。赵简子进攻范氏、中行氏，攻打中牟邑。佛肸发动叛乱，派人来召唤孔子。孔子有意前往。子路说：“我听先生说过：‘其人亲自做过不好的事，君子不会去他那里。’如今佛肸据守中牟邑叛乱，您想前往，这是为什么？”孔子说：“我有过这样的话。我不是也说过坚硬的东西，再磨也不会变薄；不是也说过雪白的东西，再用黑颜料染也不会变黑。我难道是条苦味的瓠子吗，怎么能像它那样老是被系在腰上而不被食用呢？”

孔子击磬[4]。有荷蒉而过门者[5]，曰：“有心哉，击磬乎！硁硁[6]乎，莫己知也夫而已矣！”

孔子敲击磬。有位担负着盛土草包的人经过他的门前说：“有心思呀，敲击着磬呢！硁硁硁硁地响着，没有谁赏识自己，那就算了罢！”

注释 1 佛肸(xī,或 bì):晋大夫范中行的家臣。 中牟宰:中牟邑的长官。中牟,范氏的私邑。在今河南鹤壁市西。 2 磷(lìn):薄。 涅(niè):本为可做黑色染料的矾石,此处意为"染黑"。 淄(zī):通"缁",黑色。 3 匏(páo)瓜:瓠子,有一种味苦的不能食用,只可系在腰间作泅渡用。 4 磬(qìng):用玉或石制成的打击乐器。 5 荷:担负。 蒉(kuì):用草编的容器,多用来盛土。 6 硁硁(kēng):击磬声。

孔子学鼓琴师襄子,十日不进。[1] 师襄子曰:"可以益矣。"孔子曰:"丘已习其曲矣,未得其数[2]也。"有间[3],曰:"已习其数,可以益矣。"孔子曰:"丘未得其志[4]也。"有间,曰:"已习其志,可以益矣。"孔子曰:"丘未得其为人[5]也。"有间,曰有所穆然深思焉,有所怡然高望而远志焉。[6] 曰:"丘得其为人,黯然而黑,幾然而长,眼如望羊,如王四国,非文王其谁能为此也!"[7] 师襄子辟席再拜,曰:"师盖云《文王操》也。"[8]

孔子向师襄子学习弹琴,十日没有增加新的乐曲。师襄子说:"可以学习新乐曲了。"孔子说:"我已经熟习新曲了,但还没有熟练地掌握弹奏的技法。"过了一段时间,师襄子说:"你已经熟习弹奏的技法了,可以学习些新曲了。"孔子说:"我还没能掌握乐曲的情感意蕴了。"过了一段时间,师襄子说:"你已经熟习乐曲的情感意蕴了,可以再学些新曲了。"孔子说:"我还没有掌握作曲人的气质品格。"过了一段时间,孔子表现出静默沉思的样子,有时还安适愉快地抬头仰望,似有远大的志向。他说:"我琢磨出了作曲人的气质品格,他有黝黑的皮肤,高高的身躯,眼神远望而深邃,好像在统治着四方的诸侯国家,不是周文王难道还有谁能够这样吗?"师襄子避开坐席拜了两拜,说:"我的老师曾经说过这首乐曲叫《文王操》。"

注释 1 鼓琴：弹琴。 师襄子：鲁人，击磬官，善弹琴。 进：指增加乐曲内容。 2 数：指弹奏的技术、方法。 3 有间：过了一段时间。 4 志：指乐曲的情感意蕴。 5 为人：指为人的品格。 6 曰：应为衍文，不译。 穆然：静默。穆，通“默”，沉默。 怡然：安适愉快的样子。 7 黯然：深黑貌。 幾(qí)：通“颀”，身长的样子。 望羊：一作“望洋”，远望。 8 辟：通“避”。《文王操》：相传为周文王所作的琴曲名。

孔子既不得用于卫，将西见赵简子。至于河而闻窦鸣犊、舜华之死也，临河而叹曰：“美哉水，洋洋[1]乎！丘之不济此，命也夫！”子贡趋而进曰：“敢问何谓也？”孔子曰：“窦鸣犊、舜华，晋国之贤大夫也。赵简子未得志之时，须[2]此两人而后从政；及其已得志，杀之乃从政。丘闻之也，刳胎杀夭则麒麟不至郊，竭泽涸渔则蛟龙不合阴阳，覆巢毁卵则凤皇不翔。[3]何则？君子讳伤其类[4]也。夫鸟兽之于不义也尚知辟之，而况乎丘哉！”乃还息乎

孔子不能得到卫国重用，将要往西去拜见赵简子。到达黄河岸边听到了窦鸣犊、舜华的死亡消息，面对着黄河叹息说：“美好的黄河水呀，是那样盛大地流淌着呢！我孔丘不能从这里渡过去，是命中注定吧！”子贡快步上前说：“请问老师说的是什么意思？”孔子说：“窦鸣犊、舜华，是晋国的两位贤大夫。赵简子还没有得志的时候，依靠这两个人才得以从政的；等他得志了，却杀了他们来执掌政权。我听说过，要是剖胎杀夭，那么麒麟就不会出现在郊野；要是把水抽干把鱼捕尽，那么蛟龙就不会兴云致雨来调和阴阳；要是覆巢毁卵，那么凤凰就不会回旋飞翔。为什么呢？君子最忌讳的是伤害他们的同类。鸟兽这些不懂得仁义的动物尚且知道回避这一点，更何况是我呢？”就回转到陬乡

陬乡，作为《陬操》以哀之。[5]而反乎卫，入主蘧伯玉家。

停息，写作了一首《陬操》的乐曲用以表示哀悼。再返回卫国，进入蘧伯玉家中寄居。

他日，灵公问兵陈[6]。孔子曰："俎豆之事则尝闻之，军旅之事未之学也。"明日，与孔子语，见蜚[7]雁，仰视之，色不在孔子。孔子遂行，复如陈。[8]

有一天，灵公询问排兵布阵的事。孔子说："俎豆这样的祭祀礼仪的事我曾经是听说过的，运兵作战的事我还从没有学习过。"第二天，灵公和孔子谈话，看见空中有飞行的大雁，抬头仰视，神色一点也不在孔子身上。孔子就离开了，重新来到了陈国。

注释　1 洋洋：盛大的样子。　2 须：需要。　3 刳(kū)：剖挖。　麒麟：传说中一种象征吉祥的兽。　涸(hé)：枯竭。　蛟龙：《史记索隐》："有角曰蛟龙。龙能兴云致雨，调和阴阳之气。"　4 类：同类。　按：以上分别指陆上、水内、空中的动物。　5 息：停息。　《陬操》：琴曲名。　6 兵陈：即军旅之事。陈，同"阵"。　7 蜚：通"飞"。　8 按：《史记索隐》以为孔子此次离开卫国，事在鲁哀公二年，即公元前 493 年。

夏，卫灵公卒，立孙辄，是为卫出公。六月，赵鞅内太子蒯聩于戚。[1]阳虎使太子絻，八人衰绖，伪自卫迎者，哭而入，遂居焉。[2]冬，蔡迁于州来[3]。是岁鲁哀公三年[4]，而孔子

夏天，卫灵公去世，他的孙子辄继位，这就是卫出公。六月，赵鞅把卫国太子蒯聩送回戚邑。阳虎让太子佩带絻式丧服，又由八个人穿戴衰绖丧服，假装从卫国来接太子回去奔丧，哭着进入戚邑，就住下来。冬天，蔡国把国都迁到了州来。这一年是鲁哀公三年，孔子正是六十

年六十矣。齐助卫围戚，以卫太子蒯聩在故也。

夏，鲁桓、釐庙燔[5]，南宫敬叔救火。孔子在陈，闻之，曰："灾必于桓、釐庙乎？"已而果然。

岁了。齐国帮助卫国围困戚邑，是因为卫太子蒯聩在这里的缘故。

夏天，鲁国桓公、釐公的庙被烧毁，南宫敬叔去救了火。孔子这时正在陈国，听说了这件事，说："火灾必定是发生在桓公、釐公的庙吧？"随后证实果真是这样。

注释　**1** 内：同"纳"，纳入，送回去。《卫康叔世家》记："赵简子欲入蒯聩，乃令阳虎诈令卫十余人衰绖归，简子送蒯聩。卫人闻之，发兵击蒯聩。蒯聩不得入，入宿而保，卫人亦罢兵。"是其事。"内"，正作"入"。　戚：卫邑名，又名"宿"，在今河南濮阳市东北。　**2** 絻(wèn)：丧服之一。去冠，用布包裹发髻。　衰绖(cuī dié)：丧服。胸前当心处缝长六寸、宽四寸的麻布，名"衰"，这种衣叫"衰衣"。围在头上或缠在腰间的散麻绳叫"首绖"或"腰绖"。　**3** 州来：都邑名，即"下蔡"，在今安徽凤台县。　**4** 鲁哀公三年：即公元前492年。　**5** 鲁桓、釐：鲁桓公、鲁釐公。釐，或作"僖"。　燔(fán)：被烧毁。

秋，季桓子病，辇[1]而见鲁城，喟然叹曰："昔此国几兴矣，以吾获罪于孔子，故不兴也。"顾谓其嗣康子曰："我即死，若必相鲁；相鲁，必召仲尼。"[2]后数日，桓子卒，康子代立。已葬，欲召仲尼。公之鱼[3]

秋天，季桓子重病，乘车望见了鲁城，很有感触地叹息说："从前这个国家眼看要兴盛了，是因为我得罪了孔子，所以没有兴盛起来。"回过头来对他的继承人康子说："我如果死了，你必定会担任鲁国国相；你担任了鲁国国相以后，一定要召仲尼回来。"过了几天，桓子去世，由康子接替职位。康子已经安葬了桓子，

曰:“昔吾先君用之不终,终为诸侯笑。今又用之不能终,是再为诸侯笑。”康子曰:“则谁召而可?”曰:“必召冉求[4]。”于是使使召冉求。冉求将行,孔子曰:“鲁人召求,非小用之,将大用之也。”是日,孔子曰:“归乎归乎!吾党之小子狂简,斐然成章,吾不知所以裁之。”[5]子赣知孔子思归,送冉求,因诫曰“即用,以孔子为招”云。[6]

就想召仲尼回来。公之鱼说:“从前我们的先君任用他不能有始有终,最后被各诸侯国耻笑。如今又任用他还是不能有始有终,这样会再次被各诸侯国耻笑。”康子说:“那么召谁来才可以呢?”公之鱼说:“一定要召冉求来。”于是康子派使者去召冉求来。冉求准备前往,孔子说:“鲁国人召冉求,不是小用他,将会对他大加重用。”这一日,孔子说:“回去吧,回去吧!我家乡的这班学生志向远大而行为粗疏,文采虽然很好,但我真不知道怎样节制他们才好。”子赣知道孔子思念故国想回去,送别冉求的时候,趁机叮嘱道“如果你被任用,就把孔子请回去”。

注释 1 辇(niǎn):乘车。 2 顾:回过头来。 即:如果。 3 公之鱼:鲁大夫。 4 冉求:孔子弟子,字子有,曾为季氏家臣。 5 斐(fěi)然:有文采的样子。 章:文采,文章。 裁:裁制,节制。 6 子赣:孔子弟子。 招:延引致也,即邀请去。

冉求既去,明年,孔子自陈迁于蔡。蔡昭公将如吴,吴召之也。前昭公欺其臣迁州来,后将往,大夫惧复迁,公孙翩射杀昭公。[1]楚侵蔡。

冉求离去后,第二年,孔子从陈国迁居到蔡国。蔡昭侯将要去到吴国,是吴国召他去的。此前昭侯因为亲吴而欺骗他的臣子把国都从新蔡迁到了州来,这次他将前往吴国,大夫们惧怕再次迁都,公孙翩就射杀了昭侯。楚国侵犯蔡国。第二年秋天,齐景公去

秋，齐景公卒。[2]

明年，孔子自蔡如叶[3]。叶公问政，孔子曰："政在来远附迩。"[4]他日，叶公问孔子于子路，子路不对。孔子闻之，曰："由，尔何不对曰'其为人也，学道不倦，诲人不厌，发愤忘食，乐以忘忧，不知老之将至云尔[5]'？"

世。

这一年，孔子从蔡国到达了叶邑。叶公询问治国的事，孔子说："治理国家要能招徕远方的民众，使邻近地区的民众归服。"有一天，叶公向子路询问孔子的为人，子路不知道怎么回答。孔子听说了，说："仲由，你何不回答说'他做人的特点是，学习道理不知疲倦，教诲别人全不厌烦，发愤起来忘记了吃饭，高兴起来忘记了忧愁，不知道衰老就要到来，如此而已'？"

注释　1 公孙翩(piān)：蔡大夫。　昭公：以上三"昭公"，皆当作"昭侯"。杀昭侯，事在鲁哀公四年，即公元前 491 年。　2 按：齐景公卒于鲁哀公五年，即公元前 490 年。故下"明年"二字，当在前"秋"字之上。　3 叶(shè)：邑名，在今河南叶县。　4 政：治国。　来：招徕。　附：使归服。　迩(ěr)：近。　5 云尔：如此而已，如此罢了。

去叶，反于蔡。长沮、桀溺耦而耕，孔子以为隐者，使子路问津焉。[1]长沮曰："彼执舆[2]者为谁？"子路曰："为孔丘。"曰："是鲁孔丘与？"曰："然。"曰："是知津矣[3]。"桀溺谓子路曰："子为谁？"曰："为

孔子离开叶邑，返回到蔡国。长沮、桀溺二人在一起耕地，孔子认为他们是不做官而隐居起来的人，让子路去问渡口在哪里。长沮说："那个拉着缰绳的人是谁？"子路说："是孔丘。"长沮说："这就是鲁国的孔丘吗？"子路说："对。"长沮说："那他应该知道渡口在哪儿。"桀溺对子路说："您是谁？"子路说："是仲由。"

仲由。”曰:“子,孔丘之徒与?”曰:“然。”桀溺曰:“悠悠者天下皆是也,而谁以易之?[4]且与其从辟人之士,岂若从辟世之士哉![5]”耰而不辍。[6]子路以告孔子,孔子怃然曰:“鸟兽不可与同群。天下有道,丘不与易也。”[7]

桀溺说:“您是孔丘的门徒吗?”子路说:“对。”桀溺说:“整个天下都是这样像洪水泛滥似的动乱不安,你能和谁去改变它?而且与其跟从避开无道国君的那种人,还不如跟着逃避现实的人哩!”一边说着一边不停地用土覆盖播下去的种子。子路把这些话告诉孔子,孔子怅然若失地说:“不可甘于和鸟兽一起生活。天下要是政治清明,我就不会到处奔波想去改变世道了。”

注释 1 长沮(jū)、桀溺:楚国的两名隐者。 耦(ǒu):两人各持一耜(sì,农具)并肩而耕。 津:渡口。 2 执舆:执辔,拉着马的缰绳。此时子路下车问路,缰绳暂由孔子拉着。 3 是知津矣:一以讥讽孔子多次周游列国,应该熟悉道路;一以讥讽孔子应认识形势,迷途知返。 4 悠悠:《论语·微子》作“滔滔”。滔滔,大水奔流的样子,比喻社会纷乱。 以:与。 易:改变。 5 辟人之士:指孔子。辟人,避开无道之君。 辟世之士:指长沮、桀溺。辟世,逃避现实之人。 6 耰(yōu):用土覆盖播下去的种子。 辍(chuò):停止。 7 怃(wǔ)然:怅然若失的样子。 鸟兽不可与同群:指孔子不愿隐居山林和鸟兽同群。

他日,子路行,遇荷莜丈人[1],曰:“子见夫子乎?”丈人曰:“四体不勤,五谷不分,孰为夫

有一天,子路在行进中,遇见一位用拐杖肩负着除草工具的老人,说:“您看见我的老师了吗?”老人说:“四肢不劳动,五谷分不清,哪里算是老师呢!”说完就把拐杖立在田边除草去

子！[2]”植其杖而芸。[3]子路以告，孔子曰：“隐者也。”复往，则亡[4]。

了。子路把这个情况告诉孔子，孔子说：“这是一位隐者。”子路又前去见他，他已经不在家了。

注释 1 荷：肩负。 蓧(diào)：竹制除草用的田具。 丈人：老人。 2 四体：两手两脚。 五谷：黍、稷、菽、麦、稻。 3 植：树，插。 杖：拐杖。 芸：通“耘”，除草。 4 亡：外出，不在家。《史记集解》引孔安国曰：“子路反至其家，丈人出行不在。”

孔子迁于蔡三岁，吴伐陈。楚救陈[1]，军于城父。闻孔子在陈蔡之间，楚使人聘[2]孔子。孔子将往拜礼，陈蔡大夫谋曰：“孔子贤者，所刺讥皆中诸侯之疾[3]。今者久留陈蔡之间，诸大夫所设行[4]皆非仲尼之意。今楚，大国也，来聘孔子。孔子用于楚，则陈蔡用事[5]大夫危矣。”于是乃相与发徒役[6]围孔子于野。不得行，绝粮。从者病，莫能兴[7]。孔子讲诵弦歌[8]不衰。子路愠见曰：“君子亦有穷乎？”[9]孔

孔子迁居到蔡国的第三年，吴国攻打陈国。楚国援救陈国，驻在城父。听说孔子住在陈蔡二国之间的地带，楚国派人去延请孔子。孔子将要前去敬受聘礼，陈、蔡两国的大夫谋划说：“孔子是个贤圣的人，他所讽刺的事情都切中了各个诸侯的要害。如今他长时间留在陈蔡二国之间的地带，各位大夫所做的一些事都不符合仲尼的心意。如今楚国是个大国，来延请孔子。孔子要是被楚国任用，那么陈蔡两国当权的大夫就危险了。”于是就相互发动服劳役的人把孔子包围在野外。孔子不能够行动，粮食也断绝了。跟从他的学生有人饿出了病，不能站起来。孔子还是照常讲解、朗读、弹琴、唱歌而不停。子路恼怒地去见他说：“君子也有走投

子曰:“君子固穷,小人穷斯滥矣。”[10]

无路的时候吗?”孔子说:“君子遭受困厄能坚守节操,小人要是窘迫就会为非作歹了。”

子贡色作[11]。孔子曰:“赐,尔以予为多学而识[12]之者与?”曰:“然。非与?”孔子曰:“非也。予一以贯之。[13]”

子贡的脸色也变了。孔子说:“赐,你认为我是博学强记的人吧?”子贡说:“是的。难道不是吗?”孔子说:“不是的。我是用一个忠恕的根本思想把学说贯通起来了。”

注释 1 楚救陈:在鲁哀公四年,即公元前491年。 2 聘:聘请,延请。 3 刺讥:讽刺。刺,指责,常用作讥讽之意。故此处刺、讥二字同义。 疾:弊病。 4 设行:行事。设,设施,亦即行事。 5 用事:当权。 6 徒役:服劳役的人。 7 兴:站起。 8 讲诵弦歌:讲解、朗读(诗)、弹琴、歌唱。或以为诵即陈述,弦歌即“弦诵”。 9 愠(yùn):怨恨,恼怒。 穷:窘迫,困厄。 10 固:坚守节操。 滥:严重为非作歹、胡作非为。《史记集解》引何晏曰:“滥,溢也。君子固亦有穷时,但不如小人穷则滥溢为非。” 11 色作:变脸色。 12 识(zhì):强记。 13 一:此指孔子的忠恕之道。详见《论语·里仁》。 贯:贯串,贯通。

孔子知弟子有愠心,乃召子路而问曰:“《诗》云‘匪兕匪虎,率彼旷野’。[1]吾道非邪?吾何为于此?”子路曰:“意者[2]吾未仁邪?人之不我信也。意者吾未知邪?人之不我行

孔子知道弟子们有怨怒情绪,就召子路来询问说:“《诗》里面讲‘不是犀牛不是虎,为何旷野常出入’。我们的学说不对吗?我们为什么会落到这个地步?”子路说:“或者我们的仁德还不够吧?人家因此不信任我们。或者我们的智谋还不够吧?人家因此不让我们通

也。”孔子曰:“有是乎!由,譬使仁者而必信,安有伯夷、叔齐?[3]使知者而必行,安有王子比干[4]?”

子路出,子贡入见。孔子曰:“赐,《诗》云‘匪兕匪虎,率彼旷野’。吾道非邪?吾何为于此?”子贡曰:“夫子之道至大也,故天下莫能容夫子。夫子盖少贬焉?[5]”孔子曰:“赐,良农能稼而不能为穑,良工能巧而不能为顺。[6]君子能修其道,纲而纪之,统而理之,而不能为容。[7]今尔不修尔道而求为容。赐,而志不远矣!”

子贡出,颜回入见。孔子曰:“回,《诗》云‘匪兕匪虎,率彼旷野’。吾道非邪?吾何为于

行。”孔子说:“有这样的事吗?仲由,假使有仁德的人都必能让人信任,哪里还会有伯夷、叔齐呢?假使有智谋的人都必能畅行无阻,哪里还会有王子比干呢?”

子路出去,子贡进来拜见。孔子说:“赐,《诗》里面讲‘不是犀牛不是虎,为何旷野常出入’。我们的学说不对吗?我们为什么会落到这个地步?”子贡说:“先生的学说是非常博大的,所以天下人没有谁能接纳得了先生。先生何不在这方面略微降低一下要求呢?”孔子说:“赐,一个好农夫能种好庄稼,但不一定能有好的收获;一个好工匠能做出巧妙的器物,但不一定能顺遂人家的心意。君子能够修明自己的学说,使它可以治理国家,统理天下,但不一定能被人所接纳。如今你不尽心去修明你的学说,而是刻意追求让人家接纳。赐,你的志向太不远大了!”

子贡出去,颜回进来拜见。孔子说:“回,《诗》里面讲‘不是犀牛不是虎,为何旷野常出入’。我们的学说不对吗?我们为什么会落到这个地步?”颜回说:“先生的学说是非常博大的,所以天下人没有谁能接纳得了先生。虽说是这样,先生努力去把它推广施行,不

此？”颜回曰：“夫子之道至大，故天下莫能容。虽然，夫子推而行之，不容何病？不容然后见君子！夫道之不修也，是吾丑也。夫道既已大修而不用，是有国者之丑也。不容何病，不容然后见君子！”孔子欣然而笑曰：“有是哉颜氏之子！使尔多财，吾为尔宰。”

被接纳又有什么伤害？不被接纳这才显示出先生是真正的君子！如果学说没有得到修明，这是我们的耻辱。要是学说既然已经得以修明却不被人采用，这是做国君之人的耻辱。不被接纳又有什么伤害？不被接纳这才显示出他是真正的君子！”孔子听后很高兴，笑着说：“有这样的讲法呀颜家的子弟！如果让你有很多的财富，我愿意替你管财。”

注释 1《诗》：此处见《小雅·何草不黄》。 匪：通“非”。 兕(sì)：雌犀牛。 率：循，沿。 2 意者：大概，或者。 3 譬使：假使。 伯夷、叔齐：商末孤竹君的长子和次子。不满武王伐纣拒食周粟而死。详见《伯夷列传》。 4 王子比干：商纣王之叔父，因屡谏被剖心而死。详见《殷本纪》。 5 盖(hé)：通“盍”，何不。 少：稍，略微。 贬：贬损，降低。 6 稼(jià)：播种五谷。 穑(sè)：收获谷物。《史记集解》引王肃曰：“种之为稼，敛之为穑。言良农能善种之，未必能敛获之。” 顺：顺遂，顺心，顺意。《史记集解》引王肃曰：“言良工能巧而已，不能每顺人之意。” 7 纲而纪之：治理国家。 容：接纳。

于是使子贡至楚。楚昭王兴师迎孔子，然后得免。

昭王将以书社[1]地七百里封孔子。楚令尹子西曰：

于是，孔子派子贡去楚国求救。楚昭王派兵来迎接孔子，孔子师徒才得以摆脱困境。

楚昭王将要用记录有社人名册的土地七百里封给孔子。楚

"王之使使诸侯有如子贡者乎?"曰:"无有。""王之辅相有如颜回者乎?"曰:"无有。""王之将率有如子路者乎?"曰:"无有。""王之官尹有如宰予者乎?"曰:"无有。""且楚之祖封于周,号为子男[2]五十里。今孔丘述三五之法,明周召之业,王若用之,则楚安得世世堂堂方数千里乎?[3]夫文王在丰,武王在镐,百里之君,卒王[4]天下。今孔丘得据土壤[5],贤弟子为佐,非楚之福也。"昭王乃止。其秋,楚昭王卒于城父。

楚狂接舆歌而过孔子,曰:"凤兮凤兮,何德之衰!往者不可谏兮,来者犹可追也!已而已而,今之从政者殆而!"[6]孔子下,欲与之言,趋而去,弗得与之言。

国的令尹子西说:"您的使者出使各诸侯国的人有像子贡这样的吗?"昭王说:"没有。"子西说:"您的辅佐大臣有像颜回这样的吗?"昭王说:"没有。"子西说:"您的将帅有像子路这样的吗?"昭王说:"没有。"子西说:"您的各主事官员有像宰予这样的吗?"昭王说:"没有。"子西说:"而且楚国的祖先是由周王室分封的,封号是子男,封地五十里。如今孔丘讲述三皇五帝的治国方法,申明周公旦、召公奭辅佐天子的事业,您如果任用他,那么楚国怎么能世世代代享有这纵横几千里的土地呢?再说文王在丰邑,武王在镐京,由一个拥有百里土地的君主,最终成就了天下的王业。如今孔丘要是能占据土地,又有贤能弟子的辅佐,不是楚国的福音啊。"昭王于是打消了封孔子的念头。这年秋天,楚昭王在城父去世。

楚国狂人接舆唱着歌从孔子跟前经过,说:"凤鸟呀,凤鸟呀,您的德行为什么这样衰微!过去的已经不能挽回,没有到的还来得及改正!算了吧,算了吧,如今参与政事的人太危险了!"孔子下车,想同他说话,接舆快步离开了,孔子没能和他说上话。

于是孔子自楚反乎卫。是岁也，孔子年六十三，而鲁哀公六年[7]也。

于是孔子从楚国返回到卫国。这一年，孔子六十三岁，是鲁哀公六年。

注释 1 书社：将社人记入名册。《史记索隐》："古者二十五家为里，里则各立社，则书社者，书其社之人名于籍。盖以七百里书社之人封孔子也，故下冉求云'虽累千社而夫子不利是也'。" 2 子男：五等爵名，公、侯、伯、子、男。《楚世家》载："熊绎当周成王之时，举文、武勤劳之后嗣，而封熊绎于楚蛮，封以子男之田，姓芈氏，居丹阳。"是其事。 3 三五：指三皇五帝。 世世堂堂：世世代代。 4 王(wàng)：君临，治理。 5 土壤：土地，指封地。 6 狂：狂人，疯子。此系假装成狂人，欲以感动孔子。 接舆：楚国隐士名。 凤：凤凰。 何德之衰：讥讽孔子在无道之世出来奔走游说。 谏：劝阻。 已而：罢了。已，止。 殆(dài)：危险。 7 鲁哀公六年：公元前489年。

其明年，吴与鲁会缯，征百牢。[1]太宰嚭[2]召季康子。康子使子贡往，然后得已。

第二年，吴国和鲁国在缯地相会，向鲁国征集百具祭祀用的牲畜。吴国太宰嚭召唤季康子。季康子派子贡前往，之后吴国才免征百牢祭品。

孔子曰："鲁卫之政，兄弟[3]也。"是时，卫君辄父不得立，在外，诸侯数以为让。[4]而孔子弟子多仕于卫，卫君欲得孔子为政。子路曰："卫君待子而为

孔子说："鲁国和卫国的政治情况，像兄弟一样差不多。"这时，卫君辄的父亲不能够继位，居住在国都之外，诸侯们屡次就这件事进行责备。而孔子的弟子有很多人在卫国做官，卫君还想让孔子来处理

政，子将奚[5]先？”孔子曰：“必也正名[6]乎！”子路曰：“有是哉，子之迂[7]也！何其正也？”孔子曰：“野[8]哉由也！夫名不正则言不顺，言不顺则事不成，事不成则礼乐不兴，礼乐不兴则刑罚不中，刑罚不中则民无所错手足矣。[9]夫君子为之必可名，言之必可行。君子于其言，无所苟[10]而已矣。”

政事。子路说：“卫君请您去处理政事，您将把什么事放在首位？”孔子说：“必定要辨正名分！”子路说：“有这样的事吗，您太迂腐了！为什么要先辨正名分呢？”孔子说：“粗鲁呀仲由！要是名分不正，那么说话就不顺当；说话不顺当，那么事就办不成；事办不成，那么礼乐制度就不能兴盛；礼乐制度不兴盛，那么刑罚就不会得当；刑罚不得当，那么民众就会坐立不安连手脚都不知道怎么摆才好。凡是君子要做的事必定符合名分，说出来的话必定能够实行。君子对于自己说的话，应该毫不马虎随便才好。”

注释 1 缯：古国名，在今山东枣庄市东。 百牢：百具祭祀用的牲畜。周礼规定上公用九牢，侯伯用七牢，子男用五牢。吴国征集百牢，不符合礼制。 2 太宰嚭：吴国受宠幸之大臣。姓伯名嚭，任太宰。事详《吴太伯世家》。 3 兄弟：鲁、卫的始封者周公、康叔，均为周武王弟，本为兄弟。康叔和周公和睦，故两国之政亦如兄弟。 4 卫君辄父：即蒯聩。已见上文。 让：责备。 5 奚：什么。 6 正名：辨正名分。当时卫君辄拒绝其父回国，父子争夺君位，破坏了“君君，臣臣，父父，子子”的名分。孔子是针对这一情况提出来的。 7 迂：迂阔，迂腐。 8 野：粗野，粗鲁。 9 中(zhòng)：得当。 错：通“措”，摆，放。 10 苟：马虎，随便。

其明年，冉有为季氏将师，与齐战于郎[1]，克之。季

第二年，冉有替季氏率领军队，和齐国在郎邑交战，战胜了对

康子曰："子之于军旅，学之乎？性[2]之乎？"冉有曰："学之于孔子。"季康子曰："孔子何如人哉？"对曰："用之有名；播之百姓，质诸鬼神而无憾。[3]求之至于此道，虽累[4]千社，夫子不利也。"康子曰："我欲召之，可乎？"对曰："欲召之，则毋以小人固[5]之，则可矣。"而卫孔文子将攻太叔[6]，问策于仲尼。仲尼辞不知，退而命载而行，曰："鸟能择木，木岂能择鸟乎！[7]"文子固止。会季康子逐公华、公宾、公林，以币迎孔子，孔子归鲁。[8]

方。季康子说："您能够指挥作战，是学来的呢？还是生下来就会呢？"冉有说："在孔子那里学来的。"季康子说："孔子是个什么样的人呢？"冉有回答说："任用他要符合名分；他的学说无论是传播给百姓，还是到鬼神面前去对质，都没有什么欠缺。我有了指挥作战的本领，虽然累计起来可以得到千社的封赏，先生也会毫不动心的。"康子说："我想召他来，可以吗？"冉有回答说："想召他来，那就不要因小人而废弃不用他，这就可以了。"而卫国大夫孔文子将要进攻太叔，向仲尼询问计策。仲尼推辞说不知道，说完话出来就让车载着他离开，说："鸟能够选择树林，树林怎么能选择鸟呢！"孔文子坚决挽留他。正遇上季康子派公华、公宾、公林，带着礼物来迎接孔子，孔子于是回到鲁国。

注释　1 郎：鲁邑名，在今山东鱼台县东北。　2 性：天性，天赋。　3 播：传扬，公布。　质：对质。　4 累：累计。　5 固：废，不用。　6 孔文子：卫卿，娶蒯聩女为妻。　太叔：《左传》名"疾"。　7 鸟：孔子喻己。　木：喻所往之国。是说可以择主而事。　8 逐：一作"使"，姑从之。　币：礼物。

孔子之去鲁凡十四岁而反乎鲁。[1]

鲁哀公问政，对曰："政在选臣。"季康子问政，曰："举直错诸枉，则枉者直。"[2]康子患盗，孔子曰："苟子之不欲，虽赏之不窃。"然鲁终不能用孔子，孔子亦不求仕[3]。

孔子之时，周室微而礼乐废。《诗》《书》缺。追迹三代之礼，序[4]《书传》，上纪唐虞之际，下至秦缪，编次其事。曰："夏礼吾能言之，杞不足征[5]也。殷礼吾能言之，宋不足征也。足，则吾能征之矣。"观殷夏所损益，曰："后虽百世可知也，以一文一质。周监二代，郁郁乎文哉。吾从周。"[6]

孔子离开鲁国十四年又返回到鲁国。

鲁哀公向孔子询问为政的道理，孔子回答说："搞好政治最重要的是选好臣子。"季康子询问为政的道理，孔子说："选拔正直的人位于邪曲的人之上，那么邪曲的人也会变得正直了。"康子担心盗贼作案，孔子说："假若您没有不正当的欲望，即使有奖赏，也不会有人偷窃。"然而鲁国最终不能任用孔子，孔子也不主动提出要求。

孔子生活的那个年代，周王室衰微而礼崩乐坏。《诗》《书》残缺。孔子探究夏、商、周三代的礼制，编排了《书传》，上起唐尧虞舜时代，下至秦缪公在位，记述并依次编排了当时的事迹。孔子说："夏代的礼制我能说得出来，但是杞国的文献不足以验证。殷代的礼制我能说得出来，但是宋国的文献不足以验证。如果文献充足，我就能将它们一一加以验证了。"在仔细考察了殷商和夏代对于礼制的增减以后，孔子说："以后即使是上百世的礼仪是怎样的我也可以推知了，它变化的规律是一个时期注重文采，一个时期又注重质朴。周代借鉴了夏殷的长处，使礼制丰富而盛大，极具文采。我遵从周代的礼制。"所以《书传》

故《书传》《礼记》自孔氏。

《礼记》是由孔子整理编定的。

注释 1 按:依前文,孔子在定公十四年离开鲁国,至此共计十三年。依《鲁周公世家》所记,孔子定公十二年离开鲁国。 2 举:举用,选拔。 直:正直。 错:通"措",放置。 枉:邪曲。 3 不求仕:不主动企求做官。 4 序:按次序排列、编排。 5 征:验证。 6 损益:增减。 文:指文采。 质:指质朴。 监:通"鉴",借鉴,参考。 二代:指夏、殷。 郁郁:丰富多采。

孔子语鲁大师[1]:"乐其可知也。始作翕如,纵之纯如,皦如,绎如也,以成。[2]""吾自卫反鲁,然后乐正,《雅》《颂》[3]各得其所。"

孔子告诉鲁国的太师:"乐曲演奏的过程是可以解释清楚的。开始的时候要使发音配合一致,展开的时候就要音调和谐,明亮清晰,延续不断,使它余音袅袅,然后结束。""我从卫国返回鲁国,之后致力于订正乐曲,使得《雅》乐和《颂》乐都恢复了原有面貌。"

古者《诗》三千余篇,及至孔子,去其重,取可施于礼义,上采契、后稷,中述殷周之盛,至幽厉之缺,始于衽席,故曰"《关雎》之乱以为《风》始,《鹿鸣》为《小雅》始,《文王》为《大雅》始,《清庙》为《颂》始"。[4]三百五篇孔

古时候《诗》有三千多篇,等到了孔子的时候,除去其中的重复内容,选取可以施用于礼义的部分,最上采集歌颂契、后稷的,中间保存记述殷、周盛世的,直至周幽王、周厉王的政治缺失,而编排的顺序又首先是从男女情爱开始的,所以说"把《关雎》作为《国风》的开始,《鹿鸣》是《小雅》的开始,《文王》是《大雅》

子皆弦歌之,以求合《韶》《武》《雅》《颂》之音。[5]礼乐自此可得而述,以备王道,成六艺。[6]

的开始,《清庙》是《颂》的开始"。孔子给这三百零五篇诗都配上乐曲来演奏,以求和《韶》《武》《雅》《颂》的音调相配合。礼乐从这时起有了大致的轮廓,这是实行王道不可缺少的,并成为六艺之一。

注释 **1** 大师:官名,主管音乐。大,同"太"。 **2** 翕(xī)如:配合一致。如,词缀,与"然"同。 纵(zòng):放纵,展开。 纯:和谐。 皦(jiǎo):分明,清晰。 绎(yì):连续不断。 成:完成,结束。 **3** 《雅》:《诗经》的一部分,包括《小雅》《大雅》。《颂》:《诗经》的一部分,包括《周颂》《鲁颂》《商颂》。 **4** 契(xiè):传说中的殷商始祖。详见《殷本纪》。 后稷(jì):传说中周的始祖。详见《周本纪》。 幽厉:指周幽王、周厉王。 衽(rèn)席:床席。此指男女情爱。 《关雎(jū)》:《诗经·国风》的第一篇。 乱:乐曲的结尾一段。 《风》:《诗经》中《风》《雅》《颂》三部分之一,指十五国风。 《鹿鸣》:《诗经·小雅》首篇。 《文王》:《诗经·大雅》首篇。 《清庙》:《诗经·周颂》首篇。 **5** 三百五篇:今本《诗经》三百篇,阙五篇。 《韶》:舜乐名。 《武》:也作《大武》,西周乐曲名。 **6** 王道:夏、商、周三王治国的仁义之道。 六艺:即六经,《易》《书》《诗》《礼》《乐》《春秋》。《乐》已遗佚,今为五经。

孔子晚而喜《易》,序《彖》《系》《象》《说卦》《文言》。[1]读《易》,韦编三绝[2]。曰:"假我数年,若是,我于《易》则彬彬矣。[3]"

孔子晚年喜欢研读《易》书,写了解说性的著作《彖》《系》《象》《说卦》《文言》等篇。孔子读《易》很勤苦,编联竹简的牛皮条多次断裂。孔子说:"如果再给我几年时间,像这样研究下去,我对于《易》的文辞和义理两方面就能够更为通晓了。"

注释 1《易》:即《易经》,六经之首。 序:陈述作者之意趣。相传伏羲创八卦,周文王演绎为六十四卦,然后孔子作《十翼》进行解说,使这部古代主要用于占卜的经典能让人明白。《十翼》即《上彖》《下彖》《上象》《下象》《上系》《下系》《文言》《序卦》《说卦》《杂卦》,形成《易传》。见于今本《周易》。《彖(tuàn)》:即《彖传》,亦称《彖辞》,《十翼》中的两篇,内容为说明各卦的基本观念。《象》:即《象传》,亦称《象辞》,《十翼》中的两篇,内容为摹拟客观事物现象,并说明其中包含的吉凶休咎。《说卦》:《十翼》中的一篇,内容为解释八卦的性质及其象征。《文言》:《十翼》中的一篇,内容为专门解释《乾》《坤》二卦。 2 韦:编联竹简的牛皮条。 绝:断。 3 假:借,"给与"之意。《论语·述而》作"加"。子曰:"加我数年,五十以学《易》,可以无大过矣。" 彬彬:文质兼备貌,文辞与义理兼通。

孔子以诗、书、礼、乐教,弟子盖三千焉,身通六艺者七十有二人[1]。如颜浊邹[2]之徒,颇受业者甚众。

孔子以四教:文,行,忠,信。[3]绝四:毋意,毋必,毋固,毋我。[4]所慎:齐,战,疾。[5]子罕言利与命与仁。[6]不愤不启,举一隅不以三隅反,则弗复也。[7]

孔子用诗、书、礼、乐来进行教学,弟子大概有三千人,其中完全通晓礼、乐、射、御、书、数六种技艺的有七十二人。像颜浊邹那样受过孔子的一些教导而不算正式学生的人就更多了。

孔子用四项必要的内容教育学生:文化知识,社会实践,忠心耿耿,坚守信约。杜绝四种态度:不凭空臆测,不绝对肯定,不拘泥固执,不自以为是。最谨慎对待的:斋戒,战争,疾病。孔子很少谈到功利、天命和仁德。学生不苦苦思索之前,不要过早地开导启发他,对于那些告诉他一个方面的事理而不能联想到其他几个方面的学生,就不再教育了。

注释 1 七十有二人:《仲尼弟子列传》中有七十七人,可参见。 2 颜浊邹:卫人。不在身通六艺者七十二人之数。 3 文:文化知识。 行:社会实践。 忠:忠心耿耿。 信:坚守信约。 4 绝:杜绝。 意:通"臆",凭空猜测。 必:绝对肯定。 固:拘泥固执。 我:自以为是。 5 齐:通"斋",斋戒。 战:战争。 疾:疾病。 6 罕:稀,少。 利:功利。《孟子荀卿列传》:"嗟乎,利诚乱之始也!夫子罕言利者,常防其原也。" 命:天命。《外戚世家》:"孔子罕称命,盖难言之也。" 仁:仁德。《论语》中有五十八章提到"仁","仁"字出现一百零五次,为什么还说是"罕言"呢?"仁"是一个人最高的道义行为,所以孔子不轻易说。正因为不轻易说,一说出来就有弟子加以纪录,与说其他的事不同,因而"仁"字就多了。一种意见的句读是"子罕言利,与命与仁",后句解释为如果讲利就一定和命运、仁德联系起来。此不取。 7 愤:苦苦思索还是未能想通。 启:启发,开导。《论语·述而》此句后有"不悱不发"四字。悱(fěi),口里想说但不能明确说出。发,启发。 隅(yú):角落,一方面的事理。 反:推知出来。 复:再去教他。

其于乡党,恂恂似不能言者。[1]其于宗庙朝廷,辩辩[2]言,唯谨尔。朝,与上大夫言,訚訚如也;与下大夫言,侃侃如也。[3]

入公门,鞠躬如也;趋进,翼如也。[4]君召使傧,色勃如也。[5]君命召,不俟驾行矣[6]。

在家乡人面前,他温和恭敬得像是不会说话一样。他到了宗庙里朝廷上,就非常健谈,只是特别谨慎罢了。在朝堂上,和上大夫们说话,是正直而恭敬的样子;和下大夫们说话,是温和而快乐的样子。

进入朝廷的大门,是谨慎小心的样子;下了朝堂的台阶,快步走回原位,像鸟儿展翅一样的神情舒适。国君召唤他让他接待宾客,他的脸色就变得庄重起来。国君有命令召他,他不等驾好车马

鱼馁，肉败，割不正，不食。[7]席[8]不正，不坐。食于有丧者之侧，未尝饱也。

是日哭，则不歌。见齐衰、瞽者，虽童子必变。[9]

"三人行，必得我师[10]。""德之不修，学之不讲，闻义不能徙[11]，不善不能改，是吾忧也。"使人歌，善，则使复之，然后和之。

子不语：怪、力、乱、神。[12]

就步行出发了。

腐烂的鱼，变味的肉，或好鱼好肉没有按规定切的，孔子都不吃。铺在地面的席子不摆正，他不去坐。身边只要有穿丧服的人，他吃饭就从来不会吃饱。

这一日他要是吊丧哭过，就不唱歌。见到穿丧服的、眼睛瞎了的，即使是小孩，他的脸色也变得严肃庄重起来。

孔子说过："三人在一起走路，必定能够从中找到自己的学习榜样。""道德不加修养，学业不去讲习，听到好事不能向这方面靠拢，有过错不能改正，这是我所忧虑的。"让人唱歌，如果唱得好，就请他再唱一遍，然后自己和着一起唱。

孔子不谈论的有：怪异、勇力、叛乱、鬼神。

注释　1 乡党：家乡。古以一万二千五百家为乡，五百家为党。　恂恂(xún)：温和恭顺。　2 辩辩：《论语·乡党》作"便便"，雄辩健谈。3 上大夫：位同卿。　訚訚(yín)：正直而恭敬。　下大夫：指与孔子地位相当的人。　侃侃(kǎn)：温和快乐。　4 鞠躬：此指谨慎小心。　趋进：快步行进。依《论语·乡党》，此指上朝经过国君座位以后出来，下完了台阶时的舒展神情。　翼：像鸟儿展翅一样。　5 傧(bìn)：指接待宾客。　色勃如：脸色变得庄重起来。　6 俟(sì)：等待。　驾：指驾好车马。7 馁(něi)：指鱼类腐烂。　割：宰割。　正：正确的方法。　8 席：铺在地面上的席子。人坐在席子上，古时无凳无椅。　9 齐衰(zī cuī)：用熟麻布做的缝边的丧服。瞽(gǔ):眼睛瞎。变:指变得严肃,有礼貌。**10** 我师:我的老师。《论语·述而》此文下有“择其善者而从之,其不善者而改之”,即为“师”之意。**11** 徙:迁移。这里是见善则迁的意思。**12** 语:谈论。怪:怪异。力:勇力。乱:叛乱。神:鬼神。

子贡曰:“夫子之文章[1],可得闻也。夫子言天道与性命,弗可得闻也已。”颜渊喟然叹曰:“仰之弥高,钻之弥坚[2]。瞻之在前,忽焉在后。夫子循循然善诱人,博我以文,约我以礼,欲罢不能。[3]既竭我才,如有所立,卓尔。[4]虽欲从之,蔑由也已。[5]”达巷党人曰:“大哉孔子,博学而无所成名。”[6]子闻之曰:“我何执[7]?执御乎?执射乎?我执御矣。”牢曰:“子云‘不试,故艺’。”[8]

子贡说:“先生博大的知识,讲授时能够听得到。先生关于天道和性命的深刻见解,是不可能听到的。”颜渊深有感触地叹息着说:“老师的道德学问,仰头看上去越看越高大,钻研起来又不可穷尽。看着好像是在眼前,忽然间觉得它又在后面。先生循序渐进善于诱导别人,扩大我们的知识面,用礼义来约束我们,想停止前进也是不可能的。已经竭尽了我的才能,又好像有一个高大直立的东西竖在前面。虽然想攀登上去,却找不到途径哩。”达巷党的人说:“伟大呀孔子,虽然博学却没有一技之长可以成名。”孔子听到了说:“我该专心于什么技艺呢?驾车吗?射箭吗?我还是驾车吧。”子牢说:“孔子说过‘我没有被国家任用,所以学到了许多技艺’。”

注释 **1** 文章:指渊博的诗、书、礼、乐等文化知识。**2** 弥坚:指不可穷尽。**3** 循循然:有次序貌。博:丰富。约:约束。罢:停止前进。**4** 竭:竭尽。卓尔:高高直立的样子。尔,助词,犹“然”。**5** 蔑:不。由:

途径。 6 达巷:党名。古代五百家为一党。 无所成名:指没有可以树立名声的一技之长。 7 执:专执,专心干的事。 8 牢:子牢,孔子学生。 试:用。指做官。 艺:指学得许多技艺。

鲁哀公十四年春,狩大野。[1]叔孙氏车子鉏商[2]获兽,以为不祥。仲尼视之曰:"麟也。"取之。曰:"河不出图,雒不出书,吾已矣夫!"[3]颜渊死,孔子曰:"天丧予!"及西狩见麟,曰:"吾道穷矣[4]!"喟然叹曰:"莫知我夫!"子贡曰:"何为莫知子?"子曰:"不怨天,不尤人,下学而上达,知我者其天乎!"[5]

"不降其志,不辱其身,伯夷、叔齐乎!"谓"柳下惠、少连降志辱身矣"[6]。谓"虞仲、夷逸隐居放言,行中清,废中权"[7]。"我则异于是,无可无不可。"

鲁哀公十四年春天,在大野泽地周围狩猎。叔孙氏的驾车人鉏商获得了一只罕见的怪兽,认为不吉祥。仲尼去观看了,说:"是一只麒麟。"就把它要了回来。孔子说:"黄河不再出现龙马背负的图,雒水不再出现神龟背负的书,我已经快要完了呀!"颜渊死了,孔子说:"上天要我的命呀!"等到他西行狩猎看见了麒麟,说:"我的政治主张不可能实现了!"他颇有感慨地叹息说:"没有谁了解我呀!"子贡说:"为什么说没有人了解您?"孔子说:"不怨恨上天,不归咎别人,下学人事,上达天命,了解我的大概只有上天吧!"

孔子说:"不降低自己的志向,不辱没自己的身份,这是伯夷、叔齐吧!"还说"柳下惠、少连是降低了志向,辱没了身份"。又说"虞仲、夷逸隐居起来率性直言,其操行纯清洁白,自我废弃符合权变之道"。"我却和这些人不同,没有绝对的可以或不可以。"

注释 1 鲁哀公十四年:公元前481年。时孔子七十一岁。 狩:狩猎。 大野:泽名,跨今山东巨野县的西部和北部。 2 车子鉏商:驾车的人,名叫鉏(chú)商。因其地位低贱,故略其姓。王引之《经义述闻》以“子钮”为氏,“商”为名。 3 河:黄河。 图:指八卦图。 相传伏羲时黄河中有龙马背负八卦图出现,预示着“圣王”将出现。 雒:通“洛”,洛水。相传有神龟背负雒书,在雒水出现。 4 吾道穷矣:麟本是仁兽,为圣人的象征,现在见到了死麟,孔子以为预示着自己的死亡,所要推行的政治主张不可能实现了。 5 尤:怨恨,归咎。 下学:指学人事。 上达:指达天命。天命有穷有通,所以不怨天。人事有否有泰,所以不尤人。 6 柳下惠:姓展,名获,字禽,鲁贤大夫。 少连:又名“季连”,姓芊(qiān),善于守孝。 7 虞仲、夷逸:二人皆为春秋时隐者。 放言:放置而不予谈论世务。放,置。 中(zhòng):符合。 清:纯清洁白。 废:自我废弃功名利禄。 权:权变之道。

子曰:“弗乎弗乎,君子病没世而名不称焉[1]。吾道不行矣,吾何以自见于后世哉?”乃因史记作《春秋》,上至隐公,下讫哀公十四年,十二公。[2]据鲁,亲周,故殷,运之三代。[3]约其文辞而指博。[4]故吴楚之君自称王,而《春秋》贬之曰“子”;践土之会[5]实召周天子,而《春秋》讳之曰“天王狩于河阳”。推

孔子说:“不成呀,不成呀,君子担心自己没世以后名声不被称颂。我的政治主张不能实行了,我拿什么贡献让后世来称颂自己呢?”于是根据历史资料写作了《春秋》,上起鲁隐公元年,下至鲁哀公十四年,总共记了十二位国君在位期间的事。以鲁国历史为主,尊奉周王室为正统,借鉴殷朝的旧制,承运夏、商、周三代的法制。文辞简洁,意旨却很宏博。所以吴、楚两国的君主自称为王,但《春秋》却贬称他们叫“子”;践土的会盟实际是晋文公召

此类，以绳当世贬损之义[6]。后有王者举而开之[7]。《春秋》之义行，则天下乱臣贼子惧焉。[8]

来了周天子，但《春秋》忌讳地表述说"天王到河阳去巡狩"。依此类推，作为对当世事务进行褒贬的衡量原则。让后来做王的人能够称引并加以推广。《春秋》所体现的道义原则推行了，那么天下的乱臣贼子是会对它感到恐惧的。

孔子在位听讼，文辞有可与人共者，弗独有也。[9]至于为《春秋》，笔则笔，削则削，子夏之徒不能赞一辞。[10]弟子受《春秋》，孔子曰："后世知丘者以《春秋》，而罪丘者亦以《春秋》。"[11]

孔子在职位上处理诉讼案件，结案的措辞是可以和别人一起斟酌商量的，不独自裁断决定。而在写作《春秋》这方面，该当记载的他就记载，该当删除的他就删除，子夏等一班弟子谁都不能帮他增改和润色一个字。弟子们学习《春秋》，孔子说："后代的人了解我将根据《春秋》，而责备我也将根据《春秋》。"

注释　1 病：担心。　称：称颂。　2 因：依据。　史记：历史记载资料。当时各国都有"史记"，此指鲁国的史记。　《春秋》：孔子所作的一部编年记事的史著，上起鲁隐公元年（前722），下至鲁哀公十四年（前481），所历隐、桓、庄、闵、僖、文、宣、成、襄、昭、定、哀十二公，共二百四十二年。　3 据鲁：以鲁国历史为主。　亲周：尊奉周王室为正统。　故殷：借鉴殷代的旧制。　运：承运。　三代：夏、商、周。　4 约：简约。　指：同"旨"，意旨。　5 践土之会：指公元前632年晋文公召周天子在践土会盟诸侯而称霸一事。详见《晋世家》。　6 绳：衡量，纠正。　贬损：实指褒贬。　7 举(jǔ)：称引，援引。　开：表示扩大或扩展。　8 义：义法。　乱臣：叛君之臣。　贼子：杀父之子。　9 听讼：处理诉讼案件。　与人共：和人一起商量斟酌。　独有：独自决断裁定。　10 笔：指依据义法该当记载的。 削:指依据义法该当删除的。 赞:帮助,佐助。 **11** 知:认识,了解。 罪:责备、怪罪。

明岁,子路死于卫。孔子病,子贡请见。孔子方负杖逍遥[1]于门,曰:“赐,汝来何其晚也?”孔子因叹,歌曰:“太山[2]坏乎! 梁柱[3]摧乎! 哲人萎乎[4]!”因以涕[5]下。谓子贡曰:“天下无道久矣,莫能宗[6]予。夏人殡于东阶[7],周人于西阶,殷人两柱间。昨暮予梦坐奠两柱之间,予始殷人也。[8]”后七日卒。

孔子年七十三,以鲁哀公十六年四月己丑卒[9]。

第二年,子路死在卫国。孔子重病,子贡请求拜见他。孔子正拄着拐杖在门口悠闲散步,说:“赐,你来得为什么这么迟呀?”孔子因而叹息,唱着歌说:“太山崩坏了! 梁柱折断了! 哲人要死了!”因此伤感落泪。他对子贡说:“天下失去道义已经很久了,没有谁能够尊崇我的政治主张。夏人死了,停柩于东厢台阶;周人死了,停柩于西厢台阶;殷人死了,停柩于厅堂的两柱之间。昨天晚上我梦见自己坐在厅堂两柱之间接受祭奠,我的始祖原来是殷人。”过了七天他就去世了。

孔子享年七十三岁,在鲁哀公十六年四月十一日去世。

注释 **1** 逍遥:悠闲自得。 **2** 太山:即“泰山”,五岳之首,众山所仰。 **3** 梁柱:大梁和木柱,房屋或桥梁的主要构件。《礼记》作“梁木”。 **4** 哲人:指孔子自己。 萎:枯槁。此指人之死亡。 **5** 涕:眼泪。 **6** 宗:宗奉,尊崇。 **7** 殡(bìn):殓而未葬,停柩。 东阶:东厢台阶。 **8** 坐奠:坐着受人祭奠。 始:指始祖。 **9** 鲁哀公十六年:公元前479年。 己丑:十一日。

哀公诔[1]之曰:"旻天不吊,不憖遗一老,俾屏余一人以在位,茕茕余在疚。[2]呜呼哀哉!尼父,毋自律!"[3]子贡曰:"君其不没于鲁乎!夫子之言曰:'礼失则昏,名失则愆。[4]失志为昏,失所为愆。'生不能用,死而诔之,非礼也。称'余一人',非名也。"

鲁哀公致悼辞说:"上天不善,连这个老人也不给我留下,把我一个人留在位子上,孤零零的,我感到很忧伤。呜呼哀哉!尼父呀,我没有了自己的效法榜样!"子贡说:"主君大概不会终老在鲁国吧!先生说过:'失掉了礼制就会惑乱,失掉了名分就会有过失。丧失了意志就会惑乱,失去了所宜就犯过错。'人在生前不能任用他,死了却来祭奠追悼他,就是不合礼法。以诸侯身份称'余一人',就是不合名分。"

注释 1 诔(lěi):犹今之致悼辞,系上对下以表彰死者德行的文辞。
2 旻(mín)天:上天。 吊:善。 憖(yìn):宁愿,暂且。 老:老人,指孔子,鲁曾称孔子为国老。 俾:使。 屏(píng):障蔽,捍卫。 余一人:本天子自谓,此指哀公。 茕茕(qióng):孤独无依貌。亦作"嬛嬛"。 疚:忧伤。
3 尼父(fǔ):孔丘字仲尼。父,对老年男子的尊称,犹"甫"。 律:法。
4 昏:惑乱。 愆(qiān):罪过,过失。

孔子葬鲁城北泗上,弟子皆服三年。[1]三年心丧毕,相诀而去,则哭,各复尽哀;[2]或复留。唯子赣庐[3]于冢上,凡六年,然后

孔子葬在鲁城北面泗水之旁,弟子们都服丧三年。三年服丧完毕,大家互相告别离去,分手时全都哭得很伤心;其中有人重新留下来守墓。只有子贡在墓边建了一座小屋,守了总共六年,然后才离去。孔子的弟子和鲁国人前往依傍墓地而建了居室的有一百多家,

去。弟子及鲁人往从冢而家者百有余室,因命曰孔里。鲁世世相传以岁时奉祠孔子冢,而诸儒亦讲礼乡饮大射于孔子冢。[4]孔子冢大一顷。故所居堂、弟子内,后世因庙,藏孔子衣冠琴车书,至于汉二百余年不绝。高皇帝过鲁,以太牢祠焉。[5]诸侯卿相至,常先谒[6],然后从政。

因而给这个地方命名叫孔里。这个地区的人世代相传每年定时来供奉祭祀孔子的坟墓,而诸儒生也到孔子坟墓的场地上来进行讲习礼仪,乡饮酒礼,比试射箭等活动。孔子坟墓周边有一顷地范围大。从前孔子所居过的厅堂和弟子们的内室,都被后代改作庙,来收藏孔子的衣饰、帽、琴、车辆、书册,直到汉代时二百多年间没有废弃。高祖皇帝经过鲁地,曾用牛、羊、猪完备的供品在这里进行祭祀。诸侯王、卿大夫、辅相们来到这里,常常是先去拜祭鲁庙,然后才去处理政务。

注释 1 泗上:泗水之旁。 服:服丧。 2 心丧:心中悼念。 诀(jué):离别。 3 庐:小屋。 4 奉祠:供奉祭祀。 讲礼:讲习礼仪。 乡饮:乡学结业考察推荐的礼仪,称“乡饮酒礼”。 5 高皇帝:汉高祖刘邦。 太牢:古代帝王、诸侯祭祀时,牛、羊、猪三牲具备。 6 谒:拜祭。

孔子生鲤,字伯鱼。[1]伯鱼年五十,先孔子死。

伯鱼生伋,字子思,年六十二。尝困于宋。子思作《中庸》[2]。

子思生白,字子上,年四十七。子上生求,字子家,

孔子生了鲤,字伯鱼。伯鱼享年五十岁,先于孔子而死。

伯鱼生了伋,字子思,享年六十二岁。曾经在宋国受困。子思写了《中庸》。

子思生了白,字子上,享年四十七岁。子上生了求,字子家,享年四十五岁。子家生了箕,字

年四十五。子家生箕，字子京，年四十六。子京生穿，字子高，年五十一。子高生子慎，年五十七，尝为魏相。

子慎生鲋，年五十七，为陈王涉博士[3]，死于陈下。

鲋弟子襄，年五十七。尝为孝惠皇帝博士，迁为长沙太守。长九尺六寸。

子襄生忠，年五十七。忠生武，武生延年及安国[4]。安国为今皇帝[5]博士，至临淮太守，早卒。安国生卬，卬生驩。

子京，享年四十六岁。子京生了穿，字子高，享年五十一岁。子高生了子慎，享年五十七岁，曾经任过魏国之相。

子慎生了鲋，享年五十七岁，他做了陈王涉的博士，死在陈县城下。

鲋的弟弟子襄，享年五十七岁。子襄曾经做过孝惠皇帝的博士，后来升任长沙郡太守。他身高九尺六寸。

子襄生了忠，享年五十七岁。忠生了武，武生了延年和安国。安国做了当今皇帝的博士，官至临淮太守，过早去世了。安国生了卬，卬生了驩。

注释　1 鲤：孔子之子，字伯鱼。《史记索隐》按："《家语》孔子年十九，娶于宋之并官氏之女，一岁而生伯鱼。伯鱼之生，鲁昭公使人遗之鲁鱼。夫子荣君之赐，因以名其子也。"　2《中庸》：《礼记》中的一篇，提倡中庸之道。后选为《四书》中的一种。　3 博士：学官名，掌通古今。4 安国：即孔安国，汉代经学家，因整理孔子壁中文献而开创"古文学派"。　5 今皇帝：指汉武帝。

太史公曰：《诗》有之："高山仰止，景行行止。"[1]虽不能至，然心乡往之。余

太史公说：《诗经》里有这样的话："像高山一般令人敬仰，像大道一般让人遵循。"我虽然不能达到

读孔氏书，想见其为人。适鲁，观仲尼庙堂车服礼器，诸生以时习礼其家，余祗回留之不能去云。[2] 天下君王至于贤人众矣，当时则荣，没则已焉。孔子布衣，传十余世，学者宗之。[3] 自天子王侯，中国言六艺者折中于夫子，可谓至圣矣！[4]

这么高的境地，然而内心对此却是充满向往。我读孔子的著作，心里总是想着他的为人。到了鲁地，参观了仲尼的庙堂、车服、礼器，还看见诸儒生按着规定的时令到这里演习礼仪，我怀着敬慕的心情徘徊流连真不愿离开。天下的君主王侯以至于贤人多得很呢，当他们活着的时候有无限的显贵荣耀，但一死就什么也都完了。孔子是个平民，他的声名学说已经流传了十几代，学者们都尊他为宗师。自天子王侯，整个中国谈论六艺的人都以孔子的言论作为判断的标准，孔子可以称得上是至高无上的圣人了！

注释 1《诗》有之：引自《诗经·小雅·车辖》第五章。 仰：仰望，敬仰。 止：通“之”。 景行：大路。 行：走。 2 以时：按照规定的时令。 祗(zhī)回：因敬仰而流连不舍。 3 布衣：没有官位，平民。 宗：尊奉为宗师。 4 折中：取正适度，无所偏颇，用以判断事物的准则。 至圣：至高无上的圣人。

史记卷四十八

陈涉世家第十八

原文

陈胜者,阳城[1]人也,字涉。吴广者,阳夏[2]人也,字叔。陈涉少时,尝与人佣耕,辍耕之垄上,怅恨久之,曰:“苟富贵,无相忘。”[3]庸者笑而应曰:“若为庸耕,何富贵也?[4]”陈涉太息曰:“嗟乎,燕雀安知鸿鹄之志哉!”[5]

译文

陈胜是阳城人,字涉。吴广是阳夏人,字叔。陈涉年轻时,曾经和别人一起受人雇佣耕种田地,有一天,他停下手中的耕作走到田垄上,惆怅恼恨了很长时间,对别人说:“假若有谁富贵了,不要忘记了这里的伙伴们。”受雇佣的其他人笑话他说:“你是一个受人雇佣耕田的人,哪里能富贵呢?”陈涉出声长叹说:“唉呀,燕雀一类的小鸟哪里了解在高空中飞翔的大雁、天鹅等大鸟的志向呢!”

注释 1 阳城:古县名,在今河南登封市东南。 2 阳夏(jiǎ):古县名,在今河南周口市太康县。 3 佣耕:受人雇佣耕种田地。 辍(chuò):停止。 怅恨:惆怅恼恨。 4 若:你。 庸:通“佣”。 5 太息:出声长叹。 嗟(jiē):表示感叹之词。 燕雀:泛指燕子和麻雀之类的小鸟。 鸿鹄(hú):泛指大雁和天鹅之类的大鸟。

二世元年七月,发闾左適戍渔阳九百人,屯大泽乡。[1]陈胜、吴广皆次当行,为屯长。[2]会天大雨,道不通,度已失期。[3]失期,法皆斩。陈胜、吴广乃谋曰:"今亡亦死,举大计亦死,等死,死国可乎?"[4]陈胜曰:"天下苦秦久矣。吾闻二世少子也,不当立,当立者乃公子扶苏。扶苏以数谏故,上使外将兵。今或闻无罪,二世杀之。百姓多闻其贤,未知其死也。项燕为楚将,数有功,爱士卒,楚人怜之。或以为死,或以为亡。今诚以吾众诈自称公子扶苏、项燕,为天下唱,宜多应者。"[5]吴广以为然。乃行卜[6]。卜者知其指意,曰:"足下事皆成,有功。然足下卜之鬼

秦二世元年七月,征发住在里巷左边的贫民九百人去戍守渔阳,途中驻扎在大泽乡。陈胜、吴广都被编在谪戍队伍之中,担任屯长。他们正遇上大雨,道路不通,估计会错过规定的到达期限。错过了期限,法律规定都要被斩首。陈胜、吴广谋划说:"如今逃走也是死,举行起义也是死,同样都是死,为国而死不是很好吗?"陈胜说:"天下受暴秦统治之苦已经很久了。我听说二世只是个小儿子,不应当继位,应当继位的是公子扶苏。扶苏因为多次劝谏的缘故,皇上让他在外面统领军队。现今又听说他根本没有罪,二世把他杀了。很多百姓听说他贤能,还不知道他死了。项燕做过楚国将领,多次立有战功,爱护士卒,楚国人怜爱他。有人认为他死了,有人认为他逃亡了。如今假若我们冒用公子扶苏、项燕的名义,为天下倡举义旗,应该有很多响应的人。"吴广认为很对。他们就去占卜。占卜的人知道他们的意图,说:"你们的事都能成功,能够建功立业。然而你

乎！”[7]陈胜、吴广喜，念鬼，曰：“此教我先威众耳。”[8]乃丹书帛曰“陈胜王”，置人所罾鱼腹中。[9]卒买鱼烹食，得鱼腹中书，固以怪之矣[10]。又间令吴广之次所旁丛祠中，夜篝火，狐鸣呼曰：“大楚兴，陈胜王。”[11]卒皆夜惊恐。旦日，卒中往往语，皆指目陈胜[12]。

们向鬼神卜问了凶吉吗？”陈胜、吴广很高兴，考虑到卜者所暗示要借助鬼神之事，说：“这是教导我们先在群众中建立威信呀。”就用朱砂在帛布上写上“陈胜王”，将帛书放置在别人用网打来的鱼的肚子里。戍卒买来鱼烹煮着吃，得到了鱼肚子中写的帛书，本来就已经觉得奇怪了。陈胜又暗中让吴广去到驻扎地旁边树丛中的一所古庙里，夜间放出像磷火一样的火光，学着狐狸的叫声喊着：“大楚要兴盛，陈胜要做王。”戍卒们夜间都惊恐起来。第二天，戍卒中到处都在议论，都指指点点地看着陈胜。

注释　**1** 二世元年：即秦二世元年，公元前209年。　发：征发。　闾左：里巷大门的左边，古时贫民住于此。闾，里巷之大门。　適(zhé)：通“谪”，因罪发遣。　渔阳：秦县名，在今北京市密云区西南。　屯：驻扎。　大泽乡：地名，在今安徽宿州市东南。　**2** 次：编次，轮流。　行(háng)：队伍。　屯长：戍边军伍之长。　**3** 会：赶上。　度(duó)：估计。　**4** 举：发动。　大计：重大的谋划，指发动起义。　等死：同样是死。　死国：即为国而死。　**5** 诚：如果。　唱：通“倡”，倡导。　**6** 行卜：前往占卜。　**7** 指意：意图。　足下：敬称，指对方。　卜之鬼：卜问于鬼神，向鬼神问吉凶。　**8** 念鬼：考虑借助鬼神之事。　威众：在群众中取得威信。

9 丹：用朱砂。　王(wàng)：当王。　罾(zēng)：鱼网，此处活用为动词。
10 固：本来。　以：通“已”，已经。　**11** 间(jiàn)：暗中。　之：到……去。　次所：驻扎的地方。　篝(gōu)火：指用竹笼罩着火，使其隐约像磷火。篝，竹笼。 **12** 旦日：第二天。 往往：到处。 指目：指点注视。

吴广素爱人，士卒多为用者。将尉醉，广故数言欲亡，忿恚[1]尉，令辱之，以激怒其众。尉果笞[2]广。尉剑挺[3]，广起，夺而杀尉。陈胜佐之，并杀两尉。召令徒属曰："公等遇雨，皆已失期，失期当斩。藉弟令毋斩，而戍死者固十六七。[4]且壮士不死即已，死即举大名耳，王侯将相宁[5]有种乎！"徒属皆曰："敬受命。"乃诈称公子扶苏、项燕，从民欲也。袒右[6]，称大楚。为坛而盟，祭以尉首。陈胜自立为将军，吴广为都尉。攻大泽乡，收而攻蕲[7]。蕲下，乃令符离人葛婴将兵徇蕲以东。[8]攻铚、酂、苦、柘、谯，皆下之。行收兵。比至陈，车六七百乘，骑

吴广向来爱护别人，士卒中有很多人愿意为他效力。这天，率领这批戍卒的县尉喝醉了，吴广故意多次说出想要逃亡，以激怒县尉，让他来笞辱自己，以便激起他的部众的愤怒。县尉果然要鞭笞吴广。县尉刚想拔剑，吴广从地上站起来，夺了剑杀死了县尉。陈胜帮助吴广，一并杀了两个县尉。他们召集这批戍卒发布号令说："我们大家遇到了下雨，已经错过了到达的期限，错过了期限应当被斩。即使说没有被斩杀，而在戍边中死亡的本来就有十分之六七。再说壮士不死也就罢了，如果会死，那就要发动起义成就大的名声，做王侯将相难道是祖传的吗？"戍卒们都说："愿意听从差遣。"于是他们就谎称是公子扶苏和项燕，来顺应民众的愿望。袒露右臂，称号叫大楚。建一个土坛进行盟誓，用县尉的首级来祭祀。陈胜自立为将军，吴广为都尉。进攻大泽乡，占领后又去进攻蕲县。蕲县攻下，就命令符离人葛婴统兵去占领蕲县以东的地方。进攻铚、酂、苦、柘、谯各

千余,卒数万人。攻陈,陈守令皆不在,独守丞与战谯门中。[9] 弗胜,守丞死,乃入据陈。数日,号令召三老、豪杰与皆来会计事。[10] 三老、豪杰皆曰:"将军身被[11]坚执锐,伐无道,诛暴秦,复立楚国之社稷,功宜为王。"陈涉乃立为王,号为"张楚[12]"。

县,都攻下了。他们行进中召集兵众。等行进到陈县,有了车六七百乘,骑兵一千多名,步卒好几万人。进攻陈县,陈的郡守、县令都不在城中,只有守卫的郡丞领兵同起义军在谯楼下的城门里进行战斗。守军没有取胜,守城的郡丞战死,起义军就进城占据了陈县。过了几天,传令召集当地的三老和豪杰前来会聚计议大事。三老、豪杰们都说:"将军身上披着坚甲,手执锐利武器,攻打无道昏君,诛伐暴虐的秦王朝,重新建立楚国的社稷,论功业应该成为王。"陈涉就自立为王,称号叫"张楚"。

注释 1 忿恚(huì):忿怒。 2 笞(chī):用竹板、荆条打。 3 挺:拔出。意为将尉在抽打吴广时,将要拔剑出鞘。 4 藉弟:假使、假如。 十六七:十分之六七。 5 宁(nìng):难道。 6 袒右:脱掉袖子露出右臂。
7 蕲(qí):秦县名,在今安徽宿州市东南。 8 符离:秦县名,在今安徽宿州市东北。 葛婴:陈涉起义军将领。 徇(xùn):带兵占领。
9 守令:郡守和县令。 守丞:郡守属官。 谯门:谯楼下的城门。谯,指谯楼,古代城门上的望敌高楼。 10 三老:乡官,主管教化。 豪杰:有声望的地方士绅。 与(yù):参加。 会计:聚会谋议。 11 被:通"披"。
12 张楚:欲张大楚国,故称"张楚"。

当此时,诸郡县苦秦吏者,皆刑[1]其长吏,杀之以应陈涉。乃以吴叔

正当这个时候,各个郡县受到秦朝官吏所苦害的,都惩罚了那里的地方长官,把他们杀了,来响应陈涉起

为假王，监诸将以西击荥阳。[2]令陈人武臣、张耳、陈余徇赵地，令汝阴人邓宗徇九江郡。当此时，楚兵数千人为聚者，不可胜数。

义。陈王就任命吴叔做代理王，统率监督诸将领向西去进击荥阳。命令陈人武臣、张耳、陈余去攻占从前属于赵国的土地，命令汝阴人邓宗去攻占九江郡。在这个时候，楚地的有好几千人聚在一起的起义军，多得数也数不清。

葛婴至东城，立襄彊[3]为楚王。婴后闻陈王已立，因杀襄彊还报。至陈，陈王诛杀葛婴。陈王令魏人周市北徇魏地。吴广围荥阳。李由为三川守，守荥阳，吴叔弗能下。陈王征国之豪杰与计，以上蔡人房君蔡赐为上柱国[4]。

葛婴到了东城，扶立襄彊做楚王。葛婴后来听说陈王已经登位，也就杀了襄彊回来报告。到了陈县，陈王诛杀了葛婴。陈王命令魏地人周市向北去攻占从前属于魏国的土地。吴广包围了荥阳城。李由是三川的郡守，守住荥阳，吴叔没有能攻下。陈王征集国中的豪杰和他们计议，用上蔡人房君蔡赐出任上柱国。

注释　1 刑：惩罚。　2 吴叔：即吴广。　假王：代理王，代行王权。　监：统领，监督。　3 襄彊：原为楚国人，后被立为楚王。　4 房君蔡赐：房君，为其封号，因封于房故名。蔡赐为其名。　上柱国：原为战国时楚国设置的官名，为保卫国都之官，后为楚的最高武官。

周文，陈之贤人也，尝为项燕军视日，事春申君，自言习兵，陈王与之将军印，西击秦。[1]行

周文是陈地的一位贤人，曾经在项燕属下当过视日官，侍奉过春申君，自称熟习兵事，陈王给了他将军印章，让他向西去进击秦王朝。周文行进中

收兵至关，车千乘，卒数十万，至戏，军焉。[2]秦令少府章邯免郦山徒、人奴产子生，悉发以击楚大军，尽败之。[3]周文败，走出关，止次曹阳二三月[4]。章邯追败之，复走次渑池十余日。章邯击，大破之。周文自刭，军遂不战。

收集兵员，有了车一千乘，步卒数十万，到达戏地，驻扎下来。秦朝命令少府章邯免除在郦山服役者的罪徒身份，将这些罪徒和犯罪服役之人所生的儿子，全部征调去迎击张楚的大军，大败张楚军。周文战败，跑出了函谷关，停下来驻扎在曹阳亭有两三个月。章邯又来追击打败了他，他再次逃跑驻扎在渑池县有十几天。章邯来进击，把他打得大败。周文自己割颈死了，张楚军也就无法作战了。

注释　1 周文：陈地人，后为起义军将领。　视日：占卜时日吉凶之官。　2 关：指函谷关。　戏：地名，在今陕西省渭南市西南。其地有戏亭。　3 徒：犯罪服劳役之人。　人奴产子：家奴所生之子。　生：《汉书·陈胜项籍传》无"生"字，似为衍文。　4 止次：停留、驻扎。　曹阳：亭名，在今河南灵宝市东北。

武臣到邯郸，自立为赵王，陈余为大将军，张耳、召骚[1]为左右丞相。陈王怒，捕系[2]武臣等家室，欲诛之。柱国曰："秦未亡而诛赵王将相家属，此生一秦也。不如因而立之。"陈王乃遣使者贺赵，

武臣到了邯郸，自立为赵王，陈余做大将军，张耳、召骚做左右丞相。陈王发怒，捉拿武臣等人的家属关押起来，想诛杀他们。柱国说："秦朝还没有灭亡，就诛杀赵王将相的家属，这等于又生出一个秦王朝。不如就此封立了他。"陈王就派遣使者去祝贺赵国，而把武臣等人的家属迁移到王宫中拘囚起来，并封

而徙系武臣等家属宫中，而封耳子张敖为成都君，趣赵兵亟入关[3]。赵王将相相与谋曰："王王赵[4]，非楚意也。楚已诛秦，必加兵于赵。计莫如毋西兵，使使北徇燕地以自广也。赵南据大河，北有燕、代，楚虽胜秦，不敢制赵。若楚不胜秦，必重赵。赵乘秦之弊，可以得志于天下。"赵王以为然，因不西兵，而遣故上谷卒史韩广将兵北徇燕地[5]。

燕故贵人[6]豪杰谓韩广曰："楚已立王，赵又已立王。燕虽小，亦万乘之国也，愿将军立为燕王。"韩广曰："广母在赵，不可。"燕人曰："赵方西忧秦，南忧楚，其力不能禁我。且以楚之强，不敢害赵王将相之家，赵独安敢害将军之家！"韩广以为

张耳的儿子张敖为成都君，催促赵国军队赶紧进入函谷关。赵王的将相们共同商量说："您在赵地称王，是不符合楚国意旨的。楚国如果诛灭了秦国，必定拿兵力来进攻赵国。最好的办法莫过于不要向西进兵，派出使者向北去攻占从前属于燕国的土地来扩充自己。赵国南边据守黄河，北边有了燕地、代地，楚国即便战胜了秦王朝，也不敢来制服赵国。假若楚国没有战胜秦国，必定会倚重赵国。赵国趁着秦王朝疲弊的机会，就可以得志于天下了。"赵王认为他们的意见对，于是就不向西发兵，而是派遣过去的上谷郡卒史韩广领兵向北去攻占燕地。

燕国从前的显贵人物和豪杰等对韩广说："楚国已经确立了王，赵国也已经确立了王。燕地虽然小些，也曾是一个万乘的诸侯国，我们希望将军做燕王。"韩广说："我韩广的母亲在赵国，不可以做王。"燕地人说："赵国现在正忧虑西边的秦朝，忧虑南边的楚国，它的力量不能禁止我们。况且楚国依恃自己的强大，都不敢加害赵王将相的家属，赵国难道还敢加害将军您的家属！"韩广认为确实如

然，乃自立为燕王。居数月，赵奉[7]燕王母及家属归之燕。

此，就自立为燕王。过了几个月，赵国派人护送燕王的母亲和家属到了燕国。

注释 1 召（shào）骚：陈胜起义军将领，后为赵王武臣之右丞相。 2 系：关押，拘囚。 3 趣：催促。 亟（jí）：急、赶快。 4 王王赵：您在赵为王。第一个王指武臣之称赵王，第二个王指已在赵地称王。 5 故：从前。 卒史：郡守下属之官吏。 韩广：赵王武臣之部将。 6 贵人：公卿大夫或显贵之人。 7 奉：护送。

当此之时，诸将之徇地者，不可胜数。周市北徇地至狄，狄人田儋杀狄令，自立为齐王，以齐反，击周市。[1]市军散，还至魏地，欲立魏后故甯陵君[2]咎为魏王。时咎在陈王所，不得之魏。魏地已定[3]，欲相与立周市为魏王，周市不肯。使者五反[4]，陈王乃立宁陵君咎为魏王，遣之国。周市卒为相。

正当这个时候，各个将领中去攻占土地的人，多得数也数不清。周市往北攻占土地到达狄县，狄县人田儋杀了狄县县令，自立为齐王，占据齐地反叛，攻击周市。周市的军队败散，回到魏地，想扶立魏国的后代即从前的甯陵君咎做魏王。这时甯陵君咎正在陈王的驻地，不能够前往魏地。魏地已经收复，大家想扶立周市做魏王，周市不肯答应。派出的使者往返五次，陈王于是封立宁陵君咎做魏王，派遣他前往封国。周市最终做了魏相。

注释 1 狄：即狄县，秦县名，在今山东高青县东南。 田儋：齐国贵族。 2 甯陵君：战国时魏公子咎之封号，因封于甯陵（今河南宁陵县东南）。《史记集解》引应劭曰:“魏之诸公子,名咎。欲立六国后以树党。” 3 定:收复。 4 五反:五次往返。反,同“返”。

将军田臧等相与谋曰:“周章军已破矣,秦兵旦暮至,我围荥阳城弗能下,秦军至,必大败。[1]不如少遣兵,足以守荥阳,悉精兵迎秦军。今假王骄,不知兵权[2],不可与计,非诛之,事恐败。”因相与矫[3]王令以诛吴叔,献其首于陈王。陈王使使赐田臧楚令尹[4]印,使为上将。田臧乃使诸将李归[5]等守荥阳城,自以精兵西迎秦军于敖仓。与战,田臧死,军破。章邯进兵击李归等荥阳下,破之,李归等死。

阳城人邓说将兵居郯[6],章邯别将击破之,邓说军散走陈。铚人伍徐[7]将兵居许,章邯击破之,伍徐军皆散走陈。陈王诛邓说。

将军田臧等人共同谋划说:“周章的军队已经被打败了,秦兵早晚就会来到,我们包围荥阳城,还没有能够攻下,秦军一到,我们必定会被打得大败。不如少派遣兵,足够守住荥阳就可以了,带领全部精兵去迎击秦军。如今代理王骄纵,不懂得用兵的权谋,不能够同他计议,不诛杀他,事情恐怕会搞坏。”因而共同诈称陈王的命令把吴叔诛杀了,把他的首级献给了陈王。陈王派遣使者赏赐给田臧楚国令尹的印章,任命他做上将。田臧就让李归等将领驻守荥阳城,自己率领精兵往西去敖仓迎战秦军。和秦军作战,田臧战死,军队战败。章邯进兵到荥阳城下攻击李归等的军队,打败了他们,李归等人战死了。

阳城人邓说领着兵驻扎在郏县,章邯部下的另一支队伍把他击败了,邓说的军队逃散到陈县。铚县人伍徐领着兵驻扎在许县,章邯把他击败了,伍徐的军队都逃散到陈县。陈王诛杀了邓说。

注释 1 田臧:吴广之部将。 周章:即周文。 旦暮:早晚,很快。 2 兵权:用兵之计谋。 3 矫:假借,诈称。 4 令尹:官职名,战国时楚国所设,相当于别国之丞相。 5 李归:田臧之部将。 6 邓说(yuè):陈胜之部将。 郏:系“郏”之误。郏,秦县名,在今河南郏县。 7 伍徐:陈胜之部将。

陈王初立时,陵人秦嘉、铚人董緤、符离人朱鸡石、取虑人郑布、徐人丁疾等皆特起,将兵围东海守庆于郯。[1] 陈王闻,乃使武平君畔[2]为将军,监郯下军。秦嘉不受命,嘉自立为大司马[3],恶属武平君。告军吏[4]曰:“武平君年少,不知兵事,勿听!”因矫以王命杀武平君畔。

陈王刚刚立为王时,陵县人秦嘉、铚县人董緤、符离人朱鸡石、取虑人郑布、徐人丁疾等都各自独立起兵,率领军队在郯城包围了东海太守庆。陈王听说了,就派遣武平君畔做将军,统领郯地城下的各路起义军。秦嘉拒绝接受这个命令,自立为大司马,不愿隶属于武平君。他告诉下级官佐说:“武平君年轻,不懂得带兵打仗的事,不要听他的!”因此诈称奉了王命杀死了武平君畔。

章邯已破伍徐,击陈,柱国房君死。章邯又进兵击陈西张贺[5]军。陈王出监[6]战,军破,张贺死。

章邯已经打败了伍徐,就进击陈县,柱国房君战死了。章邯又进兵出击陈县西边张贺率领的军队。陈王亲临战场督战,结果张贺军被打败,张贺战死。

注释 1 秦嘉:陈胜起义后一支义军的首领。 特起:各自独立起兵,不属他人。 守:郡守。 庆:郡守名。 2 武平君畔:人名,封号为武平君,名畔。 3 大司马:本为执掌军事的最高长官,此只是自封而已。

4 军吏:下级官佐。 5 张贺:陈胜部将。 6 监:监督,统领。

腊月,陈王之汝阴,还至下城父,其御庄贾杀以降秦。[1] 陈胜葬砀,谥曰隐王[2]。

十二月,陈王到达汝阴,旋即又到了下城父,陈王的御手庄贾杀死了陈王投降秦王朝。陈胜安葬在砀邑,谥号为隐王。

陈王故涓人将军吕臣为仓头军[3],起新阳,攻陈,下之,杀庄贾,复以陈为楚。

陈王从前的侍臣将军吕臣组织了仓头军,从新阳县起事,攻下了陈县,杀了庄贾,重新用陈县做楚都。

初,陈王至陈,令铚人宋留[4]将兵定南阳,入武关。留已徇南阳,闻陈王死,南阳复为秦。宋留不能入武关,乃东至新蔡[5],遇秦军,宋留以军降秦。秦传留至咸阳,车裂留以徇。[6]

当初,陈王到了陈县,命令铚县人宋留领兵去平定南阳郡,然后进入武关。宋留已经攻占了南阳郡城,听说陈王死了,南阳被秦军重新夺了回去。宋留不能进入武关,就向东到达新蔡县,遭遇秦军,宋留率领军队投降秦王朝。秦军把他递解到咸阳,将他处以车裂之刑并陈尸示众。

注释 1 腊月:指阴历十二月。 还(xuán):通“旋”。旋即,很快。 下城父:古地名,在今安徽涡阳县东南。 庄贾:陈胜之御手。 2 谥(shì):人死后给予的褒贬封号。 隐:有哀伤之情。表示陈王尚未推翻秦朝,建立大业,就中途被害之意。 3 涓人:即中涓,指在君王左右担任洒扫的人,亦转指亲信的侍臣、太监。 仓头军:用青巾裹头的军队。 4 宋留:陈胜部将。 5 新蔡:秦县名,在今河南新蔡县。 6 传(zhuàn):驿车,此指用驿车载着,递解。 车裂:古代的一种酷刑,俗称五马分尸。 徇(xùn):通“殉”,示众。

秦嘉等闻陈王军破出走，乃立景驹[1]为楚王，引兵之方与，欲击秦军定陶下。使公孙庆[2]使齐王，欲与并力俱进。齐王曰："闻陈王战败，不知其死生，楚安得不请而立王！"公孙庆曰："齐不请楚而立王，楚何故请齐而立王！且楚首事[3]，当令于天下。"田儋诛杀公孙庆。

秦左右校[4]复攻陈，下之。吕将军[5]走，收兵复聚。鄱盗当阳君黥布之兵相收，复击秦左右校，破之青波，复以陈为楚。[6]会项梁立怀王孙心为楚王。[7]

秦嘉等人听说陈王军队已经失败逃走了，就扶立景驹做楚王，带领军队到了方与县，想在定陶城下进击秦军。派公孙庆出使和齐王联络，想和齐王联合一同进击秦军。齐王说："听说陈王作战失败，不知道他的生死情况，楚国怎么能不请示我就立楚王！"公孙庆说："齐国没有请示楚国而立王，楚国为什么必须请示齐国才能立王！况且楚国是首先起事的，理当号令天下。"田儋诛杀了公孙庆。

秦王朝左右校尉统领的军队又攻下了陈县。吕将军出城逃走，收集兵力重新聚合。和鄱阳县的大盗当阳君黥布的军队联合，重新攻击秦王朝左右校尉统领的军队，在青波把他们打败，再次以陈县为楚都。这时项梁扶立了楚怀王的孙子心为楚王。

注释　1 景驹：楚国旧贵族。　2 公孙庆：秦嘉之部将。　3 首事：首先起事。　4 左右校：武官名，这里指左右校尉统领的军队。　5 吕将军：当指吕臣。　6 鄱(pó)：即鄱阳，秦县名，在今江西鄱阳县东北。　当阳君：黥布之封号。黥布，即英布。　青波：即青陂(pí)，在今河南新蔡县西南。　7 项梁：项燕之子，项羽之叔父。　心：楚怀王孙，名心。事详《项羽本纪》。

陈胜王凡六月。已为王，王陈[1]。其故人尝与庸耕者闻之，之陈，扣宫门曰："吾欲见涉。"宫门令[2]欲缚之。自辩数，乃置，不肯为通。[3]陈王出，遮道而呼涉。陈王闻之，乃召见，载与俱归。入宫，见殿屋帷帐，客曰："夥颐！涉之为王沈沈者！"[4]楚人谓多为夥，故天下传之，夥涉为王，由陈涉始。客出入愈益发舒[5]，言陈王故情。或说陈王曰："客愚无知，颛妄言，轻威。"[6]陈王斩之。诸陈王故人皆自引去，由是无亲陈王者。[7]陈王以朱房为中正，胡武为司过，主司群臣。[8]诸将徇地，至，令之不是者，系而罪之，以苛察为忠。[9]其所不善者，弗下吏[10]，辄自治

陈胜称王总计六个月。他称王后，把陈县做为国都。有个曾经和他一起被人雇佣耕地的人听说了，前往陈县，敲着宫门说："我想会见陈涉。"守卫宫门的长官想把他细起来。他自己反复辩说，守卫还是不理会，不肯替他通报。陈胜出宫，他拦在道中并呼喊陈涉。陈王听见了，就召见他，把他拉在车上载着一块儿回去。进了宫殿，看到宫殿室屋的装饰帷帐，这位客人说："夥颐！陈涉做了王，宫室真是富丽堂皇！"楚地人称多为夥，所以天下传开了，"夥涉为王"的话就是从陈涉开始的。这位客人进出宫殿就更加随便放肆了，同别人说了一些陈王的旧事。有人劝告陈王说："这位客人愚昧无知，专门说些胡妄之言，轻视君王的威严。"陈王于是把他斩杀了。陈王从前的其他故旧都悄悄地离去了，从这以后再没有亲近陈王的人了。陈王任用朱房担任中正，任用胡武担任司过官，负责伺察各个大臣。诸将领去攻取之地，回到陈县来，凡是有对命令不加顺从的，就拘系起来治罪。朱、胡二人以苛刻地弹劾他人来表示对陈王的忠诚。凡是这两个人认为不好的，并不交给有关的执法官员去办理，总是

之。陈王信用之[11]。诸将以其故不亲附。此其所以败也。

自行处置。陈王却信用他们。诸将领因此也就不亲附陈王了。这是他为什么失败的重要原因。

陈胜虽已死,其所置遣[12]侯王将相竟亡秦,由涉首事也。高祖时为陈涉置守冢三十家砀,至今血食。[13]

陈胜虽然已经死去,但是他分封、派遣出去的侯王将相最终灭亡了秦国,而陈涉是首先起事的。高祖时在砀地配置了三十户人家给陈涉守坟,直到今天仍然是祭祀不断。

注释 1 王(wàng)陈:在陈县称王。 2 宫门令:守卫宫门之长官。 3 辩数(shuò):反复辩说。 置:丢在一边置之不理。 通:通报,传达。 4 夥颐(huǒ yí):对事物表示惊讶和羡慕之词。楚人谓夥为多,颐为语助词。故下文"夥涉为王",意思是说,宫室财富那么多就是因为陈涉做了王。 沈沈:即"沉沉",当时楚人口语,形容宫室高大,陈设富丽堂皇。 5 发舒:放纵,任意妄为。 6 颛:通"专"。 轻威:轻视君王的威严。 7 引去:引退,离开。 无亲陈王者:《史记索隐》顾氏引《孔丛子》云:"陈胜为王,妻之父兄往焉。胜以众宾待之。妻父怒云:'怙强而傲长者,不能久焉。'不辞而去。"是其类事也。 8 朱房:陈胜部将。 中正:官名,掌管人事。 胡武:陈胜部将。 司过:官名,掌管纠察百官。 司(sì):同"伺",伺察。 9 令之不是者:不顺从其指令去做的人。 苛察:苛刻地纠察弹劾。 10 弗下吏:不交给有关的执法官员去处治。 11 之:指代朱房、胡武等人。 12 置遣:设置派遣。 13 守冢(zhǒng):安置民户居住于葬地附近看管坟墓。 血食:享受祭祀。因祭祀时要用宰杀后的牲畜作祭品,故名。

褚先生曰[1]:地形险阻,所以为固也;兵革刑

褚先生说:地形险阻是坚固的屏障,军队和刑法是治国的手段。

法，所以为治也。[2] 犹未足恃也。夫先王以仁义为本，而以固塞文法为枝叶[3]，岂不然哉！吾闻贾生之称曰：

秦孝公据殽函之固，拥雍州之地，君臣固守，以窥周室。有席卷天下，包举宇内，囊括四海之意，并吞八荒之心。[4] 当是时也，商君佐之，内立法度，务耕织，修守战之备；外连衡而斗诸侯。[5] 于是秦人拱手[6]而取西河之外。

这些还是不足以凭恃的。先代君王是拿仁义作为治国的根本方针，而只以要塞险固、法令条文作为掌权的辅助手段，难道不是这样吗？我听到贾谊有评论说：

秦孝公占据殽山、函谷关的险固，拥有雍州的土地，君臣牢固把守，借以窥视着周王室的政权。有席卷天下、包举宇内、囊括四海的志向，并吞八方的决心。正当这个时候，商君辅佐着他，在国内建立法规制度，致力于耕种纺织，整修防守和攻战的装备；在国外实施连横策略而让诸侯各国互相争斗。于是秦国人轻易地获取了黄河西岸的土地。

注释

1 褚先生曰：《史记集解》："徐广曰：'一作"太史公"。'骃案：班固《奏事》云'太史迁取贾谊《过秦》上下篇以为《秦始皇本纪》《陈涉世家》下赞文'，然则言'褚先生'者，非也。《史记索隐》徐广与裴骃据所见别本及班彪《奏事》，皆云合作'太史公'。今据此是褚先生述《史记》，加此赞首'地形险阻'数句，然后始称贾生之言，因即改太史公之目，而自题己位号也。"

2 固：坚固，此指坚固之屏障。　兵革：军队。　治：治国之手段。　3 文法：法令条文。　枝叶：代指辅助手段。　4 包举：统括，全部占有。　八荒：八方。　5 务：致力于。　斗：使……斗。　6 拱手：双手相合抬手胸前。此处比喻很轻易就把事情办成。

孝公既没，惠文王、武王、昭王蒙故业，因遗策，南取汉中，西举巴蜀，东割膏腴之地，收要害之郡。[1]诸侯恐惧，会盟而谋弱秦。[2]不爱珍器重宝肥饶之地，以致天下之士。[3]合从缔交，相与为一。[4]当此之时，齐有孟尝，赵有平原，楚有春申，魏有信陵：此四君者，皆明知而忠信，宽厚而爱人，尊贤而重士。[5]约从连衡，兼韩、魏、燕、赵、宋、卫、中山之众。[6]于是六国之士有宁越、徐尚、苏秦、杜赫之属为之谋，齐明、周冣、陈轸、邵滑、楼缓、翟景、苏厉、乐毅之徒通其意，吴起、孙膑、带他、兒良、王廖、田忌、廉颇、赵奢之伦制其兵。[7]尝以什倍之地，百万之师，仰关[8]而攻秦。秦人开关而延敌[9]，九国之师遁逃而不敢进。

孝公已经去世，惠文王、武王、昭王继承了故业，沿袭孝公时的策略，往南夺取了汉中，往西攻占了巴蜀，往东割占了肥沃的土地，往北略取了险要的郡邑。诸侯各国恐惧起来，相会约盟以图谋削弱秦国。不吝惜珍贵的宝器和肥饶的土地，用以招徕天下的贤士。相互合纵交好缔约，彼此支援结为一体。正当这个时候，齐国有孟尝君，赵国有平原君，楚国有春申君，魏国有信陵君：这四位公子都非常明智而且忠诚信实，宽容厚道而且爱惜人才，尊敬贤能而器重士人。他们相约实施合纵来破坏秦国的连横策略，而且兼有韩、魏、燕、赵、宋、卫、中山各国的兵众。此时六国的士人有宁越、徐尚、苏秦、杜赫等一班人为之出谋划策，有齐明、周冣、陈轸、邵滑、楼缓、翟景、苏厉、乐毅等一类人为之互相沟通联络，有吴起、孙膑、带他、倪良、王廖、田忌、廉颇、赵奢一辈人为之统帅军队。曾经用十倍的土地，百万的军队，攀缘函谷关而进攻秦国。秦国人打开函谷关来迎击敌人，九国的合纵军队逃跑而不敢前进。秦国没有一根箭镞的耗费，而天下

秦无亡矢遗镞[10]之费，而天下固已困矣。于是从散约败，争割地而赂秦。秦有余力而制其弊，追亡逐北，伏尸百万，流血漂橹，因利乘便，宰割天下，分裂山河，强国请服，弱国入朝。[11]

诸侯就已经疲惫不堪了。于是合纵解散盟约毁败，各诸侯国争着割让土地来贿赂秦国。秦国有充分的力量来利用各国的弊端，追逐败亡的军队，战场上倒伏的尸体上百万，流下的血液成河可以漂起大盾，借着有利的地形，方便的时机，宰制整个天下，分割各国的山河，于是实力较强的国家请求臣服，实力弱小的国家前来朝拜纳贡了。

注释　**1** 惠文王：秦国国君，公元前337—前311年在位。　武王：秦国国君，公元前310—前307年在位。　昭王：秦国国君，公元前306—前251年在位。　蒙：蒙受、继承。　因：凭借、依靠。　膏腴：肥沃、富饶。　**2** 会盟：举行盟会。　弱：削弱。　**3** 爱：吝惜。　致：招致、招引。　**4** 从：通“纵”，下同。　相与：互相联合。　**5** 孟尝：即孟尝君，齐国田文的封号。　平原：平原君，赵国赵胜的封号。　春申：春申君，楚国黄歇的封号。　信陵：即信陵君，魏国魏无忌封号。　知：通“智”。　**6** 燕下宜有楚、齐。当系脱误。　**7** 宁越：赵国人，西周君周威公曾师事之。　徐尚：不详。　杜赫：周人。　齐明：东周臣，后仕秦、楚、韩，主合纵。　周冣(jù)：周室公子，主合纵。　陈轸：夏人，仕楚、秦。　邵滑：楚人。　楼缓：魏相，在赵时赞同赵武灵王胡服，主合纵。　翟景：不详。　苏厉：苏秦弟，齐臣，主合纵。　吴起：卫国人，战国时变法家，著名军事家。　孙膑：孙武的后代，战国时著名军事家。　带他：战国时武将。　兒(ní)良：战国时人，善兵家权谋。兒，同“倪”。　王廖：战国时豪士，善将兵。　廉颇：赵国著名将领。　赵奢：赵国著名将领。　伦：类。　**8** 仰关：《史记索隐》云：“仰字亦作‘卬’，并音仰。谓秦地形高，故并仰向关门而攻秦。”仰，向上。　**9** 延敌：迎击敌人。　**10** 镞(zú)：箭头。　**11** 北：逃跑的军队。　漂橹(lǔ)：使橹漂起来。橹，大盾牌。　分裂山河：辟开山、断绝河，形容势力强大。

施及孝文王、庄襄王，享国之日浅，国家无事。[1]

及至始皇，奋六世之余烈，振长策而御宇内，吞二周而亡诸侯，履至尊而制六合，执敲朴以鞭笞天下，威振四海。[2]南取百越之地，以为桂林、象郡，百越之君俯首系颈[3]，委命下吏。乃使蒙恬北筑长城而守藩篱，却匈奴七百余里，胡人不敢南下而牧马，士亦不敢贯弓而报怨。[4]于是废先王之道，燔[5]百家之言，以愚黔首。堕名城，杀豪俊，收天下之兵聚之咸阳，销锋鍉，铸以为金人十二，以弱天下之民。[6]然后践华为城，因河为池，据亿丈之城，临不测之溪以为固。[7]良

延续到孝文王、庄襄王，因为在位的时间短，国家没有什么大事。

等到了始皇帝的时候，奋扬前六代遗留下来的功业，像驾车似地挥动着长鞭而驾驭寰宇之内，并吞了东西二周并灭亡了各诸侯国，处于至尊的帝位而控制天下，手执刑杖而鞭笞着所管辖的民众，威名震动四海。往南夺取了百越的土地，设置了桂林、象郡，百越部族的君长们都俯下头并系着颈，把命运委属给秦朝的下级官吏。于是派出蒙恬往北去修造长城而镇守边界，把匈奴赶出境外有七百多里，胡人再不敢南下放牧牛马，兵士们也不敢挽弓搭箭来报复。于是废除了先王的治国主张，焚烧了载有百家言论的文献著述，借以愚弄平民百姓。毁坏有名的城邑，诛杀各地的豪杰，收缴天下所有的兵器聚集到都城咸阳，熔化这些锋利的兵器，铸成了铜像十二尊，用这个办法来削弱天下民众的力量。然后以险峻的华山为城垣，以深阔的黄河为护城河，据守着有亿丈之高的坚城，下临深不可测的溪河所形成的险固屏障。配备

将劲弩,守要害之处,信臣精卒,陈利兵而谁何[8]。天下已定,始皇之心,自以为关中之固,金城[9]千里,子孙帝王万世之业也。

着良将劲弩,守护着要害的地带,设置了信臣精卒,陈列锋利的武器到处盘查诘问。天下已经平定,始皇的心中,自认为关中的险固,如同金城千里,可以保障子子孙孙万世当帝王的基业。

注释 1 施(yì):延续。 孝文王:秦国国君,公元前250年在位。 庄襄王:秦国国君,公元前249—前247年在位。 享国:帝王在位年数。 2 余烈:遗留的功业。 策:马鞭。 宇内:寰宇之内,天下。 二周:西周、东周。 履:踏,践。引申为临、到、处于。 至尊:最受人尊敬的地位,此指帝位。 六合:东、南、西、北、上、下的六个方面。 敲朴:一种刑杖。短曰敲,长曰朴。 鞭笞(chī):鞭打。 3 系颈:用绳系在颈上,表示伏罪投降。 4 藩篱:边界。 贯(wān)弓:弯弓。贯,通“弯”。 5 燔(fán):焚烧。 6 堕(huī):通“隳”,毁坏。 豪俊:犹豪杰。 兵:兵器。 销锋鍉(dí):熔化锐利的兵器和箭头。销,熔化。鍉,箭头,这个意义后又写作“镝”。 金人:铜人。 7 践华为城:以险峻的华山为城垣。 因河为池:以深阔的黄河为护城河。 8 陈:陈列,配备。 谁何:盘诘喝问。谁,亦作“谯”。责备、呵责。何,通“呵”。谁何即谯呵(qiào hē)。 9 金城:坚固如铜一样的城。

始皇既没,余威振于殊俗[1]。然而陈涉瓮牖绳枢之子,氓隶之人,而迁徙之徒也。[2]材能不及中人,非有仲尼、墨翟之贤,陶朱、猗顿之富也。[3]蹑足

始皇死去后,他的余威还震慑着远方。然而陈涉只是一个用陶瓮当窗户、拿绳拴着门轴的穷小子,是被人役使的雇农,并且是征发戍边的役夫。他的才能比不上一个普通人,更没有仲尼、墨翟那样的贤明,也没有陶朱公、猗顿那样的富有。

行伍之间，俯仰仟佰之中，率罢散之卒，将数百之众，转而攻秦。[4] 斩木为兵，揭竿为旗，天下云会响应，赢粮而景从，山东豪俊遂并起而亡秦族矣。[5]

他只是被发配的劳役队伍中的一员，来自民间，带领疲惫散乱的士卒，统率几百人的队伍，转过身来进攻秦朝。砍下木头当兵器，高举竹竿当旗帜，天下的民众像风云一样地会聚，像回音一样地应声而起，身上背着粮食像影子般紧紧跟从，殽山以东的豪杰就一同起事而把秦王朝推翻了。

注释　1 殊俗：风俗不同于中原的地方，泛指边远地区。　2 瓮牖(yǒu)：用陶瓮做窗户。　绳枢：用绳子缚着门轴。　氓(méng)隶：雇农、农奴之类。　迁徙：此指征发戍边。　3 中人：普通人、一般人。　陶朱：陶朱公，范蠡。　猗(yī)顿：春秋时鲁国人，以煮盐(或说搞畜牧)发家。　4 蹑(niè)足：插足，参加。　俯仰：周旋，应付。　仟佰：一说即千百，谓千人百人之长。《汉书》正作"阡陌"，田野。　罢：通"疲"。　5 响应：像回音一样应和。响，回音。　赢(yíng)背、担。　景："影"之本字。

且天下非小弱也；雍州之地，殽函之固自若也。[1] 陈涉之位，非尊于齐、楚、燕、赵、韩、魏、宋、卫、中山之君也；锄櫌棘矜，非铦于句戟长铩也；[2] 適戍之众，非俦于九国之师也；[3] 深谋远虑，行军用兵之道，非及

再说秦朝统一天下后并不比原来小弱；雍州的土地，殽山、函谷关的坚固同以前也是一样的。陈涉的地位，并不比齐、楚、燕、赵、韩、魏、宋、卫、中山各国的国君尊贵；用锄、櫌等农具当作武器，并不比真正的钩戟长矛那样锋利；罚罪戍边的民众，并不能和九国的联合军队相提并论；深谋远虑，行军用兵的战略战术，也是比不上过去时代的明智士人。然而事情的成败结局，

乡时[4]之士也。然而成败异变,功业相反也。尝试使山东之国与陈涉度长絜大,比权量力,则不可同年而语矣。[5]然而秦以区区之地,致万乘之权,抑八州[6]而朝同列,百有余年矣。然后以六合为家,殽函为宫。一夫作难而七庙[7]堕,身死人手,为天下笑者,何也?仁义不施,而攻守之势异也。

却恰恰相反,所建立的功业也是完全相反的。要是用崤山以东的国家和陈涉来比较长短大小,比较权势高低,那恐怕是不可同年而语的了。然而秦国用从前的区区一块地盘,最后获得了万乘天子的权力,控制天下的八州而使原本处于和它同等地位的诸侯国前来朝拜,这前后也有一百多年。最后才统一天下,以殽山和函谷关作为宫墙。陈涉这样一位普通农夫发难就使秦朝祖庙毁坏,使其帝王死在人家手中,为天下人所耻笑,这是为什么呢?原因就在于不施行仁义,而攻取时和守业时的形势是很不相同的。

注释 1 小弱:此指变为小弱。 自若:和原来一样。 2 锄:锄头。 耰(yōu):古代用以碎土和平整土地的农具。 棘:通“戟”。 矜:矛柄。 锄耰棘矜:此意为用各种农具当作武器。 铦(xiān):锋利,快。 句戟:即钩戟。 长铩(shā):即长矛。 3 適戍:有罪而被遣戍远方。適,通“谪”。 俦(chóu):同类、类别。 4 乡时:过去的。乡,通“向”。 5 山东:殽山以东。 度长絜(xié)大:量量长短,测测大小。絜,衡量。 同年:相等。 6 八州:九州中除秦所占雍州外的其他八州。 7 七庙:即祖庙。天子祖庙奉祀七代祖先,因称七庙。

史记卷四十九

外戚世家第十九

原文

自古受命帝王及继体守文之君，非独内德茂也，盖亦有外戚之助焉。[1]夏之兴也以涂山，而桀之放也以末喜。[2]殷之兴也以有娀，纣之杀也嬖妲己。[3]周之兴也以姜原及大任，而幽王之禽也淫于褒姒。[4]故《易》基"乾""坤"，《诗》始《关雎》，《书》美釐降，《春秋》讥不亲迎。[5]夫妇之际，人道之大伦也[6]。礼之用，唯婚姻为兢兢[7]。夫乐调而四时和，阴阳

译文

自古以来受命的帝王和继承先帝正统遵守以往法度的国君，不只是本身品德优良，大概也还有外戚的辅助吧。比如夏代的兴起是因为有涂山氏之女，而桀王的被流放是因为末喜。殷代的兴起是因为有娀氏的支持，而纣王的被杀是因为他宠爱妲己。周代的兴起是因为有了姜原和大任，而幽王的被擒是因为他和褒姒的淫乱。所以《易》以"乾""坤"二卦作基础，《诗》的开篇是《关雎》，《书》赞美尧帝将两个女儿下嫁给舜，《春秋》讥讽国君不亲自去他国迎婚。夫妇之间的关系，是道德关系当中极其重要的伦理关系。礼的运用，唯独对婚姻的要求特别小心谨慎。再说乐律协调四时才会和谐，阴阳间的变化，才是万物的

之变,万物之统也。[8]可不慎与[9]?人能弘道,无如命何。[10]甚哉,妃匹之爱,君不能得之于臣,父不能得之于子,况卑下乎![11]既欢合矣,或不能成子姓;[12]能成子姓矣,或不能要其终[13]:岂非命也哉?孔子罕称命,盖难言之也。非通幽明之变,恶能识乎性命哉[14]?

根本。因此,世人怎么可以不慎重地对待呢?人们能够弘扬伦理之道,可是对天命却无可奈何。确实啊,夫妻之间的情爱,君主不能从臣子那里得到,父亲不能从儿子那里得到,更何况是君臣、父子关系以外的人呢?两人之间因欢爱而形成婚配,有的并不一定会生儿育女;能够生儿育女了,有的又不能求得善终:这难道不是天命吗?孔子很少谈论天命,大概是很难说清楚吧。人若不能通晓阴阳间的变化,又怎么能识别清楚人性和天命的呢?

注释 1 继体:《史记索隐》按:"继体谓非创业之主,而是嫡子继先帝之正体而立者也。" 守文:《史记索隐》云:"守文犹守法也,谓非受命创制之君,但守先帝法度为之主耳。" 内德:本身具有的品德。 外戚:帝王之母族及妻族的统称。 2 涂山:古部族名,又名当涂山。此指涂山氏女。相传禹娶涂山氏女生启,启建立了夏朝。 放:流放。 末喜:亦作"妺喜"。有施氏之女,桀伐有施氏,娶其为妃,日夜淫乐,终为商汤所灭。 3 有娀(sōng):古部族名。此指有娀氏女。 嬖(bì):宠爱。 妲(dá)己:有苏氏女,纣王妃。 4 姜原:亦作"姜嫄",相传其为后稷之母。 大任:即太任,周文王之母。 禽:通"擒"。 褒姒:有褒氏女,后为周幽王之宠妃。 5《易》:亦称《易传》或《周易》。 "乾""坤":为《易》中的两卦。"乾"为第一卦,谈天,代表阳;"坤"为第二卦,说地,代表阴。 《关雎》:《诗经》中的第一篇。有人认为此为上层社会男女恋爱之作,也有人认为是思得贤妃以佐国政之诗。 釐降:亦作"厘降"。《尚书·尧典》中有"厘降二女于妫(guī)汭(ruì)"一句。厘,理。降,下。指尧亲自料理两个女儿下嫁给舜的婚事。《春秋》讥不亲迎:《春秋》文中记有裂缔代纪君迎鲁女之事,孔子认为卿为君迎亲不合于礼,故载此事以表示讥讽。**6** 人道:人与人之间的道德关系。 大伦:重大的伦理关系。 **7** 兢兢:小心谨慎。 **8** 乐调:乐律协调。 四时和:四季祥和正常。 统:根本。**9** 与:同"欤",疑问语气词。 **10** 弘:弘扬。 无如命何:不能把命运怎么样。无,不,不能。如……何,把……怎么样。 **11** 妃(pèi)匹:婚配、配合。妃,通"配"。 卑下:此指除君臣、父子关系以外的人。 **12** 欢合:因欢爱而成婚配。 子姓:子孙后代。 **13** 要其终:求得善终。要,求,取。**14** 幽明之变:黑暗与光明的变化,此指阴与阳或社会、自然界的一切变化。 恶(wū):怎么。 性命:人性与天命。

太史公曰:秦以前尚略矣,其详靡得而记焉。[1]汉兴,吕娥姁为高祖正后[2],男为太子。及晚节色衰爱弛,而戚夫人有宠,其子如意几代太子者数矣。[3]及高祖崩,吕后夷[4]戚氏,诛赵王,而高祖后宫唯独无宠疏远者得无恙。

吕后长女[5]为宣平侯张敖妻,敖女为孝惠皇后。吕太后以重亲故,欲其生子万方,终无子,

太史公说:秦朝以前的事情比较久远而记载简略,其详细情况就不能在这里记述了。汉家兴起,吕娥姁成了高祖的正宫皇后,她生的男孩做了太子。等到吕后晚年容貌衰老不被宠爱,而戚夫人受到宠幸,她的儿子如意多次几乎要取代太子了。等到高祖去世,吕后诛杀了戚夫人,诛灭了赵王,而高祖后宫中只有不被宠爱关系疏远的人才得以幸免。

吕后长女做了宣平侯张敖的妻子,张敖的女儿又做了孝惠帝的皇后。吕太后是为了亲上加亲才这么做的,她用尽了各种办法想让外孙女生个儿子,最终还是没能如愿,就用欺诈手段把一个后宫女人的儿子算作外孙女的

诈取后宫人子为子。[6]及孝惠帝崩，天下初定未久，继嗣[7]不明。于是贵外家，王诸吕以为辅，而以吕禄女为少帝后，欲连固根本牢甚，然无益也。[8]

高后崩，合葬长陵。禄、产等惧诛，谋作乱。大臣征之，天诱其统[9]，卒灭吕氏。唯独置孝惠皇后居北宫[10]。迎立代王，是为孝文帝，奉汉宗庙[11]。此岂非天邪？非天命孰能当之？

儿子。等到孝惠皇帝去世，天下刚刚安定还不久，究竟谁是继承人的情况还不明确。于是吕后就重用娘家人，封吕氏家族的人为王来进行辅助，而把吕禄的女儿配给少帝做皇后，为的是让刘吕两家关系牢固，以巩固权力根基，然而这都是无益的。

吕后去世后，和高祖合葬在长陵。吕禄、吕产等都害怕被诛杀，图谋发动变乱。大臣们征讨他们，上天嘉佑刘氏而使其不丧失皇权，使大臣们最终灭亡了吕后家族。唯独把孝惠帝的皇后迁置在北宫。迎来了代王继位，这就是孝文帝，让他供奉宗庙的祭祀。这难道不是天意吗？要不是天命谁能承当这样的使命？

注释 1 尚：久远。 略：简略。 靡：不。 2 吕娥姁(xǔ)：吕后名雉，字娥姁。 正后：嫡妻，正室。 3 晚节：指晚年。 爱弛：失宠。弛，减弱。 戚夫人：刘邦所得定陶戚姬。生子如意，后为赵王。事详《吕太后本纪》。 几：几乎。 数(shuò)：屡次，频频。指多次。 4 夷：夷灭，诛杀。 5 吕后长女：鲁元公主。鲁，食邑，元，长。 6 重：双重。 万方：想尽了无数的办法。 7 继嗣：继承人。 8 贵：使尊贵，倚重。 少帝：即上文“诈取后宫人子为子”者。 根本：指控制朝廷权力的根基。 9 诱：称美之词，表示赞美。 统：正统，指刘邦开创的刘氏皇权系统。 10 北宫：宫殿名，处在未央宫之北。 11 奉：供奉。 宗庙：此指宗庙的祭祀。宗庙，本指帝王的先祖之庙。

薄太后，父吴人，姓薄氏，秦时与故魏王宗家女魏媪通，生薄姬，而薄父死山阴，因葬焉。[1]

及诸侯畔秦，魏豹立为魏王，而魏媪内其女于魏宫。[2]媪之许负所相[3]，相薄姬，云当生天子。是时项羽方与汉王相距荥阳[4]，天下未有所定。豹初与[5]汉击楚，及闻许负言，心独喜，因背汉而畔，中立，更与楚连和。汉使曹参等击虏魏王豹，以其国为郡，而薄姬输织室。[6]豹已死，汉王入织室，见薄姬有色，诏内后宫，岁余不得幸。[7]始姬少时，与管夫人、赵子儿相爱，约曰："先贵无相忘。"已而管夫人、赵子儿先幸汉王。汉王坐河南宫成皋台[8]，此两美人相与笑薄姬初时约。汉王闻之，问其故，

薄太后，父亲是吴地人，姓薄，秦朝时和从前魏王宗室中的一位女子魏媪私通，生下薄姬，而薄姬的父亲死在了山阴县，于是就葬在那里。

等到诸侯们背叛秦王朝，魏豹被立为魏王，魏媪就把她的女儿送进魏王宫里。魏媪前往许负住所看相，给薄姬相面，说她会生下天子来。这时项羽正和汉王在荥阳对抗，天下还没有定局。魏豹最初亲附汉攻击楚，等到听说了许负给薄姬相面的话，心中暗自高兴，因而背弃汉王而反叛，形式上中立，接着又和楚联合。汉王派曹参等进击俘虏了魏王豹，将他封国的土地设置为郡，薄姬也就送进了织室。魏豹被杀死后，汉王进入织室，看到薄姬长得漂亮，下诏把她送进后宫，但一年多没有宠幸她。在薄姬小的时候，曾和管夫人、赵子儿关系好，她们约定说："谁先受宠了，都不要忘记照顾别人。"不久管夫人、赵子儿先受到汉王宠幸。汉王坐在河南宫殿成皋台上，这两位美人相互讥笑薄姬当初与她们的约定。汉王听说了，询问其中的缘故，两人将实情告诉汉王。汉王心中感到有点凄惨，怜悯薄姬，这一天就召薄姬来同房。

两人具以实告汉王。汉王心惨然,怜薄姬,是日召而幸之。[9]薄姬曰:"昨暮夜妾梦苍龙据[10]吾腹。"高帝曰:"此贵征也,吾为女遂成之[11]。"一幸生男,是为代王,其后薄姬希见高祖。

薄姬说:"昨天夜晚妾梦见有条苍龙盘踞在我腹上。"高帝说:"这是显贵的征兆,我替你促成这件事。"一次同房就生了男孩,这就是代王,此后薄姬很少能见到高祖。

注释 1 太后:皇帝之母称太后。 魏王:指战国末魏国之王。 媪(ǎo):妇人之通称。 通:私通。 2 畔:通"叛",背叛。 内:同"纳",献进。 3 许负:善于相面的老妪,姓许。负,通"妇"。 所:住所。 4 汉王:指刘邦。 距:通"拒",对抗。 5 与:亲附。 6 以其国为郡:《高祖本纪》:"三年……汉王遣将军韩信击,大破之,虏豹。遂定魏地,置三郡,曰河东、太原、上党。" 输:送达。 织室:汉宫廷丝帛织造及染色之所,设于未央宫。 7 有色:姿态容貌俱美。 幸:本指帝王亲临或宠爱。此特指同房。 8 成皋台:《汉书》作"成皋灵台"。 9 惨然:感到凄惨、悲伤。 怜:怜悯。 10 据:盘据,亦作"盘踞"。 11 遂成之:遂意地办成某事。遂,顺。

高祖崩,诸御幸姬戚夫人之属,吕太后怒,皆幽之,不得出宫。[1]而薄姬以希见故,得出,从子之代,为代王太后。太后弟薄昭从如代。

高祖去世,高祖曾宠幸过的各个姬妾像戚夫人一类的,吕太后发怒,将她们都囚禁起来,不能够走出皇宫。而薄姬由于很少见到高祖的缘故,能够离开皇宫,跟随儿子前往代国,成为代王太后。太后的弟弟薄昭也跟着前往代国。

代王立十七年,高后崩。大臣议立后,疾外家

代王在位十七年,高后去世。大臣们商议确定皇位继承人,痛恨

吕氏强，皆称薄氏仁善，故迎代王，立为孝文皇帝，而太后改号曰皇太后，弟薄昭封为轵侯。[2]

外家吕氏强横，都称赞薄氏仁爱慈善，所以迎来了代王，确立他为孝文皇帝，将代王太后改称为皇太后，她弟弟薄昭封为轵侯。

薄太后母亦前死，葬栎阳北。于是乃追尊薄父为灵文侯，会稽郡置园邑三百家，长丞已下吏奉守冢，寝庙上食祠如法。[3]而栎阳北亦置灵文侯夫人园，如灵文侯园仪。薄太后以为母家魏王后，早失父母，其奉薄太后诸魏有力者，于是召复魏氏，赏赐各以亲疏受之。[4]薄氏侯者凡一人。

薄太后的母亲也在以前死去了，安葬在栎阳县北边。于是就追尊薄太后父亲为灵文侯，在会稽郡为他设置三百家守护陵园，长丞以下的官吏被派去侍奉看守陵墓，按照礼法为寝庙供奉物品加以祭祀。而栎阳北边也设置灵文侯夫人的陵园，用与灵文侯陵园同样的仪式供奉祭祀。薄太后认为她的母亲家是魏王的后代，因她很早就失去了父母，而魏氏家族中有人侍奉薄太后非常尽力，于是文帝下令免除魏氏家族的徭役赋税，分别按照关系的亲疏授予一定的赏赐。薄氏家族被封侯的有一人。

薄太后后文帝二年，以孝景帝前二年崩，葬南陵。[5]以吕后会葬长陵，故特自起陵，近孝文皇帝霸陵。

薄太后比文帝晚两年，在孝景帝前元二年去世，安葬在南陵。因为吕后已经和高祖合葬长陵，所以特为薄太后单独建造陵墓，接近孝文皇帝的霸陵。

注释　1 御：对帝王的所作所为及所用物的敬称。御幸，此指高祖刘邦所宠幸过的姬妾。　幽：囚禁。　2 疾：痛恨。　强：强横。　轵(zhǐ)：

汉县名，在今河南济源市南。《史记索隐》认为轵县离京都太远，恐非薄昭所封，或当为长安东之轵道亭。 **3** 园邑：为守护陵园设置的县邑。 长(zhǎng)：陵园的主管官员。 丞：陵园的辅佐之吏。 已：通"以"。 吏：《汉书》作"使"，《史记志疑》以为"此脱其旁耳"。 寝庙：古代宗庙的合称。正殿曰庙，置放神位；后殿曰寝，存藏衣冠。 上食：供奉祭品。 法：礼法。 **4** 复：加以优待而免除徭役。 受：通"授"。 **5** 景帝前二年：即景帝前元二年，公元前155年。 南陵：薄太后陵墓名，置为县，在今陕西西安市东。

窦太后，赵之清河观津人也。[1]吕太后时，窦姬以良家子[2]入宫侍太后。太后出宫人以赐诸王，各五人，窦姬与在行中。窦姬家在清河，欲如赵近家，请其主遣宦者吏："必置我籍赵之伍中[3]。"宦者忘之，误置其籍代伍中。籍奏，诏可，当行。窦姬涕泣，怨其宦者，不欲往，相强，乃肯行。至代，代王独幸窦姬，生女嫖，后生两男。而代王王后生四男，先代王未入立为帝而王后卒。及代王立为帝，而王后所生

窦太后，是赵地清河郡观津县人。吕太后时期，窦姬以良家女子身份选进皇宫侍奉太后。太后把部分宫女分送给各诸侯王，每位王五人，窦姬也在这些被送宫女的行列中。窦姬家在清河郡，想去赵地以便离家近一点，请求这次负责派遣的宦官说："一定要把我写在到赵地去的人员的名册上。"宦官忘记了，错把她写在去代地的人员的名册上了。名册奏报上去，下诏认可了，应当前往。窦姬哭泣起来，埋怨这位宦官，不想前去，被逼无奈，才勉强前往。到了代国，代王只宠幸窦姬，她生下了女儿嫖，以后又生下两个男孩。但是代王的王后生了四个男孩，在代王还没有入京做皇帝之前王后就去世了。后来代王继位做了

四男更病死。孝文帝立数月，公卿请立太子，而窦姬长男最长，立为太子。立窦姬为皇后，女嫖为长公主[4]。其明年，立少子武为代王，已而又徙梁，是为梁孝王。

皇帝，而王后所生的四个男孩相继病死了。孝文帝继位几个月，公卿们请求确立太子，只有窦姬的大儿子最年长，于是他被立为太子。而窦姬被立为皇后，女儿嫖成了长公主。第二年，封立小儿子武做代王，不久又迁为梁王，这就是梁孝王。

窦皇后亲蚤卒，葬观津。于是薄太后乃诏有司，追尊窦后父为安成侯，母曰安成夫人。令清河置园邑二百家，长丞奉守，比灵文园法。

窦皇后的父母双亲早就去世了，安葬在观津县。这时薄太后就下诏给有关的主管官员，追尊窦后的父亲为安成侯，母亲为安成夫人。命令清河县设置二百家守护陵园，由县长、县丞负责供奉守卫，比照灵文园的礼法规格办理。

注释 1 赵:指战国时之赵地。 清河:郡名，治所清阳。 观津:县名，在今河北武邑县东南。按:观津在信都郡，不在清河郡。 2 良家子:旧指清白人家的子女。子，兼指男女。 与(yù):参预，在其中。 3 籍:名册。 伍:行列。 4 长公主:依礼法当称“公主”，景帝时称“长公主”。《汉书》作“馆陶长公主”。

窦皇后兄窦长君[1]，弟曰窦广国，字少君。少君年四五岁时，家贫，为人所略卖[2]，其家不知其处。传十余家，至宜阳，为其主入

窦皇后的哥哥是窦长君，弟弟叫窦广国，字少君。少君年纪四五岁的时候，家中贫困，被人掠夺出卖了，他们家里人不知道他在什么地方。转手十多家，到了宜阳县，替他的主人进山挖煤，夜间睡在井下的

山作炭，暮卧岸下百余人，岸崩，尽压杀卧者，少君独得脱，不死。[3]自卜数日当为侯[4]，从其家之长安。闻窦皇后新立，家在观津，姓窦氏。广国去时虽小，识其县名及姓，又常与其姊采桑堕，用为符信，上书自陈。[5]窦皇后言之于文帝，召见，问之，具言其故，果是。又复问他何以为验。对曰："姊去我西时，与我决于传舍中，丐沐沐我，请食饭我，乃去。[6]"于是窦后持[7]之而泣，泣涕交横下。侍御左右皆伏地泣，助皇后悲哀。乃厚赐田宅金钱，封公[8]昆弟，家于长安。

绛侯、灌将军等曰："吾属不死，命乃且县此两人。两人所出微，不

有一百多人，井坑崩塌，把睡卧在里面的人都压死了，只有少君一个人逃脱，没有死。他就去算命，说是他不久将被封为侯，他于是跟着主人一起前往长安。听说窦皇后刚刚被册立，家在观津县，姓窦。广国离开家时虽然年纪小，但记得出生的县名和自己的姓，又曾经和他姐姐采桑时从树上掉下，用这些作为凭证，上奏书自己陈述。窦皇后把这些告知文帝，文帝召窦广国来，进行询问，他详细回答，看来确实是窦皇后的弟弟。又再次询问他能拿什么做应验。他回答说："姐姐离开我西去时，和我在驿站中诀别，她用乞讨的瓢勺浇沐我，又要饭来给我吃过，才离开的。"于是窦后拉着他哭泣起来，眼泪鼻涕纵横而下。奉侍在皇后左右的宫女都趴在地上抽泣，为皇后助哀。于是文帝就赐给他许多田宅金钱，并且封赏窦家和皇后同祖兄弟们，让他们在长安住下。

绛侯、灌将军等说："我们这些人要是没有死，命运就将悬在他们二人手上。这两个人出身卑贱，不可以不替他们选择师傅宾客加以教导辅佐，不然又会效法吕氏家族篡权乱政。"于是就选择年长有德、品行端正的士人

可不为择师傅宾客,又复效吕氏大事也。"[9] 于是乃选长者士之有节行者与居。窦长君、少君由此为退让君子,不敢以尊贵骄人。

和他们两人一起居住。窦长君、少君因为这样成为谦退恭让的君子,不敢以自己的尊贵地位对人骄横。

注释 1 窦长君:长君为字,名建。 2 略卖:被掠夺出卖。 3 传:辗转,转手。 宜阳:汉县名,在今河南宜阳县西。 炭:疑为石炭,即今之煤(陈直《汉书新证》)。 岸下:可能是指井下。 脱:逃脱。 4 卜:算命。 日:周寿昌曰:"窦广国之至长安得见窦后,当在文帝初;而广国之封章武侯实在景帝朝,安所云数日也?"(《汉书新注》) 5 识(zhì):记住。 常:通"尝"。 堕:落下。 符信:凭证。 6 决:通"诀",诀别。 传(zhuàn)舍:供过客暂住的公家驿站。 丐沐:丐,乞。《史记索隐》以为"沐"相当于米潘(淘米水)。颜师古《汉书》注以为丐沐是"乞沐具",即乞讨用的瓢勺之类的用具。此具既可饮食,又可浇沐。 7 持:拉,握。 8 公:指与皇后同祖。 9 县:同"悬"。 微:贫贱。 师傅:负责教导辅佐的师与傅。 大事:指企图夺取皇权。

窦皇后病,失明。文帝幸邯郸慎夫人、尹姬,皆毋子。孝文帝崩,孝景帝立,乃封广国为章武[1]侯。长君前死,封其子彭祖为南皮[2]侯。吴楚反时,窦太后从昆弟子窦婴,任侠自喜,将兵,以军功为魏其侯。[3] 窦氏凡三人为侯。

窦皇后得过一场病,之后眼睛失明。文帝宠幸的邯郸慎夫人、尹姬,都没有生儿子。孝文帝去世,孝景帝继位,就封广国为章武侯。长君在这之前已经死去,就封他的儿子彭祖为南皮侯。吴楚七国叛乱的时候,窦太后堂兄弟的儿子窦婴以仗义行侠自好,统领军队,因为立有军功而被封为魏其侯。窦氏家族共有三人被封了侯。

窦太后好黄帝、老子言[4]，帝及太子诸窦不得不读《黄帝》《老子》，尊其术。

窦太后喜好黄帝和老子的学说，皇帝和太子以及各个窦氏家族的人不得不读《黄帝》《老子》，尊崇他们的学说。

窦太后后孝景帝六岁[5]，建元六年崩，合葬霸陵。遗诏尽以东宫[6]金钱财物赐长公主嫖。

窦太后在孝景帝之后六年，即建元六年去世，和文帝合葬在霸陵。死前，她遗命把东宫全部的金钱财物赐给长公主刘嫖。

注释 1 章武：汉县名，在今河北黄骅市西南。 2 南皮：汉县名，在今河北南皮县北。 3 吴楚反：指景帝时的吴楚七国叛乱。事详《吴王濞列传》。 从昆弟：堂兄弟。 任侠：仗义行侠。 魏其：汉县名，在今山东临沂市。 4 黄帝、老子言：指黄老道家学说。 5 后孝景帝六岁：即汉武帝建元六年，公元前135年。 6 东宫：太后所居之长乐宫，在天子所居未央宫之东，故名。

王太后，槐里[1]人，母曰臧儿。臧儿者，故燕王臧荼孙也[2]。臧儿嫁为槐里王仲妻，生男曰信，与两女。而仲死，臧儿更嫁长陵田氏，生男蚡、胜。臧儿长女嫁为金王孙妇，生一女矣，而臧儿卜筮[3]之，曰两女皆当贵。因欲奇[4]两女，乃夺金氏。金氏怒，不

王太后，是槐里县人，母亲叫臧儿。臧儿，是从前燕王臧荼的孙女。臧儿嫁给槐里王仲做妻，生下了儿子王信，还生了两个女儿。王仲死了以后，臧儿改嫁给长陵县的田家，生了儿子田蚡、田胜。臧儿的长女嫁给金王孙做妻，生了一个女孩，臧儿去占卜，说是两个女儿都当显贵。因而她想倚仗这两个女儿使自己得到尊宠，就想从金王孙家把长女夺回来。金家发怒，不肯和她女儿断

肯予决，乃内之太子宫。[5]太子幸爱之，生三女一男。男方在身时，王美人梦日入其怀。以告太子，太子曰："此贵征也。"未生而孝文帝崩，孝景帝即位，王夫人生男[6]。

先是臧儿又入其少女儿姁，儿姁生四男[7]。

绝关系，就把她女儿献入太子的后宫做了美人。太子宠幸这个美人，她生下了三个女儿和一个男孩。这个男儿还怀在肚子里的时候，王美人梦见有太阳落在她的怀中。她把这事告诉太子，太子说："这是显贵的征兆。"小孩还未出生而孝文帝就去世了，孝景帝就天子之位，王夫人生下了男孩。

在这之前臧儿又把她的小女儿姁进献到宫中，儿姁生下了四个男孩。

注释 1 槐里：县名，在今陕西兴平市东南。 2 臧荼(tú)：燕地人。《项羽本纪》："燕将臧荼从楚救赵，因从入关，故立荼为燕王，都蓟。" 孙：指孙女。 3 卜筮(shì)：占卜吉凶。用龟甲称卜，用蓍草称筮。 4 奇(yǐ)：依靠，倚仗。《汉书》作"倚"。 5 决：断绝。 内：同"纳"。 太子：文帝之子刘启，后来的汉景帝。 6 男：此即后来的汉武帝刘彻。 7 儿姁：臧儿的小女儿之名。 四男：即后来的广川王刘越、胶东王刘寄、清河王刘乘、常山王刘舜。

景帝为太子时，薄太后以薄氏女为妃。及景帝立，立妃曰薄皇后。皇后毋子，毋宠。薄太后崩，废薄皇后。

景帝长男荣，其母栗姬。栗姬，齐人也。立荣

景帝做太子的时候，薄太后把薄氏家族的一个女子给他做妃。等到景帝继位，立这个妃为薄皇后。薄皇后没有生儿子，不受宠幸。薄太后去世，景帝废掉了薄皇后。

景帝的大儿子刘荣，他的母亲是栗姬。栗姬，是齐地人。景帝立荣做太子。长公主嫖有个女儿，想把此女

为太子。长公主嫖有女，欲予为妃。栗姬妒，而景帝诸美人皆因长公主见景帝，得贵幸，皆过栗姬，栗姬日怨怒，谢长公主，不许。[1]长公主欲予王夫人，王夫人许之。长公主怒，而日谗栗姬短于景帝曰："栗姬与诸贵夫人幸姬会，常使侍者祝唾其背，挟邪媚道。"[2]景帝以故望[3]之。

许给太子做妃。栗姬嫉妒，而景帝的各个美人都通过长公主见到了景帝，得到了显贵宠幸，她们都超过了栗姬，栗姬天天怨恨愤怒，就谢绝了长公主的要求，没有应允这门亲事。长公主又想把女儿许给王夫人的儿子，王夫人应允了。长公主怨恨栗姬，就天天在景帝面前讲栗姬的坏处，说："栗姬与各个贵夫人和宠幸的姬妾相会，常常让侍从的人在她们背后吐唾沫诅咒，用邪恶的、迷惑人的方术害人。"景帝从此也开始怨恨栗姬。

注释　1 美人：汉代妃嫔称号之一。　因：通过。　谢：辞谢，拒绝。2 谗：背后说人坏话。　祝(zhòu)：通"咒"，诅咒。　唾：吐唾沫。　挟(xié)：怀着。　媚道：惑迷人的方术。　3 望：怨恨。

景帝尝体不安，心不乐，属诸子为王者于栗姬，曰："百岁后，善视之。"[1]栗姬怒，不肯应，言不逊。景帝恚，心嗛之而未发也。[2]

长公主日誉王夫人男之美，景帝亦贤之，又有曩

景帝曾经身体不舒适，心中不快活，把各个做了王的儿子托付给栗姬，说："我死了以后，你好好地关照他们。"栗姬很生气，不肯应允，语言也不谦逊。景帝怨怒，心里怀恨而没有发作。

长公主天天称赞王夫人的儿子的优点，景帝也认为他贤能，又有

者所梦日符[3],计未有所定。王夫人知帝望栗姬,因怒未解,阴使人趣大臣立栗姬为皇后。[4]大行[5]奏事毕,曰:"'子以母贵,母以子贵',今太子母无号,宜立为皇后。"景帝怒曰:"是而[6]所宜言邪!"遂案[7]诛大行,而废太子为临江王。栗姬愈恚恨,不得见,以忧死。卒立王夫人为皇后,其男为太子,封皇后兄信为盖[8]侯。

往日所梦见太阳入怀的祥瑞吉兆,主意还没有定下来。王夫人知道皇帝怨恨栗姬,趁其怒气还没有消除,暗中派人催促大臣们奏请立栗姬做皇后。大行礼官奏事完毕,说:"'儿子因为母亲显贵,母亲因为儿子显贵',如今太子的母亲还没有封号,应该立她做皇后。"景帝大怒说:"这是你所应该说的吗!"就论罪诛杀了大行,并废了太子,将他改封为临江王。栗姬越加怨恨,不能再见景帝,忧郁而死。最后景帝立王夫人为皇后,她的儿子做了太子,封皇后的哥哥王信为盖侯。

注释 1 属(zhǔ):通"嘱",托付。 百岁后:死的讳称。 2 恚(huì):怨怒。 嗛(xián):怀恨。 3 曩者:以前,过去。 日符:指上文"日入其怀"的祥瑞征兆。 4 因:因间,趁机。 解:消除。 阴:暗中。 趣:催促。 5 大行:礼官。此时尚称"典容",景帝中六年始改称"大行"。 6 而:通"尔",你。 7 案:审判后定罪。 8 盖(gě):汉县名,在今山东沂水县西北。

景帝崩,太子袭号为皇帝。尊皇太后母臧儿为平原君。封田蚡为武安侯,胜为周阳侯。

景帝十三男,一男为帝,十二男皆为王。[1]而儿

景帝去世,太子承袭称号为皇帝。尊皇太后的母亲臧儿为平原君。封田蚡为武安侯,田胜为周阳侯。

景帝有十三个儿子,一个儿子做了皇帝,其余十二个儿子都封了王。而儿姁早已去世,她的

姁早卒，其四子皆为王。王太后长女号曰平阳公主，次为南宫公主，次为林虑公主。

盖侯信好酒。田蚡、胜贪，巧于文辞。王仲蚤死，葬槐里，追尊为共侯，置园邑二百家。及平原君卒，从田氏葬长陵，置园比共侯园。而王太后后孝景帝十六岁，以元朔四年崩，合葬阳陵。王太后家凡三人为侯。

卫皇后字子夫，生微[2]矣。盖其家号曰卫氏，出平阳侯邑。[3]子夫为平阳主讴者。[4]武帝初即位，数岁无子。平阳主求诸良家子女十余人，饰置家。武帝祓霸上还，因过平阳主。[5]主见所侍美人，上弗说。既饮，讴者进，上望见，独说[6]卫子夫。是日，武帝起更衣，子夫侍尚

四个儿子都封了王。王太后的长女封号为平阳公主，次女为南宫公主，三女为林虑公主。

盖侯王信喜好饮酒。田蚡、田胜贪婪，善于花言巧语。王仲很早就死去了，安葬在槐里，追加尊称为恭侯，为他设置了二百户人家的园邑。等到平原君去世，跟田氏合葬在长陵，设置的园邑大小和共侯的园邑是一样的。而王太后在孝景帝去世后十六年，即元朔四年去世，与景帝合葬于阳陵。王太后家有三人被封了侯。

卫皇后字子夫，出身很卑贱。她家自称为卫氏，卫子夫在平阳侯的封地长大。卫子夫是平阳公主家中的歌姬。武帝继位之初，好几年没有儿子。平阳公主找来十几个良家女子，加以打扮放在家中。武帝到霸上举行祓祭以后回来，顺路看望平阳公主。平阳公主请出十几个美人来侍奉，皇上没有一个喜欢的。待饮过了酒，歌姬上来表演，皇上望见她们，只喜欢其中的卫子夫。这一日，武帝起身去上厕所，子夫在更衣车中侍奉，得到宠幸。皇上返回后，非常高兴，赏赐给平阳公主黄金

衣轩[7]中,得幸。上还坐,欢甚,赐平阳主金千斤。主因奏子夫奉送入宫。子夫上车,平阳主拊[8]其背曰:"行矣,强饭,勉之!即贵,无相忘。"入宫岁余,竟不复幸。武帝择宫人不中用者,斥出归之。卫子夫得见,涕泣请出。上怜之,复幸,遂有身[9],尊宠日隆。召其兄卫长君、弟青为侍中[10]。而子夫后大幸,有宠,凡生三女一男。男名据[11]。

千斤。平阳公主趁机上奏把卫子夫送进皇宫。子夫上车的时候,平阳公主抚摸着她的背说:"去吧,好好吃饭,努力吧!如果显贵了,不要忘记我们。"她进入宫中一年多,竟没有得到再次宠幸。武帝选择不中用的宫女,打发她们回原来的地方去。卫子夫得以见到武帝,哭泣着请求出宫。皇上怜爱她,再次宠幸她,结果她怀了孕,尊贵宠幸一日比一日隆盛。武帝召她的哥哥卫长君、弟弟卫青来做侍中。而卫子夫后来大获宠幸,倍受宠爱,总共生了三个女儿和一个儿子。儿子名叫刘据。

注释 **1** 十三男:当作"十四男"。 十二男:当作"十三男"。详见《五宗世家》。 **2** 微:卑贱。 **3** 卫氏:卫青父郑季在平阳侯曹寿家为吏,和侯妾卫媪私通生了青,因而假冒姓卫。子夫为卫青的姐姐。 平阳侯:汉初曹参封平阳侯,后世五代袭封。其曾孙曹时(此篇作"曹寿")尚平阳公主。 **4** 平阳主:即上文王太后之长女,武帝姊,其夫曹寿为平阳侯,故称平阳公主。 讴(ōu)者:歌姬。 **5** 祓(fú):为消灾求福举行的祭祀仪式。 过:顺路看望。 **6** 说:通"悦",喜欢,高兴。 **7** 尚衣轩:主管皇帝衣裳之车。尚,主管。轩,车。 **8** 拊(fǔ):抚摸。 **9** 有身:怀孕。 **10** 侍中:官名。侍从皇帝,出入宫廷。 **11** 据:即以后的戾太子。

初，上为太子时，娶长公主女为妃。立为帝，妃立为皇后，姓陈氏[1]，无子。上之得为嗣，大长公主有力焉，以故陈皇后骄贵。[2]闻卫子夫大幸，恚，几死者数矣。上愈怒。陈皇后挟妇人媚道，其事颇觉，于是废陈皇后[3]，而立卫子夫为皇后。

当初，皇上做太子的时候，娶了长公主嫖的女儿为妃。他继位做了皇帝，太子妃就被立为皇后，她姓陈，没有生儿子。皇上能成为皇位继承人，大长公主嫖在这方面是出了力的，由此陈皇后又尊贵又骄横。她听说卫子夫大受宠幸，心中怨怒，有好多次几乎都要气死了。皇上就更加生气。陈皇后施用妇人的惑人邪道，其事被发觉，武帝于是废掉了陈皇后，而立卫子夫为皇后。

注释　1 姓陈氏：文帝之女嫖，为景帝之姐，称长公主，嫁与堂邑侯陈婴之孙陈午，生陈后。　2 嗣：继承人。　大长公主：皇帝之女称公主，皇帝之姊妹称长公主，皇帝之姑称大长公主。嫖于武帝为姑，故称。
3 废陈皇后：陈皇后让女子楚服等祭巫鬼诅咒他人，元光五年（前130）被发觉后，牵连被诛杀的有三百多人，楚服被斩首，陈后被废居长门宫。

陈皇后母大长公主，景帝姊也，数让武帝姊平阳公主曰："帝非我不得立，已而弃捐吾女，壹何不自喜而倍本乎！"[1]平阳公主曰："用[2]无子故废耳。"陈皇后求子，与医钱凡九千万，然竟无子。

陈皇后的母亲大长公主，是景帝的姐姐，多次指责武帝的姐姐平阳公主说："皇帝没有我不能继位，随后又废掉了我的女儿，怎么这样不自重而忘恩负义呢！"平阳公主说："因为她没有生儿子，所以被废掉了。"陈皇后想尽办法求生儿子，给医生的钱总计有九千万之多，然而最终她还是没能生儿子。

卫子夫已立为皇后，先是卫长君死，乃以卫青为将军，击胡有功，封为长平侯。[3] 青三子在襁褓中，皆封为列侯。[4] 及卫皇后所谓姊卫少儿，少儿生子霍去病，以军功封冠军侯，号骠骑将军。[5] 青号大将军。立卫皇后子据为太子。卫氏枝属[6]以军功起家，五人为侯。

卫子夫已被立为皇后，先是卫长君死去，于是武帝任卫青为将军，卫青出击匈奴有功劳，被封为长平侯。卫青的三个儿子还在婴儿被子里包着，就都被封了列侯。至于卫皇后所称是她姐姐的卫少儿，少儿生的儿子霍去病，因为有军功被封为冠军侯，称号是骠骑将军。卫青的称号是大将军。武帝立卫皇后的儿子据做太子。卫氏的亲族因为军功起家，有五人被封了侯。

注释 1 让：指责。弃捐：此指废除皇后地位。捐，舍弃。喜：爱。倍：通“背”。 2 用：因为，由于。 3 胡：此指匈奴。长平：汉县名，在今河南西华县东北。 4 襁褓：亦作“襁保”，背负或包裹婴儿所用的被子。列侯：即秦二十级爵中的最高级，原称彻侯，避武帝讳改称通侯，汉沿用。 5 及：至于。冠军：汉县名，在今河南邓州市西北。 6 枝属：亲族。

及卫后色衰，赵之王夫人幸，有子，为齐王[1]。

王夫人蚤卒。而中山李夫人有宠，有男一人，为昌邑王[2]。

李夫人蚤卒，其兄李

等到卫皇后容貌衰老，赵地的王夫人受宠幸，生有儿子，当了齐王。

王夫人早逝。而中山的李夫人受宠，生了一个儿子，当了昌邑王。

李夫人早逝，她哥哥李延年因为擅长音乐受到宠幸，称号是协律。协律这个官职，就是以前的歌舞艺

延年以音幸，号协律[3]。协律者，故倡[4]也。兄弟皆坐奸，族。[5]是时其长兄广利为贰师将军，伐大宛，不及诛，还，而上既夷李氏，后怜其家，乃封为海西侯。[6]

人。李延年兄弟都因为奸淫被判罪，全族受诛灭。这时李夫人的长兄广利是贰师将军，领军征伐大宛，没有被连及诛杀，出征回来，而皇上已经族灭李氏家族，后来怜惜他这一家，就封他为海西侯。

他姬子二人为燕王、广陵王[7]。其母无宠，以忧死。

其他姬妾的儿子有两人分别做了燕王、广陵王。他们的母亲不受宠幸，因忧愁而死。

及李夫人卒，则有尹婕妤之属，更有宠。[8]然皆以倡见，非王侯有土之士女，不可以配人主也。[9]

等到李夫人去世，就有尹婕妤等一类姬妾，更替受到宠幸。然而她们都是由于做歌舞艺人才能见到武帝，不是王侯有封土人家的女子，是不可以和皇帝匹配的。

注释 1 齐王：即齐怀王，名闳。 2 昌邑王：即昌邑哀王，名髆(bó)，后其子贺袭爵为王。昌邑，汉山阳郡治所在地。 3 协律：官名，掌管音乐。李延年事，又见《佞幸列传》。 4 倡：歌舞艺人。 5 坐奸：因奸淫被判罪。 族：灭族。 6 贰师将军：汉武帝李夫人长兄李广利。贰师，大宛(yuān)国城名。李广利率军至贰师城取善马，故号“贰师将军”。 海西侯：《大宛列传》：“天子为万里而伐宛，不录过，封广利为海西侯。”故封侯非为“后怜其家”。《史记正义》：“汉武帝令李广利征大宛，国近西海，故号海西侯也。” 7 燕王：名旦，李姬所生。 广陵王：即广陵厉王，名胥，李姬所生。 8 婕妤(jié yú)：帝王妃嫔的称号。 更：交替。 9 土：封地。 配：匹配。

褚先生曰：臣为郎时，问习汉家故事者钟离生。[1]曰：王太后在民间时所生子女者，父为金王孙。王孙已死，景帝崩后，武帝已立，王太后独在。而韩王孙名嫣，素得幸武帝，承间白言太后有女在长陵也。[2]武帝曰："何不蚤言！"乃使使往先视之，在其家。武帝乃自往迎取之。跸道，先驱旄骑出横城门，乘舆驰至长陵。[3]当小市西入里，里门闭，暴开门，乘舆直入此里，通至金氏门外止，使武骑围其宅，为其亡走，身自往取不得也。[4]即使左右群臣入呼求之。家人惊恐，女亡匿内中床下。扶持出门，令拜谒[5]。武帝下车泣曰："嚄[6]！大姊，何藏之深也！"诏副车载之，回车驰还，而直入

褚先生说：我任郎官的时候，询问过熟习汉家旧事的人钟离生。他告诉我说：王太后在民间时所生的一个女儿，父亲是金王孙。王孙已经死去，景帝去世后，武帝已经继位，王太后还活着。而韩王信的曾孙叫嫣的，向来受到武帝宠幸，趁机告诉武帝太后还有个女儿住在长陵。武帝说："何不早说呢！"就派遣使者前往先行探视，看到那个女子在家。武帝就亲自前往迎接她。出行前禁行人清道路，先派旄头骑出横城门，随后武帝的专用车驾驰至长陵。正对小街市往西进入里巷，里门关闭着，用强力打开里门，武帝的专车直接进入这个里巷，通到金氏家门外面停下来，派武装骑兵包围了她家住宅，怕的是她会逃跑，武帝亲自去而见不到她。武帝随即派左右的群臣进宅呼叫寻找。这家人惊慌恐惧，女儿隐藏在内房的床底下。扶持她出了门，让她拜见皇帝。武帝下车哭泣着说："哎呀！大姐，怎么隐藏得这么深呀！"下令随从用副车载着她，掉转车头奔驰返回，就直接进入长乐宫。行进中就诏令准备宫门的引人和出入名册，要直通进去谒见太后。太后说："皇

长乐宫。[7]行诏门著引籍[8]，通到谒太后。太后曰："帝倦矣，何从来？"帝曰："今者至长陵得臣姊，与俱来。"顾曰："谒太后！"太后曰："女某邪？"曰："是也。"太后为下泣，女亦伏地泣。武帝奉酒前为寿，奉钱千万，奴婢三百人，公田百顷，甲第[9]，以赐姊。太后谢曰："为帝费焉。"于是召平阳主、南宫主、林虑主三人俱来谒见姊，因号曰修成君。有子男一人，女一人。男号为修成子仲，女为诸侯王王后[10]。此二子非刘氏，以故太后怜之。修成子仲骄恣，陵折吏民，皆患苦之。[11]

帝疲倦了，从哪里来的？"皇帝说："刚才到长陵得到了我一个姐姐，带着她一起来了。"回过头对姐姐说："拜见太后！"太后说："你是我那个女儿吗？"回答说："是呀！"太后因此流下眼泪哭泣，女儿也趴在地下哭泣起来。武帝捧着酒前来祝贺，赐给姐姐一千万钱，奴婢三百人，一百顷公田，上等的宅第。太后感谢说："让皇上破费了。"于是召平阳公主、南宫公主、林虑公主三人一起来拜见姐姐，并封她为修成君。她有一儿一女。男的称号为修成子仲，女的后来做了诸侯王的王后。这两个人并非出自刘氏，所以太后怜爱他们。修成子仲后来骄横放纵，凌辱欺压官吏百姓，人们为此忧虑苦恼。

注释　**1** 褚先生：名少孙，汉元帝、成帝时博士，《史记》补缺者之一。　郎：皇帝侍从官的统称。　故事：旧事。　**2** 韩王孙：《佞幸列传》云："今天子中宠臣，士人则韩王孙嫣，宦者则李延年。嫣者，弓高侯孽孙也。"按：弓高侯，即韩王信之子颓当。　承间：趁机。承，通"乘"。　**3** 跸道：帝王出行时禁行人，清道路。　旄骑（qí，旧读 jì）：即旄头骑，古代军队中担任前驱的骑兵。　横（guāng）城门：长安北面西头门。横桥（即渭桥）的对门，故名。　乘舆：此指皇帝所用的专车。　**4** 小市：小街市。　里：里巷。

古二十五家为里。　暴:强力。　5 拜谒:拜见。　6 嚄(huò):失声惊愕貌。　7 副车:皇帝的侍从车辆。　长乐宫:太后所居之宫。　8 行:行进中。　门:宫门。　引籍:引人和门籍。引人即门使,引人出入宫门;门籍即出入宫门人员的名册,凭名册引人出入。　9 甲第:最好的住宅。甲,甲等,上等。第,住宅。　10 王后:《史记集解》引徐广曰:"嫁为淮南王安太子妃也。"　11 恣:放纵。　陵折:折辱欺凌。陵,欺侮。

卫子夫立为皇后,后弟卫青字仲卿,以大将军封为长平侯。四子,长子伉为侯世子,侯世子常[1]侍中,贵幸。其三弟皆封为侯,各千三百户,一曰阴安侯,二曰发干侯,三曰宜春侯,贵震天下。[2]天下歌之曰:"生男无喜,生女无怒,独不见卫子夫霸天下!"

是时平阳主寡居,当用列侯尚[3]主。主与左右议长安中列侯可为夫者,皆言大将军可。主笑曰:"此出吾家,常使令骑从我出入耳,柰何用为夫乎?"左右侍御者曰:"今大将军姊为皇后,三子为侯,富

卫子夫立为皇后,皇后的弟弟卫青字仲卿,因为大将军的身份被封为长平侯。卫青有四个儿子,长子伉是准备继承爵位的世子,他曾经担任过宫中的皇帝侍从,地位尊贵并受宠幸。他的三个弟弟都封了侯,各有封地一千三百户,一个为阴安侯,一个为发干侯,一个为宜春侯,贵宠震动天下。天下人唱歌谣说:"生了男儿无须高兴,生了女儿无须发怒,看那卫子夫,荣华富贵天下第一!"

这时平阳公主离婚独居于长安,要找个列侯娶他做妻。公主和左右侍从议论在长安的列侯有哪个可以做她的丈夫,都说大将军卫青合适。公主笑着说:"这个人出身在我家,曾经让他骑着马随我出入,怎么可以让他做丈夫呢?"左右侍御的人说:"如今大将军的姐姐是皇

贵振动天下,主何以易[4]之乎?"于是主乃许之。言之皇后,令白之武帝,乃诏[5]卫将军尚平阳公主焉。

后,他的三个儿子封了侯,富贵震动天下,公主为什么还轻视他呢?"于是公主才同意了。她告诉皇后,让皇后告知武帝,武帝于是下诏让卫将军娶了平阳公主。

注释　1 侯世子:诸侯王的嫡长子。　常:通"尝"。　2 阴安侯:名不疑。阴安,汉侯国名。　发干侯:名登。发干,汉县名。　宜春侯:名伉。宜春,汉县名。　3 尚:娶公主为妻。　4 易:轻视。　5 诏:《史记正义》引《汉书》云:"平阳曹寿有恶疾,就国,乃诏青尚平阳公主。"

褚先生曰:丈夫龙变。传曰:"蛇化为龙,不变其文;家化为国,不变其姓。"丈夫当时富贵,百恶灭除,光耀荣华,贫贱之时何足累之哉!

褚先生说:大丈夫可以像龙一样变化。书传上说:"蛇变化成龙后,不改变身上的花纹;家变化成国后,不改变自己的姓氏。"大丈夫当其富贵了,什么污点都抹除了,光彩照耀异常荣华,贫贱时期的事情怎么能够牵累他呢!

武帝时,幸夫人尹婕妤。邢夫人号娙娥[1],众人谓之"娙何"。娙何秩比中二千石,容华秩比二千石,婕妤秩比列侯。[2]常从,婕妤迁为皇后。

武帝时候,宠幸夫人尹婕妤。邢夫人的官号是娙娥,大家都称这种女官叫"娙何"。娙何的爵秩相当于中二千石,容华的爵秩相当于二千石,婕妤的爵秩相当于列侯。若经常随从皇帝,婕妤可以迁升为皇后。

尹夫人与邢夫人同时并幸,有诏不得相见。尹

尹夫人和邢夫人同时被宠幸,皇帝下了诏书两人不得直接见

夫人自请武帝,愿望见邢夫人,帝许之。即令他夫人饰,从御者数十人,为[3]邢夫人来前。尹夫人前见之,曰:"此非邢夫人身[4]也。"帝曰:"何以言之?"对曰:"视其身貌形状,不足以当[5]人主矣。"于是帝乃诏使邢夫人衣故衣,独身来前。尹夫人望见之,曰:"此真是也。"于是乃低头俯[6]而泣,自痛其不如也。谚曰:"美女入室,恶女之仇。"

褚先生曰:浴不必江海,要之去垢;马不必骐骥,要之善走;士不必贤世,要之知道;女不必贵种,要之贞好。[7]传曰:"女无美恶,入室见妒;士无贤不肖,入朝见嫉。"[8]美女者,恶女之仇。岂不然哉!

面。尹夫人请求武帝,希望见见邢夫人,皇帝应允了。武帝随即让其他的夫人加以打扮,带着几十个侍女,伪装成邢夫人来到她面前。尹夫人上前瞧了一眼,说:"这不是邢夫人本身。"皇帝说:"为何这么说?"尹夫人回答说:"看她的身貌形状,不足以匹配皇上。"于是皇帝就诏令让邢夫人穿上原来的衣服,独身一人来到她面前。尹夫人看见了,说:"这是真的。"于是就低下了头屈着身哭泣起来,感伤自己不如邢夫人。谚语说:"美女进了屋,就成了丑女的仇人。"

褚先生说:洗澡不必去江海,只要能除去污垢;马匹不必都是骐骥,只要能善于奔跑;士人不必都能胜过别人,只要能懂得大道;女子不必都是出身高贵,只要能贞洁美好。书传上面说:"女子不论美丑,一进门就被人妒忌;士人不管贤否,一入朝就被嫉恨。"美女,就是丑女的仇人。难道不是这样吗?

注释 1 娙(xíng)娥:意为身长而貌美。 2 "娙何秩比中(zhòng)二千石"句:秩,爵位俸禄。比,视,相当。中,满。中二千石,月俸各百八十斛,岁二千一百六十斛,相当于秦爵的十九级关内侯。容华视真二千石,月俸得一百五十斛,岁一千八百斛,相当于秦爵第十六级大上造。婕妤视上卿,相当于秦爵二十级的列侯,是最高级。《汉书·外戚传序》:"汉兴,因秦之称号,帝母称皇太后,祖母称太皇太后,適称皇后,妾皆称夫人。又有美人、良人、八子、七子、长使、少使之号焉。至武帝制倢伃、娙娥、傛华、充依,各有爵位,而元帝加昭仪之号,凡十四等云。昭仪位视丞相,爵比诸侯王。倢伃视上卿,比列侯。娙娥视中二千石,比关内侯。傛华视真二千石,比大上造。美人视二千石,比少上造。八子视千石,比中更。充依视千石,比左更。七子视八百石,比右庶长。良人视八百石,比左庶长。长使视六百石,比五大夫。少使视四百石,比公乘。五官视三百石。顺常视二百石。无涓、共和、娱灵、保林、良使、夜者皆视百石。上家人子、中家人子视有秩斗食云。五官以下,葬司马门外。" **3** 为:装作,假装。**4** 身:自身,本人。 **5** 当:匹配。 **6** 俯:屈身。 **7** 要:总,总之。 贤世:胜过世人。贤,胜。 贵种:出身高贵。 **8** 按:此语亦见于邹阳《狱中所上梁孝王书》及《扁鹊仓公列传》。 不肖:不贤。

鉤弋夫人[1]姓赵氏,河间人也。得幸武帝,生子一人,昭帝是也。武帝年七十[2],乃生昭帝。昭帝立时,年五岁[3]耳。

卫太子[4]废后,未复立太子。而燕王旦上书,愿归国入宿卫。[5]武帝怒,立斩其使者于北阙[6]。

鉤弋夫人姓赵,是河间地区的人。她受到武帝宠幸,生了一个儿子,就是昭帝。武帝七十岁时,才生的昭帝。昭帝继位的时候,年纪只有五岁。

卫太子被废黜以后,没有再立太子。燕王旦上书,愿意回到京都进入宫中担任值宿保卫。武帝发怒,立刻在北门城阙斩杀了他的使者。

注释 1 鉤弋夫人:《史记索隐》:"《汉书》云'武帝过河间,望气者言此有奇女,天子亟使使召之。女两手皆拳,上自披之,手即时伸。由是得幸,号曰拳夫人'。后居鉤弋宫,号曰鉤弋夫人。" 2 年七十:据《汉书·外戚传》,武帝太始三年(前94)生昭帝,时武帝当为六十三岁。 3 五岁:昭帝于公元前86年继位,时年八岁,非"五岁"。 4 卫太子:刘据。因"巫蛊之祸"被废。事详《汉书·武帝纪》及《江充传》。 5 燕王旦:武帝第三子。时太子兵败自杀,次子齐王闳早死,旦以"入宿卫"为名,意欲为太子。 国:京都。 入:进宫。 宿卫:值宿护卫。 6 阙:宫殿前两边的门楼。

上居甘泉宫,召画工图画周公负[1]成王也。于是左右群臣知武帝意欲立少子也。后数日,帝谴责鉤弋夫人。夫人脱簪珥[2]叩头。帝曰:"引持去,送掖庭狱[3]!"夫人还顾,帝曰:"趣行,女不得活!"夫人死云阳宫。时暴风扬尘,百姓感伤。使者夜持棺往葬之,封识其处[4]。

其后帝闲居,问左右曰:"人言云何?"左右对曰:"人言且立其子,何去其母乎?"帝曰:"然。是

皇上住在甘泉宫,召画工来把周公背着成王的事画成图。于是左右的群臣知道武帝的意思是想扶立其最小的儿子。其后几日,皇帝谴责鉤弋夫人。夫人脱下发簪和耳饰叩头。皇帝说:"把她拉出去,送进掖庭狱中!"夫人回过头来望着他,皇帝说:"赶快走,你不能活下来!"夫人就死在云阳宫。当时刮暴风扬起灰尘,百姓们感伤不已。使者夜晚抬着棺材将她安葬了,筑好坟做上标志。

之后某日皇帝空闲无事,询问左右侍奉的人说:"人们议论些什么?"左右的人回答说:"人们议论将要立她的儿子做太子,为什么要处死他母亲呢?"皇帝说:"对。这

非儿曹[5]愚人所知也。往古国家所以乱也,由主少母壮也。女主独居骄蹇[6],淫乱自恣,莫能禁也。女不闻吕后邪?"故诸为武帝生子者,无男女,其母无不谴死,岂可谓非贤圣哉!昭然远见,为后世计虑,固非浅闻愚儒之所及也。谥为"武",岂虚哉!

当中的道理不是孩儿辈和愚蠢的人所知道的。从前国家变乱的原因,就是由于君主年幼而母亲正壮年的缘故。女主独居傲慢,淫乱放纵,没有谁能禁止。你们没有听说过吕后的事吗?"所以每个替武帝生了孩子的,不论生的是男是女,他们的母亲没有不被处死的,难道能说武帝不是贤圣吗?具有长远识见,替后世深思熟虑,本来就不是只有浅陋见解的愚昧儒生所能企及的。他的谥号称为"武",难道是虚妄的吗?

注释 1 负:背。 2 珥(ěr):耳饰。 3 掖庭狱:原名永巷,是宫廷中囚禁妃嫔宫女之处,后又设狱,故名。 4 封:筑坟。 识(zhì):通"帜",做标志。 5 儿曹:孩儿辈,晚辈。曹,辈。 6 骄蹇(jiǎn):傲慢,不顺从。

史记卷五十

楚元王世家第二十

原文

楚元王刘交者，高祖之同母少弟也，字游。[1]

高祖兄弟四人，长兄伯，伯蚤卒。始高祖微时，尝辟事，时时与宾客过巨嫂食。[2]嫂厌叔，叔与客来，嫂详为羹尽，栎釜，宾客以故去。[3]已而视釜中尚有羹，高祖由此怨其嫂。及高祖为帝，封昆弟[4]，而伯子独不得封。太上皇以为言，高祖曰："某非忘封之也，为其母不长者耳。"[5]于是乃封其子信为羹颉侯[6]。而王次兄仲于代。

译文

楚元王刘交，是高祖同母所生的小弟弟，字游。

高祖有兄弟四人，长兄名伯，伯早已去世。当初高祖卑贱时，曾经为了躲避职事，常常和客人们来大嫂家吃饭。大嫂讨厌小叔，小叔子再带客人来，大嫂假装汤汁都吃尽了，把锅边敲得很响，客人因此就离去了。随后高祖看见锅里面还有汤汁，因此埋怨他的大嫂。等到高祖做了皇帝，分封各个兄弟，而唯独刘伯的儿子没有受封。太上皇为这事来说情，高祖说："我不是忘记了要封他，而是因为他的母亲不是一个厚道人。"于是高祖这才封刘伯的儿子刘信为羹颉侯。而封他的二哥刘仲做代王。

高祖六年，已禽楚王韩信于陈，乃以弟交为楚王，都彭城。[7]即位二十三年卒，子夷王郢[8]立。夷王四年卒，子王戊立。

高祖六年，在陈地擒住了韩信后，就封小弟弟刘交做楚王，国都在彭城。刘交在位二十三年去世，儿子夷王郢继位。夷王在位四年去世，儿子王戊继位。

注释　1 楚：汉封国名，都彭城，在今江苏徐州市。　同母：《史记索隐》按《汉书》作“同父”。言同父者，以明异母也。　2 辟事：躲避职事。辟，通“僻”。　巨嫂：长嫂。　3 详：通“佯”，假装。　羹：汤汁。　栎(lì，又读 láo)：敲击，搏击。此谓用勺刮锅也，使出声。　釜：锅。　4 昆弟：兄弟。5 太上皇：皇帝的父亲。此即指刘邦之父。　长者：此指厚道的人。6 羹颉(jiá)侯：爵号名，非指县邑。高祖七年封，封十三年，高后元年，有罪，削爵一级，为关内侯。颉，击打。羹颉，佯为羹尽击锅之意。刘邦怨其嫂，故封此号。又，羹颉，亦为山名，在今河北怀来县东南。　7 高祖六年：公元前 201 年。　禽：通“擒”。　8 郢(yǐng)：《汉书》作“郢客”。

王戊立二十年，冬，坐为薄太后服私奸，削东海郡。[1]春，戊与吴王合谋反，其相张尚、太傅赵夷吾谏，不听。戊则杀尚、夷吾，起兵与吴西攻梁，破棘壁。至昌邑南，与汉将周亚夫战。汉绝吴、楚粮道，士卒饥，吴王走，楚

王戊在位二十年，冬天，因为在替薄太后服丧期间私自在服舍与婢女通奸而被治罪，被削掉了东海郡。次年春天，戊和吴王联合图谋反叛，他的国相张尚、太傅赵夷吾一起劝阻他，他不听从。刘戊就杀了张尚、赵夷吾，起兵和吴国往西进攻梁国，攻破了棘壁。到了昌邑县南边，和朝廷的将领周亚夫开战。汉军断绝了吴楚的运粮通道，吴楚士卒饥饿，吴王

王戊自杀，军遂降汉。

汉已平吴楚，孝景帝欲以德侯[2]子续吴，以元王子礼续楚。窦太后曰："吴王，老人也，宜为宗室顺善。今乃首率七国，纷乱天下，柰何续其后！"[3]不许吴，许立楚后。是时礼为汉宗正[4]。乃拜礼为楚王，奉[5]元王宗庙，是为楚文王。

文王立三年卒，子安王道立。安王二十二年卒，子襄王注立。襄王立十四年卒，子王纯代立。王纯立，地节二年，中人上书告楚王谋反，王自杀，国除，入汉为彭城郡。[6]

逃跑，楚王刘戊自杀，吴楚军就向朝廷投降了。

汉朝平定吴楚之乱后，孝景帝想让德侯的儿子继承吴王之位，让元王的儿子继承楚王之位。窦太后说："吴王，是老一辈的人，应该在宗室中做个榜样。如今竟带头率领七国造反，搞得天下纷乱，为什么要封立他的后代！"不允许吴国有后人继位，允许楚国有后人继位。这时刘礼在做朝廷的宗正。孝景帝就封刘礼做楚王，供奉元王的宗庙祭祀，这就是楚文王。

文王在位三年去世，儿子安王道继位。安王在位二十二年去世，儿子襄王注继位。襄王在位十四年去世，儿子王纯继位。王纯继位后，地节二年，宫人上书告发楚王谋反，王纯自杀，封国被废除，封地归入朝廷设为彭城郡。

注释　1 坐：因……而被治罪。　薄太后：高祖之姬，文帝之母。　服：服丧。　私奸：私自在服舍与婢女通奸。　削东海郡：《汉书》作"削东海、薛郡"。东海郡，治所郯县。薛郡，治所鲁县。　2 德侯：刘广。代王刘仲之子，吴王濞之弟。　3 顺：遵从。　善：善道。　首：首倡，带头。　4 宗正：九卿之一，掌管皇族事务。　5 奉：供奉，祭祀。　6 地节二年：公元前 68 年。地节，汉宣帝年号。此时已在司马迁《史记》断限之外，其事当为后人续补。　中人：即宫人。《汉书·楚元王传》言纯子延寿嗣位，因谋反为王后母弟的父亲赵延年所告自杀，此言为中人告王反，有误。

赵王刘遂者，其父高祖中子，名友，谥曰“幽”。[1]幽王以忧死，故为“幽”。高后王吕禄于赵[2]，一岁而高后崩。大臣诛诸吕[3]吕禄等，乃立幽王子遂为赵王。

孝文帝即位二年，立遂弟辟彊[4]，取赵之河间郡为河间王，是为文王。立十三年卒，子哀王福立。一年卒，无子，绝后，国除，入于汉。

遂既王赵二十六年，孝景帝时坐晁错以適削赵王常山之郡[5]。吴楚反，赵王遂与合谋起兵。其相建德、内史王悍谏，不听。遂烧杀建德、王悍，发兵屯[6]其西界，欲待吴与俱西。北使匈奴，与连和[7]攻汉。汉使曲周侯郦寄击之。赵王遂还，城守邯郸，相距七月，吴

赵王刘遂，他的父亲是高祖的排行居中的一个儿子，名友，谥号叫“幽”。幽王是因为忧愁而死的，所以称作“幽”。高后把吕禄封在赵国做王，一年后高后就去世了。大臣们诛灭了吕氏家族的吕禄等人，就立幽王的儿子遂为赵王。

孝文帝即位二年，从赵国划出河间郡，立刘遂的弟弟辟彊为河间王，这就是文王。文王在位十三年去世，儿子哀王福继位。哀王继位一年去世，没有儿子，断了后代，封国废除，封地归还朝廷。

遂被封为赵王二十六年，孝景帝的时候因罪过被晁错惩办削掉了赵王的常山郡。吴楚反叛，赵王遂和他们联合图谋起兵。他的相国建德、内史王悍谏阻，他不听从。赵王遂就烧死了建德、王悍，发兵屯集在国土的西界，想等着吴国和他一道往西进发。又派使者北至匈奴，和匈奴联合进攻汉朝。朝廷派曲周侯郦寄进击他。赵王就回

楚败于梁,不能西。匈奴闻之,亦止,不肯入汉边。栾布自破齐还,乃并兵引水灌赵城。赵城坏,赵王自杀,邯郸遂降。赵幽王绝后。

兵,据守邯郸城,双方对抗七个月,吴楚的军队在梁地被打败,不能往西进军。匈奴听说了,也停止出兵,不肯进入汉朝边界。栾布打败齐国回来,就整合兵力引水淹灌赵都邯郸城。邯郸城被毁,赵王自杀,邯郸于是投降。赵幽王断了后代。

注释 1 其父高祖中子,名友:高祖有八子,吕后生惠帝,曹夫人生齐悼惠王肥,薄姬生文帝,戚夫人生赵隐王如意,赵姬生淮南厉王长,诸姬生赵幽王友、赵共王恢、燕灵王建。 2 高后:高帝皇后,即吕后。详见《吕太后本纪》。 吕禄:吕后次兄吕释之之次子,吕后封他为赵王。 3 诸吕:各位吕氏家族的亲属人物。 4 彊:“强”的异体字,作为人名读 jiāng。 5 晁错:景帝时著名政治家,主张加强中央集权。事详《袁盎晁错列传》。 適(zhé):通“谪”,罪罚,处罚。 常山之郡:即常山郡,治所元氏。 6 屯:屯集。 7 连和:相结约和,联合。

太史公曰:国之将兴,必有祯祥[1],君子用而小人退。国之将亡,贤人隐,乱臣贵。使楚王戊毋刑申公,遵其言,赵任防与先生,岂有篡杀之谋,为天下僇哉?[2]贤人乎,贤人乎!非质有其内[3],恶

太史公说:国家将要兴盛,必定会有吉祥的征兆,那就是君子被任用,小人被屏退。国家将要灭亡,贤能的人会隐居起来,乱臣就会显贵。假使楚王戊不对申公施刑,听从他的意见,假使赵王任用防与先生,那么难道还会有篡位弑主的图谋,最终使他们被天下人所诛杀吗?贤人呀,贤人呀!如果国君不具有美好品德,怎

能用之哉？甚矣，"安危在出令，存亡在所任"，诚哉是言也！

么能任用贤人呢？实在太重要了，"国家的安危在于政令，国家的存亡在于用人"，这话真是太正确了！

注释 1 祯祥：吉兆。祯，吉祥。 2 申公：名培，鲁人。与楚夷王刘郢客同受《诗》，令傅夷王太子戊，戊不好学，恨申公。及戊为王，与吴通谋，申公与白生谏，不听，使二人联锁而服役。见《儒林列传》。 防与先生：赵人防与公。《史记索隐》此及《汉书》虽不见赵不用防与公，盖当时犹知事迹，或别有所见，故太史公明引以结其赞。 僇：通"戮"，杀。 3 质：美好品德。 内：内心，内在。

史记卷五十一

荆燕世家第二十一

原文

荆王刘贾者，诸刘，不知其何属初起时。[1] 汉王元年，还定三秦，刘贾为将军，定塞地，从东击项籍。[2]

汉四年，汉王之败成皋，北渡河，得张耳、韩信军，军修武，深沟高垒，使刘贾将二万人，骑数百，渡白马津入楚地，烧其积聚，以破其业，无以给项王军食。[3] 已而楚兵击刘贾，贾辄壁不肯与战，而与彭越相保。[4]

译文

荆王刘贾，是刘氏家族中的一员，不知他初时起事属于哪一支。汉王元年，从汉中回来平定三秦，这时刘贾是位将军，负责平定了塞地，随后跟从汉王往东进击项籍。

汉王四年，汉王在成皋失败，向北渡过黄河，夺得了由张耳、韩信统率的军队，驻扎在修武，挖了深沟，筑起高营垒，派刘贾率领步兵两万人，骑兵数百，渡过白马津进入项羽地盘，烧毁楚国积聚的军用物资，来破坏他的战时供应，使项王不能供给军队所需粮食。随即楚兵攻击刘贾，刘贾总是坚筑营垒不肯和他们交战，并和彭越联系互相支援。

注释 1 荆：古代楚国的别称，以其始建国于荆山（今湖北南漳县西）

一带。刘贾为荆王,都于吴。 不知其何属:《汉书》或别有所见,说刘贾乃“高帝从父兄”。从父兄弟,即父之兄弟之子,今或称为叔伯兄弟。 初起时:有以为属下读,即“初起时,汉王元年”。然《汉书》则读为“高帝从父兄也,不知其初起时”。若“初起时”属下,则“高帝从父兄也,不知其”为不成句,故属上读较妥。意为不知道他初起时的情况。 **2** 汉王元年:公元前 206 年。 三秦:即关中。秦都咸阳,以关中为中心。项羽分封,关中立雍、塞、翟三王,故称三秦。 塞地:项羽所立司马欣为塞王之地,即咸阳以东至黄河包括桃林之塞一带,都栎阳,在今陕西省西安市高陵区东北。 **3** 张耳、韩信:时二人受刘邦派出,领兵在黄河以北地区下魏、破代、虏赵、服燕,张自封为赵王,驻军修武。详见《淮阴侯列传》。 白马津:黄河渡口,在今河南滑县东北。 **4** 辄(zhé):总是。 壁:指坚守营垒。 彭越:昌邑人,秦末起义首领之一。时领军在黄河南游动作战,出击项羽,断其粮食。汉初封异姓王,彭越为梁王。事详《魏豹彭越列传》。 相保:互相倚仗。

汉五年,汉王追项籍至固陵,使刘贾南渡淮围寿春。[1] 还至,使人间招楚大司马周殷。[2] 周殷反楚,佐刘贾举[3]九江,迎武王黥布兵,皆会垓下,共击项籍[3]。汉王因使刘贾将九江兵,与太尉卢绾西南击临江王共尉[4]。共尉已死,以临江为南郡[5]。

汉王五年,汉王追击项籍到达固陵,派刘贾南渡淮河包围寿春。刘贾迅速到达,派人找机会招降楚王大司马周殷。周殷反叛楚王,佐助刘贾攻占了九江郡,迎来了武王黥布的军队,他们都聚到垓下,共同进击项籍。之后,汉王趁机派刘贾率领九江郡的军队,和太尉卢绾往西南去进击临江王共尉。共尉死后,临江国被改为南郡。

注释 **1** 固陵:秦县名,在今河南太康县南。 寿春:秦九江郡治,在今安徽寿州。 2 还(xuán):同“旋”,立刻,迅速。 间招:间隙,空子,机会。 大司马:官名。掌军政军赋。 3 举:攻占。 4 共(gòng)尉:袭父封为临江王。其父共敖,秦末以义帝柱国击南郡功多,项羽分封,立其为临江王,都江陵。 5 南郡:秦置,治所江陵(即今湖北荆州市荆州区)。项羽将南郡改为临江国,封共敖。共尉死,汉复以为南郡。

汉六年春,会诸侯于陈,废楚王信[1],因之,分其地为二国。当是时也,高祖子幼,昆弟少,又不贤,欲王同姓以镇天下,乃诏曰:“将军刘贾有功,及择子弟可以为王者。”[2]群臣皆曰:立刘贾为荆王,王淮东五十二城;高祖弟交为楚王,王淮西三十六城。[3]因立子肥[4]为齐王。始王昆弟刘氏也。

高祖十一年秋,淮南王黥布反,东击荆。荆王贾与战,不胜,走富陵[5],为布军所杀。高祖自击破布。十二年,立沛侯刘濞为吴王,王故荆地。

汉王六年春天,在陈县会合诸侯,废掉了楚王韩信,把他拘囚起来,将楚国的封地分成两个国家。正当这个时候,高祖因其儿子幼小,兄弟也少,又不贤能,就想分封同姓来镇抚天下,于是下诏说:“将军刘贾有战功,应该被封为王,同时也要选择刘氏子弟中可以封王的,分封他们。”群臣都说:立刘贾做荆王,统辖淮水东岸的五十二座城邑;立高祖的弟弟刘交做楚王,统辖淮水以西三十六座城邑。借机也立高祖之子刘肥做齐王。至此开始分封刘氏宗亲。

高祖十一年秋天,淮南王黥布反叛,往东进击荆地。荆王刘贾与他交战,没能取胜,逃到富陵,被黥布的军队所杀。高祖自己领兵,攻击打败了黥布。十二年,立沛侯刘濞做吴王,统辖原来的荆王封地。

注释 1 楚王信:韩信楚汉相争中先被封为齐王,后徙楚王,因谋反罪名被废为淮阴侯,旋被诛族。 2 昆弟:兄弟。 镇:镇抚。 3 淮东:指淮河今安徽段以东以南一带地区。 淮西:指淮河今河南新蔡县至安徽阜阳市、宿州市以西以北一带地区。 4 肥:刘邦长庶男。详见下篇《齐悼惠王世家》。 5 富陵:汉县名,在今江苏淮安市洪泽区西北,已淹入洪泽湖。

燕王刘泽者,诸刘远属[1]也。高帝三年,泽为郎中。高帝十一年,泽以将军击陈豨,得王黄,为营陵侯。

高后时,齐人田生游乏资,以画干营陵侯泽。[2]泽大说之,用金二百斤为田生寿。[3]田生已得金,即归齐。二年,泽使人谓田生曰:"弗与矣。"田生如长安,不见泽,而假大宅,令其子求事吕后所幸大谒者张子卿。[4]居数月,田生子请张卿临,亲修具。[5]张卿许往。田生盛帷帐共具,譬如列侯。[6]张卿惊。酒酣,乃屏人说张卿曰:"臣观诸侯王邸弟百余,皆高祖一切功臣。[7]今

燕王刘泽,是刘氏家族中的远房宗亲。高帝三年,刘泽任郎中。高帝十一年,刘泽以将军的身份出击陈豨,俘获了王黄,被封为营陵侯。

高后在位的时候,齐地人田生出游缺乏资金,来求见营陵侯刘泽,请刘泽为他出谋划策。刘泽听了非常高兴,拿出二百斤黄金给田生做寿礼。田生得到黄金以后,随即回到齐国。第二年,刘泽派人对田生说:"别再和我交往了。"田生来到长安,不去见刘泽,而是借了一栋大宅安身,让自己的儿子去请求侍奉吕后所宠幸的大谒者张子卿。过了几个月,田生的儿子去请张子卿光临他的住宅,他亲自备办酒席。张子卿答应前往。田生把住处帷帐供奉器具都办得非常豪华,就像列侯之家一样。张子卿很

吕氏雅故本推毂高帝就天下[8]，功至大，又亲戚太后之重。太后春秋长，诸吕弱，太后欲立吕产为吕王，王代。[9]太后又重发之[10]，恐大臣不听。今卿最幸，大臣所敬，何不风大臣以闻太后[11]，太后必喜。诸吕已王，万户侯[12]亦卿之有。太后心欲之，而卿为内臣[13]，不急发，恐祸及身矣。"张卿大然之，乃风大臣语太后。太后朝，因问大臣。大臣请立吕产[14]为吕王。太后赐张卿千斤金，张卿以其半与田生。田生弗受，因说之曰："吕产王也，诸大臣未大服。今营陵侯泽，诸刘，为大将军，独此尚觖望[15]。今卿言太后，列十余县王之，彼得王，喜去，诸吕王益固矣。"张卿入言，

惊讶。酒酣之除，他屏退左右侍从劝告张子卿说："我观察到诸侯王的宅府有一百多座，一律都是高祖时期的功臣。如今的吕氏家族一向是诚心佐助高帝成就天下的，功劳非常之大，又有位高权贵的吕太后。太后年事已高，吕氏家族的人力量弱，太后想立吕产做王，将代国封给他。太后又难以把此事说出来，担心大臣们不听从。如今您最受宠幸，大臣们都敬重您，您何不把这个意思暗示给大臣们，让他们将此上达太后，太后必定会欢喜。吕氏家族的人做了王以后，您也会得到一个万户侯的。太后心里想这么做，而您作为一个宫内的臣子，不赶紧提出来，恐怕祸难会降到您身上。"张子卿认为他说的非常对，就暗示大臣们去禀报太后。太后上朝，借机询问大臣们的意见。大臣们请求立吕产做吕王。太后赏赐给张子卿千斤黄金，张子卿分出一半给田生。田生不接受，趁机劝告他说："吕产做了王，大臣们都还没有完全心服。如今营陵侯刘泽，是刘氏家族的一员，任大将军，只有此人很不满。如今您去向太后进言，划出相近的十几个县封他为王，那刘泽被封了王，自会欢喜而去，吕氏家族的

太后然之。乃以营陵侯刘泽为琅邪王。琅邪王乃与田生之国。田生劝泽急行毋留。出关，太后果使人追止之，已出，即还。	人的地位就会更加稳固了。”张子卿入宫进言，太后认为有道理。太后就封营陵侯刘泽做琅邪王。琅邪王就和田生前往封国。田生劝刘泽迅速行进，不要滞留。一出函谷关，太后果然派人来追，让他们停止前进，因他们已经出关，追赶的人只好回去了。

注释 1 远属：远房宗亲。《汉书·荆燕吴传》说是“高祖从祖昆弟”。2 田生：《楚汉春秋》名田子春。 画：谋划。一说为图画。 干：求。3 说：通“悦”。 寿：寿礼，以颂寿之名赠人金帛。 4 假：借。 幸：宠幸。 大谒者：官名，掌宾赞之事。其长为谒者仆射，亦称大谒者，比千石。 张子卿：亦称张卿。名泽，宦官。 5 临：光临。 修具：备办酒肴。6 盛：华美。 共具：摆设的酒食器具。共，通“供”。 列侯：汉袭秦爵之二十级，即彻侯、通侯。 7 邸弟：宅府，住所。弟，通“第”。《汉书》正作“邸第”。 一切：一例，一律。《史记索隐》：“此一切犹一例，同时也，非如他一切训权时也。” 8 雅故：一向诚心。雅，平素，一向。 推毂(gǔ)：推动，协助。毂，车轮轴，代指车子前进。 就：成就。 9 春秋长：年老，年事高。 吕产：吕后长兄之次子。 10 重：难。 发：表达，说出来。11 风(fěng)：通“讽”，含蓄地暗示或劝说。 闻：达，即将下情达于君上。12 万户侯：封一万户，属封侯中最高的。 13 内臣：宫内之臣。宦官为内臣，朝臣为外臣。 14 吕产：《史记志疑》以为此及上文之二“吕产”均当作“吕禄”。时为高后七年，产已于六年为吕王，不待是时议立。按：吕禄，吕后次兄之次子。 15 觖(jué)望：不满，抱怨。

及太后崩，琅邪王泽乃曰：“帝少，诸吕用事[1]，	等到太后去世，琅邪王刘泽就说：“皇帝年小，吕氏家族的人掌管

刘氏孤弱。”乃引兵与齐王合谋西，欲诛诸吕。至梁，闻汉遣灌将军屯荥阳，泽还兵备西界，遂跳驱至长安。[2]代王[3]亦从代至。诸将相与琅邪王共立代王为天子。天子乃徙泽为燕王，乃复以琅邪予齐，复故地[4]。

泽王燕二年，薨，谥为敬王。传子嘉，为康王。

至孙定国，与父康王姬奸，生子男一人。夺弟妻为姬。与子女三人奸。定国有所欲诛杀臣肥如令郢人，郢人等告定国，定国使谒者以他法劾捕格杀郢人以灭口[5]。至元朔元年，郢人昆弟复上书具言定国阴事，以此发觉。[6]诏下公卿，皆议曰：“定国禽兽行，乱人伦，逆天，当诛。”上许之。定国自杀，国除为郡。

朝政，刘氏家族的人员孤弱无力。”就带领军队和齐王联合谋划向西开进，想诛灭吕氏家族的人。到了梁地，听说朝廷派遣的灌将军屯驻在荥阳，刘泽撤兵在封国的西界上防备着，于是独自驱车奔驰到长安。代王也从代地到达。诸将相和琅邪王一起共同拥立代王做了天子。天子就把刘泽改封为燕王，把琅邪国的土地再次给予齐国，恢复齐国原有的土地。

刘泽为燕王二年后去世，谥号为敬王。他传位给儿子刘嘉，刘嘉为康王。

等到刘泽的孙子刘定国当权，刘定国和父亲康王的姬妾通奸，生了一个男孩。刘定国把弟弟的妻子夺过来做姬妾。还和自己的三个女儿通奸。刘定国有一个他想要诛杀掉的臣子是肥如的县令名叫郢人，郢人等要告发定国，定国派谒者用别的办法加罪逮捕并击杀了郢人以灭口。到了元朔元年，郢人的兄弟再次呈上奏书详细揭发了定国的一些见不得人的事，朝廷这才发觉。天子下诏给公卿，大家议论说：“定国的行为如同禽兽，败坏了人伦，违背天理，应当诛杀。”皇上应允了。定国自杀，封国被废除，改为郡县。

注释 1 用事:掌握朝廷大权。 2 灌将军:汉初名将灌婴。 跳驱:疾速奔驰。按:上文"与齐王合谋"及此"跳驱",与下篇《齐悼惠王世家》异,当从下篇。 3 代王:指刘恒。 4 复故地:琅邪本齐地,分以王刘泽,现在重新归还给齐国。 5 劾(hé):揭发罪状。 格杀:击杀。格,击打。 6 元朔元年:公元前128年。元朔,武帝年号。 阴事:不可告人的事。

太史公曰:荆王王也,由汉初定,天下未集,故刘贾虽属疏,然以策为王,填江淮之间。[1]刘泽之王,权激吕氏,然刘泽卒南面称孤者三世。[2]事发相重,岂不为伟乎![3]

太史公说:荆王受封,是由于汉家刚刚掌握朝政,天下没有完全安定,所以刘贾虽然是刘邦的远亲,但是因战功而被封为王,镇抚着长江、淮水一带的地区。刘泽的封王,是由于用权谋激发了吕氏家族才达到目的的,刘泽及其后代最终南面称王传国三代。刘泽因田生之力而受封琅邪王,又因拥立文帝而被封燕王,他借助外力和时机而成就王业,这难道不是很伟大吗?

注释 1 集:安定。 策:古代帝王对臣下封王、授爵。 填:通"镇"。 2 权激:权谋激发。权,权谋变化;与"经"所指根本原则相对而言,"经"不可变。 南面:王者面朝南而坐,故"南面"代称王者。 孤:王者自称之词。 3 发:兴起。 重:倚重。指倚重田生、借助反吕而成就王业。 伟:伟大、超卓。

史记卷五十二

齐悼惠王世家第二十二

原文

齐悼惠王刘肥者，高祖长庶男[1]也。其母外妇[2]也，曰曹氏。高祖六年，立肥为齐王，食七十城，诸民能齐言者皆予齐王。[3]

齐王，孝惠帝兄也。孝惠帝二年[4]，齐王入朝。惠帝与齐王燕饮，亢礼如家人。[5]吕太后怒，且诛齐王。齐王惧不得脱，乃用其内史勋计，献城阳郡，以为鲁元公主汤沐邑。[6]吕太后喜，乃得辞就国[7]。

悼惠王即位十三年，以惠帝六年卒。子襄立，是为哀王。

译文

齐悼惠王刘肥，是高祖的长庶男。他母亲是高祖的外遇之妇，叫曹氏。高祖六年，立刘肥为齐王，有七十座城的食邑，各地民众会齐国方言的都归给齐王。

齐王，是孝惠帝的兄长。孝惠帝二年，齐王进京朝拜。惠帝和齐王闲居饮宴，平等相处像普通人家的兄弟一样。吕太后大怒，将要诛杀齐王。齐王害怕不能脱身，就用内史勋的计谋，献出城阳郡作为鲁元公主的汤沐邑。吕太后知道后很高兴，齐王才得以告辞归国。

悼惠王在位十三年，在惠帝六年去世。儿子刘襄继位，这就是哀王。

注释 1 长庶男:非正妻所生而年龄最大的儿子。 2 外妇:非正式婚配而外遇之情妇。 3 高祖六年:公元前201年。 食:食邑,即封地。 齐言:齐地方言。 4 孝惠帝二年:公元前193年。惠帝,刘盈,在位七年。 5 燕饮:闲居时聚饮,非以君臣礼相待的正式宴会。燕,通“宴”。 亢礼:行平等之礼。亢,通“抗”“伉”,匹敌,相当。 6 内史:官名。诸侯国内所置之内史,掌民政。 勋:人名。 城阳郡:时属齐之封地,治所莒县,在今山东莒县。 鲁元公主:吕太后之女,惠帝之姊。 汤沐邑:汉时指公主之私邑,意为收取赋税以供汤沐之用。 7 就国:回到封国就王位,指继续做王。

哀王元年,孝惠帝崩,吕太后称制[1],天下事皆决于高后。二年,高后立其兄子郦[2]侯吕台为吕王,割齐之济南郡为吕王奉邑。

哀王三年,其弟章入宿卫于汉,吕太后封为朱虚侯,以吕禄女妻之。[3]后四年,封章弟兴居为东牟[4]侯,皆宿卫长安中。

哀王八年[5],高后割齐琅邪郡,立营陵侯刘泽为琅邪王。

其明年,赵王友入朝,幽死于邸。[6]三赵王[7]皆废。

哀王元年,孝惠帝去世,吕太后代行皇帝权力,天下的大事都由高后决断。二年,高后立她长兄的儿子郦侯吕台为吕王,划割出齐国的济南郡作为吕王的奉邑。

哀王三年,哀王的弟弟刘章进入汉宫值宿警卫,吕太后封刘章为朱虚侯,把吕禄的女儿嫁给他为妻。四年后,封刘章的弟弟刘兴居为东牟侯,他们两人都在长安城中值宿警卫。

哀王八年,高后割出齐国的琅邪郡,立营陵侯刘泽做琅邪王。

第二年,赵王刘友进京朝拜,在他的府邸被幽禁而死。三位赵王都被废掉了。高后立吕氏家族

高后立诸吕为三王，擅权用事。[8]

的人为燕王、赵王、梁王，独揽大权，专断朝政。

注释 1 称制：代行皇帝权力。制，皇帝的诏命。 2 郦（zhí，亦音fū）：汉县名，在今河南南阳市北。《汉书》作“鄜（fū）”，汉县名，在今陕西富县。《史记志疑》以为作“鄜”，是。吕后以此县封吕台（tāi）为侯。 3 入宿卫：进宫值宿警卫。 吕禄：吕后次兄之次子。 4 东牟：汉县名，属东莱郡，在今山东牟平县。 5 哀王八年：当为公元前181年，为高后七年。 6 赵王友：刘邦第六子，诸姬所生，名友。 幽死：幽禁中因忧愁而死，故称“幽王”。 邸：诸侯王在长安的宅府。 7 三赵王：即刘邦第四子，戚夫人所生之赵王如意；赵幽王友；刘邦第七子，诸姬所生之赵共王恢。 8 三王：吕后时封其长兄之子吕台长男吕通为燕王，封其次兄之次子吕禄为赵王，封其长兄之次子吕产为梁王。 擅权：专权。擅，专。

朱虚侯年二十，有气力，忿[1]刘氏不得职。尝入侍高后燕饮，高后令朱虚侯刘章为酒吏[2]。章自请曰：“臣，将种也，请得以军法行酒。”[3]高后曰：“可。”酒酣，章进饮歌舞。[4]已而曰：“请为太后言耕田歌。”高后儿子畜之，笑曰：“顾而父知田耳。若生而为王子，安知田乎？”[5]章曰：“臣知之。”太

朱虚侯刘章刚刚二十岁，很有气力，对刘氏家族不能得到要职忿恨不平。曾经进宫侍奉高后宴饮，高后让朱虚侯刘章担任酒令官。刘章请求说：“我，是武将的后代，请求能够按照军法施行酒令。”高后说：“可以。”酒兴正浓，刘章进上供饮酒时欣赏的歌舞。紧接着他说：“请让我为太后唱耕田的歌。”高后一直把他当儿子一样养育，笑着说：“想来你父亲是知道种田的。你生下来就是王子，

后曰："试为我言田。"章曰："深耕穊[6]种，立苗欲疏；非其种者，锄而去之。"吕后默然。顷之，诸吕有一人醉，亡酒，章追，拔剑斩之而还，报曰："有亡酒一人，臣谨行法斩之。[7]"太后左右皆大惊。业[8]已许其军法，无以罪也。因罢。自是之后，诸吕惮[9]朱虚侯，虽大臣皆依朱虚侯，刘氏益强。

其明年[10]，高后崩。赵王吕禄为上将军，吕王产为相国，皆居长安中，聚兵以威大臣，欲为乱。[11]朱虚侯章以吕禄女为妇，知其谋，乃使人阴出告其兄齐王，欲令发兵西，朱虚侯、东牟侯为内应，以诛诸吕，因立齐王为帝。[12]

怎么会知道耕田呢？"刘章说："我知道。"太后说："给我唱唱耕田歌试试。"刘章说："耕地要深，下种要密，选定苗株却要疏壮；对于不是同种的苗，应该及时将它锄掉。"吕后听了默默不语。过了一会儿，吕氏家族的人中有一人喝醉了，为避酒就逃走了，刘章追上去，拔出剑斩杀了他而后返回，报告说："有一个人为避酒逃走了，我谨按军法把他斩了。"太后的左右侍从都大惊失色。太后既已答应了他按军法行酒令，也就无法来治他的罪。这样就散席了。从此以后，吕氏家族的人都害怕朱虚侯，大臣也都依附朱虚侯，刘氏家族因此稍微强大了一些。

第二年，高后去世。赵王吕禄做了上将军，吕王吕产做了相国，二人都居住在长安城中，聚集兵力来威胁大臣，想要进行变乱。朱虚侯刘章因为娶了吕禄的女儿做妻子，知道他们的谋划，就派人暗中出京去告诉他的哥哥齐王，想让他发兵西进，朱虚侯、东牟侯做内应，来诛杀吕氏家族的人，乘机立齐王做皇帝。

注释　1 忿：同"愤"，忿怨，忿恨。　2 酒吏：饮酒时设立的酒令官，负责调节宴会进程并处理违例事件。 3 将种:武将的后代。 行酒:即为行酒令。 4 酣:酒兴正浓。 进饮歌舞:进上供饮酒时欣赏的歌舞。《汉书》此句无“饮”字。 5 畜(xù):养育。 顾:念,想来。 而:你。下文“若”,亦指“你”。 6 穊(jì):稠密。 7 亡酒:避酒而逃走。 谨:谦敬副词。 8 业:既。 9 惮(dàn):畏惧,害怕。 10 其明年:指高后八年,公元前180年。 11 吕王产:产于吕后七年二月已徙为梁王,后又更名“梁”为“吕”,故仍称吕王。 威:威胁,威逼。 12 阴:暗中。 西:西诣京师。 因:趁机。

齐王既闻此计,乃与其舅父驷钧、郎中令祝午、中尉魏勃阴谋发兵。[1]齐相召平闻之,乃发卒卫王宫。[2]魏勃绐召平曰:“王欲发兵,非有汉虎符验也。[3]而相君围王,固善。勃请为君将兵卫[4]卫王。”召平信之,乃使魏勃将兵围王宫。勃既将兵,使围相府。召平曰:“嗟乎!道家之言‘当断不断,反受其乱’[5],乃是也。”遂自杀。于是齐王以驷钧为相,魏勃为将军,祝午为内史,悉发国中兵。使祝午东诈琅邪王曰:“吕氏作

齐王听到这个计策以后,就和他的舅父驷钧、郎中令祝午、中尉魏勃暗中图谋发兵。齐相召平听说了,就发动士卒包围王宫。魏勃哄骗召平说:“齐王想发兵,并没有汉朝廷的虎符作验证。而您包围齐王,这本来就是好事。魏勃请求替您率领护卫的兵众保卫齐王。”召平相信了他,就让魏勃领兵包围王宫。魏勃领兵之后,派兵包围了相府。召平说:“哎呀!道家说过‘当决断不决断,反而会受祸乱’,这回是应验了。”就自杀而死。于是齐王任驷钧为相,魏勃为将军,祝午为内史,发动国中的全部兵力。派祝午往东欺诈琅邪王说:“吕氏家族发动变乱,齐王发兵想西进诛灭他们。齐王自认为是晚辈,年纪小,不熟习战

乱，齐王发兵欲西诛之。齐王自以儿子，年少，不习兵革之事，愿举国委大王。[6] 大王自高帝将[7] 也，习战事。齐王不敢离兵，使臣请大王幸之临菑见齐王计事，并将齐兵以西平关中之乱。”琅邪王信之，以为然，乃驰见齐王。齐王与魏勃等因留琅邪王，而使祝午尽发琅邪国而并将其兵。

争方面的事，愿意把整个国家交托给大王。大王在高帝时就已经为将，熟习战事。齐王不敢离开军队，派我来请您到临菑会见齐王一起商议大事，并且统领齐兵西进平定关中的变乱。”琅邪王相信了他，认为有道理，就快马加鞭去会见齐王。齐王和魏勃等趁机留住了琅邪王，而派祝午调拨琅邪国全部的人力、物力，并统领其军队。

注释　1 郎中令:此指诸侯王国中掌守宫殿门户的高级官职。　中尉:官名，诸侯王国掌国都治安的最高军职。　2 召(shào)平:与广陵人召平、东陵侯召平不是一人。其子召奴以父功封黎侯。　3 虎符:古代调兵遣将的信物。铜质虎形，君王与将帅各持一半，两半相合，方可发兵。　验:验证。此即使者持君王手中的一半来与将帅手中的一半相验，验证调遣、发兵有效。　4 将兵卫:率领护卫的兵众。　5 当断不断，反受其乱:《史记会注考证》引沈钦韩曰:“《春申君传赞》引之，《后汉书·儒林传》引作《黄石公三略》。”　6 儿子:对长辈的自称，意即晚辈。刘泽是齐王刘襄的祖辈，故祝午如是说。　兵革:指战争。　7 将:指已经为将。

琅邪王刘泽既见欺[1]，不得反国，乃说齐王曰:“齐悼惠王，高皇帝长子，推本言之，而大王高皇帝適[2] 长

琅邪王刘泽受骗以后，不能回国，就劝告齐王说:“齐悼惠王，是高皇帝的长子，从本质上说，大王就是高皇帝的嫡长孙，应当继位。如今各位大臣迟疑不决，而

孙也，当立。今诸大臣狐疑未有所定，而泽于刘氏最为长年，大臣固待泽决计。[3]今大王留臣无为[4]也，不如使我入关计事。”齐王以为然，乃益具车送琅邪王。

琅邪王既行，齐遂举兵西攻吕国之济南。于是齐哀王遗诸侯王书曰：“高帝平定天下，王诸子弟，悼惠王于齐。悼惠王薨，惠帝使留侯张良立臣为齐王。惠帝崩，高后用事，春秋高，听诸吕擅废高帝所立，又杀三赵王，灭梁、燕、赵以王诸吕，分齐国为四。[5]忠臣进谏，上[6]惑乱不听。今高后崩，皇帝春秋富，未能治天下，固恃大臣诸侯。[7]今诸吕又擅自尊官，聚兵严威，劫列侯忠臣，矫制以令天下，宗庙所以危。[8]今寡人率兵入诛不当为王者。”

汉闻齐发兵而西，相国

我刘泽在刘氏家族中最年长，大臣们都等着同我商议定夺。如今大王留住我是没有什么用处的，不如让我进关去计议大事。”齐王认为他说得对，就准备车辆隆重地送琅邪王到长安去了。

琅邪王出发后，齐国就发兵往西进攻吕国的济南。这时齐哀王送给诸侯王一封信说：“高皇帝平定了天下，封各个子弟为王，把悼惠王封在齐国。悼惠王去世，惠帝派留侯张良立我做齐王。惠帝去世，高后掌握朝政，她年纪大了，听任吕氏家族的人擅自废掉高皇帝所封的王，又杀害了三位赵王，灭掉了梁、燕、赵三国而把吕氏家族的人封在这里做王，还把齐国分成了四个部分。忠臣进献谏言，吕后迷惑昏乱不听从。如今高后去世了，皇帝年纪小，还不能治理天下，本应当依靠大臣和诸侯。如今吕氏家族的人又擅自担任高官，聚集军队耀武扬威，胁迫列侯忠臣，假传皇帝诏命来对天下发号施令，汉家朝廷因此非常危急。如今我要领兵进京去诛杀那些不当做王的人。”

吕产乃遣大将军灌婴东击之。灌婴至荥阳，乃谋曰：“诸吕将兵居关中，欲危刘氏而自立。我今破齐还报，是益吕氏资也[9]。”乃留兵屯荥阳，使使喻[10]齐王及诸侯，与连和，以待吕氏之变而共诛之。齐王闻之，乃西取其故济南郡，亦屯兵于齐西界以待约。

汉朝廷听说齐国发兵往西，相国吕产就派大将军灌婴向东去迎击。灌婴到了荥阳，心里盘算道：“吕氏家族的人统兵驻扎在关中，想危害刘氏家族而自立为帝。我如今打败齐国回去报告，这就是增加了吕氏家族的本钱。”他于是把军队停下来屯驻在荥阳，派出使者去通知齐王及诸侯，想和他们联合，等吕氏家族发动叛乱时共同去诛伐他们。齐王听说了，就在西边夺取了原属齐国的济南郡，也把军队屯驻在齐国的西界以等待履行盟约。

吕禄、吕产欲作乱关中，朱虚侯与太尉勃、丞相平等诛之。朱虚侯首先斩吕产，于是太尉勃等乃得尽诛诸吕。而琅邪王亦从齐至长安。

吕禄、吕产想在关中发动变乱，朱虚侯和太尉周勃、丞相陈平等诛杀了他们。朱虚侯首先斩杀了吕产，于是太尉周勃等才得以全部诛杀掉吕氏家族的人。而琅邪王也从齐国到达了长安。

注释 1 见欺：被欺骗。 2 適：通“嫡”，正妻所生之子。 3 狐疑：迟疑不决。 长年：年长。 4 无为：没有用处。 5 用事：掌握朝政。 听：听任。 灭梁、燕、赵：梁王恢、刘邦第八子燕灵王建、梁王恢后徙之赵（三赵王之一）。 分齐国为四：割济南即封吕台为吕王，割琅邪郡封刘泽为琅邪王，献城阳郡给鲁元公主做汤沐邑，加上齐国本身，共为四。 6 上：指吕后。 7 春秋富：指年纪小。 恃：依靠。 8 尊官：尊贵而任高官。 劫：胁逼。 矫制：假传皇帝诏命。 宗庙：此代指朝廷、国家。

9 益:增加。 资:本钱。 10 喻(yù):晓喻,告诉。

大臣议欲立齐王,而琅邪王及大臣曰:“齐王母家驷钧,恶戾,虎而冠者也。[1]方以吕氏故几乱天下[2],今又立齐王,是欲复为吕氏也。代王母家薄氏,君子长者;且代王又亲高帝子,于今见在,且最为长。[3]以子则顺,以善人则大臣安。”于是大臣乃谋迎立代王,而遣朱虚侯以诛吕氏事告齐王,令罢兵。

大臣们计议让齐王继位,但琅邪王和大臣们说:“齐王的舅舅驷钧,狠毒暴戾,就像一只穿戴了衣帽的老虎。刚因吕氏家族几乎引起天下大乱,如今又让齐王继位,这就等于再造一个吕氏家族。代王的母亲家薄氏,如君子一样宽厚仁慈有德行;而且代王又是高帝现存儿子中年龄最大的。立最长的儿子为帝,名正言顺;立一个善良的人,大臣也相对安全。”于是大臣们就谋划迎代王继皇帝位,派遣朱虚侯把诛灭吕氏家族的事告知齐王,让他罢兵。

灌婴在荥阳,闻魏勃本教齐王反,既诛吕氏,罢齐兵,使使召责问魏勃。勃曰:“失火之家,岂暇先言大人[4]而后救火乎!”因退立,股战而栗[5],恐不能言者,终无他语。灌将军熟视笑曰:“人谓魏勃勇,妄庸人耳,何能为乎!”[6]乃罢[7]魏勃。魏勃父以善鼓

灌婴驻扎在荥阳,听说最初是魏勃教唆齐王反叛,待诛灭了吕氏家族后,就让齐国撤了兵,派出使者召魏勃来进行责问。魏勃说:“失了火的人家,难道还有工夫先去报告长辈才去救火吗?”说完退下去站在一边,两条大腿发抖,害怕得像不能说话的人,终究没有说出其他的话来。灌将军仔细瞧着他笑起来说:“别人说魏勃勇敢,在我看来他只不过是个平庸凡劣的人,哪能有什么

琴见秦皇帝。及魏勃少时，欲求见齐相曹参，家贫无以自通，乃常独早夜埽齐相舍人门外[8]。相舍人怪之，以为物，而伺之，得勃。[9]勃曰："愿见相君，无因，故为子埽，欲以求见。"于是舍人见勃曹参[10]，因以为舍人。一为参御，言事，参以为贤，言之齐悼惠王。[11]悼惠王召见，则拜为内史。始，悼惠王得自置二千石[12]。及悼惠王卒而哀王立，勃用事，重于齐相。

王既罢兵归，而代王来立，是为孝文帝。

作为！"就不加罪于魏勃而免了他的职。魏勃的父亲凭借擅长弹琴而见过秦朝皇帝。等到魏勃长成少年时，想求见齐相曹参，因为家中贫穷拿不出钱财去疏通关系，就常常早晚独自一人到齐相舍人的大门外去清扫。齐相舍人觉得很奇怪，认为是什么怪物干的，就暗中观察，发现了魏勃这个人。魏勃说："希望见到相君，没有门路，所以来替您清扫，想用这个办法得到求见的机会。"于是舍人引魏勃见曹参，曹参因而让他做了舍人。一次他给曹参驾车，谈论起政事，曹参认为他贤能，把他推荐给齐悼惠王。悼惠王召见他，就任用他做内史。起初，悼惠王可以自己任命二千石等级的官职。等到悼惠王去世而哀王继位，魏勃主掌政事，权力比齐相还要大。

齐王已经罢兵回国，代王来到京城继位，这就是孝文帝。

注释　1 恶戾：狠毒暴戾。　虎而冠：似老虎戴了帽子。　2 方：表示时间，相当于"刚刚""才"。　几：几乎。　3 长者：宽厚仁慈有德行。　见在：现存，尚存。　4 大人：长辈，位高者。　5 股：大腿。　战而栗：发抖，恐惧。　6 熟视：仔细瞧看。　妄庸人：谓平庸凡劣之人。　7 罢：指不加罪而予以免职。　8 埽：同"扫"。　舍人：亲近的属官。　9 物：怪物。　伺：暗中观察。　10 见勃曹参：谓引魏勃见曹参。　11 御：驾车。 言之：推荐给。 12 二千石：指郡守和相当于郡守一级的官职。

孝文帝元年[1]，尽以高后时所割齐之城阳、琅邪、济南郡复与齐，而徙琅邪王王燕，益封朱虚侯、东牟侯各二千户。

是岁，齐哀王卒，太子侧立，是为文王。

齐文王元年，汉以齐之城阳郡立朱虚侯为城阳王，以齐济北郡立东牟侯为济北王。

二年，济北王反[2]，汉诛杀之，地入于汉。

后二年，孝文帝尽封齐悼惠王子罢军等七人皆为列侯。[3]

齐文王立十四年卒，无子，国除，地入于汉。

后一岁，孝文帝以所封悼惠王子分齐为王，齐孝王将闾以悼惠王子杨虚侯为齐王。故齐别郡尽以王悼惠王

孝文帝元年，把高后时候所划割出来的齐国的城阳、琅邪、济南三个郡的土地全部重新归还齐国，而把琅邪王迁到燕地去做王，给朱虚侯、东牟侯各增封了二千户。

这一年，齐哀王去世，太子侧继位，这就是文王。

齐文王元年，朝廷划出齐国的城阳郡封朱虚侯刘章为城阳王，划出齐国的济北郡封东牟侯刘兴居为济北王。

二年，济北王反叛，朝廷把他诛杀了，其封地被收归朝廷。

又过了两年，孝文帝把齐悼惠王的儿子罢军等十个人全都封为列侯。

齐文王继位十四年去世，没有儿子，封国被废除，封地被收归朝廷。

一年后，孝文帝让之前被封为列侯的悼惠王的儿子们分割齐国，封立他们为王，封悼惠王的儿子原杨虚侯刘将闾为齐王，这就是齐孝王。将原来齐国所

子:子志为济北王,子辟光为济南王,子贤为菑川王,子印为胶西王,子雄渠为胶东王,与城阳、齐凡七王。[4]

辖的其他郡分封给悼惠王的其他儿子:儿子刘志做济北王,儿子辟光做济南王,儿子贤做菑川王,儿子印做胶西王,儿子雄渠做胶东王,加上城阳王、齐王共计七位王。

注释 1 孝文帝元年:公元前179年。 2 济北王反:以诛诸吕,大臣许以赵地王(wàng)刘章,以梁地王刘兴居。文帝立,知道二人曾想立齐王,故黜其功而王于城阳、济北。二年文帝亲至太原击匈奴,刘兴居反,汉使柴武击破之(时刘章已去世)。 3 罢(pí)军:人名。 七人:当为"十人"。据《汉书·王子侯表》,文帝四年五月甲寅同日封齐悼惠王子十人为侯:管恭侯罢军、氏丘恭侯宁国、营平侯信都、杨丘恭侯安、杨虚侯将闾、朸(lì)侯辟光、安都侯志、平昌侯卬、武城侯贤、白石侯雄渠。 列侯:秦爵最高级第二十级之彻侯。避武帝讳,改称"通侯"。 4 王悼惠王子:在文帝十六年(前164)四月丙寅日封。 城阳:时为王者是刘章之子共王喜。

齐孝王十一年,吴王濞、楚王戊反,兴兵西,告诸侯曰"将诛汉贼臣晁错以安宗庙"。胶西、胶东、菑川、济南皆擅发兵应吴楚。[1]欲与齐,齐孝王狐疑,城守,不听,三国兵共围齐。[2]齐王使路中大夫[3]告于天子。天子复令路中

齐孝王十一年,吴王刘濞、楚王刘戊反叛,起兵西进,传告诸侯说"将要诛杀汉朝的贼臣晁错来安定国家"。胶西王、胶东王、菑川王、济南王都擅自发兵响应吴王、楚王。他们想拉齐国一起行动,齐孝王迟疑不决,驻城防守,不听从他们,胶西、菑川、济南三国的军队共同包围了齐国。齐王派路卬中大夫去向天子禀报。天子诏令路卬中大夫回去

大夫还告齐王:“善坚守,吾兵今破吴楚矣。”路中大夫至,三国兵围临菑数重,无从入。三国将劫与路中大夫盟,曰:“若反言汉已破矣,齐趣下三国,不且见屠。”[4]路中大夫既许之,至城下,望见齐王,曰:“汉已发兵百万,使太尉周亚夫击破吴楚,方引兵救齐,齐必坚守无下!”三国将诛路中大夫。

齐初围急,阴与三国通谋,约未定,会闻路中大夫从汉来,喜,及其大臣乃复劝王毋下三国。居无何,汉将栾布、平阳侯[5]等兵至齐,击破三国兵,解齐围。已而复闻齐初与三国有谋,将欲移兵伐齐。齐孝王惧,乃饮药自杀。景帝闻之,以为齐首善[6],以迫劫有谋,非其罪也,乃立孝王太子寿为

告诉齐王:“好好地坚守城池,我的军队如今要打败吴王、楚王了。”路印中大夫到了齐国,三国的军队把临菑城包围了好多层,他找不到地方进城。三国的将领劫持路印中大夫要和他盟誓,说:“你反过来说汉朝廷已经被打败了,齐国赶紧向三国投降,不然的话,就杀了你。”路印中大夫答应了他们之后,来到城下,望见了齐王,说:“汉朝廷已经发兵百万,派太尉周亚夫统领击败了吴国、楚国,正领着军队前来援救齐国,齐国一定要坚持住不要投降!”三国的将领诛杀了路印中大夫。

齐国起初被围攻得很紧急之际,暗中和三国联系谋划,盟约还没有确定,齐王听到路印中大夫从朝廷回来,很高兴,加上大臣们也都劝说他不要投降三国。过了不多久,汉将栾布、平阳侯曹奇等率领的军队到了齐国,打败了三国军队,解除了三国对齐国的包围。随后栾布等人又听说齐国和三国定约之事,就想移过军队来讨伐齐国。齐孝王恐惧,就饮毒药自杀了。景帝听说了,认为齐国表现最好,迫于形势才与敌谋和,不算他的罪过,就立孝王的太子刘寿做齐

齐王，是为懿王，续齐后。而胶西、胶东、济南、菑川王咸诛灭，地入于汉。徙济北王王菑川。

齐懿王立二十二年卒，子次景立，是为厉王。

王，这就是懿王，让他延续齐国的祭祀。而胶西王、胶东王、济南王、菑川王都被诛灭了，他们的封地都被收归朝廷。改封济北王做菑川王。

齐懿王继位二十二年去世，儿子次景继位，这就是厉王。

注释 1 擅：擅自。按：依规定，没有朝廷的虎符，诸侯王不得发兵。2 与：结交。 狐疑：迟疑不决。 三国：指胶西、菑川、济南。 3 路中大夫：姓路，名卬，官中大夫。 4 若：你。 趣(cù)：急速。 下：投降。不(fǒu)：同“否”。 5 平阳侯：汉初曹参所封，子曹窋袭封，时其孙曹奇以简侯袭封为平阳侯。 6 首善：最好。

齐厉王，其母曰纪太后。太后娶其弟纪氏女为厉王后。王不爱纪氏女。太后欲其家重宠，令其长女纪翁主入王宫，正其后宫，毋令得近王，欲令爱纪氏女。[1] 王因与其姊翁主奸。

齐有宦者徐甲，入事汉皇太后[2]。皇太后有爱女曰修成君，修成君[3] 非刘氏，太后怜之。修成君有女名娥，太后欲嫁之于诸侯，宦

齐厉王，他母亲叫纪太后。太后让她弟弟的女儿做了厉王王后。厉王不喜欢纪氏女。太后想让他们纪家世代在王宫受到尊宠，让她的长女纪翁主进入王宫，整顿厉王的后宫，让其他姬妾不得接近厉王，想让厉王只亲近纪氏女。厉王趁机和她的姐姐翁主通奸了。

齐国有位宦官徐甲，入汉宫侍奉皇太后。皇太后有个爱女叫修成君，修成君不是刘氏所生，太后怜悯她。修成君有个女儿名叫娥，太后想把她嫁给诸侯王，宦官

者甲乃请使齐，必令王上书请娥。皇太后喜，使甲之齐。是时齐人主父偃知甲之使齐以取后事，亦因谓甲："即事成，幸言偃女愿得充王后宫。"[4]甲既至齐，风[5]以此事。纪太后大怒，曰："王有后，后宫具备。且甲，齐贫人，急乃为宦者，入事汉，无补益，乃欲乱吾王家！且主父偃何为者？乃欲以女充[6]后宫！"徐甲大穷，还报皇太后曰："王已愿尚娥，然有一害，恐如燕王！"[7]燕王者，与其子昆弟奸，新坐以死，亡国，故以燕感太后。[8]太后曰："无复言嫁女齐事。"事浸浔[9]闻于天子。主父偃由此亦与齐有郤[10]。

徐甲请求出使齐国，一定让厉王呈上奏书求娶娥。皇太后很高兴，派徐甲去齐国。这时齐国人主父偃知道徐甲被派到齐国是为了娶王后的事，也借机对徐甲说："如果事情成功，希望您帮我进言说，我女儿愿在齐王的后宫服侍。"徐甲到了齐国以后，含蓄地提及此事。纪太后大怒，说："厉王有了王后，后宫妃嫔很齐备。而且，徐甲是齐国的一个贫苦人，穷急了才做了宦官，入汉宫侍奉，没给齐国带来什么好处，却想扰乱我齐王家！而且主父偃是个什么人？也想让她女儿进后宫来服侍！"徐甲感到非常尴尬，回来向皇太后报告说："齐王已经愿意娶娥为妻，但存在隐患，恐怕会像燕王一样！"燕王和他的女儿姐妹们通奸，刚刚被判罪处死，亡了国，所以徐甲拿燕国的事来刺激太后。太后说："不要再提嫁女给齐国的事了。"这件事渐渐传开来，连天子也听说了。主父偃因为这事也和齐国有了嫌隙。

注释 1 重宠：谓欲世世宠贵于王宫。 纪翁主：诸王女叫翁主。称她的母姓，故谓之纪翁主。 2 皇太后：指武帝母王太后。 3 修成君：

王太后与前夫金氏所生之女。 4 取:通“娶”。 即:如果。 5 风:通“讽”,含蓄地暗示或劝说。 6 充:补足,凑数。 7 大穷:特别困窘。 尚:指娶帝王之女为妻。 害:后患。 燕王:指刘泽孙刘定国。他与其父姬、女儿通奸并夺弟妻,以乱伦被诛,国除。事详《荆燕世家》。 8 子:古亦用以指女儿。 昆弟:此指姊妹。燕王刘定国与自己三个女儿通奸。 坐:因事判罪。 9 浸浔(xún):渐渐,逐渐。 10 郤:通“隙”,嫌隙,隔阂。

主父偃方幸于天子,用事,因言:“齐临菑十万户,市租千金,人众殷富,巨于长安,此非天子亲弟爱子不得王此。[1]今齐王于亲属益疏。”乃从容言:“吕太后时齐欲反,吴楚时孝王几为乱。今闻齐王与其姊乱。”于是天子乃拜主父偃为齐相,且正[2]其事。主父偃既至齐,乃急治王后宫宦者为王通于姊翁主所者,令其辞证皆引王[3]。王年少,惧大罪为吏所执诛,乃饮药自杀。绝无后。

是时赵王惧主父偃一出废齐,恐其渐疏骨肉,乃

主父偃正受到天子宠幸,掌管着大权,借机进言:“齐国都城临菑有十万户,市租达千金,人口众多,百姓富裕,比长安还繁华,不是天子的亲弟弟或爱子不能封在这里做王。如今齐王与皇室的血缘关系愈加疏远了。”他不慌不忙地说:“吕太后之时齐国想反叛,吴楚反叛的时候孝王几乎就要叛乱。如今又听说齐王和他姐姐乱伦。”于是天子就任命主父偃去做齐相,准备调查齐国的事。主父偃到了齐国以后,就紧急惩治为厉王和纪翁主牵线联络的宦官,让他们的口供旁证都牵涉厉王。厉王年纪小,惧怕因有大罪被官吏们拘囚诛杀,就饮毒药自杀了。齐王没有后代,于是齐国断了香火。

这时赵王惧怕主父偃一出任齐相就使齐国被废除,担心他逐渐疏

上书言偃受金及轻重之短。[4]天子亦既囚偃。公孙弘言:"齐王以忧死,毋后,国入汉,非诛偃无以塞天下之望[5]。"遂诛偃。

间刘氏骨肉之亲,就上书举报主父偃接受贿金和办事不公平。天子因此囚禁了主父偃。公孙弘说:"齐王因为忧愁而死,没有后代,封国被收归朝廷,不把主父偃诛杀了无法平息天下的怨恨。"于是武帝处死了主父偃。

齐厉王立五年死,毋后,国入于汉。

齐厉王继位五年死去,没有后代,封国被收归朝廷。

注释 1 市租:《史记索隐》:"所卖之物出税,日得千金,言齐人众而且富也。" 殷富:富足。殷、富,二字同义。 2 正:问事之是非,即调查。 3 辞证:供辞与旁证。 引:牵连,牵涉。 4 赵王:景帝子赵敬肃王刘彭祖,景帝五年(前152)由广川王(已为王四年)徙为赵王。"是时",约当赵王之二十五年(前131)。 轻重:谓用心不平。 5 塞:杜绝。 望:怨恨。

齐悼惠王后尚有二国,城阳及菑川。菑川地比[1]齐。天子怜齐,为悼惠王冢园在郡,割临菑东环悼惠王冢园邑尽以予菑川,以奉悼惠王祭祀。

齐悼惠王的后代还有两个封国,即城阳和菑川。菑川国封地紧靠齐国。天子怜悯齐国,因为悼惠王的冢地园林归属于郡,就把临菑城东边环绕悼惠王冢墓园林的邑地全都划割给菑川国,以便供奉悼惠王的祭祀。

城阳景王章,齐悼惠王子,以朱虚侯与大臣共诛诸吕,而章身首先斩相国吕王产于未央宫。孝文帝既立,益封章二千户,赐

城阳景王刘章,是齐悼惠王的儿子,以朱虚侯的身份和大臣们共同诛杀吕氏家族的人,而刘章最先在未央宫斩杀了相国吕王吕产。孝文帝继位以后,给刘章增加封地二千户,赏赐黄金千斤。孝文二年,把齐国的城

金千斤。孝文二年,以齐之城阳郡立章为城阳王。立二年卒,子喜立,是为共王。

阳郡封给刘章做城阳王。刘章在位二年去世,儿子刘喜继位,这就是共王。

共王八年,徙王淮南[2]。四年,复还王城阳。凡三十三年卒,子延立[3],是为顷王。

共王八年,被改封为淮南王。四年后,重新回来做城阳王。总计在位三十三年去世,儿子刘延继位,这就是顷王。

顷王二十六年卒,子义立,是为敬王。敬王九年卒,子武立,是为惠王。惠王十一年卒,子顺立,是为荒王。荒王四十六年卒,子恢立,是为戴王。戴王八年卒,子景立,至建始三年[4],十五岁,卒。

顷王在位二十六年去世,儿子刘义继位,这就是敬王。敬王在位九年去世,儿子刘武继位,这就是惠王。惠王在位十一年去世,儿子刘顺继位,这就是荒王。荒王在位四十六年去世,儿子刘恢继位,这就是戴王。戴王在位八年去世,儿子刘景继位,到建始三年,他十五岁,去世。

注释 1 比(bǐ,旧读 bì):紧靠,挨着。 2 淮南:都于陈县,在今河南淮阳县。当文帝之十二年(前168)徙于此。 3 子延立:延字上原有“建”字。梁玉绳《史记志疑》:“《年表》及《汉表》《传》皆作‘延’,此误增‘建’字。张文虎《史记札记》:“‘建’即‘延’字之讹衍。”今据删。 4 建始三年:公元前30年。建始,汉成帝年号。武帝后元以后,当为后人所续,非《史记》原文。

济北王兴居,齐悼惠王子,以东牟侯助大臣诛诸吕,功少。及文帝从代

济北王刘兴居,齐悼惠王的儿子,以东牟侯的身份协助大臣们诛灭吕氏家族的人,功劳不大。等到

来，兴居曰：“请与太仆婴入清宫。[1]”废少帝[2]，共与大臣尊立孝文帝。

孝文帝二年，以齐之济北郡立兴居为济北王，与城阳王俱立。立二年，反。始大臣诛吕氏时，朱虚侯功尤大，许尽以赵地王朱虚侯，尽以梁地王东牟侯。及孝文帝立，闻朱虚、东牟之初欲立齐王，故绌[3]其功。及二年，王诸子，乃割齐二郡以王章、兴居。章、兴居自以失职夺功。章死，而兴居闻匈奴大入汉，汉多发兵，使丞相灌婴击之，文帝亲幸[4]太原，以为天子自击胡，遂发兵反于济北。天子闻之，罢丞相及行兵[5]，皆归长安。使棘蒲侯柴[6]将军击破虏济北王，王自杀，地入于汉，为郡。

后十三年，文帝十六

文帝从代地来到京城，兴居说：“请让我与太仆官夏侯婴进去清出宫中的异己势力。”于是他废除了少帝，和大臣们一起拥立了孝文帝。

孝文帝二年，划出齐国的济北郡立兴居做济北王，他是和城阳王一起被封立的。两年后，刘兴居反叛。起初大臣们诛灭吕氏家族的时候，朱虚侯的功劳尤其大，大臣们许诺把全部的赵地封给朱虚侯，把全部的梁地封给东牟侯。等到文帝继位，听说朱虚侯、东牟侯当初想拥立齐王为帝，于是就贬低了他们的功劳。到了文帝二年，分封刘氏子孙，划割齐国的两个郡来封刘章、刘兴居。刘章、刘兴居认为自己失去了职位、被削夺了功劳。刘章死了，而刘兴居听说匈奴大举进犯汉廷疆土，朝廷大量发兵，派丞相灌婴统领去迎击匈奴，文帝亲自幸临太原，就认为天子自己去迎击胡人了，于是发兵在济北国反叛。天子听说了，立即将丞相所率领的军队调回长安。派棘蒲侯柴武率领军队出击打败并俘虏了济北王，济北王自杀，其封地被收归朝廷，改设为郡。

十三年后，就是文帝十六年，再

年[7]，复以齐悼惠王子安都侯志为济北王。十一年，吴楚反时，志坚守，不与诸侯合谋。吴楚已平，徙志王菑川。

济南王辟光，齐悼惠王子，以勒[8]侯孝文十六年为济南王。十一年，与吴楚反。汉击破，杀辟光，以济南为郡，地入于汉。

菑川王贤，齐悼惠王子，以武城侯文帝十六年为菑川王。十一年，与吴楚反，汉击破，杀贤。

天子因徙济北王志王菑川。志亦齐悼惠王子，以安都侯王济北。菑川王反，毋后，乃徙济北王王菑川。凡立三十五年卒，谥为懿王。子建代立，是为靖王。二十年卒，子遗代立，是为顷王。三十六年卒，子终古立，是为思王。二十八年卒，子尚立，是为

次封齐悼惠王的儿子安都侯刘志为济北王。刘志在位十一年，吴楚反叛的时候，刘志坚守，不和七国诸侯合谋。吴楚反叛平定以后，改封刘志为菑川王。

济南王刘辟光，齐悼惠王的儿子，以勒侯的身份在孝文帝十六年被封为济南王。刘辟光在位十一年，和吴国、楚国反叛。朝廷攻击打败了他们，杀死了刘辟光，把济南国改设为郡，其封地被收归朝廷。

菑川王刘贤，齐悼惠王的儿子，以武成侯的身份在文帝十六年被封为菑川王。刘贤为菑川王十一年，和吴国、楚国反叛，朝廷攻击打败了他们，杀死了刘贤。

天子借机迁徙济北王刘志做菑川王。刘志也是齐悼惠王的儿子，以安都侯的身份被封为济北王。菑川王反叛，没有后代，就迁徙济北王做菑川王。他总计为王三十五年去世，谥号是懿王。儿子刘建接替他继位，这就是靖王。靖王在位二十年去世，儿子刘遗接替他继位，这就是顷王。顷王在位三十六年去世，儿子刘终古继位，这就是思王。思王在位二十八年去世，儿子刘尚继

孝王。五年卒，子横立，至建始三年，十一岁卒。

位，这就是孝王。孝王在位五年去世，儿子刘横继位，到了建始三年，他十一岁，就去世了。

胶西王印，齐悼惠王子，以昌平侯文帝十六年为胶西王。十一年，与吴楚反。汉击破，杀印，地入于汉，为胶西郡。

胶西王刘印，齐悼惠王的儿子，以昌平侯的身份在孝文帝十六年被封为胶西王。刘印在位十一年，和吴国、楚国反叛。朝廷击败了他们，杀死了刘印，其封地归还给朝廷，改设为胶西郡。

胶东王雄渠，齐悼惠王子，以白石侯文帝十六年为胶东王。十一年，与吴楚反，汉击破，杀雄渠，地入于汉，为胶东郡。

胶东王刘雄渠，齐悼王的儿子，以白石侯的身份在孝文帝十六年封为胶东王。刘雄渠在位十一年，和吴国、楚国反叛，朝廷击败了他们，杀死了刘雄渠，其封地归还给朝廷，设置为胶东郡。

注释　1 太仆：官名，九卿之一，掌管皇帝的舆马和马政。　婴：夏侯婴，号滕公。事详《樊郦滕灌列传》。　清宫：进宫清除异己势力。　2 少帝：吕后取后宫妃妾所生之子充当惠帝之子而立为帝。　3 绌：通“黜”，贬退，排除。　4 幸：天子巡狩到达某处称“幸”。　5 罢：止住。　行兵：已发出的军队。行，行进中。　6 棘蒲侯柴：柴武，亦姓陈，为陈武，封棘蒲侯。棘蒲，《史记索隐》云“《汉志》阙”。其地不详。　7 文帝十六年：即公元前 164 年。　8 勒：《汉书》作“朸”。

太史公曰：诸侯大国无过齐悼惠王。以海内初定，子弟少，激秦之无尺土

太史公说：诸侯中的大国家没有超过齐悼惠王的。因为天下刚刚平定，刘氏的子弟又少，痛感秦国对

封，故大封同姓，以填万民之心。[1]及后分裂，固其理也。[2]

子弟没有尺寸土地的分封，所以就大封同姓，用来镇抚亿万民众之心。到后来出现了分裂，本来就是事物发展的一种必然。

注释 1 激：感。 填：通“镇”，安定，镇抚。 2 固：本来。 理：指事物发展的必然。

史记卷五十三

萧相国世家第二十三

原文

萧相国何者，沛丰人也。[1]以文无害为沛主吏掾。[2]

高祖为布衣时，何数以吏事护高祖。高祖为亭长，常左右之。[3]高祖以吏繇咸阳，吏皆送奉钱三，何独以五。[4]

秦御史监郡者与从事，常辨之。[5]何乃给泗水卒史事，第一。[6]秦御史欲入言征何，何固请，得毋行。[7]

及高祖起为沛公，何常为丞督事。[8]沛公

译文

萧相国萧何，是沛县丰邑人。因为通晓刑法律令而不刻毒，就做了沛县的主吏掾。

高祖还是平民的时候，萧何多次靠着官吏的职权保护高祖。高祖做了亭长，萧何常常帮助他。有一次高祖因公出差去咸阳，其他官吏都奉送给他三百钱，唯独萧何奉送给他五百钱。

秦朝派往郡里巡视的御史征调萧何帮助办事，他总是把事情办得很好。萧何于是担任了泗水郡的卒史，在官吏政绩的考评中，名列第一。秦朝御史想召请萧何入朝做官，萧何坚决辞谢，才没有被征走。

等到高祖起事成了沛公，萧何常常做他的助手督办事务。沛公到了咸阳，诸将领都争着跑进收藏金帛财物

至咸阳,诸将皆争走金帛财物之府分之,何独先入收秦丞相御史律令图书藏之[9]。沛公为汉王,以何为丞相。项王与诸侯屠烧咸阳而去。汉王所以具知天下阸塞[10],户口多少,强弱之处,民所疾苦者,以何具得秦图书也。何进言韩信,汉王以信为大将军。语在《淮阴侯》事中。

的府库抢出物品进行瓜分,唯独萧何先进入秦朝的丞相府、御史府,把其中的法令图册、档案文书收集起来加以保藏。沛公做了汉王,任命萧何做丞相。项王和各个诸侯把咸阳屠灭烧毁以后离去了。汉王之所以能够详细了解天下的险塞,各地有多少户口,哪里穷,哪里富,民众有些什么疾苦,就是从萧何得到的秦朝的图书档案中获悉的。萧何向汉王推荐了韩信,汉王就任命韩信做大将军。这件事的详细情况记载于《淮阴侯列传》中。

注释 1 萧相国:即萧何。因其为西汉第一任相国,故称。 沛:秦县名,汉时改为郡,在今江苏沛县。 丰:古邑名,秦时属沛县,汉设为丰县,在今江苏丰县。 2 无害:《汉书音义》云:"有文无所枉害也,如今言'公平吏'。" 主吏掾(yuàn):主管附属官吏功过升降之官员。主吏,亦称功曹。掾,附属官员之通称。 3 亭长:地方上所设之基层官吏。乡村中每十里一亭,置亭长,职掌治安、民事。 左右:保护,相助。 4 繇(yáo):通"徭",劳役。此句指高祖以亭长的身份去咸阳服劳役。 奉钱:资助旅差费用。 三、五:时钱有重者一当百,即三百、五百钱。 5 御史监郡者:派往郡里巡视监察之御史。 与从事:和萧何一起共事。 辨:明察。《史记索隐》按:"何与御史从事常辨,明言称职也。" 6 乃给泗水卒史事:于是提升为泗水郡卒史。给(jǐ)……事,担任……工作。泗水,指泗水郡,治所相县,在今安徽濉溪县西北。卒史,郡属书记官吏。 第一:在官吏的政绩考评中名列第一名。 7 入言:入朝进言。 征:召请。 固请:坚决辞谢。 8 沛公:刘邦起义后占据沛县,按楚制县宰为公,所以称为沛公。 丞:副手,助手。 9 律令:法令制度。 图书:图籍文书。 10 具:全部,详细。 阸(è):阻塞,险要。

汉王引兵东定三秦,何以丞相留收巴蜀,填[1]抚谕告,使给军食。汉二年,汉王与诸侯击楚,何守关中,侍太子,治栎阳。[2]为法令约束,立宗庙社稷宫室县邑,辄奏上,可,许以从事;即不及奏上,辄以便宜施行,上来以闻。[3]关中事计户口转漕给军[4],汉王数失军遁去,何常兴关中卒,辄补缺。上以此专属任[5]何关中事。

汉王带领军队向东去平定三秦的关中地区,萧何以丞相身份留下来收服巴蜀地区,镇抚当地、晓谕民众,并让他负责供应军需物资。汉二年,汉王和诸侯们进击楚王项羽,萧何镇守关中,侍奉太子,在栎阳城处理政事。他制定法令规定,建立宗庙和社稷坛的祭祀,修筑宫室、设置县邑,每件事总是先奏报汉王,汉王认可后他才做;如果来不及奏报汉王,就依据时机便利行事,等汉王来了以后再向他详细报告。萧何在关中负责掌管各种计簿,统计户口,从水陆转运粮食供给军需,汉王多次丧失军队逃走了,萧何总是发动关中的士卒,及时补上军队缺额。汉王因此放心把关中的事务委托给萧何办理。

注释 1 填:通“镇”。 2 汉二年:公元前205年。 太子:指刘盈,吕后之子,后为汉惠帝。 3 辄:往往,总是。 便(biàn)宜:因利乘便,见机行事。 上来以闻:汉王刘邦来到以此向他汇报。 4 事计:负责掌管计簿。计,计簿,有关土地、赋税、人事的登记册。 转漕:陆运为转,水运称漕,泛指运送军粮。 5 专属任:专门委托任用。

汉三年，汉王与项羽相距京索之间，上数使使劳苦丞相。[1]鲍生谓丞相曰："王暴衣露盖，数使使劳苦君者，有疑君心也。为君计，莫若遣君子孙昆弟能胜兵者悉诣军所，上必益信君。"[2]于是何从其计，汉王大说。

汉五年，既杀项羽，定天下，论功行封。群臣争功，岁余功不决。高祖以萧何功最盛，封为酂侯，所食邑多。功臣皆曰："臣等身被坚执锐，多者百余战，少者数十合，攻城略地，大小各有差。[3]今萧何未尝有汗马之劳，徒持文墨议论，不战，顾反居臣等上，何也？"高帝曰："诸君知猎乎？"曰："知之。""知猎狗乎？"曰："知之。"高帝曰："夫猎，追杀兽兔者狗也，而发踪

汉三年，汉王和项羽在京索之间的地区互相对抗，汉王多次派遣使者来慰劳丞相。鲍生对丞相说："汉王在前线过着风餐露宿的军旅生活，多次派遣使者来慰劳您，是对您有疑心。我为您考虑，莫不如将您的子孙兄弟中能够打仗的人全都派到军队去效力，这样汉王就会更加相信您了。"于是萧何按他的计策去做，汉王非常高兴。

汉五年，项羽兵败身死，高祖平定了天下，他根据功劳大小封赏大臣。群臣都争功，一年多功劳大小的次第还决定不下来。高祖认为萧何功劳最大，封他为酂侯，给予的食邑最多。功臣们都说："我等身披坚甲、手执锐器，多的作战一百多次，少的也交锋过几十次，攻占城邑夺取土地，功劳大小是有些差别。如今萧何未曾有过汗马的功劳，只是凭舞文弄墨发发议论，没有进行过战斗，但他的功劳反而排在我等的上面，这是为什么？"高帝说："各位懂得打猎吗？"功臣们说："懂得。"高帝说："知道猎狗吗？"功臣们说："知道。"高帝说："打猎，追赶咬死野兽兔子的是狗，而发现踪迹指出野

指示兽处者人也[4]。今诸君徒能得走兽耳,功狗也。至如萧何,发踪指示,功人也。且诸君独以身随我,多者两三人;今萧何举宗[5]数十人皆随我,功不可忘也。”群臣皆莫敢言。

兽在什么地方的却是人。如今各位仅仅是能够擒获走兽罢了,功劳相当于狗。至于萧何,能发现踪迹指示野兽的处所,功劳相当于猎人。而且各位多数只有一个人追随我,多得也不过两三个人;如今萧何全族的几十人都来追随我,这个功劳是不可以忘记的。”群臣都不敢再言语了。

注释 1 距:通“拒”,相持,抗拒。 劳苦:慰劳。 2 鲍生:秦时一说士。 暴(pù)衣露盖:指刘邦过着风餐露宿的军旅生活。 昆弟:兄弟。 诣:到。 3 被:通“披”。 略:夺取。 差:差别,等次。 4 踪:踪迹。 指示:指给人看。 5 举宗:全族。

列侯毕已受封,及奏位次,皆曰:“平阳侯曹参身被七十创[1],攻城略地,功最多,宜第一。”上已桡功臣,多封萧何,至位次未有以复难之,然心欲何第一。[2]关内侯鄂君进曰[3]:“群臣议皆误。夫曹参虽有野战略地之功,此特一时之事。夫上与楚相距五岁,常失军亡众,逃身遁者数矣。然萧何常从关中

列侯都已经受到封赏,等到向高祖呈奏功臣位次的时候,都说:“平阳侯曹参身上遭受的创伤有七十处,攻占城邑夺取土地,功劳最多,应该排在第一。”高祖已经压制过一回群臣的意见,多封了萧何,到了排位次,想不出理由再来难为大家,然而心里还是想让萧何排第一。关内侯鄂千秋上前献言说:“群臣的议论都错了。要说曹参虽然有旷野作战夺取土地的功劳,这只不过是一时的事情。再说皇上和楚王互相对抗了五年,时常损失了军队丢掉了士

遣军补其处，非上所诏令召，而数万众会上之乏绝者数矣。[4]夫汉与楚相守荥阳数年，军无见[5]粮，萧何转漕关中，给食不乏。陛下虽数亡山东[6]，萧何常全关中以待陛下，此万世之功也。今虽亡[7]曹参等百数，何缺于汉？汉得之不必待以全[8]。奈何欲以一旦之功而加万世之功哉！[9]萧何第一，曹参次之。"高祖曰："善。"于是乃令萧何第一，赐带剑履上殿，入朝不趋。[10]

上曰："吾闻进贤[11]受上赏。萧何功虽高，得鄂君乃益明。"于是因鄂君故所食关内侯邑封为安平侯。是日，悉封何父子兄弟十余人，皆有食邑。乃益封何二千户，以帝尝繇咸阳时何送我独赢奉钱二也。[12]

兵，单身逃脱也有好几次。然而萧何总是从关中派出军队来补足，这并非皇上下了诏令，而是萧何主动把好几万的兵众送来，有数次正赶上皇上危难困乏的时候。汉军和楚军在荥阳互相对垒了几年，汉军没有了现存的粮食，萧何从关中水路和陆路不断运过来，使军粮供应从不缺乏。陛下虽然多次丢失了山东地区，萧何却保全了关中随时等着陛下，这些是万世的功劳。如今即使是损失了几百个像曹参这样的人，对汉朝有多大关系呢？朝廷得到曹参这样的人不一定能依靠他来保全天下。怎么可以让一时的功劳凌驾在万世的功劳之上呢？萧何应排在第一，曹参应排在其次。"高祖说："好。"于是下诏令萧何排在第一，让他上殿见皇帝时可以佩带宝剑脚上穿鞋，上朝时免掉"趋"的礼节。

皇上说："我听说能推荐贤人的要受上等奖赏。萧何功劳虽然很高，得到鄂君的推荐才得以显赫。"于是以鄂君原来的关内侯食邑封他做安平侯。当天，把萧何的父子兄弟共十多个人全部封赏了，都给了食邑。又给萧何加封了二千户，因皇帝曾经去咸阳服役时萧何送来的奉钱比别人多了二百。

注释 1 被:遭遇,受。 创:创伤。 2 桡(náo):折服,委屈。 复难之:再次难为他们。之,指代大臣。 3 关内侯:爵位名,只有封号没有封地。 鄂君:指鄂千秋,曾跟从刘邦起兵。 4 非:不是,并不是。 会:正赶上。 5 见:现存。 6 山东:古时称崤山或华山以东地区为山东。 7 亡:通"无"。 8 不必待以全:不一定能依靠他来保全天下。待,依靠。 9 一旦:一时。 加:超过,凌驾。 10 带剑履上殿:佩带宝剑穿着鞋上殿见皇帝。这是皇帝赐予大臣的一种殊荣,古代大臣上朝是不许带剑穿鞋的。 趋:低头小步急走。这是古代下级见到上级时表示恭敬的礼节。 11 进贤:推荐贤能之人。 12 益:增加。 赢:余,多。《史记索隐》:"谓人皆三,何独五,所以为赢二也。"

汉十一年,陈豨反,高祖自将,至邯郸。[1]未罢,淮阴侯谋反关中,吕后用萧何计,诛淮阴侯,语在《淮阴》事中。[2]上已闻淮阴侯诛,使使拜丞相何为相国,益封五千户,令卒五百人一都尉[3]为相国卫。诸君皆贺,召平独吊[4]。召平者,故秦东陵侯。秦破,为布衣,贫,种瓜于长安城东,瓜美,故世俗谓之"东陵瓜",从召平以为名也。召平谓相国曰:"祸自此始

汉十一年,陈豨反叛,高祖亲自统率军队,到达邯郸。还没有罢兵,淮阴侯在关中谋划反叛,吕后采用萧何的计策,诛杀了淮阴侯,有关这件事的详细情况记载在《淮阴侯列传》中。皇上听说淮阴侯已经被诛杀,派使者任命丞相萧何为相国,增封五千户,诏令士卒五百人和一名都尉为相国的护卫。许多同僚都来道贺,只有召平却向他道忧。召平,是从前秦朝的东陵侯。秦朝被打败,他成了平民,家中贫困,就在长安城东边种瓜,因为种的瓜特别好,所以世人习惯把它叫作"东陵瓜",这是因为召平曾被封为东陵侯之故。召平对相国说:"祸患从此要开始了。

矣。上暴露于外而君守于中，非被矢石之事而益君封置卫者，以今者淮阴侯新反于中，疑君心矣。夫置卫卫君，非以宠君也。愿君让封勿受，悉以家私财佐军，则上心说。[5]”相国从其计，高帝乃大喜。

皇上风餐露宿在外面而您留守在朝中，没有遭受战争的险难却给您增封并设置护卫，是因日前淮阴侯刚刚在京城反叛，皇上怀疑起您来了。要说设置卫队来保卫您，那并不是宠信您。希望您不要接受封赏，并把家中的私财全部贡献出来佐助军用，那样皇上心里就会高兴。”相国按他的计策去做，高帝于是特别高兴。

注释 1 汉十一年：即公元前 196 年。 陈豨(xī)：西汉将领，汉初任赵国相，统率赵、代军队，谋反被诛。 2《淮阴》：指《淮阴侯列传》。 3 都尉：官名，略低于将军的武官。 4 吊：吊唁，报忧。此意表示悲伤。 5 让：推辞。 说：通“悦”。

汉十二年秋，黥布反，上自将击之，数使使问相国何为。[1]相国为上在军，乃拊循勉力[2]百姓，悉以所有佐军，如陈豨时。客有说[3]相国曰：“君灭族不久矣。夫君位为相国，功第一，可复加哉？然君初入关中，得百姓心，十余年矣，皆附君，常复孳孳得民和[4]。上

汉十二年秋天，黥布反叛，皇上亲自统兵去击灭他，多次派使者询问相国在做些什么。相国因为皇上在军队中指挥作战，就对百姓进行抚慰勉励，又把全部的家产交出佐助军用，像平定陈豨反叛时所做的那样。有位门客来劝告相国说：“您离被灭族已经不远了。您的官位是相国，功劳排在第一，还可以再往上增加吗？然而您一进入关中，就深得百姓之心，至今十多年了，百姓都归附于您，现在您还是那样勤勉不倦去博得百姓的欢心。皇上

所为数问君者,畏君倾动关中。今君胡不多买田地,贱贳贷以自污?[5]上心乃安。”于是相国从其计,上乃大说。

之所以要多次派人来问您的情况,就是害怕您的名声好,会倾动关中。如今您为什么还不多买些田地,采取低价赊借的办法来败坏自己的名声呢?这样皇上才会安心。”于是相国按他的计策去做,皇上这才放心,高兴起来。

注释 1 汉十二年:即公元前195年。 黥布:即英布,汉初所封异姓王之一。事详《黥布列传》。 2 拊循勉力:抚慰勉励。拊,同“抚”。 3 说(shuì):游说,劝说。 4 孳孳(zī):勤勉不倦。又作“孜孜”。 民和:人民的附和、拥护。 5 胡:何,为什么。 贳(shì)贷:赊借。 自污:自己败坏自己的名声。

上罢布军归,民道遮[1]行上书,言相国贱强买民田宅数千万。上至,相国谒。上笑曰:“夫相国乃利民[2]!”民所上书皆以与相国,曰:“君自谢民。”相国因为民请曰:“长安地狭,上林中多空地,弃,愿令民得入田,毋收稿为禽兽食。[3]”上大怒曰:“相国多受贾人财物,乃为请吾苑!”乃下相国廷尉,械系之。[4]数日,王卫尉侍,前问曰:“相国何大罪,陛下

皇上打败黥布,班师回朝时,民众在道路上阻拦呈上奏文,说相国低价强求购买民众的田宅值几千万钱。皇上到了京城,相国前去拜见。皇上笑着说:“您这个相国竟从民众手中夺利!”把民众所呈上的奏文都给了相国,说:“您自己向民众谢罪吧。”相国乘机替民众请求说:“长安土地狭窄,上林苑里面有很多空地,荒废了,希望能让民众进去开垦成田耕种,不要收禾秆,让它们作禽兽的饲料。”皇上大发脾气说:“相国一定是收受了商人很多的财物,就来替他们请求占用我的上林苑!”就把相国交给

系之暴也？”[5] 上曰：“吾闻李斯相秦皇帝，有善归主，有恶自与。今相国多受贾竖[6]金而为民请吾苑，以自媚于民，故系治之。”王卫尉曰：“夫职事苟有便于民而请之[7]，真宰相事，陛下柰何乃疑相国受贾人钱乎！且陛下距楚数岁，陈豨、黥布反，陛下自将而往，当是时，相国守关中，摇足[8]则关以西非陛下有也。相国不以此时为利，今乃利贾人之金乎？且秦以不闻其过亡天下，李斯之分过[9]，又何足法哉？陛下何疑宰相之浅也。”高帝不怿[10]。是日，使使持节[11]赦出相国。相国年老，素恭谨，入，徒跣[12]谢。高帝曰：“相国休矣！相国为民请苑，吾不许，

廷尉，用刑具拘禁起来。过了几日，姓王的卫尉在侍奉，上前问道：“相国有什么大罪，陛下突然把他拘执起来？”皇上说：“我听说李斯辅佐秦始皇，有了成绩都归主上，有了错误由自己承担。如今相国接受了很多商贾小子们的金钱而替民众来请求占用我的上林苑，以便自己讨好民众，所以我把他拘执起来治罪。”王卫尉说：“在职权范围之内，假若认为有利于民众就替他们请求，这的确是宰相应该做的事，陛下怎么就怀疑相国是接受了商贾的金钱呢！而且陛下和楚王对抗好几年，陈豨、黥布反叛，陛下自己领兵前去平定，正当这个时候，相国留守在关中，稍动手脚，那么函谷关以西的地方就不会是陛下的了。相国不在这个时候为自己谋利，如今怎么还会在乎商贾的金钱呢？而且秦朝因为听不到人谈论自己的过失亡掉了天下，李斯替秦始皇分担过错的事，又哪里值得效法呢？陛下对相国的怀疑是多么浅薄呀。”高帝听了不高兴。当天，派使者持着符节把相国赦免出来。相国年纪老了，一向谦恭谨慎，进入宫中，光着脚来谢罪。高帝说：“算了！相国替民众请求上林苑，我不答应，我不过是个

我不过为桀纣主[13]，而相国为贤相。吾故[14]系相国，欲令百姓闻吾过也。”

像夏桀、商纣一样的君主，而相国却是个贤相。我特地把相国拘囚起来，是想让百姓知道我的过错。”

注释 1 遮：阻拦。 2 利民：谓夺利于民。 3 弃：荒废。 稿：枯干的草木。 4 廷尉：九卿之一，职掌刑狱。 械系：用刑具拘禁。 5 王卫尉：姓王的卫尉，名不详。卫尉，九卿之一，掌宫廷门卫。 暴：突然。 6 竖：对人的蔑称，如“小子”之类。 7 职事：职权范围。 苟：假如。 8 摇足：稍动手脚。 9 分过：分担过失。 10 怿(yì)：高兴。 11 节：符节，凭证之物。 12 徒跣(xiǎn)：赤脚。 13 桀纣主：像夏桀、商纣一样的君王。 14 故：特地，故意。

何素不与曹参相能，及何病，孝惠自临视相国病，因问曰：“君即百岁后，谁可代君者？”[1]对曰：“知臣莫如主。”孝惠曰：“曹参何如？”何顿首曰：“帝得之矣！臣死不恨矣！”[2]

萧何向来与曹参不和睦，等到萧何重病，孝惠帝亲临探视相国的病情，借此询问说：“您如果故去了，谁可以接替您呢？”萧何回答说：“没有谁比君主更了解臣子。”孝惠帝说：“曹参怎么样？”萧何叩头说：“陛下得到合适的人选了！我死也没有遗憾了！”

何置田宅必居穷处，为家不治垣屋[3]。曰：“后世贤，师吾俭；不贤，毋为势家所夺。”

萧何购置田宅必定选择在穷乡僻壤，盖房屋不修建围墙门楼。他说：“后代贤能，会效法我节俭；不贤，可以不被权势之家所抢夺。”

孝惠二年，相国何

孝惠二年，相国萧何去世，谥号是文终侯。

卒，谥为文终侯。[4]

后嗣以罪失侯者四世，绝，天子辄复求何后，封续酂侯，功臣莫得比焉。[5]

萧何的后代子孙因为罪过失去了侯爵的有四代，每次断绝了封号，天子总是再寻找一个萧何的后代，让他继承酂侯的爵位，汉朝的功臣中没有人能和他相比。

注释 1 素：平素，一向。 相能：和睦相亲。能，亲善。 临视：亲临探视。 即：假如。 百岁后：即人死之后，避讳说法。 2 顿首：磕头。 恨：遗憾。 3 垣(yuán)屋：建有围墙门楼的房舍。 4 孝惠二年：公元前193年。 谥(shì)：古代帝王、大臣或有名望的人死后，后人追封的一种有褒贬评价意义的称号。 5 四世：依《汉书》本传，四世则为：文帝时，萧何之孙萧则以罪免；景帝时，萧则弟萧嘉之子萧胜有罪免；武帝时，封萧则子萧庆为酂侯，萧庆子萧寿成坐太常牺牲瘦免；宣帝时复诏封萧何玄孙萧建世为酂侯，传子至孙萧获坐使奴杀人减死论。成帝时，复封萧何玄萧孙之子萧喜为酂侯，传子至曾孙，王莽败乃绝。然则叙及武帝以后，则为后人所续。

太史公曰：萧相国何于秦时为刀笔吏，录录未有奇节。[1] 及汉兴，依日月之末光，何谨守管籥，因民之疾秦法，顺流与之更始。[2] 淮阴、黥布等皆以诛灭，而何之勋烂[3]焉。位冠群臣，声施后世，

太史公说：萧相国何在秦朝时做了从事文墨工作的小官，平平常常没有什么惊人的作为。等到汉朝兴起，仰仗帝王的余光，萧何谨慎地尽职尽责，根据民众痛恨秦朝苛法的情况，顺应时势，除旧立新。淮阴侯韩信、黥布等人都由于反叛被诛灭，而萧何的功勋灿烂辉煌。他位居群臣之冠，声名流传后世，其功绩可以和周初的闳夭、

与闳夭、散宜生等争烈矣。[4] | 散宜生等人相比。

注释 1 刀笔吏:从事文墨工作的小官吏。古人因在竹简、木板上书写,写错了要用刀刮去,所以刀和笔成为从事这类工作的主要工具,故称此类官吏为"刀笔吏"。 录录:平庸。 2 日月:此指汉朝皇帝。 末光:余光。 管籥(yuè):本指钥匙,此引申为职责。 疾:痛恨。 更始:除旧立新。 3 勋烂:功勋灿烂。 4 施(yì):惠及,延续。 闳(hóng)夭、散宜生:周文王时两位得力大臣,后又佐助武王灭商,为周初功臣。

史记卷五十四

曹相国世家第二十四

原文

平阳侯曹参者[1],沛人也。秦时为沛狱掾,而萧何为主吏,居县为豪吏矣。[2]

高祖为沛公而初起也,参以中涓[3]从。将击胡陵、方与,攻秦监公[4]军,大破之。东下薛,击泗水守军薛郭[5]西。复攻胡陵,取之。徙守方与。方与反为魏[6],击之。丰[7]反为魏,攻之。赐爵七大夫[8]。击秦司马巨军砀东,破之,取砀、狐父、祁善置。[9]又攻下邑以西,

译文

平阳侯曹参,是沛县人。秦朝时在沛县做掌管刑狱的小吏,而萧何当时做沛县的主吏,他们二人在县里是有权势名望的官吏。

高祖做了沛公刚刚起事的时候,曹参就以中涓的身份跟随着他。他跟着沛公领军攻击胡陵、方与,进攻秦朝泗水郡监的军队,大败秦军。往东攻下了薛县,在薛县外城西边进击泗水郡的守军。再次进攻胡陵,夺取了。移军去防守方与。方与反叛归附魏王,沛公、曹参等移兵前往征讨。丰邑反叛归附魏王,沛公、曹参等再次移兵征讨。这时,沛公赐给曹参七大夫爵位。在砀县东边出击秦朝司马巨的军队,打败了他,夺取了砀县、狐父、祁亭的善地驿站。又去进攻下

至虞，击章邯车骑。攻爰戚及亢父，先登，迁为五大夫[10]。北救阿，击章邯军，陷陈，追至濮阳。攻定陶，取临济。南救雍丘，击李由军，破之，杀李由，虏秦候一人。[11]秦将章邯破杀项梁也，沛公与项羽引而东。楚怀王以沛公为砀郡长，将砀郡兵。于是乃封参为执帛，号曰建成君。[12]迁为戚公[13]，属砀郡。

邑以西，到了虞县，出击章邯的车骑军队。进攻爰戚和亢父，所率部队先登上城墙，升为五大夫。往北去援救东阿，出击章邯的军队，攻陷了陈县，追击到达濮阳。进攻定陶，夺取了临济。往南援救雍丘，出击李由的军队，打败了他，杀死了李由，俘虏了秦朝的一名军候。秦将章邯打败并杀死了项梁，沛公和项羽领着军队往东去了。楚怀王任用沛公做砀郡长，统领砀郡的军队。这时沛公就封曹参为执帛，封号为建成君。又提升他做爰戚县县令，隶属于砀郡。

注释 1 平阳：县名，在今山西临汾市西南汾水西岸。 曹参：字敬伯。 2 狱掾(yuàn)：掌管刑狱的小吏。 豪吏：有一定势力和名望的官吏。 3 中涓：亲近的侍从官。 4 监公：监泗川郡的御史，名平。秦一郡置守、尉、监三人。 5 郭：外城。 6 魏：秦末所立魏王魏咎。 7 丰：秦邑名，在今江苏丰县。《史记索隐》："时雍齿守丰，为魏反沛公。" 8 七大夫：秦爵二十级中的第七级公大夫。 9 司马𡰥(yí)：秦将。 善置：驿站名。汉代谓驿站为置。 10 五大夫：秦爵二十级中的第九级。 11 李由：李斯之子。时为秦三川郡守。 候：军候，负责侦察之官。 12 执帛：战国时楚国的爵位名称，时沿用。 建成君：封号名。建成，汉县名，在今河南永城县东南。此实为虚号。 13 戚公：戚县的县令。戚县，即爰戚县。

其后从攻东郡尉军[1]，破之成武南。击王离军成阳南，复攻之杠里，大破之。[2]追北，西至开封，击赵贲军，破之，围赵贲开封城中。[3]西击秦将杨熊军于曲遇，破之，虏秦司马及御史各一人。[4]迁为执珪[5]。从攻阳武，下轘辕、缑氏，绝河津，还击赵贲军尸北，破之。[6]从南攻犨，与南阳守齮战阳城郭东，陷陈，取宛，虏齮，尽定南阳郡。[7]从西攻武关、峣关，取之。前攻秦军蓝田南，又夜击其北，秦军大破，遂至咸阳，灭秦。

其后跟随沛公进攻东郡郡尉统领的军队，在成武的南边打败了他。在成阳南边出击王离的军队，又在杠里进攻他们，把王离军打得大败。追击败军，往西到达开封，出击赵贲军，打败了他们，把赵贲包围在开封城里面。往西在曲遇出击秦将杨熊军，打败了他们，俘虏了秦朝的司马和御史各一名。被提升为执珪。跟随沛公进攻阳武，攻下了轘辕、缑氏，切断了黄河渡口，回过来在尸乡北边出击赵贲军，打败了他们。跟随沛公往南进攻犨县，和南阳郡守齮在阳城外城的东边交战，攻破了秦军的阵列，夺取了宛县，俘虏了齮，将南阳郡彻底平定。跟随沛公往西进攻武关、峣关，夺取了这些地方。往前在蓝田南边进攻秦军，又于夜间在蓝田北边袭击他们，秦军被打得大败，于是到达了咸阳，灭亡了秦朝。

注释　1 尉军：郡尉统领之军。　2 王离：秦将。　成阳：亦作“城阳”，秦县名，在今山东鄄城县东南。　杠里：秦邑名，其地不详。　3 追北：追击败军。北，败北。　赵贲(bēn)：秦将。　4 曲遇：邑聚名，在今河南中牟县西。　司马：武官名，掌军政军赋。　御史：官名，主管纠察。
5 执珪：战国时楚国的最高爵位名称。时沿用。　6 轘(huán)辕：邑名，在缑氏东南，今之河南登封市西北。《史记正义》引《十三州志》云轘辕道凡十二曲，是险道。　河津：此指秦平阴县（在今河南孟津县东北）之黄河渡口。津，济渡处，渡口。　尸：即尸乡，在今河南偃师县西。

7　犨(chóu)：秦县名，在今河南平顶山市西南。　齮(yǐ)：南阳郡的郡守，不知其姓。　阳城：秦县名，在今河南方城县东。　陈：同“阵”。

项羽至，以沛公为汉王。汉王封参为建成侯。从至汉中，迁为将军。从还定三秦，初攻下辩、故道[1]、雍、斄。击章平[2]军于好畤南，破之，围好畤，取壤乡。击三秦军壤东及高栎[3]，破之。复围章平，章平出好畤走。因击赵贲、内史保军[4]，破之。东取咸阳，更名曰新城[5]。参将兵守景陵[6]二十日，三秦使章平等攻参，参出击，大破之。赐食邑于宁秦[7]。参以将军引兵围章邯于废丘[8]。以中尉从汉王出临晋关。[9]至河内，下修武，渡围津，东击龙且、项他定陶，破之。[10]东取砀、萧、彭城。击项

项羽到达，分封沛公做汉王。汉王封曹参做建成侯。他跟随汉王到达汉中，被提升为将军。又跟随汉王回来平定三秦，起初进攻下辩、故道、雍、斄等县。在好畤南边出击章平军，打败了他们，包围了好畤，夺取了壤乡。在壤乡的东边和高栎出击三秦军，打败了他们。再次包围章平，章平从好畤县城中出来逃跑了。乘机出击赵贲、内史保的军队，打败了他们。往东夺取了咸阳，把它改名叫新城。曹参领兵驻守景陵有二十天，三秦派章平等进攻曹参，曹参率军进攻，把他们打得大败。汉王把宁秦赐给曹参作为食邑。曹参以将军的身份领兵把章邯包围在废丘。以中尉的身份随从汉王从临晋关进发。到达河内郡，攻下了修武县，渡过白马津，往东在定陶出击龙且、项他，把他们打败了。往东夺取了砀、萧、彭城等县。出击项籍的军队，汉军大败而逃。曹参以中尉的身份包围并夺

籍军,汉军大败走。参以中尉围取雍丘。王武反于外黄,程处反于燕,往击,尽破之。柱天侯反于衍氏,又进破取衍氏。击羽婴于昆阳,追至叶。还攻武强,因至荥阳。参自汉中为将军、中尉,从击诸侯及项羽,败,还至荥阳,凡二岁。

取了雍丘。王武在外黄反叛,程处在燕县反叛,曹参领军前往平叛,把他们全都打败。柱天侯在衍氏反叛,曹参又领军击败柱天侯并夺取了衍氏。在昆阳进击羽婴,追到叶县。回过来进攻武强,趁势到达荥阳。曹参从汉中起做了将军、中尉,跟随汉王出击诸侯,等到项羽失败,他回到荥阳,总计是两年时间。

注释 1 故道:县名,在今陕西宝鸡市南。 2 章平:章邯的弟弟、部将。 3 高栎:村邑名,在壤乡附近。 4 内史:官名,此指雍王国的内史。 保:人名。 5 新城:《史记索隐》按:"《汉书》高帝元年咸阳名新城,武帝改名曰渭城。" 6 景陵:《汉书音义》说是"县名",今地不详。 7 宁秦:秦县名,高帝八年改名华阴,在今陕西华阴市东。 8 废丘:秦县名,高帝三年改名槐里,在今陕西兴平市东南。 9 中尉:掌管京城治安的武官。 10 龙且(jū):齐人,项羽部将。 项他:魏国丞相。

高祖二年,拜为假左丞相,入屯兵关中。[1] 月余,魏王豹反,以假左丞相别与韩信东攻魏将军孙遬军东张,大破之。[2] 因攻安邑,得魏将王襄。击魏王于曲

高祖二年,任用曹参做代理左丞相,屯兵驻守关中。一个多月后,魏王豹反叛,他以代理左丞相的身份和韩信往东在东张进攻魏将军孙遬的军队,把他们打得大败。乘势进攻安邑,俘获了魏王的将领王襄。在曲阳进击魏王,追击到武垣,活捉了魏王豹。夺取了平阳,俘获了魏王的母亲、妻子、儿女,平定了

阳，追至武垣，生得魏王豹。取平阳，得魏王母妻子，尽定魏地，凡五十二城。赐食邑平阳。因从韩信击赵相国夏说军于邬东，大破之，斩夏说[3]。韩信与故常山王张耳引兵下井陉，击成安君，而令参还围赵别将戚将军于邬城中。[4]戚将军出走，追斩之。乃引兵诣敖仓汉王之所。韩信已破赵，为相国，东击齐。参以右丞相属韩信，攻破齐历下军，遂取临菑。还定济北郡，攻著、漯阴、平原、鬲、卢。已而从韩信击龙且军于上假密[5]，大破之，斩龙且，虏其将军周兰。定齐，凡得七十余县。得故齐王田广相田光，其守相许章，及故齐胶东将军田既。[6]韩信为齐王，引兵诣陈，与汉王共破项羽，而参留平齐未服者。

全部魏地，总计有五十二座城邑。汉王把平阳赐给曹参作为食邑。他乘机跟从韩信在邬县东边出击赵王的相国夏说的军队，大败夏说军，斩杀了夏说。韩信和从前的常山王张耳领兵来到井陉，出击成安君，同时命令曹参回来把赵王另一支军队的将领戚将军包围在邬县城中。戚将军出城逃跑，曹参追击并斩杀了他。曹参于是领着兵到达汉王所在的敖仓。韩信打垮了赵国以后，做了相国，往东去进击齐国。曹参以右丞相的身份隶属韩信，进攻并打败了齐国在历下的军队，于是夺取了临菑。回过来平定济北郡，攻下了著、漯阴、平原、鬲、卢等县。随后跟从韩信在上假密出击龙且军，把他们打得大败，斩杀了龙且，俘虏了将军周兰。平定了齐地，总计夺得七十多个县。俘虏了从前齐王田广的丞相田光，还有那位替丞相留守的许章，以及从前齐地的胶东将军田既。韩信做了齐王，领着兵到达陈县，和汉王一起打败了项羽，而曹参留下来平定齐地还没有顺服的势力。

注释 1 高祖二年:公元前205年。 假:代理或暂设。 2 魏王豹:魏国贵族魏豹,项羽分封他为西魏王,王河东,都平阳。项羽败,从刘邦。 韩信:即淮阴侯韩信。 孙遬(sù):魏将名。遬,同“速”。 3 夏说:人名,原为代王陈余的相国。 4 张耳:大梁人,项羽分封其为常山王,王赵地,都襄国。归顺刘邦后,封为赵王,详见《张耳陈余列传》。 成安君:陈余的封号。 5 上假密:即高密,县名,在今山东高密市西南。 6 按:《田儋列传》《樊郦滕灌列传》均言得田光者为灌婴。 守相:替相留守。 胶东:封国名。项羽分封田市为胶东王,都即墨,在今山东平度市东南。

项籍已死,天下定,汉王为皇帝,韩信徙为楚王,齐为郡。参归汉相印。高帝以长子肥为齐王,而以参为齐相国。以高祖六年赐爵列侯,与诸侯剖符,世世勿绝。[1]食邑平阳万六百三十户,号曰平阳侯,除前所食邑。

以齐相国击陈豨将张春军,破之。黥布反,参以齐相国从悼惠王将兵车骑十二万人,与高祖会击黥布军,大破之。南至蕲,还定竹邑、相、萧、留。

项籍已经死去,天下平定,汉王当了皇帝,韩信被改封为楚王,齐地设置为郡。曹参归还了朝廷的丞相印章。高帝封自己的大儿子刘肥做齐王,而任用曹参做齐王的相国。高祖六年,他被赏赐了列侯爵位,朝廷和诸侯剖分符节,爵位世代相传,永不断绝。高祖赐给曹参平阳县的一万六百三十户作为食邑,封他为平阳侯,收回以前所给的食邑。

曹参以齐王相国的身份出击陈豨的将军张春的军队,打败了他们。黥布反叛,曹参以齐王相国的身份随从悼惠王率领车骑军十二万人,和高祖会合出击黥布的军队,把他们打得大败。往南到了蕲县,回过来平定了竹邑、相、萧、留各县。

参功：凡下二国[2]，县一百二十二；得王二人，相三人，将军六人，大莫敖、郡守、司马、侯、御史各一人。[3]

曹参的功劳：总计攻下了两个诸侯国，一百二十二个县；俘获诸侯王二人，诸侯国丞相三人，将军六人，大莫敖、郡守、司马、侯、御史各一人。

注释 1 列侯：秦爵二十级之最高级彻侯，后避武帝讳，改称通侯。 剖符：剖分符节，分封诸侯和功臣时作凭证的信物。 2 二国：指魏、齐。 3 王二人：指魏豹、田广。 相三人：指夏说、田光、许章。 将军六人：指李由、王襄、戚公、龙且、周兰、田既。 大莫敖：战国时楚国卿号，时沿用。

孝惠帝元年，除诸侯相国法，更以参为齐丞相。[1]参之相齐，齐七十城。天下初定，悼惠王富于春秋，参尽召长老诸生，问所以安集百姓如齐故俗，诸儒以百数，言人人殊，参未知所定。[2]闻胶西有盖公，善治黄老言，使人厚币请之。[3]既见盖公，盖公为言治道贵清静而民自定[4]，推此类具言之。

孝惠帝元年，废除了在诸侯国设置相国的制度，改任曹参做齐王的丞相。曹参做齐国丞相时，齐国有七十座城邑。天下刚刚平定，悼惠王还很年轻，曹参把当地全都长老和儒生都召集起来，询问保留齐国的原有习俗而使百姓安居乐业的办法，参加会议的儒生有几百人，一个人有一个人的说法，曹参听了无所适从。曹参听说胶西郡有个盖公，善于采用黄老学说，就派人带着厚礼去请他。他见到了盖公以后，盖公对他讲治国的方略贵在清静无为，如此，民众自己就会安定，以此类推，把这方面的道理全都讲了。曹参于是让出丞相处理政务的厅堂，请盖公住在里面。

参于是避正堂，舍盖公焉。[5]其治要用黄老术，故相齐九年，齐国安集，大称贤相。

此后曹参处理政事的要领用的就是黄老道家主张，所以他做了九年齐国丞相，齐国安定辑睦，人们称赞曹参是贤明的丞相。

注释 1 孝惠帝元年：公元前194年。 除……法：废除某种制度。 2 富于春秋：谓年轻。 长老：年高有德行的。 诸生：各位儒生。 安集：安定辑睦。 以百数（shǔ）：用百来计数，即有数百人。数，计。 3 黄老言：指以黄帝、老子为代表的道家学说。 币：礼物。 4 治道：治国的方略。 贵：重。 清静：即无为而治。 5 避：让出。 正堂：指丞相的处政之所。 舍：让……住。

惠帝二年，萧何卒。参闻之，告舍人趣治行，"吾将入相"。[1]居无何，使者果召参。参去，属其后相曰："以齐狱市为寄，慎勿扰也。"[2]后相曰："治无大于此者乎？"参曰："不然。夫狱市者，所以并容也，今君扰之，奸人安所容也？吾是以先之。"

惠帝二年，萧何去世。曹参听说了，告诉门客赶紧整治行装，"我将要进京都做相国"。过了不多久，使者果然来召唤曹参。曹参离去的时候，叮嘱在他以后做丞相的人说："对于齐国的狱市，千万不要严加整治。"后任丞相说："治理的政事没有比这更重要的吗？"曹参说："不是这样。狱市，是用来同时容纳各种人的，假若您去严加整治，有什么地方能容纳奸人呢？我因此首先提出这件事。"

参始微时，与萧何善；及为将相，有郤。[3]至

曹参当初地位卑贱的时候，和萧何友好；等他们都做了将相，两人之间就有了隔阂。等萧何将要死去的时候，他所推荐的贤者只有曹参。曹参接替

何且死,所推贤唯参。参代何为汉相国,举事无所变更,一遵萧何约束。[4]

萧何做朝廷的相国,办理政事丝毫没有什么改易,完全遵从萧何制定的法规。

注释 1 舍人:王公贵族的门客。 趣:赶快。 治行:整理行装。 2 属:通"嘱",嘱咐,交托。 狱市:指刑狱与集市。《史记志疑》引宋朱翌所撰《猗觉寮杂记》曰:"狱、市二事,狱如教唆词讼资给盗贼,市如用私斗秤欺谩变易之类,皆奸人图利之所,若穷治尽,则事必枝蔓,此等无所容必为乱,非省事之术也。" 寄:托付。 扰:打扰,整治。 3 微:卑贱。 郤:通"隙",嫌隙,隔阂。 4 举事:办理政事。 约束:规章,法度。

择郡国吏木诎于文辞,重厚长者,即召除为丞相史。[1]吏之言文刻深,欲务声名者,辄斥去之。日夜饮醇酒[2]。卿大夫已下吏及宾客见参不事事[3],来者皆欲有言。至者,参辄饮以醇酒,间之,欲有所言,复饮之,醉而后去,终莫得开说,以为常。

曹参挑选各郡和诸侯国官吏当中那些质朴不善于文辞的,若有稳重宽厚的长者,立即召来任命为丞相的属官。官吏当中言辞文字苛刻深究、想致力于追求声威名望的,他就斥退罢免他们。他日夜畅饮美酒。卿大夫以下的官吏和宾客看见曹参不料理丞相事务,都想给他提点意见。可是不论谁到他家,曹参都会敬上美酒,过了一会儿,人家刚要开口,他则又敬酒,直到灌醉离去,不给人家说话的机会,每次总是如此。

相舍后园近吏舍,吏舍日饮歌呼。从吏恶之,无如之何,乃请参游

相国住宅的后园靠近官吏的房舍,官吏房舍里整天饮酒、唱歌、呼叫。随从的官吏厌恶这种情况,也拿他们没有办法,就请求曹参到后园游览,听到了官吏房舍人们喝醉了酒唱歌呼叫,随

园中,闻吏醉歌呼,从吏幸相国召按之。[4]乃反取酒张坐[5]饮,亦歌呼与相应和。

从的官吏希望相国能召这些人来查办。曹参反倒是取来美酒张设坐席饮起来,也唱歌呼喊,与官吏的房舍相应和。

参见人之有细过,专掩匿覆盖之,府中无事。

曹参看到别人有小的过错,专门加以掩饰隐瞒并帮他遮盖起来,因此相国府中平安无事。

注释 1 木诎(qū):质朴。 除:任命。 2 醇酒:味道厚重的美酒。 3 不事事:不办理丞相的事务。 4 从吏:随从的官吏。 幸:希冀,希望。 按:查办。 5 张坐:张设坐席。

参子窋为中大夫[1]。惠帝怪相国不治事,以为"岂少[2]朕与?"乃谓窋曰:"若归,试私从容问而父曰:'高帝新弃群臣,帝富于春秋,君为相,日饮,无所请事,何以忧天下乎?'[3]然无言吾告若也。"窋既洗沐[4]归,间侍,自从其所谏参。参怒,而笞窋二百,曰:"趣入侍,天下事非若所当言也。"至朝时,惠帝让参曰:"与窋胡治[5]乎?乃者

曹参的儿子曹窋做中大夫。惠帝责怪相国不理政事,认为"难道是轻视我吗?"就对曹窋说:"你回家的时候,私下试着和缓地问问你父亲说:'高皇帝不久前离开群臣去世了,新皇帝年轻,您做国相,天天饮酒,也不拿什么事情去请示报告,怎么能表现出忧虑天下呢?'然而不要说是我告诉你这样做的。"曹窋到了休假日回家了,闲暇时侍奉着父亲,把惠帝的意思变成自己的话说给曹参。曹参大怒,就将曹窋鞭打了二百下,说:"赶紧进宫去侍奉皇帝,天下的事情不是你应当谈论的。"到了上朝的时候,惠帝责备

我使谏君也。”参免冠[6]谢曰:“陛下自察圣武孰与高帝?”上曰:“朕乃安敢望先帝乎!”曰:“陛下观臣能孰与萧何贤?”上曰:“君似不及也。”参曰:“陛下言之是也。且高帝与萧何定天下,法令既明,今陛下垂拱,参等守职,遵而勿失,不亦可乎?[7]”惠帝曰:“善。君休矣!”

参为汉相国,出入[8]三年。卒,谥懿侯。子窋代侯。百姓歌之曰:“萧何为法,覯[9]若画一;曹参代之,守而勿失。载其清净[10],民以宁一。”

曹参说:“和曹窋有什么相干呢?之前是我让他去规劝您的。”曹参脱下帽子谢罪说:“陛下自己觉得在圣明英武方面和高帝相比谁强?”皇上说:“我怎么敢和先帝相比呢!”曹参说:“陛下看我的才能和萧何相比谁贤?”皇上说:“您似乎赶不上萧何。”曹参说:“陛下讲得是很对的。高帝和萧何平定了天下,法令已经明确,如今陛下垂衣拱手,曹参等谨守职责,遵循着原有法令而不更改,不就可以了吗?”惠帝说:“好。您去休息吧!”

曹参做朝廷的相国,前后三年。去世后,谥号为懿侯。儿子曹窋接替侯位。百姓歌颂他说:“萧何制定法令规章,平直明确,整齐划一;曹参接替担任相国,忠实遵守,不加更改。推行他清静无为的主张,民众因此生活安宁。”

注释 1 中大夫:官名,属郎中令,掌议论。 2 少:轻视。 3 若:你。 从容:游闲舒缓。 而:你。 新弃群臣:去世不久的讳言。 4 洗沐:休假。汉代官吏五日一休假。洗,洗澡。沐,洗头发。 5 胡治:何干。治,相干。 6 免冠:脱下帽子。古人谢罪的一种方式。 7 垂拱:垂衣拱手。无所事事之意。 失:放弃,更改。 8 出入:前后。 9 覯(jiǎng,又读jiào):明直。《汉书》作“讲”。讲,和也。 10 载:行,乘。 清净:《汉书》作“清靖”,清静。

平阳侯窋，高后时为御史大夫[1]。孝文帝立，免为侯。立二十九年卒，谥为静侯。子奇代侯，立七年卒，谥为简侯。子时代侯。时尚平阳公主[2]，生子襄。时病疠[3]，归国。立二十三年卒，谥夷侯。子襄代侯。襄尚卫长公主[4]，生子宗。立十六年卒，谥为共侯。子宗代侯。征和二年中，宗坐太子死，国除。[5]

平阳侯曹窋，高后的时候做御史大夫。孝文帝继位，曹窋被免除了官职，只保留了侯爵的爵位。他在位二十九年去世，谥号是静侯。儿子曹奇接替侯位，在位七年去世，谥号是简侯。儿子曹时接替侯位。曹时娶了平阳公主，生了儿子曹襄。曹时生了疫病，回到侯国。他在位二十三年去世，谥号是夷侯。儿子曹襄接替侯位。曹襄娶了卫长公主，生了儿子曹宗。他在位十六年去世，谥号是共侯。儿子曹宗接替侯位。征和二年，曹宗因受太子刘据兵变牵连而被处死，封国被废除。

注释 1 御史大夫：官名，副丞相，三公之一。 2 尚：娶帝王之女称“尚”。《史记集解》引韦昭曰：“尚，奉也。不敢言娶。” 平阳公主：景帝的女儿。 3 疠：疫病。 4 卫长公主：武帝卫皇后的长女。 5 征和二年：公元前91年。 太子：指武帝太子刘据，因发动兵变而死。

太史公曰：曹相国参攻城野战之功所以能多若此者，以与淮阴侯俱。及信已灭，而列侯成功，唯独参擅[1]其名。参为汉相国，清静极言

太史公说：曹相国参攻夺城邑、旷野作战的功劳如此之多的原因，是由于他一直和淮阴侯韩信在一起。等到韩信已被诛灭，靠着战功被封侯的人，便只有曹参最出名了。曹参做了朝廷的相国，治政清静无为，极力主张遵循自然之道。百姓们在遭受了秦朝残酷

合道。然百姓离[2]秦之酷后，参与休息无为，故天下俱称其美矣。

统治以后，曹参无为而治，给予了他们休养生息的机会，所以天下人都称颂他的美德。

注释 1 擅：专有。 2 离：通“罹”，遭受。

史记卷五十五

留侯世家二十五

原文

留[1]侯张良者，其先韩人也。大父开地，相韩昭侯、宣惠王、襄哀王。[2]父平，相釐王、悼惠王[3]。悼惠王二十三年[4]，平卒。卒二十岁，秦灭韩。良年少，未宦事[5]韩。韩破，良家僮[6]三百人，弟死不葬，悉以家财求客刺秦王，为韩报仇，以大父、父五世相韩故。

良尝学礼淮阳[7]。东见仓海君[8]。得力士，为铁椎重百二十斤。秦皇帝东游，良与客狙击秦皇帝

译文

留侯张良，他的祖先是韩国人。祖父张开地，辅佐过韩昭侯、韩宣惠王、韩襄哀王。父亲张平，辅佐过韩釐王、韩悼惠王。悼惠王二十三年，张平去世。张平去世后二十年，秦国灭亡了韩国。张良年纪小，没有担任过韩国的官职。韩国败亡以后，张良家中富有，有奴仆三百人，弟弟死了却不厚葬，拿出全部的家财寻求刺客刺杀秦王，替韩国报仇，这是因为他的祖父、父亲辅佐了五代韩国国君的缘故。

张良曾经到淮阳郡学过礼。往东去见过仓海君。他寻到了一位力士，做了一个一百二十斤重的铁椎。秦始皇到东部巡游，张良就和这位力士在博浪沙地区伺机袭击秦始皇，

博浪沙中，误中副车。[9]秦皇帝大怒，大索天下，求贼甚急，为张良故也。良乃更名姓，亡匿下邳。

误中了秦始皇的副车。秦始皇非常恼怒，下令全国搜查，一定要捉到刺客，这就是张良他们干的。张良就更改了姓名，在下邳县隐藏起来。

注释 1 留：汉县名，在今江苏沛县东南。张良封邑于此。 2 大父：祖父。 韩昭侯：韩国国君，名武，公元前362或358—前333年在位。 宣惠王：韩国国君，昭侯之子，公元前332—前312年在位。 襄哀王：韩国国君，名仓，宣惠王之子，公元前311—前296年在位。 3 釐王：名咎，襄哀王之子，公元前295—前273年在位。一说“釐”通“僖”。 悼惠王：亦作桓惠王，釐王之子，公元前272—前239年在位。 4 悼惠王二十三年：即公元前250年。 5 宦事：当官服务。一云“宦”为“尝”之误。 6 僮：奴仆。 7 淮阳：古郡国名，治所陈县，在今河南淮阳县。 8 仓海君：一说为隐士，不详；一说为东夷君长。仓海，郡名，武帝元朔元年至三年（公元前128—前126年）所设，治所在今朝鲜民主主义人民共和国之安边。 9 狙（jū）击：伺机袭击。 副车：皇帝的侍从车辆。

良尝间从容步游下邳圯上，有一老父，衣褐，至良所，直堕其履圯下，顾谓良曰：“孺子，下取履！”[1]良鄂[2]然，欲殴之。为其老，强忍，下取履。父曰：“履我！”良业为取履，因长跪履之。[3]父以足受，笑而去。良

张良曾经在闲暇时从容地在下邳的桥上漫步游览，有一位老人，穿着粗布短衣，来到张良跟前，故意把自己的鞋子掉落到桥下，回过头来对张良说：“小伙子，下去把鞋子捡上来！”张良表现出惊讶的样子，想揍他一顿。因为他是老人，强忍着，下去捡起了鞋子。老人说：“给我把鞋子穿上！”张良已经替他捡来了鞋子，也就双膝跪着给他把鞋子穿上。老人穿上了鞋

殊[4]大惊,随目之。父去里所[5],复还,曰:“孺子可教矣。后五日平明,与我会此。”良因怪之,跪曰:“诺。”五日平明,良往。父已先在,怒曰:“与老人期,后[6],何也?”去,曰:“后五日早会。”五日鸡鸣,良往。父又先在,复怒曰:“后,何也?”去,曰:“后五日复早来。”五日,良夜未半往。有顷[7],父亦来,喜曰:“当如是。”出一编书[8],曰:“读此则为王者师矣。后十年兴。十三年,孺子见我济北,穀城山[9]下黄石即我矣。”遂去,无他言,不复见。旦日视其书,乃《太公兵法》[10]也。良因异之,常习诵读之。

子,笑着离去了。张良感到特别惊讶,目送着老人离开。老人走了一里来地,又回来了,说:“小伙子,你很值得培养。五天以后天刚亮的时候,你来这里和我相见。”张良觉得奇怪,跪着说:“好。”第五天天刚亮,张良去了。老人已经先到了,生气地说:“和老人相约,却迟到了,为什么?”老人离去时,说:“五天以后早一点来相见。”第五日鸡鸣时分,张良前往。老人又是先到了,再次生气地说:“晚到,是为什么?”老人离去时,又说:“五天以后再次早点儿来。”第五日,张良还没有到半夜就去了。过了一会儿,老人也来了,高兴地说:“应当像这样做。”拿出一册书,说:“读了这册书就可以做帝王的老师了。以后十年你会发迹。十三年后小伙子你在济北可以看见我,穀城山下有一块黄石那就是我。”说完就离去了,没有说别的话,张良从此再也没有见到这个人。天亮后一瞧这册书,原来是《太公兵法》。张良因而觉得这册书非同寻常,常常学习诵读它。

注释 **1** 间:闲暇。 从容:轻松舒缓。 圯(yí):桥。 衣褐:穿着粗布短衣。 直:特意。 履:鞋子。 孺子:犹小子、竖子,含藐视轻蔑意。

2 鄂:通“愕”,惊讶。 3 业为:已经。业,既,已。 长跪:双膝着地,伸直腰股。 4 殊:很,非常。 5 里所:一里来地。所,左右,大约。 6 后:晚到,迟到。 7 有顷:过了一会。 8 一编书:一册书。古人用竹简写书,编联在一起为一册。 9 穀城山:一名“黄山”,在今山东东阿县东南。 10《太公兵法》:相传为太公姜尚所著之兵书。

居下邳,为任侠[1]。项伯常[2]杀人,从良匿。

后十年,陈涉等起兵,良亦聚少年百余人。景驹[3]自立为楚假王,在留。良欲往从之,道遇沛公。沛公将数千人,略地下邳西,遂属焉。沛公拜良为厩将[4]。良数以《太公兵法》说沛公,沛公善之,常用其策。良为他人言,皆不省[5]。良曰:“沛公殆天授。”故遂从之,不去见景驹。

及沛公之薛,见项梁。项梁立楚怀王。良乃说项梁曰:“君已立楚后,而韩诸公子横阳君成[6]贤,可立为王,益树党。”项

张良居住在下邳,敢于仗义行侠。项伯曾经杀过人,跟从张良隐藏起来。

十年过后,陈涉等人发动起义,张良也聚集了一百多人。景驹自己立为代理楚王,王都设在留县。张良想前去依从他,在路上遇见了沛公。沛公率领几千人,攻夺土地到了下邳西面,张良就归附于他。沛公任命张良做厩将。张良多次用《太公兵法》来劝说沛公,沛公觉得很好,常常运用其中的计策。张良对其他人讲过,都不能领悟。张良说:“沛公大概是上天授意给他的。”所以他最终跟从了沛公,没去进见景驹。

等沛公到了薛县,见到了项梁。项梁立了楚怀王。张良就劝告项梁说:“您已经立了楚国的后代,而韩国诸公子中的一位横阳君韩成贤能,可以立他做王,以更多地树立自己的党羽。”项梁派张良去寻找韩成,

梁使良求韩成，立以为韩王。以良为韩申徒，与韩王将千余人西略韩地，得数城，秦辄复取之，往来为游兵颍川。[7]

立他做了韩王。张良被任命为韩司徒，和韩王一起带领一千多人往西去夺取原属韩国的土地，得到了几座城邑，秦朝又很快夺回去了，他们只好在颍川一带游动作战。

注释 1 任侠：古人把重信义、轻生死，抑强扶弱的行为或人称为任侠。 2 常：通"尝"，曾经。 3 景驹：人名，楚国王族的后裔。 4 厩(jiù)将：官名，军队中主管马匹的官。厩，马舍。 5 省(xǐng)：领悟。 6 横阳君成：即韩成，前韩国公子，横阳君为其封号。 7 申徒：即司徒，其地位近似丞相。 游兵：游动作战之兵。

沛公之从雒阳南出轘辕，良引兵从沛公，下韩十余城，击破杨熊军。[1]沛公乃令韩王成留守阳翟，与良俱南，攻下宛，西入武关。[2]沛公欲以兵二万人击秦峣下军，良说曰："秦兵尚强，未可轻。臣闻其将屠者子，贾竖易动以利。愿沛公且留壁，使人先行，为五万人具食，益为张旗帜诸山上，为疑兵，令郦食其持重宝啖秦将。"[3]秦将

沛公从雒阳往南走出轘辕邑，张良领着兵跟从沛公，攻下了韩地十多座城，打败了秦将杨熊的军队。沛公就命令韩王韩成留守在阳翟，他和张良往南，攻下了宛城，往西进入武关。沛公想统领二万人的兵力去进击秦朝峣关下的军队，张良劝告说："秦朝的兵力还很强大，不可以轻敌。我听说镇守峣关的将领是屠户的儿子，商人这班小子容易受利益驱使。希望您暂且留在军营，派人先行动，替五万人备办饭食，在各个山头上张挂更多旗帜，用来迷惑敌军，派郦食其携带着贵重宝物去收买秦朝守关将领。"秦朝将领

果畔[4]，欲连和俱西袭咸阳，沛公欲听之。良曰："此独其将欲叛耳，恐士卒不从。不从必危，不如因其解[5]击之。"沛公乃引兵击秦军，大破之。逐北至蓝田，再战，秦兵竟败。遂至咸阳，秦王子婴降沛公。

果然背叛，想和沛公联合一起往西去袭击咸阳，沛公想答应。张良说："这次只是那个收取贿赂的将领想背叛罢了，恐怕士卒们不会依从。要是士卒不依从，就必定危险，不如趁他们松懈时去攻击他们。"沛公就引领兵众攻击秦军，把他们打得大败。追逐逃亡的兵士直到蓝田，再一次交战，秦军终于失败了。于是沛公到达咸阳城，秦王子婴向沛公投降。

注释 1 轘(huán)辕：秦邑名，在今河南省偃师县东南。 杨熊：秦朝将领。 2 宛(yuān)：秦县名，在今河南南阳市。 武关：关名，在今陕西商南县东南，临近河南省界。 3 峣(yáo)：峣关，在今陕西蓝田县东南，霸水边。 贾(gǔ)竖：对商人之蔑称。 壁：军营。 具：备办。 郦食其(lì yì jī)：刘邦将领，能言善辩。 啖：本义为吃，这里为引诱、收买。
4 畔：通"叛"。 5 解(xiè)：通"懈"，松懈。

沛公入秦宫，宫室帷帐狗马[1]重宝妇女以千数，意欲留居之。樊哙谏沛公出舍[2]，沛公不听。良曰："夫秦为无道，故沛公得至此。夫为天下除残贼，宜缟素为资。[3]今始入秦，即安其乐，此所

沛公进入秦朝宫殿，宫殿房室，帷帐狗马，重宝妇女都多得要用千计数，沛公一心想留下来居住。樊哙劝谏沛公搬出去住，沛公不听从。张良说："因为秦朝暴虐无道，所以沛公才能够到达这里。既然我们是替天下除去残虐害民的暴君，就应该以节俭朴素作为根本。如今刚刚进入秦朝宫殿，就安于逸乐，这就是所谓

谓‘助桀为虐[4]’。且‘忠言逆耳利于行,毒药苦口利于病’[5],愿沛公听樊哙言。”沛公乃还军霸上。

的‘助桀为虐’。而且有俗语说‘忠言逆耳利于行,毒药苦口利于病’,希望沛公听从樊哙的意见。”沛公才领军回到霸上驻扎下来。

注释 1 狗马:用于游猎的犬和马。此代指玩乐之物。 2 出舍:搬出居住。舍,驻扎,居住。 3 残贼:残虐害民的暴君。 缟素:本指白色朴素的、没有文绣的绸帛,此义以朴素、节俭为本。 资:凭借。《史记集解》引晋灼曰:“资,藉也。欲沛公反秦奢泰,服俭素以为藉也。” 4 助桀为虐:帮助暴君夏桀干坏事,后泛指帮助恶人干坏事。 5 此句引文盖当时俗语。 毒药:辛烈的药物。

项羽至鸿门[1]下,欲击沛公,项伯乃夜驰入沛公军,私见张良,欲与俱去。良曰:“臣为韩王送沛公,今事有急,亡去不义。”乃具以语沛公。沛公大惊,曰:“为将柰何[2]?”良曰:“沛公诚欲倍项羽邪?”[3]沛公曰:“鲰生教我距关无内诸侯,秦地可尽王,故听之。”[4]良曰:“沛公自度能却项羽乎?”[5]沛公默然良

项羽到了鸿门下,想攻击沛公,项伯于是连夜奔驰进入沛公军中,私下会见张良,想约他一起离开。张良说:“我替韩王来护送沛公,如今他有急难,我逃走是不道德的。”就把全部情况告诉沛公。沛公大惊失色,说:“这该怎么办?”张良说:“沛公真是想背叛项羽吗?”沛公说:“有无知浅薄的小人教我把守住函谷关,不要让诸侯们进来,秦朝的中心地带就可全归我所有,所以听了他的话。”张良说:“您自己估计能够打退项羽吗?”沛公沉默了好久,说:“本来就是不可能的。

久,曰:“固不能也。今为柰何?”良乃固要项伯。[6]项伯见沛公。沛公与饮为寿,结宾婚。[7]令项伯具言沛公不敢倍项羽,所以距关者,备他盗也。及见项羽后解[8]。语在《项羽》事中。

如今怎么办?”张良坚决邀请项伯来见沛公。项伯会见了沛公。沛公和他饮酒,并祝他健康长寿,双方结交为朋友并订为儿女亲家。沛公请项伯向项羽说明他不敢背叛项羽,至于把守住函谷关的原因,是要防备其他的强盗。等到沛公见到项羽后,双方达成和解。这件事的详细情况记在《项羽本纪》中。

注释 1 鸿门:秦邑名,在今陕西西安市临潼区东北。 2 为将柰何:即“将为柰何”,将对之怎么办。 3 诚:的确,真的。 倍:通“背”,背叛。 4 鲰(zōu)生:浅薄无知的人,小人。 距:通“拒”。此指封锁,把守。 内:同“纳”,接纳。 5 度(duó):推测、估量。 却:退却。 6 固:前一为“本来”,后一为“坚决”。 要(yāo):邀请。 7 为寿:敬酒祝贺健康长寿。 结宾婚:结交为友,并订为儿女亲家。 8 解:和解。

汉元年[1]正月,沛公为汉王,王巴蜀。汉王赐良金百溢,珠二斗,良具以献项伯。[2]汉王亦因令良厚遗[3]项伯,使请汉中地。项王乃许之,遂得汉中地。汉王之国,良送至褒中[4],遣良归韩。良因说汉王曰:“王何不烧绝所过栈道[5],

汉元年正月,沛公被封为汉王,封邑是巴、蜀二郡。汉王赏赐给张良黄金二千两,珍珠二斗,张良把它全都献给了项伯。汉王也因而要张良厚赠项伯一些财物,让项伯帮他向项羽请求汉中地区。项王就答应了,于是汉王得到了汉中郡的土地。汉王前往封国,张良送他到了褒中,汉王遣送张良回韩王那里去。张良因而劝告汉王说:“您何不把所经过

示天下无还心，以固项王意。”乃使良还，行，烧绝栈道。

良至韩，韩王成以良从汉王故，项王不遣成之国，从与俱东。良说项王曰：“汉王烧绝栈道，无还心矣。”乃以齐王田荣反书[6]告项王。项王以此无西忧汉心，而发兵北击齐。

的栈道都烧了，断绝和关中的往来，向天下表示您没有返回的想法，以此消除项羽的疑心。”汉王让张良回去，他前往汉中，把所经过的栈道都烧了。

张良到了韩国，因为韩王成派了张良去依附汉王的缘故，项王不派韩成前往封国，带着他一起往东边去了。张良劝告项王说：“汉王烧毁栈道断绝了交通，没有回来的想法了。”就把齐王田荣反叛的檄文告诉项羽。于是项羽不再防备西边的汉王，发兵往北去攻击齐国。

注释　1 汉元年：即公元前206年，这年刘邦被项羽封为汉王。2 溢(yì)：通“镒”，古代的重量单位，二十两为一镒，一说为二十四两。　具：完全，全部。　3 遗(wèi)：给予，赠送。　4 褒中：邑名，古褒国所在地，在今陕西汉中市西北。　5 栈道：在险峻山腰用竹木搭建的通道。　6 齐王田荣反书：田荣，齐国贵族后裔，陈涉起兵时亦起兵齐地。后和项羽有矛盾，并发表反项的檄文。

项王竟[1]不肯遣韩王，乃以为侯，又杀之彭城。良亡，间行[2]归汉王，汉王亦已还定三秦矣。复以良为成信侯，从东击楚。至彭城，汉败而还。至下邑，

项王最终不肯派遣韩王前往封国，就降他为侯，又把他带到彭城杀了。张良逃走了，抄小路回到汉王这里，汉王也已经平定了三秦。再次封张良做成信侯，跟着汉王往东去进击楚国。到了彭城，汉王兵败而还。到了下邑，汉王下了马蹲在

汉王下马踞鞍而问曰:"吾欲捐关以东等弃之,谁可与共功者?"[3]良进曰:"九江王黥布,楚枭将,与项王有郄;[4]彭越与齐王田荣反梁地:此两人可急使。而汉王之将独韩信可属[5]大事,当一面。即欲捐之,捐之此三人,则楚可破也。"汉王乃遣随何[6]说九江王布,而使人连彭越。及魏王豹反,使韩信将兵击之,因举燕、代、齐、赵。[7]然卒破楚者,此三人力也。

张良多病,未尝特将[8]也,常为画策臣,时时从汉王。

马鞍上询问说:"我想舍弃函谷关以东的土地来封赏别人,谁是可以共同建立破楚功劳的人?"张良说:"九江王黥布,是楚国的猛将,和项王有隔阂;彭越和齐王田荣在梁地反叛项王:这两个人可以马上利用。而汉王的将领只有韩信可以委派重任,独当一面。如果您想拿出土地封赏,就封赏给这三个人,那么楚国就可以打败了。"汉王就派遣随何去游说九江王黥布,并派人去联合彭越。等到魏王豹反叛,派韩信领兵去进击他,趁势攻取了燕、代、齐、赵。然而最终打败楚国的,是这三个人的力量。

张良多病,未曾单独领兵打仗,常常做出谋划策之臣,时时跟从着汉王。

注释 1 竟:始终,最终。 2 间行:潜行,走小路。 3 下邑:县名,在今安徽砀山县。 踞鞍:蹲坐在马鞍上。古人行军休息,常解下马鞍作坐卧之具。 捐:舍弃。 弃:抛弃。此意为封赏给人。 共功:共建破楚之功。 4 枭(xiāo)将:猛将。枭,本指凶猛的鸟。 郄:隔阂。 5 属(zhǔ):委托、交付。 6 随何:刘邦的谋士,以善辩为名。 7 魏王豹:魏国贵族,曾自立为魏王。 举:攻取。 8 特将:单独率兵。特,只,独。

汉三年，项羽急围汉王荥阳，汉王恐忧，与郦食其谋桡楚权。[1]食其曰："昔汤伐桀，封其后于杞[2]。武王伐纣，封其后于宋[3]。今秦失德弃义，侵伐诸侯社稷，灭六国之后，使无立锥之地。陛下诚能复立六国后世，毕已受印，此其君臣百姓必皆戴陛下之德，莫不乡风慕义，愿为臣妾。[4]德义已行，陛下南乡称霸，楚必敛衽而朝。[5]"汉王曰："善。趣刻印，先生因行佩之矣。"[6]

汉三年，项羽把汉王紧紧包围在荥阳，汉王恐惧忧虑，和郦食其谋划如何削弱楚国的权势。郦食其说："从前商汤讨伐夏桀，把夏的后代封在杞国。周武王讨伐商纣，把商的后代封在宋国。如今秦朝失弃了德义，侵害攻伐诸侯各国的社稷，灭了六国的后代，使他们连插立锥尖的一小块土地也没有。陛下果真能重新封立六国的后代，让他们全都接受封印，这样，他们的君臣百姓必定都会感戴陛下的恩德，没有谁不闻风而仰慕高义，希望成为您的臣仆。德义已经推行，陛下面向南坐而称霸，楚国必定会恭敬地来朝拜了。"汉王说："好。赶快去刻制印章，先生趁出行时就可以佩带着了。"

注释　1 汉三年：即公元前204年。　桡：本为阻止，此为削弱、限制。　2 杞：古国名，都今河南杞县。　3 宋：古国名，都今河南商丘市南。　4 诚：的确，确实。　毕：全，都。　乡风：闻风。乡(xiàng)，通"向"。下文"乡"亦同此。　5 南乡：面向南。　敛衽(rèn)：本指整理衣襟，此指表示恭敬，愿为臣下的意思。　6 趣(cù)：赶紧。　因行：趁出行之机。　佩：佩带。

食其未行，张良从外来谒。汉王方食，曰："子房前[1]！客有为我计桡楚

郦食其还没有启行，张良从外面来谒见。汉王正在吃饭，说："子房向前来！有客人来替我谋划如何

权者。”具以郦生语告，曰：“于子房何如？”良曰：“谁为陛下画此计者？陛下事[2]去矣。”汉王曰：“何哉？”张良对曰：“臣请借前箸[3]为大王筹之。”曰：“昔者汤伐桀而封其后于杞者，度能制桀之死命也。今陛下能制项籍之死命乎？”曰：“未能也。”“其不可一也。武王伐纣封其后于宋者，度能得纣之头也。今陛下能得项籍之头乎？”曰：“未能也。”“其不可二也。武王入殷，表商容之闾，释箕子之拘，封比干之墓。[4]今陛下能封圣人之墓，表贤者之闾，式[5]智者之门乎？”曰：“未能也。”“其不可三也。发钜桥之粟，散鹿台之钱，以赐贫穷。[6]今陛下

削弱楚国的权势。”汉王把郦生的话全告诉张良，说：“子房认为怎么样？”张良说：“是谁替陛下出了这个计策？陛下夺取天下的大事全完了。”汉王说：“为什么呀？”张良回答说：“我请求借着前面的筷子替大王比划一下利害。”张良说：“从前商汤讨伐夏桀而封夏的后代在杞的原因，是估计到能置夏桀于死地。如今陛下能置项籍于死地吗？”汉王说：“还不能。”张良说：“这是不能那样做的第一个理由。周武王讨伐商纣并封商的后代在宋的原因，是估计到能够得到商纣的头。如今陛下能够得到项籍的头吗？”张良说：“还不能。”张良说：“这是不能那样做的第二个理由。武王进入殷都，立表彰显商容的里门，释放了被拘囚的箕子，给比干的墓堆土添坟。如今陛下能够给圣人的墓堆土添坟，在贤者的里门立表表彰他，在有才智的人的面前向他致敬吗？”汉王说：“还不能。”张良说：“这是不能那样做的第三个理由。武王散发钜桥的积粟和鹿台的钱财，以便赐给贫穷的民众。如今陛下能够散发府库中的积蓄来赐给贫穷的民众吗？”汉王说：“还不能。”张良说：“这是不可以那样做的第四个理

能散府库以赐贫穷乎？”曰：“未能也。”“其不可四矣。殷事已毕，偃革为轩，倒置干戈，覆以虎皮，以示天下不复用兵。[7] 今陛下能偃武行文，不复用兵乎？”曰：“未能也。”“其不可五矣。休马华山之阳[8]，示以无所为。今陛下能休马无所用乎？”曰：“未能也。”“其不可六矣。放牛桃林之阴，以示不复输积。[9] 今陛下能放牛不复输积乎？”曰：“未能也。”“其不可七矣。且天下游士离其亲戚，弃坟墓，去故旧，从陛下游者，徒欲日夜望咫尺之地。[10] 今复六国，立韩、魏、燕、赵、齐、楚之后，天下游士各归事其主，从其亲戚，反[11] 其故旧坟墓，陛下与谁取天

由。对殷的作战已经完毕，周武王把废弃的兵车改为篷车，把武器收藏起来，盖上虎皮，这样来向天下表示不再打仗。如今陛下能停止用武推行教化，不再用兵打仗了吗？”汉王说：“还不能。”张良说：“这是不可以那样做的第五个理由。周武王放战马在华山的南面休息，表示没有能用它们的地方了。如今陛下能让战马休息而没有用得着的地方吗？”汉王说：“还不能。”张良说：“这是不可以那样做的第六个理由。周武王把替作战时做运输用的牛放还桃林塞的北边，以表示不再需要运输积聚。如今陛下能够放还牛不再需要运输积聚吗？”汉王说：“还不能。”张良说：“这是不可以那样做的第七个理由。而且天下的游说之士离开他的父母兄弟，放弃护守祖宗的坟墓，告别知心的旧友，跟从陛下游历，只是日夜盼望着想分得一点点土地。如今却要恢复六国，分封韩、魏、燕、赵、齐、楚各国的后代，天下的游士各自回去侍奉他的君主，依从他的父母兄弟，返回到旧友的怀抱和祖宗坟墓所在地，陛下和谁去夺取天下呢？这是不可以那样做的第八个理由。再说现在楚国是最强的，六国立为王的人会再次屈服而

下乎？其不可八矣。且夫楚唯无强，六国立者复桡而从之，陛下焉得而臣之？[12] 诚用客之谋，陛下事去矣。”汉王辍食吐哺，骂曰：“竖儒，几败而公事！”[13] 令趣销印。

汉四年[14]，韩信破齐而欲自立为齐王，汉王怒。张良说汉王，汉王使良授齐王信印，语在《淮阴》事中。

其秋，汉王追楚至阳夏南，战不利而壁固陵，诸侯期不至。[15] 良说汉王，汉王用其计，诸侯皆至。语在《项籍》事中。

依附楚国，陛下又怎么能使他们臣服呢？果真用了这位客人的计谋，陛下夺取天下的大事就全完了。”汉王停止了用饭，把嘴里的食物吐出来，骂着说：“这个儒生小子，差一点儿就坏了老子的大事！”让人赶紧去销毁印章。

汉四年，韩信攻破了齐国而想自立为齐王，汉王发怒。张良劝说汉王，汉王派张良授给了韩信齐王印章，这件事的详情记载在《淮阴侯列传》中。

这年秋天，汉王追击楚王到了阳夏南面，战斗不利就坚守在固陵，诸侯们在约定的期限没有来到。张良劝说汉王，汉王用他的计策，诸侯们就都来到。这件事的详情记载在《项羽本纪》中。

注释　1 前：过来，即靠近我。　2 事：指夺取天下之大事。　3 箸(zhù)：筷子。　4 表：立表进行表彰。　商容：商纣时贤者，曾任乐官，后隐居。　闾：里巷之门。　箕子：商纣时贤者，纣之伯叔父，因其进谏而被囚禁。　封：修坟培土。　比干：商纣时贤者，纣之伯叔父，因其强谏而被纣剖腹挖心而死。　5 式：通“轼”，本指车前横木，后古人乘车凡遇到应该表示敬意的事物时，将头伏在轼上，这个动作亦称“轼”。此即标榜、尊崇之意。　6 钜桥：也作“巨桥”，指钜桥仓，商纣粮仓所在地，在今河北曲周县东北。　鹿台：商纣所建台名，纣王生前曾把大量财宝储藏于此。在今河南汤阴县境内。 **7** 偃:停废。 革:指兵车。 轩:带篷乘坐之车。 干戈:武器。干,盾牌。戈,攻击性武器。 **8** 休马:放战马休息。 阳:山之南。 **9** 牛:指战争中用于运输的牛。 桃林:亦称桃林塞,此地约在今河南灵宝市以西,陕西潼关县以东地区。 输积:运输与积聚。 **10** 亲戚:古时指父母兄弟。 坟墓:此指代祖宗。 咫(zhǐ)尺:微小。咫,八寸为一咫。 **11** 反:同"返"。 **12** 楚唯无强:即唯楚无强敌。《史记订补》:"无强,犹言无敌,无有比之更强者。" 桡:屈服。 焉:怎么。 臣之:使之臣服。 **13** 辍(chuò):停止。 哺:食物。 竖儒:对儒生之蔑称。 而公:你老子。而,你。 **14** 汉四年:即公元前203年。 **15** 壁:本指营垒,此用为动词,驻扎,坚守。 期:约定的期限。

汉六年[1]正月,封功臣。良未尝有战斗功,高帝曰:"运筹策[2]帷帐中,决胜千里外,子房功也。自择齐三万户。"良曰:"始臣起下邳,与上会留,此天以臣授陛下。陛下用臣计,幸而时中,臣愿封留足矣,不敢当三万户。[3]"乃封张良为留侯,与萧何等俱封。

上已封大功臣二十余人,其余日夜争功不决,未得行封。上在雒阳南宫,从复道[4]望见诸将往往相

汉六年正月,封赏功臣。张良未曾有过战斗的功劳,高帝说:"在帷帐中筹划计谋,能决定千里以外战争的胜利,是子房的功劳。你可以自己选择齐国的三万户作为封邑。"张良说:"开始时我从下邳起事,和皇上在留县相遇,这是上天把我授给陛下。陛下采用我的计策,我侥幸有时能料中,封给我留县就够了,不敢承受三万户。"高祖就封张良为留侯,他和萧何等人一块儿受封。

皇上已经封赏了大功臣二十多人,其余的人日夜争功名次不能决定下来,还没有能进行封赏。皇上在雒阳南宫,从楼阁间的空中通道上望见诸将领常常一同坐在沙地上

与坐沙中语。上曰:“此何语?”留侯曰:“陛下不知乎?此谋反耳。”上曰:“天下属[5]安定,何故反乎?”留侯曰:“陛下起布衣,以此属取天下,今陛下为天子,而所封皆萧、曹故人所亲爱,而所诛者皆生平所仇怨。[6]今军吏计功,以天下不足遍封,此属畏陛下不能尽封,恐又见疑平生过失及诛[7],故即相聚谋反耳。”上乃忧曰:“为之柰何?”留侯曰:“上平生所憎,群臣所共知,谁最甚者?”上曰:“雍齿[8]与我故,数尝窘辱我。我欲杀之,为其功多,故不忍。”留侯曰:“今急先封雍齿以示群臣,群臣见雍齿封,则人人自坚矣。”于是上乃置酒,封雍齿为什方侯[9],而急趣丞相、御史定功行封。群臣罢酒,皆喜曰:“雍齿尚为侯,我属无患矣。”

议论。皇上说:“这些人议论些什么?”留侯说:“陛下不知道吗?这不过是在谋划反叛而已。”皇上说:“天下刚刚安定,他们为何要反叛呢?”留侯说:“陛下从平民起事,依靠这些人夺取了天下,如今陛下做了天子,而所封的都是萧何、曹参等亲近的故友,而所诛杀的都是以往的仇人。如今军吏计算功劳,认为天下的土地还不足以普遍封赏,这些人害怕陛下不能使他们都受封赏,又害怕因他们过去的过失而受到诛杀,所以就聚在一起图谋反叛罢了。”皇上就忧虑着说:“这该怎么办?”留侯说:“皇上平生最憎恨而群臣也都知道的人是谁?”皇上说:“雍齿和我有旧怨,曾经多次让我遭受窘困。我想杀了他,但因为他功劳多,所以不忍心。”留侯说:“如今先赶快封赏雍齿来给群臣看,群臣们见到雍齿都受封了,那么他们就会放心了。”于是皇上置备酒宴,封雍齿为什方侯,并紧急催促丞相、御史确定功劳次第进行封赏。酒宴散了以后,群臣们都欢喜地说:“连雍齿都被封了侯,我们这些人没有祸患了。”

注释 1 汉六年:即公元前201年。 2 筹策:筹划,计谋。 3 幸而时中(zhòng):侥幸地有时料中。 当:承受。 4 复道:亦称阁道,楼阁间的空中通道。 5 属(zhǔ):适值,刚刚。 6 布衣:平民。 以:凭借,依靠。 属:辈,类。 故人所亲爱:亲近的故人。 7 见:被。 平生:以往。 8 雍齿:刘邦部将,曾随刘邦起兵,后降魏,复归汉。 故:此指有旧怨。 9 什方侯:封爵名。什方,汉县名,在今四川什邡市。

刘敬[1]说高帝曰:"都关中。"上疑之。左右大臣皆山东人,多劝上都雒阳:"雒阳东有成皋,西有殽黾,倍河,向伊雒,其固亦足恃。"[2]留侯曰:"雒阳虽有此固,其中小[3],不过数百里,田地薄,四面受敌,此非用武之国也。夫关中左殽函,右陇蜀,沃野千里,南有巴蜀之饶,北有胡苑之利,阻三面而守,独以一面东制诸侯。[4]诸侯安定,河渭漕挽[5]天下,西给京师;诸侯有变,顺流而下,足以委输[6]。此所谓金城千里,天府之国也,刘敬说是也。[7]"于

刘敬劝告高帝说:"把国都建在关中。"皇上疑惑起来。左右的大臣都是崤山以东地区的人,多数人都劝皇上建都雒阳:"雒阳东边有成皋,西边有崤山渑池,背靠黄河,面向伊水、雒水,它的险固也足以凭恃。"留侯说:"雒阳虽然有这样的险固条件,但是它所在的地带开阔,平原很小,不过几百里,田地贫瘠,四面容易受到敌人攻击,这不是运用武力可以捍卫的地带。要说关中,左边是崤山、函谷关,右边是陇山、岷山,肥沃的土地有千里,南边还有巴、岷二郡的富饶,北边接近盛产牛马的胡地,阻塞三面进行防守,而只用一面往东就可以钳制诸侯。各诸侯国平定了,黄河、渭水可以把天下的贡赋运输进来,向西供应京师;诸侯如果有变乱,顺着二水而下,又足以运送军用物资。这就是所谓的金城千里,天府之国呀,

是高帝即日驾[8],西都关中。

刘敬的意见是对的。”于是高帝当天驾车起程,往西去把国都建在关中。

注释 1 刘敬:即娄敬,西汉谋臣。因建议刘邦西都关中而有功,赐姓刘。事详《刘敬叔孙通列传》。 2 郩黾(miǎn):即崤山和渑池水。崤山在今河南洛宁县和灵宝市之间。渑池水,古水名。 倍:通“背”,靠。 3 其中小:言洛阳一带开阔的平原之地甚小。 4 函:指函谷关。 陇蜀:指今陇山和岷山,二山相连。 巴蜀:秦置巴郡、蜀郡,即今重庆直辖市、成都市一带,后泛指四川。 胡苑:胡,指当时西北部以匈奴为主的少数民族。苑,畜养禽兽的地方。因为关中上郡、北地郡之北一带与胡接,可以牧养牲畜,又可得到胡马,故云“胡苑之利”。 5 河渭漕挽:利用黄河、渭水之便运输粮食。河,黄河。渭,渭水。漕,水运。挽,本指在前拉车,此当指逆水拉船。 6 委输:运输。以物置于舟车上叫委,转运到他处交卸叫输。此特指运输粮草供应军队。 7 金城:比喻像铜铸成的坚固的城池。 天府之国:天然的府库。言指自然条件得天独厚,物产丰富的地方。 8 即日:当天。 驾:驾车起程。

留侯从入关。留侯性多病,即道引不食谷,杜门不出岁余。[1]

留侯跟从高帝进入关中。留侯天生多病,在关中,整天学习道家的导引吐纳之术,不吃五谷杂粮,有一年多闭门不出。

上欲废太子,立戚夫人子赵王如意。[2]大臣多谏争,未能得坚决者[3]也。吕后恐,不知所为。人或谓吕后曰:“留侯善画计策,上信用[4]之。”吕后乃使建成

皇上想废掉太子,另立戚夫人的儿子赵王如意做太子。大臣中有很多人劝谏争执,皇上还没有能够下不废太子的决心。吕后恐惧,不知道怎么办。有人对吕后说:“留侯善于出谋划策,皇上信任他。”吕后

侯吕泽劫留侯[5]，曰："君常为上谋臣，今上欲易太子，君安得高枕而卧乎？"留侯曰："始上数在困急之中，幸用臣策。今天下安定，以爱欲易太子，骨肉[6]之间，虽臣等百余人何益。"吕泽强要[7]曰："为我画计。"留侯曰："此难以口舌争也。顾上有不能致者，天下有四人。[8]四人者年老矣，皆以为上慢侮[9]人，故逃匿山中，义不为汉臣。然上高[10]此四人。今公诚能无爱金玉璧帛，令太子为书，卑辞安车，因使辩士固请，宜来。[11]来，以为客，时时从入朝，令上见之，则必异[12]而问之。问之，上知此四人贤，则一助也。"于是吕后令吕泽使人奉太子书，卑辞厚礼，迎此四人。四人至，客建成侯所。

就派建成侯吕泽把留侯劫持过来，说："您经常为皇上出谋划策，如今皇上想更换太子，您怎么能高枕而卧呢？"留侯说："当初皇上曾多次处于危急之中，所以他能采纳我的意见。现在天下已经安定了，皇上因为个人的情感而想更换太子，父子骨肉之间的事，即使像我这样的人有一百个又有什么用处。"吕泽强烈请求道："替我们想个计策吧。"留侯说："这是很难用口舌去争的。考虑到皇上不能征召来的，天下有四个人。这四个人年纪老了，都认为皇上傲慢欺侮人，所以逃亡隐藏在山野之中，坚持道义而不做汉朝之臣。然而皇上尊敬这四个人。如今您真能不吝惜金玉璧帛等钱财，让太子写封信，以谦卑的言辞并准备安稳舒适的车子，派辩士去力邀他们，他们应该会来的。他们来了以后，作为太子的宾客，时时跟从太子进入朝廷，让皇上看见了，皇上就必定会感到奇异而进行询问。一询问，皇上便知这四人贤能，那就是对太子的一种帮助。"于是吕后让吕泽派人捧着太子的信，用谦卑的言辞和优厚的礼物，去请这四个人。这四人到了，客居在建成侯的府第中。

注释 1 性:生命,身体。 道引:亦称导引,古代道家的一种呼吸俯仰、屈伸手足的养生方法。 不食谷:亦称辟谷,道家的一种不吃粮食,而服用药物的养生法。《史记集解》引《汉书音义》曰:"服辟谷之药,而静居行气。" 杜:堵,闭。 2 太子:此指刘盈,吕后所生,即后来的孝惠帝。 赵王如意:即刘如意,为刘邦宠妃戚夫人所生,后封赵王。 3 未能得坚决者:还没有人能说服皇帝最后下定决心。 4 信用:信任。 5 建成侯吕泽:据《高祖功臣年表》,建成侯为吕释之,吕泽被封为周吕侯,二人皆为吕后兄。 劫:挟持、强迫。 6 骨肉:指父子。 7 强要:强迫要求。 8 顾:考虑到。 致:招致,引来。 四人:又称四皓,秦末四个著名的隐士,指东园公、绮里季、夏黄公、角(lù)里先生。《史记索隐》按:"《陈留志》云:'园公姓庾,字宣明,居园中,因以为号。夏黄公姓崔名广,字少通,齐人,隐居夏里修道,故号曰夏黄公。角里先生,河内轵人,太伯之后,姓周名术,字元道,京师号曰霸上先生,一曰甪里先生。'又孔安国《秘记》作'禄里'。此皆王劭据崔氏、周氏系谱及陶元亮《四八目》而为此说。" 9 慢侮:傲慢欺侮。 10 高:尊崇。 11 爱:吝惜。 安车:安稳舒适的车子,一般高官告老、征召有名望的人用此车。 12 异:惊异、诧异。

汉十一年[1],黥布反,上病,欲使太子将,往击之。四人相谓曰:"凡来者[2],将以存太子。太子将兵,事危矣。"乃说建成侯曰:"太子将兵,有功则位不益太子;无功还,则从此受祸矣。且太子所与俱[3]诸将,皆尝与上定天下枭

汉十一年,黥布反叛,皇上有病,想派太子领兵,前往攻击黥布。这四个人相互商量说:"我们来的目的,是要想法保护太子。太子统领军队,事情就危险了。"于是这四人对建成侯说:"太子统领军队,即使有功,也不会给太子带来什么好处;假如无功而返,那就要从此遭殃了。而且和太子一起同行的诸将领,都是曾经和皇上平定过天下的

将也，今使太子将之，此无异使羊将狼也，皆不肯为尽力，其无功必矣。臣闻'母爱者子抱'，今戚夫人日夜侍御，赵王如意常抱居前，上曰'终不使不肖子居爱子之上'，明乎其代太子位必矣。[4]君何不急请吕后承间为上泣言：'黥布，天下猛将也，善用兵，今诸将皆陛下故等夷，乃令太子将此属，无异使羊将狼，莫肯为用，且使布闻之，则鼓行而西耳。上虽病，强载辎车，卧而护之，诸将不敢不尽力。上虽苦，为妻子自强。'"[5]于是吕泽立夜见吕后，吕后承间为上泣涕而言，如四人意。上曰："吾惟[6]竖子固不足遣，而公自行耳。"于是上自将兵而东，群臣居守，皆送至灞上。留侯病，自强起，

猛将，如今让太子去统领他们，这无异于让羊去统领狼，他们都不肯替太子尽力，这样的话太子一定不会有功劳的。我听说'爱哪个母亲，就抱哪个母亲所生的孩子'，如今戚夫人日夜奉侍皇上，赵王如意经常被抱到皇上的面前，皇上说'最终不能让不贤能的儿子处在爱子的上头'，明确说明赵王取代太子是必然的。您何不赶紧请求太后找机会向皇上哭泣着说：'黥布，是天下的猛将，善于用兵作战，如今诸将领都是陛下从前的同辈，却让太子去统率这班人，无异于让羊统领狼，没有谁肯替太子效力，而且让黥布听说了，就会大张旗鼓地西进。皇上虽然有病，勉强坐在辎车上，躺卧着监护，诸将领不敢不尽力。皇上虽然劳苦，请替自己的妻儿考虑再勉力一回。'"于是吕泽连夜去见吕后，吕后就找机会在皇上面前哭泣着按照这四人的意思说了那番话。皇上说："我想这小子本来就不值得派他领兵，你老子自己去算了。"于是皇上自己统领兵众往东，群臣居住都城留守，都送到了灞水岸边。留侯重病，自己勉强起身，到了曲邮，拜见皇上说："我本应跟着行军，但因病得

至曲邮[7],见上曰:"臣宜从,病甚。楚人剽疾,愿上无与楚人争锋。"[8]因说上曰:"令太子为将军,监关中兵。"上曰:"子房虽病,强卧而傅[9]太子。"是时叔孙通为太傅,留侯行少傅事。[10]

很严重不能前往了。楚地人勇猛迅捷,希望皇上不要和楚地人逞强争斗以决胜负。"乘机劝告皇上说:"让太子做将军,监督关中的军队。"皇上说:"子房虽然生病,也要勉强坐卧着辅佐太子。"这时叔孙通任太傅,留侯行使少傅职责。

注释 1 汉十一年:即公元前196年。 2 凡来者:来的唯一目的。 3 与俱:与之同行。俱,一块儿,偕往。 4 母爱者子抱:此语本出《韩非子·备内》:"爱则亲,不爱则疏。语曰:'其母好者其子抱。'"意即"爱其母者必抱其子"。 不肖(xiào):原本指不像其父,后指不像其父那样贤能,以后泛指不才,没出息。 5 承间(jiàn):乘机。 故等夷:过去身份、地位相等的人。夷,平。 鼓行:无所顾忌,大张旗鼓地行进。 强(qiǎng)载辎车:自己勉强坐在卧车上。辎车,有帷帐,可供坐卧之车。 护:监督。妻子:妻与子。 自强:强制自己,勉强支持。 6 惟:思,想,考虑。 7 曲邮:地名,在今陕西省西安市临潼区南。 8 剽疾:勇猛迅捷。 争锋:逞强争斗以决胜负。 9 傅:辅佐。 10 叔孙通:当时有名的儒生,原为秦博士,后归依刘邦,为其制订礼法。事详《刘敬叔孙通列传》。 太傅:辅导太子之官,又名太子太傅。不领官属。 少傅:亦为辅导太子之官,主领东宫官属。

汉十二年[1],上从击破布军归,疾益甚,愈欲易太子。留侯谏,不听,因疾不视事[2]。叔孙太傅称说[3]

汉十二年,皇上击败黥布军队回来,病得更加严重,愈想更换太子。留侯劝谏,他不听从,借着有病不处理政事。叔孙太傅陈述时引古

引古今，以死争太子。上详[4]许之，犹欲易之。及燕[5]，置酒，太子侍。四人从太子，年皆八十有余，须眉皓白[6]，衣冠甚伟。上怪之，问曰："彼何为者？"四人前对，各言名姓，曰东园公，角里先生，绮里季，夏黄公。上乃大惊，曰："吾求公数岁，公辟[7]逃我，今公何自从吾儿游乎？"四人皆曰："陛下轻士善骂[8]，臣等义不受辱，故恐而亡匿。窃闻太子为人仁孝，恭敬爱士，天下莫不延颈[9]欲为太子死者，故臣等来耳。"上曰："烦公幸卒调护太子。[10]"

论今，拿死来争着要保住太子。皇上假装答应了，还是想要更换太子。等到宫中举行宴会，酒席已摆好，太子在一旁侍奉皇上。有四个人跟从太子，年纪都有八十多岁，胡须眉毛都雪白了，衣服帽子的穿戴也很奇伟。皇上觉得怪异，询问说："他们都是干什么的？"四人上前对答，各自说出姓名，说是东园公、角里先生、绮里季、夏黄公。皇上于是大惊，说："我寻求各位好多年，各位逃避不见我，如今各位为什么自愿跟随我的儿子呢？"四人都说："陛下轻视士人，又喜欢辱骂别人，我们坚持道义不愿受辱，所以就逃亡躲起来了。我们私下听说太子为人仁慈孝顺，谦恭和敬，爱护士人，天下没有人不是伸长脖子想着替太子拼死效力，所以我们就来了。"皇上说："烦劳各位，请你们始终如一地照顾太子。"

注释　1 汉十二年：即公元前 195 年。　2 视事：上朝，处理政事。　3 称说：陈述，宣扬。　4 详：通"佯"，假装。　5 燕：通"宴"，举办宴会。　6 皓白：雪白。皓，同"皓"。　7 辟：通"避"，躲避。　8 善骂：习惯于辱骂。　9 延颈：伸长脖子。　10 幸：谦词，荣幸。　卒：自始至终。　调护：调教，保护。

四人为寿已毕，趋去[1]。上目送之，召戚夫人指示[2]四人者曰："我欲易之，彼四人辅之，羽翼已成，难动矣。吕后真而主[3]矣。"戚夫人泣，上曰："为我楚舞，吾为若楚歌。"歌曰："鸿鹄高飞，一举千里。羽翮已就，横绝四海。[4]横绝四海，当可柰何！虽有矰缴，尚安所施！[5]"歌数阕，戚夫人嘘唏流涕，上起去，罢酒。[6]竟不易太子者，留侯本招此四人之力也。

这四人一起敬酒祝皇上健康长寿完毕后，快步离去了。皇上目送着他们，召戚夫人来指着这四个人对她说："我想更换太子，那四个人保护着他，太子翅膀已经长硬，很难动摇了。吕后确实是你的主人了。"戚夫人哭泣着，皇上说："给我跳一次楚舞，我给你唱支楚歌。"皇上唱道："天鹅高飞，振翅千里。羽翼已成，翱翔四海。翱翔四海，当可奈何！虽有短箭，何处施用！"歌曲唱了几遍，戚夫人抽泣流涕，皇上起身离去，撤了酒宴。高祖最终没有更易太子，是因为留侯出主意请来了这四个人。

注释　1 趋去：快步离去。　2 指示：指着让人看。　3 而主：你的主人。　4 羽翮(hé)：羽翼。翮，羽茎也。　绝：渡。　5 矰缴(zēng zhuó)：射具。矰，短箭。缴，系在箭后的丝绳。　尚：将。　安所：什么地方。　施：施放，施用。　6 阕(què)：乐曲终了为阕。此指遍、段。　嘘唏：叹气、抽泣。

留侯从上击代，出奇计马邑下，及立萧何相国，所与上从容言天下事甚众，非天下所以存亡，故不著。[1]留侯乃称曰："家世

之后留侯跟从皇上出击代国，在马邑城下出过奇计，任命萧何做相国，也是他出的主意，此外他和皇上不慌不忙地谈论天下的事情还有很多，但那些都不关乎天下的存亡，所以在此就不记述了。留侯自称：

相韩，及韩灭，不爱万金之资[2]，为韩报仇强秦，天下振动。今以三寸舌为帝者师，封万户，位列侯[3]，此布衣之极，于良足矣。愿弃人间事，欲从赤松子[4]游耳。”乃学辟谷[5]，道引轻身。会高帝崩，吕后德留侯，乃强食之，曰：“人生一世间，如白驹过隙，何至自苦如此乎！”[6]留侯不得已，强听而食。

后八年卒，谥为文成侯。[7]子不疑[8]代侯。

子房始所见下邳圯上老父与《太公书》者，后十三年从高帝过济北，果见穀城山下黄石，取而葆祠之[9]。留侯死，并葬黄石冢。每上冢伏腊[10]，祠黄石。

留侯不疑，孝文帝五年坐不敬，国除。[11]

“我家世代辅佐五代韩王，等到韩国灭亡，我不吝惜万贯家资，替韩国向强秦报仇，使天下受到震动。如今凭借三寸之舌成了帝者之师，被封了万户，位居列侯，这是一个平民所能获得的最高爵位，我是很满足了。希望以后抛弃人间俗事，想随从仙人赤松子去云游。”于是他学着只服用药物不吃粮食，运用导引的养生方法使身体轻健。正赶上高帝去世，吕后感激留侯，就强迫他吃一些饭，说：“人生在世，就像骑着白马经过门隙这么短暂，为何这么折磨自己呢！”留侯不得已，勉强听从而恢复了吃饭。

过了八年，张良去世，谥号为文成侯。他的儿子不疑接替为侯。

张良当初在下邳桥上见到给自己《太公书》的那位老人，十三年以后，他跟从高帝经过济北郡时，果然在穀城山下见到了黄石，他就把它带回去郑重地供起来。张良死去，黄石也一并被埋了。后人每次上坟进行伏祭腊祭，同时也祭黄石。

留侯不疑，孝文帝五年由于犯了不敬罪，封国被废除了。

注释 1 立萧何相国:《史记集解》引《汉书音义》曰:“何时未为相国,良劝高祖立之。” 著:记述。记载。 2 资:钱财。 3 列侯:爵位名,秦爵二十级中的最高爵位,汉袭用,原称彻侯,后为避汉武帝刘彻讳改称通侯,又称列侯。 4 赤松子:古代传说中的仙人,为神农时雨师,能入火自烧,昆仑山上随风雨上下。 5 辟谷:不食谷。辟,通“避”。 6 德:感激。 食(sì):让人吃。 白驹过隙:此语本自《庄子·知北游》:“人生天地之间,若白驹之过隙。”白驹,白马。隙,缝隙。比喻时间短暂。
7 八年:《史记志疑》曰:“良以高帝六年封,卒于吕后二年,在位十六年,则当是‘九年’。” 谥(shì):在古代,皇帝、大臣和有名望的人士死后,朝廷按其生平事迹赐予的名号。 8 不疑:张良子,名不疑。 9 葆:通“宝”,珍贵。 祠:祭祀,供奉。 10 上冢:上坟、扫墓。 伏腊:古人每年在夏天的伏日,冬季的腊日举行祭祀,故称伏腊。 11 孝文帝五年:即汉文帝刘恒五年,公元前175年。 坐:由于……而被治罪。 不敬:封建时代的大罪名,指不敬皇帝,有冒犯皇帝的地方。此处与《高祖功臣年表》及《史记集解》注文“不疑坐与门大夫吉谋杀故楚内史,当死,赎为城旦,国除”有异。 国除:封国被废除。

太史公曰:学者多言无鬼神,然言有物[1]。至如留侯所见老父予书,亦可怪矣。高祖离[2]困者数矣,而留侯常有功力焉,岂可谓非天乎?上曰:“夫运筹策帷帐之中,决胜千里外,吾不如子房。”余以为其人计魁梧奇伟,至见其图,状

太史公说:学者们大都说没有鬼神,然而却说有怪物。至于像留侯所见到的那位给他书的老人,可以说是一怪。高祖曾多次陷入困境,而张良常常能使他转危为安,这难道不可以说是天意吗?皇上说:“在帷帐中谋划,来决定千里外战争的胜利,我比不上子房。”我总认为这个人应该很魁梧奇伟,等我看见他的图像,其形貌就像一个漂亮女子。

貌如妇人好女。[3] 盖孔子曰:"以貌取人,失之子羽。[4]" 留侯亦云[5]。

孔子说过:"用相貌来衡量人,在子羽身上就出了错。"对于留侯,我也犯了这样的错误。

注释 1 物:《史记索隐》按:"物谓精怪及药物也。" 2 离:通"罹",遭遇,受到。 3 计:估计,大概。 好女:漂亮女子。 4 以貌取人,失之子羽:此语亦见《史记·仲尼弟子列传》,意即孔子曾因子羽相貌丑陋而认为他没有什么才能,而实际上却非如此。子羽,姓澹台,名灭明,子羽为字,武城人,孔子弟子。 5 云:如此、这样。

史记卷五十六

陈丞相世家第二十六

原文

陈丞相平者，阳武户牖乡人也。少时家贫，好读书，有田三十亩，独与兄伯居。伯常耕田，纵平使游学。平为人长大美色。人或谓陈平曰："贫何食而肥若是？"其嫂嫉平之不视家生产，曰："亦食糠覈耳。[1]有叔如此，不如无有。"伯闻之，逐其妇而弃之。

及平长，可娶妻，富人莫肯与者，贫者平亦耻之。久之，户牖富人有张负，张负女孙五嫁而夫辄死，人莫敢娶。平欲得之。邑中有

译文

陈丞相平，是阳武县户牖乡人。小时候家中贫穷，喜好读书，一家里有田地三十亩，他和兄长陈伯一起生活。陈伯以耕田为业，支持陈平去远游学习。陈平长得高大，相貌堂堂。有人对陈平说："你家里穷，你怎么还吃得这么胖？"他嫂嫂怨恨陈平不照看家中的生产，说："也不过吃了些糠里的粗屑罢了。有个这样的小叔子，不如没有。"陈伯听说了，把他的妻子休掉了。

等到陈平长大，可以娶妻了，富人家的女儿谁也不肯嫁给他，贫穷人家的女儿他又看不起。过了很久，户牖乡的富人中有个张负，张负的孙女五次出嫁她丈夫都

丧，平贫，侍丧，以先往后罢为助。[2]张负既见之丧所，独视伟平[3]，平亦以故后去。负随平至其家，家乃负郭穷巷，以弊席为门，然门外多有长者车辙。[4]张负归，谓其子仲曰："吾欲以女孙予陈平。"张仲曰："平贫不事事[5]，一县中尽笑其所为，独柰何予女乎？"负曰："人固有好美如陈平而长贫贱者乎？"卒与女。为平贫，乃假贷币以聘，予酒肉之资以内妇。[6]负诫其孙曰："毋以贫故，事人不谨。事兄伯如事父，事嫂如母。"平既娶张氏女，赍[7]用益饶，游道日广。

里中社，平为宰，分肉食甚均。[8]父老曰："善，陈孺子之为宰！"平曰："嗟乎，使平得

死了，没有谁再敢娶她。陈平想娶她。邑中某人家有丧事，陈平家中贫穷，去替人家办丧事，他总是去得最早，走得最晚，以求多得一点补助。张负已经在办丧事的地方看见了陈平，偏偏把陈平看得会大有出息，陈平也因为这个缘故很晚才离开丧家。张负随着陈平到了他家中，他家竟在靠外城城墙的一个穷巷子里，拿破烂的席子当作门，然而门外却有很多显贵者来拜访时留下的车轮印迹。张负回家，对他儿子张仲说："我想把孙女嫁给陈平。"张仲说："陈平家贫不做什么事，全县城的人都耻笑他的所作所为，为什么偏偏把女儿嫁给他呢？"张负说："人怎么会有像陈平这样长得仪表堂堂而长久贫穷低贱的呢？"最终把这女子嫁给了陈平。因为陈平贫穷，张负就借钱帮他买财礼来行聘，并给他置办酒宴的钱来娶亲。张负告诫孙女说："不要因为贫穷的缘故，侍奉人家不恭谨。侍奉兄长陈伯要像侍奉父亲一样，侍奉嫂嫂要像侍奉母亲一样。"陈平娶了张家女子以后，资财用度更加宽裕，交游面一天比一天广。

里中进行社祭，陈平做社宰，分配祭肉特别均匀。父老们说："好，陈家小子会做社宰！"陈平说："哎呀，假如

宰天下,亦如是肉矣!"	让我陈平来分割天下,也会像分配这祭肉一样!"

注释 1 视:照看,料理。 糠覈(hé):糠里的粗屑。覈,通"籺",米麦的粗屑。 2 侍丧:为丧家帮忙。 先往后罢:早到晚走。 3 视:留心观察。 伟:相貌出众、高大。 4 负郭:靠着外城城墙。 弊:通"敝",破。 席:席子。 5 不事事:不从事生产。 6 假贷:借给。 内:同"纳"。7 赍(jī):《汉书》作"资"。资用,指资财用度。 8 里中社:乡里举行祭祀土地神的礼仪。里,乡里。据记载,陈平所在为库上里。社,本指土地神,此指祭土地神。 宰:主持分配祭肉的人。

陈涉起而王陈,使周市略定魏地,立魏咎为魏王,与秦军相攻于临济。陈平固已前谢其兄伯,从少年往事魏王咎于临济。魏王以为太仆。说魏王不听,人或谗之,陈平亡去。	陈涉起事而在陈县称王,派周市攻夺平定魏国封地,立魏咎做魏王,和秦军在临济相互攻击。陈平早在此前就已经向他的兄长陈伯告辞了,跟着一批青年人去临济侍奉魏王咎。魏王任命他做太仆。陈平为魏王出谋划策,魏王不听,加上有人说他的坏话,于是陈平就离去了。
久之,项羽略地至河上,陈平往归之,从入破秦,赐平爵卿。[1] 项羽之东王彭城也,汉王还定三秦而东,殷王反楚。[2] 项羽乃以平为信武君,将魏	过了好久,项羽攻占土地到了黄河岸边,陈平前往归顺他,跟着项羽入关灭亡了秦朝,项羽赐给陈平卿一级的爵位。项羽往东去建楚都于彭城,汉王回过来平定了三秦后向东进兵,殷王司马卬反叛楚国。项羽就封陈平为信武君,率领魏王咎当时在楚地的部下前往,打败并降服了殷王

王咎客在楚者以往，击降殷王而还。项王使项悍拜平为都尉，赐金二十溢。[3]居无何[4]，汉王攻下殷。项王怒，将诛定殷者将吏。陈平惧诛，乃封其金与印，使使归项王，而平身间行杖剑亡[5]。渡河，船人见其美丈夫独行，疑其亡将，要[6]中当有金玉宝器，目之，欲杀平。平恐，乃解衣裸而佐刺船[7]。船人知其无有，乃止。

后回来。项王派项悍任命陈平做都尉，赐给他四百两黄金。过了没有多久，汉王攻夺了殷地。项王愤怒，将要诛杀前次平定殷地的一些将军吏卒。陈平害怕被诛杀，就封好赐给他的黄金和官印，派使者归还给项王，而他自己带着剑抄小路逃走了。在渡过黄河的时候，撑船人看见他这个美男子一个人行进，怀疑他是逃亡的将领，腰中应当有金玉宝器，眼睛盯着他，想杀死他。陈平恐惧，就解下衣服光着身子帮助撑船。撑船的主人知道他身上没有钱财，就作罢了。

注释　1 河：黄河。　爵卿：卿一级的爵位。《史记集解》引何晏曰：“礼秩如卿，不治事。”　2 之：到，前往。　殷王：名司马卬，其领地在今河南，建都朝歌，在今河南淇县。　3 项悍：项羽部将，生平不详。　都尉：低于将军之武官。　溢：通“镒”。　4 无何：没有多久。　5 身：只身，一个人。　间行：秘密出走，抄小路走。　杖：持、拿。　6 要：“腰”之本字。　7 刺船：撑船。

平遂至修武降汉，因魏无知[1]求见汉王，汉王召入。是时万石君奋为汉王中涓，受平谒，入见平。[2]平等七人俱进，赐食。

陈平于是到达修武投降汉军，通过魏无知请求拜见汉王，汉王召他进去。这时万石君石奋做汉王的中涓，接受陈平的谒见，引陈平进见汉王。陈平等七个人一起进见，汉

王曰:“罢,就舍矣。”平曰:“臣为事来,所言不可以过今日。”于是汉王与语而说[3]之,问曰:“子之居楚何官?”曰:“为都尉。”是日乃拜平为都尉,使为参乘,典护军。[4]诸将尽讙[5],曰:“大王一日得楚之亡卒,未知其高下,而即与同载,反使监护军长者!”汉王闻之,愈益幸平。遂与东伐项王。至彭城,为楚所败。引而还,收散兵至荥阳,以平为亚将,属于韩王信,军广武。[6]

王赐给他饮食。汉王说:“吃完了饭,到客舍去休息。”陈平说:“我是因为有事才来的,我要进献的言论必须今日说。”于是汉王和他谈论而很高兴,询问说:“您在楚国担任什么官?”陈平说:“担任都尉。”汉王当天就任命陈平做都尉,让他陪着自己同乘一辆车,并掌管监督和协调各位将领行动的职权。诸将领全都喧嚣起来,说:“大王突然得到楚国的逃兵,还不知道他能力的高下,于是陈平和汉王同坐一辆车,还让他监护我们这些老将!”汉王听说了,更加宠幸陈平。就和他往东去讨伐项王。到了彭城,被楚国打败。汉王引领军队回来,收集散兵到了荥阳,任命陈平做亚将,隶属于韩王信,驻扎在广武。

注释 1 魏无知:刘邦之近臣,一云又名魏倩。 2 万石君奋:即石奋,刘邦之近臣。因其父子五人都官至二千石,故名万石君。 中涓:本是管理宫中清扫之官,后为皇帝、君王周围亲近的侍从官。 谒:请见,进见。 见:引见。 3 说:通“悦”。 4 参乘:亦作骖乘,陪乘之人,居车之右,起平衡和护卫车主的作用。 典:掌管。 护军:官名,监督和协调各将领的行动。 5 讙(huān):喧哗。 6 亚将:次于主将的将领。 韩王信:战国时韩襄王之孙,后被刘邦立为韩王。后又投降匈奴被刘邦击杀。

绛侯、灌婴等咸谗陈平曰："平虽美丈夫，如冠玉耳，其中未必有也。[1]臣闻平居家时，盗其嫂；事魏不容，亡归楚；归楚不中，又亡归汉。[2]今日大王尊官之，令护军。臣闻平受诸将金，金多者得善处，金少者得恶处。平，反覆乱臣也，愿王察之。"汉王疑之，召让[3]魏无知。无知曰："臣所言者，能也；陛下所问者，行[4]也。今有尾生、孝己之行而无益于胜负之数[5]，陛下何暇用之乎？楚汉相距，臣进奇谋之士，顾其计诚足以利国家不耳。[6]且盗嫂受金又何足疑乎？"汉王召让平曰："先生事魏不中，遂事楚而去，今又从吾游，信者固多心乎？"[7]平曰："臣事魏王，魏王不能用臣说，故去，事项王。项王不能信人，其

绛侯周勃、灌婴等人都讲陈平的坏话说："陈平虽然是个美男子，就像是帽子上装饰的光亮的美玉，他的内里却未必有才能。我们听说陈平住在家里时，偷着和他嫂子通奸；侍奉魏王不能容身，逃到楚国；到了楚国也不如意，又逃走归附汉王。今日大王封他为高官，让他监护军队。我们听说陈平接受了各位将领的钱财，钱财给得多的得到好的对待，钱财给得少的得到差的对待。陈平，是个反复无常的乱臣，希望您明察。"汉王怀疑起来，召魏无知来进行责备。无知说："我所说的，是他的能力；陛下所问的，是他的品行。如今有尾生、孝己有品行，而那对于胜负的命运毫无益处，陛下哪里有闲工夫去用他们呢？楚汉互相对抗，我推荐有奇谋的人士，考虑的是他的计策是不是确实对国家有利而已。至于偷着和嫂子通奸和接受钱财又有什么值得怀疑呢？"汉王召陈平来责备说："先生侍奉魏王不得志，于是去侍奉楚王，之后又离开了他，如今又来跟从我，讲信义的人能够三心二意吗？"陈平说："我侍奉魏王，魏王不能采用我的见解，所

所任爱,非诸项即妻之昆弟,虽有奇士不能用,平乃去楚。闻汉王之能用人,故归大王。臣裸身来,不受金无以为资。诚臣计画有可采者,愿大王用之;使无可用者,金具在,请封输官,得请骸骨。[8]"汉王乃谢,厚赐,拜为护军中尉[9],尽护诸将。诸将乃不敢复言。

以去侍奉项王。项王不能信任人,他所信任宠爱的,不是各项氏的人就是妻子的兄弟,即使有奇谋的人士也不能任用,我于是离开楚国。我听说汉王能够用人,所以来归附大王。我光着身子来的,不接受钱财就没有办事的费用。假若我的主意有可以采用的,希望大王采用;如果没有可以采用的,钱财都还在,请封存归入官府,允许我辞职回家。"汉王这才道歉,给陈平厚重的赏赐,任命他做护军中尉,负责监督所有将领。诸将领这才不敢再说他什么了。

注释 1 冠玉:用以装饰帽子的美玉。 其中未必有:内里未必有才能。《汉书音义》曰:"饰冠以玉,光好外见,中非所有。" 2 盗其嫂:与嫂私通。 中(zhòng):得,合适。 3 让:责备。 4 行(xíng,旧读 xìng):品行。 5 尾生:古代传说中坚守信约的人。 孝己:商代高宗武丁的儿子,相传他很孝顺。 数:命运。 6 距:通"拒"。 顾:念,考虑。 诚:果真。 不(fǒu):同"否"。 7 游:此指交往,共事。 信者固多心乎:即"讲信义的人能够三心二意吗?"固,能够。 8 封输官:封存送交官府。 请骸骨:请求辞去官职。骸骨本指身体,旧时称一身为上尽事,故辞官称乞骸骨。9 护军中尉:掌管监督和调节各将领关系之长官。护,监督。

其后,楚急攻,绝汉甬道[1],围汉王于荥阳城。久之,汉王患之,请割荥阳以

后来,楚国猛烈进攻,断绝了汉军的甬道,把汉王围在荥阳城中。过了好久,汉王忧虑起来,请求割让

西以和。项王不听。汉王谓陈平曰："天下纷纷，何时定乎？"陈平曰："项王为人，恭敬爱人，士之廉节好礼者多归之。[2]至于行功爵邑，重之，士亦以此不附。[3]今大王慢而少礼，士廉节者不来；然大王能饶人以爵邑，士之顽钝嗜利无耻者亦多归汉。[4]诚各去其两短，袭其两长，天下指麾则定矣。[5]然大王恣侮人，不能得廉节之士。顾楚有可乱者，彼项王骨鲠之臣亚父、钟离眛、龙且、周殷之属，不过数人耳。[6]大王诚能出捐数万斤金，行反间，间其君臣，以疑其心，项王为人意忌信谗，必内相诛。[7]汉因举兵而攻之，破楚必矣。"汉王以为然，乃出黄金四万斤，与陈平，恣所为，不问其出入。

荥阳以西的土地来讲和。项王不听从。汉王对陈平说："天下纷纷扰扰，什么时候安定呀？"陈平说："项王的为人，谦恭有礼仁爱别人，士人当中有高洁操守喜好礼节的多半肯归顺他。一到了论功行赏授爵位封食邑，他就特别吝啬，士人也因此不依附他。如今大王简慢而缺乏礼节，士人当中有高洁操守喜好礼仪的不肯前来；然而大王能慷慨地给人授爵位封食邑，士人当中圆滑没有骨气贪图功利的无耻之徒也就多半肯归顺汉王。如果您和项王都能去掉自己的短处，获得对方的长处，那很快天下就可安定了。然而大王恣意侮辱人，不能获得有高洁操守的士人。不过楚国有可以扰乱的地方，项王那里的刚直臣子像亚父、钟离眛、龙且、周殷之辈，不过几个人罢了。大王如果能拿出几万斤黄金，进行反间活动，离间他们的君臣关系，使他们内心互生怀疑，项王为人猜忌多疑而相信了谗言，其内部必定互相诛杀。您乘机发兵进攻他，打败楚国是必然的了。"汉王认为很对，就拿出四万斤黄金，给了陈平，任凭他使用，不过问他支出的情况。

注释 1 甬道：两侧筑墙的通道，主要用于运送粮草。 2 恭敬：谦恭有礼貌。 廉节：高洁之操守。 3 行功爵邑：论功行赏，授爵位，封食邑。 重：爱惜，吝啬。 4 饶：慷慨大方地施以恩惠。 顽钝：圆滑没有骨气。 嗜：喜欢，贪图。 5 诚：假如。 指麾：一挥手、一指点，形容时间很快。 6 顾：只是，不过。 骨鲠(gěng)：刚直，敢讲真话。鲠，本指鱼骨。 7 反间(jiàn)：用计谋使敌人内讧。间，挑拨，离间。 意忌：猜忌。

陈平既多以金纵反间于楚军，宣言诸将钟离眛等为项王将，功多矣，然而终不得裂地而王，欲与汉为一，以灭项氏而分王其地。[1]项羽果意不信钟离眛等。项王既疑之，使使至汉。汉王为太牢具[2]，举进。见楚使，即详[3]惊曰："吾以为亚父使，乃项王使！"复持去，更以恶草[4]具进楚使。楚使归，具以报项王。项王果大疑亚父。亚父欲急攻下荥阳城，项王不信，不肯听。亚父闻项王疑之，乃怒曰：

陈平用了很多黄金在楚军内部进行离间活动后，放出谣言说像钟离眛这样的将领替项王领兵作战，功劳很多，然而最终还是不能划给土地被封为王，他们因此想和汉王联合，来消灭项氏，分割楚国的土地，各自称王。项羽果真猜忌起来，不信任钟离眛等人。项王有了怀疑，派出使者到汉王那里来探听。汉王准备了牛、羊、猪等肉肴齐全的饭食，抬进来。一见是楚王的使者，就假装惊讶说："我们以为是亚父的使者，原来是项王的使者！"重新把这套饭食抬出去，换上一套粗劣的饭食送给楚王使者。楚国使者回去，把情况全都报告给项王。项王果然非常怀疑亚父。亚父想抓紧攻下荥阳城，项王不相信他，不肯听从。亚父听说项王怀疑他，就生气地说："天下形势的大局已经确定了，

"天下事大定矣,君王自为之!愿请骸骨归!"归未至彭城,疽[5]发背而死。陈平乃夜出女子二千人荥阳城东门,楚因击之,陈平乃与汉王从城西门夜出,去。遂入关,收散兵复东。

君王自己去干吧!请允许我辞职回家。"亚父东归,还未到达彭城,就因为后背发毒疮死了。陈平于是在夜晚让二千名女子装扮成汉军从荥阳城东门出去,楚军见势袭击她们,陈平这才和汉王从荥阳城的西门在夜间逃出去了。于是他们进入关中,收集散兵再次向东。

其明年,淮阴侯[6]破齐,自立为齐王,使使言之汉王。汉王大怒而骂,陈平蹑[7]汉王。汉王亦悟,乃厚遇齐使,使张子房卒[8]立信为齐王。封平以户牖乡。用其奇计策,卒灭楚。常以护军中尉从定燕王臧荼。[9]

第二年,淮阴侯攻破齐国,自立为齐王,派使者来告诉汉王。汉王大为恼怒并出口骂人,陈平踩汉王的脚。汉王也省悟,就厚待齐王使者,派张良立即封韩信做齐王。把户牖乡封给陈平。汉王采用了他的许多奇异计策,终于灭亡了楚国。陈平曾经以护军中尉的身份随从汉王平定了燕王臧荼。

注释 1 宣言:公开散布,传播。 裂地:分封土地。 2 太牢:牛、羊、豕三牲齐备的祭祀或宴享称太牢。 具:馔,饮食,饭食。 3 详:通"佯"。 4 恶草:粗劣的食物。 5 疽(jū):痈疽,毒疮。 6 淮阴侯:即韩信。 7 蹑(niè):踩,踏。 8 卒(cù):通"猝",突然,立刻。 9 常:通"尝"。 臧荼:原楚将领,曾被封为燕王。

汉六年,人有上书告楚王韩信反。[1]高帝问诸将,诸将曰:"亟发兵坑竖

汉六年,有人上书状告楚王韩信谋反。高帝询问诸将领,诸将领说:"赶紧发兵把这小子坑杀算了。"

子耳。[2]”高帝默然。问陈平，平固辞谢，曰：“诸将云何？”上具告之。陈平曰：“人之上书言信反，有知之者乎？”曰：“未有。”曰：“信知之乎？”曰：“不知。”陈平曰：“陛下精兵孰与楚？[3]”上曰：“不能过。”平曰：“陛下将用兵有能过韩信者乎？”上曰：“莫及也。”平曰：“今兵不如楚精，而将不能及，而举兵攻之，是趣之战也，窃为陛下危之。[4]”上曰：“为之柰何？”平曰：“古者天子巡狩[5]，会诸侯。南方有云梦，陛下弟出伪游云梦，会诸侯于陈。[6]陈，楚之西界，信闻天子以好[7]出游，其势必无事而郊迎谒。谒，而陛下因禽之，此特一力士之事耳。[8]”高帝以为然，乃发使告诸侯会陈，“吾

高帝沉默不语。询问陈平，陈平一再推辞，说：“诸将领怎么说？”皇上全都告诉他。陈平说：“有人上书说韩信谋反的事有别的人知道吗？”皇上说：“还没有。”陈平说：“韩信知道吗？”皇上说：“不知道。”陈平说：“陛下的精兵和楚国比较谁强？”皇上说：“不能超过楚国。”陈平说：“陛下的将领会打仗的有能超过韩信的人吗？”皇上说：“没有谁能赶上他。”陈平说：“如今兵士不如楚国的精壮，而将领的能力又赶不上他，而发兵去进攻，这样会促使他同我们战斗，我替陛下感到忧惧。”皇上说：“那该怎么办？”陈平说：“古时候天子去到一地巡游视察，就在那里会集诸侯。南方有个云梦泽，陛下只管出行假装巡游云梦泽，要在陈县会集诸侯。陈县，紧靠楚王封地的西界，韩信听说天子是正常的出外巡游，觉得形势必定无事而会到郊外来迎接进见。一来进见，陛下就借机擒获他，这只不过是一个力士就能做到的事情而已。”高帝认为此计很好，就派出使者去告诉诸侯在陈县会聚，“我将要向南巡游云梦泽”。皇上于是出行。还没有到达陈县，楚王韩信果然到郊外的道路中间

将南游云梦"。上因随以行。行未至陈,楚王信果郊迎道中。高帝豫具武士,见信至,即执缚之,载后车。[9] 信呼曰:"天下已定,我固当烹!"高帝顾谓信曰:"若毋声!而反,明矣!"[10] 武士反接[11]之。遂会诸侯于陈,尽定楚地。还至雒阳,赦信以为淮阴侯,而与功臣剖符定封[12]。

来迎接。高帝预先准备了武士,看见韩信到了,就把他拘执捆绑起来,放在随从的车上载着。韩信呼叫说:"天下已经平定,我是应该被烹杀的!"高帝回过头对韩信说:"你不要大声喊叫!你造反,是明摆着的了!"武士把他的两手反捆在背后。高帝于是在陈县会见诸侯,平定了楚国全部土地。回到雒阳,高帝赦免韩信,封他做淮阴侯,并和功臣们剖分符节确定封赏。

注释 1 汉六年:即公元前201年。 楚王韩信:汉五年正月,项羽灭后,以齐王信习楚风俗,更立为楚王。 2 亟:急速,立刻。 坑:坑杀。 竖子:对人的蔑称,即小子。此指韩信。 3 陛下精兵孰与楚:即陛下兵与楚孰精。 4 趣:促使。 窃:私下,谦敬副词。 危:忧惧,恐惧。 5 巡狩:天子到诸侯境内视察。 6 云梦:即云梦泽。 弟:通"第",只管。 7 好:指善意、和平的愿望。 8 禽:通"擒",捉拿。 特:只,仅仅。 9 豫:通"预",预先。 具:准备。 后车:随从的车辆。 10 顾:回过头。 若:你。 而:你,你们。 11 反接:将两手反捆在背后。 12 剖符定封:古代帝王分封诸侯或功臣时,把功绩写在符节上,然后剖为两半,半藏宗庙,半给功臣,以为凭信。

于是与平剖符,世世勿绝,为户牖侯。平辞曰:"此非臣之功也。"上曰:"吾用

当时皇上和陈平剖分符节为信,封他为户牖侯,世代相传,永不断绝。陈平推辞说:"这不是我的

先生谋计，战胜克敌，非功而何？”平曰：“非魏无知，臣安得进？”上曰：“若子可谓不背本矣。[1]”乃复赏魏无知。其明年，以护军中尉从攻反者韩王信[2]于代。卒[3]至平城，为匈奴所围，七日不得食。高帝用陈平奇计，使单于阏氏，[4]围以得开。高帝既出，其计秘，世莫得闻。

高帝南过曲逆，上其城，望见其屋室甚大，曰：“壮哉县！吾行天下，独见洛阳与是耳。”顾问御史曰：“曲逆户口几何？”对曰：“始秦时三万余户，间者兵数起，多亡匿，今见五千户。[5]”于是乃诏御史，更以陈平为曲逆侯，尽食之，除前所食户牖。

其后常以护军中尉从攻陈豨及黥布。凡六

功劳。”皇上说：“我用了先生的计策，才能克敌制胜，这不是你的功劳又是谁的？”陈平说：“没有魏无知引荐，我怎么能侍奉您？”皇上说：“像你这样，可称得上是不忘本了。”于是对魏无知再次进行奖赏。第二年，陈平以护军中尉的身份随从高帝到代地进攻反叛的韩王信。高帝仓猝间到达平城，被匈奴所包围，七日没有得到军粮。高帝采用陈平的奇妙计策，派人会见了单于的阏氏，包围因而得以解除。高帝得以从平城出来，用来解围的计策太秘密了，世人无从知晓。

高帝往南经过曲逆，登上曲逆的城楼，望见当地的房屋非常大，说：“真是壮观的县城！我走遍天下，只在洛阳和这里见过。”回过头询问御史：“曲逆的户口有多少？”御史回答说：“当初在秦朝时有三万多户，近年来战争频起，很多人逃亡隐藏起来了，如今现存五千户。”高帝当时就诏告御史，把陈平改封为曲逆侯，以这个县的全部户口数作为食邑，废除以前的户牖乡食邑地。

此后，陈平又以护军中尉的身份随从进攻陈豨和黥布。他总共出过六次奇计，每次都使他增加了食邑，

出奇计,辄益邑[6],凡六益封。奇计或颇秘[7],世莫能闻也。

增加了封地。他的奇谋妙计有的十分保密,世人无从知晓。

注释 1 若子:像你这样。 背本:忘本。 2 韩王信:战国时韩国后代,后随刘邦,封为韩王。 3 卒(cù):通“猝”,仓猝,匆忙。 4 单(chán)于:匈奴君王之称号。 阏氏(yān zhī):匈奴王后的称号。 5 间者:近来。 见(xiàn):现存。 6 辄益邑:总是增加食邑。 7 或颇秘:有的十分保密。

高帝从破布军还,病创[1],徐行至长安。燕王卢绾反,上使樊哙以相国将兵攻之。[2]既行,人有短恶哙者[3]。高帝怒曰:“哙见吾病,乃冀[4]我死也。”用陈平谋而召绛侯周勃受诏床下,曰:“陈平亟驰传[5]载勃代哙将,平至军中即斩哙头!”二人既受诏,驰传未至军,行计之曰:“樊哙,帝之故人也,功多,且又乃吕后弟吕媭之夫,有亲且贵,帝以忿怒故,欲斩之,则恐后悔。[6]宁囚而致上,上自诛之。”

高帝从打败黥布的军中回来,因有伤而发病,缓慢行进到长安。燕王卢绾反叛,皇上派樊哙以相国身份领兵去进击。他出发后,有人说坏话毁谤樊哙。高帝发怒说:“樊哙见到我生病,就希望我死去。”高帝采用陈平的计谋召绛侯周勃来在床前接受诏令,说:“陈平赶紧乘传车载着周勃奔驰前去接替樊哙领兵,陈平到了军中就斩了樊哙的头!”二人接受诏令后,乘着传车奔驰前进还没有到军中,行进途中谋划说:“樊哙,是皇帝从前的友人,功劳很多,而且又是吕后妹妹吕媭的丈夫,他与皇帝是亲戚关系而且地位尊贵,皇帝因为发怒的缘故,想斩杀他,那么恐怕他以后会反悔。宁可拘囚起来送给皇帝,由皇帝自己去诛杀他。”还没有到达军中,

未至军,为坛,以节[7]召樊哙。哙受诏,即反接载槛车,传诣长安,而令绛侯勃代将,将兵定燕反县。[8]

平行闻高帝崩,平恐吕太后及吕媭谗怒,乃驰传先去。[9]逢使者诏平与灌婴屯于荥阳。平受诏,立复驰至宫,哭甚哀,因奏事丧前。吕太后哀之,曰:"君劳,出休矣。"平畏谗之就,因固请得宿卫中。太后乃以为郎中令,曰:"傅教孝惠。"是后吕媭谗乃不得行。樊哙至,则赦复爵邑。

建造了坛台,拿着符节召樊哙来。樊哙接受诏令,随即把他反手捆起来载在槛车里面,通过驿站相递送往长安,就让绛侯周勃代替他领兵,统率军队平定燕国反叛的各县。

陈平在行进中听到高帝去世了,担心吕太后和吕媭听到谗言而发怒,就乘着传车先奔驰而去。适逢使者传诏命令陈平和灌婴屯驻在荥阳。陈平接受诏令,立刻赶到宫中,哭得非常悲伤,在灵柩前向吕后奏报处理樊哙一事的经过。吕太后哀怜他,说:"您辛苦啦,回去休息吧。"陈平害怕有人趁他不在向吕后说他的坏话,因此坚决请求在宫内值宿警卫。太后就任命他做郎中令,说:"好好辅佐教导孝惠帝。"这才使吕媭的谗言不能得逞。樊哙到了,就赦免并恢复了他原有的爵位封邑。

注释 1 病创:因伤而病。创,伤。 2 卢绾(wǎn):刘邦部将,被封为燕王。 樊哙(kuài):刘邦将领,汉初功臣。 3 短:说别人的坏话,或指责别人的过失。 恶(wù):谤毁。 4 冀:希望。 5 传(zhuàn):驿车,古代驿站的专用车辆。 6 弟:女弟,妹妹。 吕媭(xū):吕后的妹妹。 后悔:后来反悔。 7 节:符节,使者所持之凭证。 8 槛车:囚车。车四周有栅栏,用以关犯人。 诣(yì):往,到。 9 崩:皇帝死曰崩。 谗怒:因听谗言而发怒。

孝惠帝六年，相国曹参卒，以安国侯王陵为右丞相，陈平为左丞相。[1]

王陵者，故沛人，始为县豪，高祖微时，兄事陵[2]。陵少文，任气，好直言。[3]及高祖起沛，入至咸阳，陵亦自聚党数千人，居南阳[4]，不肯从沛公。及汉王之还攻项籍，陵乃以兵属汉。项羽取陵母置军中，陵使至，则东乡坐[5]陵母，欲以招陵。陵母既私送使者，泣曰："为老妾语陵，谨事汉王。汉王，长者也，无以老妾故，持二心。[6]妾以死送使者。"遂伏剑[7]而死。项王怒，烹陵母。陵卒从汉王定天下。以善[8]雍齿，雍齿，高帝之仇，而陵本无意从高帝，以故晚封，为安国侯。

孝惠帝六年，相国曹参去世，任用安国侯王陵做右丞相，陈平做左丞相。

王陵，原为沛县人，当初是县中的豪绅，高祖卑贱的时候，像对待兄长一样侍奉王陵。王陵缺少文才，听凭意气办事，喜好直言。等到高祖在沛县起事，进入咸阳，王陵自己也聚集了党羽几千人，屯驻在南阳，不肯归附沛公。等到汉王回身来进攻项籍，王陵才领兵归属于汉。项羽把王陵的母亲安置在军中，王陵的使者来到，就让王陵的母亲朝东坐着，想用这个办法招王陵来。王陵的母亲私下送别使者的时候，哭泣着说："替我传话给王陵，恭谨地侍奉汉王。汉王，是个宽厚的长者，不要因为我的缘故，持有二心。我用一死来送走使者。"于是引剑自杀而死了。项王发怒，烹煮了王陵的母亲。王陵最终跟从汉王平定了天下。因为他和雍齿友好，雍齿，是高帝的一个仇人，而且他原本就无意归附高帝，因此王陵受封较晚，被封为安国侯。

注释 1 孝惠帝六年：即公元前189年。 右丞相、左丞相：西汉于曹参死后，罢相国而设左、右丞相，以右为尊。 2 兄事陵：像对待兄长一样侍奉王陵。 3 少文：缺少文才。 任气：听凭意气办事。 4 南阳：秦郡名，治所宛县，在今河南南阳市。 5 东乡坐：即东向坐，表示对人的尊敬。乡，通“向”。 6 长者：宽厚有德之人。 持：持有。 7 伏剑：以剑自杀。 8 善：和……友好。

安国侯既为右丞相，二岁，孝惠帝崩。高后欲立诸吕[1]为王，问王陵，王陵曰：“不可。”问陈平，陈平曰：“可。”吕太后怒，乃详迁陵为帝太傅[2]，实不用陵。陵怒，谢疾免，杜门竟不朝请，七年而卒。[3]

陵之免丞相，吕太后乃徙平为右丞相，以辟阳侯[4]审食其为左丞相。左丞相不治，常给事于中。[5]

食其亦沛人。汉王之败彭城西，楚取太上皇、吕后为质，食其以舍人[6]侍吕后。其后从破项籍为侯，幸于吕太后。及为相，居中，百官皆因决事[7]。

吕媭常以前陈平为

安国侯做了右丞相两年后，孝惠帝去世。高后想封吕氏家族的人为王，询问王陵，王陵说：“不可以。”询问陈平，陈平说：“可以。”吕太后发怒，就假装提升王陵做皇帝的太傅，实际是不任用王陵。王陵很生气，借口有病辞去官职，闭门不出，始终不朝见皇帝，七年后去世了。

王陵被免去了丞相职位，吕太后就迁升陈平做右丞相，任用辟阳侯审食其做左丞相。左丞相不设立具体官府，常常是在宫禁中处理事务。

审食其也是沛县人。汉王在彭城被打败后往西逃走，楚国把太上皇、吕后掳为人质，审食其以舍人的身份侍奉吕后。后来又跟着汉王打败了项羽，被封为辟阳侯，被吕后所宠信。等到他做了左丞相，居住在宫禁中，百官都通过他来决定事务。

吕媭因为此前陈平替高帝谋划拘执了樊哙，多次毁谤陈平说：“陈

高帝谋执樊哙，数谗曰："陈平为相非治事，日饮醇酒，戏妇女。"陈平闻，日益甚。吕太后闻之，私独喜。面质吕媭于陈平曰："鄙语曰'儿妇人口不可用'，顾君与我何如耳。无畏吕媭之谗也。"[8]

吕太后立诸吕为王，陈平伪听之。及吕太后崩，平与太尉勃合谋，卒诛诸吕，立孝文皇帝，陈平本谋也。审食其免相。

平做丞相不处理政事，每日只是饮美酒，玩弄妇女。"陈平听说了，就故意做得更过分。吕后听说了，私下独自高兴。她让吕媭和陈平当面对质时，说："俗话说'小孩、妇女嘴里的话是不能听的'，只看您和我的关系怎么样就行了。不要害怕吕媭说您的坏话。"

吕后封吕氏家族的人做王，陈平假装听从她。等到吕后去世，陈平和太尉周勃联合谋划，终于诛灭了吕氏家族的人，让孝文皇帝继了位，在这个事件中陈平是主要的谋划人。审食其被免除了丞相职位。

注释　1 诸吕：指吕后的亲属，如其兄弟侄儿吕产、吕禄等。　2 详：通"佯"。　迁：调任官职。　3 谢疾免：称病辞职。　朝请(cháo qìng)：汉制，诸侯春朝皇帝叫朝，秋朝曰请。后来泛指朝见。　4 辟阳侯：审食其(yì jī)之封爵名。辟阳，汉县名，在今河北衡水市冀州区一带，此地为审食其的食邑。　5 不治：《史记集解》引孟康曰："不立治处，使止宫中也。"即不设立办事的处所。　给(jǐ)事：处理事务。　中：宫禁中。　6 舍人：家臣。　7 因决事：依靠、通过他决定事情。　8 面质：当面对质。　鄙语：俗语。　儿妇人口不可用：妇女、儿童嘴里的话不能听用。　顾：看。

孝文帝立，以为太尉勃亲以兵诛吕氏，功多；陈

孝文帝继位，认为太尉周勃亲自领兵诛灭了吕氏家族，功劳最多；

平欲让勃尊位，乃谢病。孝文帝初立，怪平病，问之。平曰："高祖时，勃功不如臣平。及诛诸吕，臣功亦不如勃。愿以右丞相让勃。"于是孝文帝乃以绛侯勃为右丞相，位次第一；平徙为左丞相，位次第二。赐平金千斤，益封三千户。

陈平想把最尊贵的职位让给周勃，就推辞有病。孝文帝刚刚继位，对陈平称病感到奇怪，询问他。陈平说："高祖的时候，周勃的功劳不如我陈平。等到诛灭了吕氏家族的人，我的功劳不如周勃。希望把右丞相让给周勃。"于是孝文帝就任用绛侯周勃为右丞相，位次排在第一；陈平迁为左丞相，位次排在第二。赏赐给陈平千斤黄金，增加食邑三千户。

居顷之，孝文皇帝既益明习国家事，朝而问右丞相勃曰："天下一岁决狱几何？"勃谢曰："不知。"问："天下一岁钱谷出入几何？"勃又谢不知，汗出沾背，愧不能对。于是上亦问左丞相平。平曰："有主者[1]。"上曰："主者谓谁？"平曰："陛下即问决狱，责廷尉；问钱谷，责治粟内史。"[2]上曰："苟各有主者，而君所主者何事也？"平谢曰："主臣[3]！陛下不知其驽下，使待罪宰相。[4]宰

过了没多久，孝文帝已经很熟习国家的政事，上朝时询问右丞相周勃说："天下一年审理和判决多少个案件？"周勃谢罪说："不知道。"孝文帝又问："天下一年收入支出的钱谷数是多少？"周勃又谢罪说不知道，紧张得汗流出来沾在背上，心里惭愧不能应对。于是皇上询问左丞相陈平。陈平说："各有主管的大臣。"皇上说："主管的大臣讲的是谁？"陈平说："陛下如果询问审理判决的案件，可以问廷尉；询问钱谷数，可以问治粟内史。"皇上说："假若各事都有主管的大臣，而您所主管的是些什么事呢？"陈平谢罪说："我诚惶诚恐！陛下不知道我才能

相者,上佐天子理阴阳,顺四时,下育万物之宜,外镇抚四夷诸侯,内亲附百姓,使卿大夫各得任其职焉。[5]”孝文帝乃称善。右丞相大惭,出而让陈平曰:“君独不素教我对!”[6]陈平笑曰:“君居其位,不知其任邪[7]?且陛下即问长安中盗贼数,君欲强对[8]邪?”于是绛侯自知其能不如平远矣。居顷之,绛侯谢病请免相,陈平专[9]为一丞相。

低下,让我勉强担任宰相。宰相,对上是辅佐天子调理阴阳,顺应四时,对下养育万物适时生长,对外镇抚四夷和诸侯,对内爱护团结百姓,使公卿大夫各自能够胜任他们的职责。”孝文帝称赞他回答得好。右丞相周勃非常惭愧,出来就责备陈平说:“您怎么平常不教我如何对答!”陈平笑着说:“您处在这个职位,不知道这个职位的责任吗?而且陛下如果询问长安城中盗贼的数目,您也要勉强凑数来对答吗?”这时绛侯周勃自知他的才能远远不及陈平。过了不久,绛侯周勃推辞说有病,请求免除他的丞相职位,从此丞相的职务便由陈平一人担任了。

注释　1 主者:主管大臣。　2 廷尉:官名,掌管刑狱,九卿之一。　治粟内史:官名,掌管租税、钱粮、盐铁和国家的财政收支,九卿之一。　3 主臣:《史记集解》引张晏曰:“若今人谢曰‘惶恐’也。马融《龙虎赋》曰‘勇怯见之,莫不主臣’。”　4 其:说话者指自己。　驽下:愚劣,才能低下。　待罪:古代官吏常常怕因失职而获罪,所以以“待罪”作为供职的谦词。　5 阴阳:古人以阴阳解释万物化生,凡天地、日月、昼夜、男女以至于腑脏、气血皆分属阴阳。　四时:四季。　宜:《尔雅》:“宜,事也。”此指养育万物生长之事。　6 让:责备。　君独不素教我对:您怎么平素不教我应对。独,语气助词。　7 任:职责。　邪(yé):语气助词。　8 强对:勉强对答。　9 专:独,独占。

孝文帝二年，丞相陈平卒，谥为献侯。[1]子共侯买代侯。二年卒，子简侯恢代侯。二十三年卒，子何代侯。二十三年，何坐略人妻，弃市，国除。[2]

孝文帝二年，丞相陈平去世，谥号是献侯。儿子共侯陈买接替侯位。二年后去世，儿子简侯陈恢接替侯位。二十三年后去世，儿子陈何接替侯位。二十三年后，陈何因犯有强夺人家妻子的罪被判处死刑，封国被废除。

始陈平曰："我多阴谋[3]，是道家之所禁。吾世即废，亦已矣，终不能复起，以吾多阴祸也。[4]"然其后曾孙陈掌[5]以卫氏亲贵戚，愿得续封陈氏，然终不得。

当初陈平说："我谋划了很多诡秘的计策，这是道家所禁忌的。我的后代如果被废弃，封侯也就停止了，最终不可能再次兴起，是因为我积累了太多阴祸的缘故。"后来他的后代曾孙陈掌由于是卫氏家族的亲戚，贵幸一时，希望能够重续陈家原来的封号，但始终没能如愿。

注释 1 孝文帝二年：即公元前178年。 献：《谥法》云："聪明睿哲曰献。" 2 略：强夺。 弃市：判处死刑。古代在闹市执行死刑，并将尸体暴露街头，所以称弃市。 3 阴谋：诡秘的计谋。 4 世：嗣，后代。 已：停止。 5 陈掌：卫青的女婿，卫少儿（卫青之姐）的情夫。

太史公曰：陈丞相平少时，本好黄帝、老子之术[1]。方其割肉俎[2]上之时，其意固已远矣。倾侧扰攘[3]楚魏之间，卒归高帝。常出奇计，

太史公说：陈丞相平年少的时候就喜好黄帝、老子的学说主张。当他在砧板上分割祭肉的时候，就已经表现出他的远大志向了。在朝廷倾危、社会混乱的情况下，他先后归于魏楚二国，最终归附了高帝。他常常献出奇计，化解了很多错综复杂的问题，挽

救纷纠之难，振国家之患。[4]及吕后时，事多故矣，然平竟自脱[5]，定宗庙，以荣名终，称贤相，岂不善始善终哉！非知[6]谋孰能当此者乎？

救了国家的危难。等到吕后当权的时候，国家处于多事之秋，然而陈平最终能自免于祸难，安定宗庙社稷，得到美名并终了一生，被称作贤相，这难道不是善始善终吗？不具有才智谋略，谁能获得这种结果呢？

注释 1 黄帝、老子之术：亦简称黄老之说，即道家学说。道家以黄、老为其始祖，故称。道家主张效法自然，无为而治。这亦是汉初统治集团的主导思想。 2 俎(zǔ)：割肉所用的砧板。长方形，两端有足，多木制。 3 倾侧扰攘：指朝廷倾危，社会混乱。 4 纷纠：错综复杂。 振：救，挽救。 5 自脱：自免于祸难。 6 知：通“智”。

史记卷五十七

绛侯周勃世家第二十七

原文

绛侯周勃者，沛人也。其先卷[1]人，徙沛。勃以织薄曲为生，常为人吹箫给丧事，材官引强。[2]

高祖之为沛公初起，勃以中涓[3]从攻胡陵，下方与。方与反，与战，却適[4]。攻丰。击秦军砀东。还军留及萧。复攻砀，破之。下下邑，先登。赐爵五大夫[5]。攻蒙、虞，取之。击章邯车骑，殿。[6]定魏地。攻爰戚、东缗，以往至栗，取

译文

绛侯周勃，是沛县人。他的祖先是卷县人，迁徙到沛县来的。周勃靠编造养蚕的薄曲为生，还常常替人家在办丧事时吹箫，后来又成了能拉强弓的勇士。

高祖成为沛公起事时，周勃以中涓的身份跟着沛公进攻胡陵，攻下了方与。方与反叛，周勃率军和叛军交战，打退了敌人。接着又进攻丰邑。在砀郡的东边袭击秦军。军队回到留县和萧县。再次进攻砀郡，把它攻破了。后来又攻下了下邑，周勃最先登上了城墙。沛公赐给他五大夫爵位。又进攻蒙县、虞县，夺取了。袭击章邯的车骑部队，获得下等功。平定了魏地。进攻爰戚、东缗，一直往前攻到栗县，夺取了。进攻齧桑，先登上城墙。在

之。攻蘁桑，先登。击秦军阿下，破之。追至濮阳，下甄城。攻都关、定陶，袭取宛朐，得单父令。夜袭取临济，攻张，以前至卷，破之。击李由军雍丘下。攻开封，先至城下为多[7]。后章邯破杀项梁，沛公与项羽引兵东如砀。

东阿城下袭击秦军，把秦军打败了。追击秦军到达濮阳，攻下了甄城。进攻都关、定陶，袭击夺取了宛朐，俘获了单父的县令。夜间袭击夺取了临济，进攻张县，一直往前到达卷县，都攻破了。在雍丘城下袭击了李由的军队。进攻开封，先到达城下，立下了战功。后来章邯打败并杀死了项梁，沛公和项羽领着军队往东到达砀郡。

注释　1 卷(quān):秦县名，在今河南原阳县西稍偏南。 2 薄曲:用竹、苇编造的养蚕器具。 吹箫给丧事:办理丧事时为人吹箫。犹后来之鼓匠、吹鼓手。 材官:勇武之卒。 引强:能拉强弓。 3 中涓:秦汉时，皇帝、君王亲近的侍从官。 4 却適(dí):使敌人退却，即打退敌人。却，退却。適，通“敌”。 5 五大夫:秦爵二十级之第九级。 6 车骑(jì):成队的车马，后泛指部队。 殿:获得下等功。 7 多:立功。《史记集解》引如淳曰:“战功曰多。”

自初起沛还至砀一岁二月。楚怀王封沛公号安武侯，为砀郡长。沛公拜勃为虎贲令[1]，以令从沛公定魏地。攻东郡尉[2]于城武，破之。击王离军，破之。攻长社，先登。攻颍阳、

从沛公刚刚在沛县起事到回至砀郡共一年两个月。楚怀王赐给沛公武安侯的封号，让他做了砀郡的地方长官。沛公任用周勃做统率禁卫部队的将领，根据命令跟从沛公平定魏地。在城武进攻东郡郡尉，打败了他。袭击王离的军队，打败了他们。进攻长社，最先登上城墙。

缑氏，绝河津[3]。击赵贲军尸北。南攻南阳守齮，破武关、峣关。破秦军于蓝田，至咸阳，灭秦。

项羽至，以沛公为汉王。汉王赐勃爵为威武侯。从入汉中，拜为将军。还定三秦，至秦，赐食邑怀德。攻槐里、好畤，最[4]。击赵贲、内史保[5]于咸阳，最。北攻漆。击章平、姚卬军。西定汧。还下郿、频阳。围章邯废丘。破西丞。击盗巴军，破之。攻上邽。东守峣关。转击项籍。攻曲逆，最。还守敖仓，追项籍。籍已死，因东定楚地泗川[6]、东海郡，凡得二十二县。还守雒阳、栎阳，赐与颍阴侯共食钟离。以将军从高帝击反者燕王臧荼，破之易下。所将卒当驰道[7]为多。赐爵列侯，

进攻颍阳、缑氏，断绝了黄河渡口。在尸乡北边袭击赵贲的军队。往南进攻南阳郡守吕齮，攻破了武关、峣关。在蓝田攻破了秦军，到达了咸阳，灭亡了秦朝。

项羽来到咸阳后，封沛公做汉王。汉王封周勃为威武侯。后来周勃又跟着汉王进入汉中，被任命为将军。等到汉王回师平定了三秦，到秦地后，汉王赐给他怀德为食邑。接着进攻槐里、好畤，他在将领中功劳最大。在咸阳袭击了赵贲和内史保，他功劳最大。向北进攻漆县。袭击章平、姚卬的军队。往西平定了汧县。回师攻下了郿县、频阳。在废丘包围了章邯。攻破了西县郡丞。袭击盗巴的军队，打败了他们。进攻上邽。往东驻守峣关。转而袭击项籍。进攻曲逆，功劳最大。回师驻守敖仓，追击项籍。项籍已经死去，乘势往东去平定楚地四川郡、东海郡，总计夺得二十二个县。回师驻守雒阳、栎阳，高帝把钟离赏赐给他和颍阴侯灌婴为食邑。以将军身份随从高帝出击反叛的燕王臧荼，在易县城下打败了他。他所率领的士卒在驰道上进行阻击，立下了战功。高帝赐给他列侯爵位，剖

剖符世世勿绝。食绛八千一百八十户,号绛侯。

分符节世代相传不断绝。他的食邑是绛县的八千一百八十户,封号为绛侯。

注释 1 虎贲令:统帅禁卫部队的将领。 2 东郡尉:东郡郡尉,负责一郡之军事。 3 河津:黄河渡口。 4 最:荣立上等功。《史记集解》引如淳曰:"于将率之中功为最。" 5 内史保:秦京城咸阳行政长官名叫保。内史,官名,京城行政长官。 6 泗川:本书《高祖功臣侯者年表》及《汉书·高惠高后文功臣表》作"泗水"。按:疑"泗川""泗水"皆"四川"之讹。 7 驰道:古代皇帝巡行通过的大道。

以将军从高帝击反韩王信于代,降下霍人[1]。以前至武泉,击胡骑,破之武泉北。转攻韩信军铜鞮,破之。还,降太原六城。击韩信胡骑晋阳下,破之,下晋阳。后击韩信军于硰石[2],破之,追北八十里。还攻楼烦三城,因击胡骑平城下,所将卒当驰道为多。勃迁为太尉。

周勃以将军身份随从高帝在代地出击反叛的韩王信,降服了霍人县。接着向前到达武泉,出击胡人骑兵,在武泉北边打败了他们。转而进攻韩信在铜鞮的军队,打败了他们。回师,降服了太原郡的六座城。在晋阳城下袭击韩信的胡人骑兵,打败了敌人,攻下了晋阳城。随后在硰石袭击韩信的军队,打败了敌人,追击逃军达八十里。回师进攻楼烦的三座城,趁机在平城城下出击胡人骑兵,所率领的士卒在驰道上阻击,立下了战功。周勃被提升为太尉。

击陈豨,屠马邑。所将卒斩豨将军乘马絺[3]。击韩信、陈豨、赵利军于楼烦,破之。得豨将宋最、

他出击陈豨,屠灭了马邑。所率领的士卒斩杀了陈豨的将军乘马絺。在楼烦出击韩信、陈豨、赵利的军队,打败了他们。俘获了陈豨的将

雁门守圂[4]。因转攻得云中守遬、丞相箕肆、将勋。[5]定雁门郡十七县,云中郡十二县。因复击豨灵丘,破之,斩豨,得豨丞相程纵、将军陈武、都尉高肆。[6]定代郡九县。

领宋最、雁门郡郡守圂。乘机进攻俘获了云中郡郡守遬、丞相箕肆、将领勋。平定了雁门郡十七个县,云中郡十二个县。乘势在灵丘再次出击陈豨,打败了他,斩杀了陈豨,俘获了陈豨的丞相程纵、将军陈武、都尉高肆。平定了代郡九个县。

燕王卢绾反,勃以相国代樊哙将,击下蓟,得绾大将抵、丞相偃、守陉、太尉弱、御史大夫施,屠浑都。[7]破绾军上兰,复击破绾军沮阳。追至长城[8],定上谷十二县,右北平十六县,辽西、辽东二十九县,渔阳二十二县。最从高帝得相国一人,丞相二人,将军、二千石各三人;[9]别破军二,下城三,定郡五,县七十九,得丞相、大将各一人。

燕王卢绾反叛,周勃以相国身份代替樊哙领兵,出击并攻下了蓟县,俘获了卢绾的大将抵、丞相偃、郡守陉、太尉弱、御史大夫施,屠灭了浑都。在上兰攻破卢绾军队,再次在沮阳出击并打败了卢绾的军队。追击到长城,平定了上谷郡十二县,右北平郡十六县,辽西郡、辽东郡二十九县,渔阳郡二十二县。总计跟从高帝俘获了相国一人,丞相二人,将军、二千石各三人;另外还打败了两支军队,攻下了三座城,平定了五个郡,七十九个县,俘获了丞相、大将各一人。

注释　1 霍人:县名,亦作“葰人”,在今山西繁峙县东。　2 砦(shā)石:地名。《史记正义》按:“在楼烦县西北。”　3 乘马绨(chī):陈豨部将,复姓乘马,名绨。　4 守:郡守。　圂(hùn):雁门郡守名。　5 云中守遬

(sù):云中郡郡守遫。云中,即云中郡,治所云中,在今内蒙古托克托县东北。 丞相箕肆:箕肆,陈豨部将,官丞相,生平不详。 将勋:勋,陈豨部将,官将军,生平不详。 6 程纵、陈武、高肆:皆为陈豨手下重要大臣和将领。 7 抵、偃、陉、弱、施:皆为卢绾部将。 浑都:又为军都,县名,在今北京市昌平区西南。 8 长城:《史记正义》云"即马邑长城,亦名燕长城",在今河北赤城县北。 9 最:总计。 二千石:汉代食禄二千石的官吏,主要指郡守一级。

勃为人木强敦厚,高帝以为可属大事。[1]勃不好文学,每召诸生说士,东乡坐而责之:"趣为我语。"[2]其椎少文如此[3]。

周勃为人质朴刚强敦厚,高帝认为可以把大事托付给他。周勃不喜好文章学问,每次召见儒生和游说之士,自己向东坐着命令他们:"赶快对我说吧。"他就是这样朴实而缺乏文采。

勃既定燕而归,高祖已崩矣,以列侯事孝惠帝。孝惠帝六年,置太尉官,以勃为太尉。十岁,高后崩。吕禄以赵王为汉上将军,吕产以吕王为汉相国,秉汉权,欲危刘氏。[4]勃为太尉,不得入军门。陈平为丞相,不得任事。于是勃与平谋,卒诛诸吕而立孝文皇帝。其语在《吕后》《孝文》事中[5]。

周勃平定燕地回来时,高祖已经去世了,他以列侯的身份侍奉孝惠帝。孝惠帝六年,设置了太尉官职,任用周勃做太尉。经过十年,高后去世。吕禄以赵王的身份担任朝廷的上将军,吕产以吕王的身份担任相国,把持朝廷的大权,对刘氏政权构成严重威胁。周勃是太尉,但不能进入军门。陈平是丞相,但不能管理政事。于是周勃和陈平合谋,终于诛灭了吕氏家族的人并拥立了孝文皇帝。这件事的详细情况记载在《吕太后本纪》《孝文本纪》中。

注释 1 木强:质朴刚强。 属(zhǔ):委托,交付。 2 文学:文章学问。 说(shuì)士:游说之士。 东乡坐:面朝东坐。乡,通"向"。时以东向坐为尊。 责:命令。《史记集解》引如淳曰:"勃自东乡坐,责诸生说士,不以宾主之礼。" 3 椎(chuí):朴实,迟钝。 少文:缺少文采。 4 吕禄、吕产:均为吕后侄儿。 秉:持,掌握。 5《吕后》:指《吕太后本纪》。《孝文》:指《孝文本纪》。

文帝既立,以勃为右丞相,赐金五千斤,食邑万户。居月余,人或说勃曰:"君既诛诸吕,立代王[1],威震天下,而君受厚赏,处尊位,以宠,久之即祸及身矣。"勃惧,亦自危,乃谢请归相印。上许之。岁余,丞相平卒,上复以勃为丞相。十余月,上曰:"前日吾诏列侯就国[2],或未能行,丞相吾所重,其率先之。"乃免相就国。

岁余,每河东守尉行县至绛,绛侯勃自畏恐诛,常被甲、令家人持兵以见之。[3]其后人有上书告勃

文帝继位后,任用周勃做右丞相,赐给黄金五千斤,食邑一万户。过了一个多月,有人劝告周勃说:"您已经诛灭了吕氏家族,拥立了代王,声威震动天下,而您接受了厚重的赏赐,处在尊贵的地位,受到宠幸,时间一久就会有祸患降临在您身上了。"周勃恐惧,自己也感到危险,就请求辞职,归还丞相印章。皇上允许了。过了一年多,丞相陈平去世,皇上再次任用周勃做丞相。过了十多个月,皇上说:"前些日子我诏令列侯都到自己的封国去,有的人还没能成行,丞相您是我所看重的人,您还是率先到封国去吧。"于是周勃被免去了丞相职务,去了自己的封地。

过了一年多,每次河东郡的郡守、郡尉巡视各县到达绛县,绛侯周勃总是担心可能被诛杀,所以身上总是披着铠甲且让家中其他人拿着

欲反，下廷尉。廷尉下其事长安[4]，逮捕勃治之。勃恐，不知置辞[5]。吏稍[6]侵辱之。勃以千金与狱吏，狱吏乃书牍背[7]示之，曰"以公主为证"。公主者，孝文帝女也，勃太子胜之尚之，故狱吏教引为证。[8]勃之益封受赐，尽以予薄昭[9]。及系[10]急，薄昭为言薄太后，太后亦以为无反事。文帝朝，太后以冒絮提文帝，曰："绛侯绾皇帝玺，将兵于北军，不以此时反，今居一小县，顾欲反邪！"[11]文帝既见绛侯狱辞，乃谢曰："吏方验而出之。"[12]于是使使持节[13]赦绛侯，复爵邑。绛侯既出，曰："吾尝将百万军，然安知狱吏之贵乎！"

武器才去会见他们。之后有人上书状告周勃想造反，孝文帝交给廷尉办理。廷尉把这件事交给长安地方去办理，官吏把周勃逮捕起来加以惩处。周勃恐惧，不知道怎么申诉。官吏逐渐开始对他凌辱。周勃把一千斤黄金给了狱吏，狱吏就在木牍背后写上字暗示他，说"让公主替你作证"。公主，是孝文帝的女儿，周勃的太子周胜之娶了她做妻子，所以狱吏教周勃让她出来作证。周勃所增加的封邑、接受的赏赐，全都给了薄昭。等到周勃被拘囚起来，事情紧急，薄昭替他在薄太后面前说好话，太后也认为周勃不会造反。文帝朝见太后，太后顺手抓起头巾扔向文帝，说："绛侯身上原来系着皇帝的印玺，统率军队驻守在北军，不乘着此时反叛，如今只居住在一个小县，反而想造反吗？"文帝看过绛侯在狱中的供词后，便认错说："官吏已查证清楚，正要放他出来。"文帝于是派使者持着符节赦免了绛侯，恢复了他的封爵食邑。绛侯出来以后，说："我曾经统率百万军队，何曾知道狱吏的尊贵呢！"

注释 1 立代王：立原来的代王为皇帝。 2 就国：回到封地，不再担任职务。 3 河东:汉郡名,治所安邑,在今山西夏县西北。绛县在其管辖区内。 行县:到所属各县巡视。 被:通“披”。 4 廷尉下其事长安:廷尉又将这件事下交给长安令,由地方上处治。 5 置辞:对答、申诉之言辞。 6 稍:逐渐。 7 书牍背:写在木简的背面。牍,书写公文的木简。 8 太子:汉时列侯的长子亦可称太子。 胜之:即周胜之,周勃长子。 尚:古代娶皇帝之女称“尚”。《史记集解》引韦昭曰:“尚,奉也。不敢言娶。” 9 薄昭:薄太后之弟。封为轵侯。 10 系:拘囚。此指审讯、办案。 11 冒絮:覆额的头巾。 提:掷。 绾:系。 顾:却,反而。 12 谢:道歉,认错。 验:核实。 13 使持节:皇帝派出的出使人员中,权力最大、礼节最高的一种。持节,古使臣出使,必持节以作凭证。节,符节。按大小、尊卑依次为使持节、持节、假持节。

绛侯复就国。孝文帝十一年[1]卒,谥为武侯。子胜之代侯。六岁,尚公主,不相中[2],坐杀人,国除。绝一岁,文帝乃择绛侯勃子贤者河内守亚夫,封为条侯,续绛侯后[3]。

条侯亚夫自未侯为河内守时,许负[4]相之,曰:“君后三岁而侯。侯八岁为将相,持国秉,贵重矣,于人臣无两。[5]其后九岁而君饿死。”亚夫笑曰:“臣

绛侯重新回到封国。孝文帝十一年他去世了,谥号是武侯。他的儿子胜之接替他为侯。六年后,胜之和他所娶的公主两人感情不和,因为犯了杀人罪,封国被废除。废除一年,文帝才选择绛侯周勃儿子中贤能的人河内郡守周亚夫,封他为条侯,继承绛侯的爵位。

条侯周亚夫在没有做侯还是河内郡郡守的时候,许负给他看相,说:“您三年以后会封侯。封侯八年后会做将相,掌握国政大权,非常之尊贵,在人臣当中没有第二个。之后九年您会饿死。”亚夫笑着说:“我的兄长已经接替父亲的侯爵了,假

之兄已代父侯矣，有如[6]卒，子当代，亚夫何说侯乎？然既已贵如负言，又何说饿死？指示我。”许负指其口曰：“有从理入口，此饿死法也。[7]”居三岁，其兄绛侯胜之有罪，孝文帝择绛侯子贤者，皆推亚夫，乃封亚夫为条侯，续绛侯后。

如他去世了，他的儿子应当接替，我亚夫怎么轮得上封侯呢？然而既已像您说的那样尊贵，又怎么会饿死呢？请您指教我。”许负指着他的口部说：“您脸上有竖纹延伸到口里，这是预示将会饿死的法令纹。”过了三年，他的兄长绛侯周胜之有罪，孝文帝想在绛侯周勃的儿子中选个贤能的，大家都推举周亚夫，于是封周亚夫做条侯，接续绛侯的爵位。

注释 **1** 孝文帝十一年：即公元前169年。 **2** 不相中：《史记集解》引如淳曰：“犹言不相合当。” **3** 守：郡守。 亚夫：周亚夫。西汉名将，周勃之子，后封为条侯。 条：或作“修”。修县，在今河北景县南。 **4** 许负：或名“许妇”，汉初善于看相的老婆子。 **5** 秉：通“柄”，权。 无两：没有第二个人。 **6** 有如：如果、假使。 **7** 从理：脸上的竖纹。从，通“纵”。 法：法令，即口边纹。

文帝之后六年，匈奴大入边。[1]乃以宗正[2]刘礼为将军，军霸上；祝兹侯徐厉为将军，军棘门；[3]以河内守亚夫为将军，军细柳[4]：以备胡。上自劳军。至霸上及棘门军，直驰入，将以下骑送迎。已

文帝后元六年，匈奴人举侵入边界。文帝就任用宗正刘礼做将军，驻军在霸上；祝兹侯徐厉做将军，驻军在棘门；任用河内郡郡守周亚夫做将军，驻军在细柳：来防备胡人。皇上亲自去慰劳军队。到了霸上和棘门的驻军地，皇上直接奔驰进入军营，从将军以下的官员都骑马迎送。随后到了细柳的驻军地，军队的官吏

而之细柳军，军士吏被甲，锐兵刃，彀弓弩，持满。[5]天子先驱[6]至，不得入。先驱曰："天子且[7]至！"军门都尉[8]曰："将军令曰'军中闻将军令，不闻天子之诏'。"居无何，上至，又不得入。于是上乃使使持节诏将军："吾欲入劳军。"亚夫乃传言开壁门[9]。壁门士吏谓从属车骑曰："将军约，军中不得驱驰。"于是天子乃按辔[10]徐行。至营，将军亚夫持兵揖曰："介胄之士不拜，请以军礼见。"[11]天子为动，改容式车[12]。使人称谢："皇帝敬劳将军。"成礼而去。既出军门，群臣皆惊。文帝曰："嗟乎，此真将军矣！曩者[13]霸上、棘门军，若儿戏耳，其将固可袭而虏也。至于亚夫，可得而犯邪！"称善者久之。月余，三军

都披着甲，拿着锋利的兵器，弓弩张开，弓弦拉满。天子的先头部队到达，不能进军营。先头部队说："天子将要到达！"掌管军门的都尉说："将军有命令说'军营中只听将军的命令，不听天子的诏令'。"过了没多久，皇上到达，仍不能进军营。于是皇上就派使臣持着符节诏令将军："我想进入军营慰劳军队。"周亚夫才传话打开营门。营门的官吏对皇上的从属车骑人员说："将军规定，在军营里面不能够长驱奔驰。"于是天子就按着马缰绳缓慢前行。到了营中，将军周亚夫带着兵器作揖说："穿着铠甲的武士不跪拜，请求用军礼参见皇上。"天子被他感动，马上变得严肃庄重，俯身在车前横木上。他派人向周亚夫传话说道："皇帝恭敬地慰劳将军。"完成劳军的礼仪后，文帝起驾离去。出了军门后，群臣都非常惊讶。文帝说："啊，这才是真正的将军呀！刚才霸上、棘门的驻军，好像是儿戏一般，他们的将军完全可能被敌人偷袭而俘虏。至于周亚夫，谁能侵犯得了他呀！"这件事被文帝称赞了好久。一个多月以后，三处的军队都撤走了。于是文

皆罢。乃拜亚夫为中尉[14]。

帝就任用周亚夫做中尉。

注释 1 文帝之后六年:即文帝后元六年,公元前158年。 入边:侵扰边境。 2 宗正:官名,掌管王室亲族的内部事务。 3 徐厉:汉朝将领,封爵祝兹侯。 棘门:古地名。《史记正义》引《括地志》云:"棘门在渭北十余里,秦王门名也。"约在今陕西省咸阳市东北。 4 细柳:古地名。《史记正义》引《括地志》云:"细柳仓在雍州咸阳县西南二十里也。"约在今陕西省咸阳市西南渭河北岸。 5 被:通"披"。 彀(gòu):张满弓弩,把弓拉满。 6 先驱:先头部队。 7 且:将,将要。 8 军门都尉:军门,营门。都尉,负责一地、一处军事事务之长官。 9 壁门:营门。壁,营垒。 10 辔(pèi):马缰绳。 11 揖(yī):拱手施礼。 介胄之士:即甲胄之士,穿着铠甲,戴着头盔的将士。 12 改容:改变面容,此指表情变得严肃。 式车:身子俯在车前的横木上,以示敬意。式,通"轼",凭轼致敬。 13 曩(nǎng)者:从前,过去。本句意为不久前,刚才。 14 中尉:掌管京城治安之武官。

孝文且崩时,诫太子曰:"即有缓急,周亚夫真可任将兵。"[1] 文帝崩,拜亚夫为车骑将军[2]。

孝景三年,吴楚反。[3] 亚夫以中尉为太尉,东击吴楚。因自请上曰:"楚兵剽轻[4],难与争锋。愿以梁委之,绝其粮道,乃可制。[5]"上许之。

孝文皇帝将要去世的时候,告诫太子说:"如果发生紧急情况,周亚夫完全可以担当领兵任务。"文帝去世,景帝任命周亚夫为车骑将军。

孝景皇帝三年,吴楚七国反叛。周亚夫以中尉身份出任太尉,向东出击吴楚军队。他向皇上提出请求说:"楚国军队凶悍轻捷,很难和他们争斗交锋。我们可以把梁国舍弃掉,然后切断他们的运粮通道,才可以制服他们。"皇上允许了。

太尉既会兵荥阳，吴方攻梁，梁急，请救。太尉引兵东北走昌邑，深壁而守。梁日使使请太尉，太尉守便宜[6]，不肯往。梁上书言景帝，景帝使使诏救梁。太尉不奉诏，坚壁不出，而使轻骑兵弓高侯[7]等绝吴楚兵后食道。吴兵乏粮，饥，数欲挑战，终不出。夜，军中惊，内相攻击扰乱，至于太尉帐下。太尉终卧不起。顷之，复定。后吴奔壁东南陬[8]，太尉使备西北。已而其精兵果奔西北，不得入。吴兵既饿，乃引而去。太尉出精兵追击，大破之。吴王濞弃其军，而与壮士数千人亡走，保于江南丹徒。汉兵因乘胜，遂尽虏之，降其兵，购[9]吴王千金。月余，越

太尉把兵力会合到荥阳，吴国正在进攻梁国，梁国形势危急，请求救援。太尉领着兵往东北方向到了昌邑，深筑营垒加以固守。梁国天天派出使者请求太尉救援，太尉认为坚守有利，不肯前去救援。梁王只好上书给景帝，景帝派使者诏令援救梁国。太尉不按诏令去做，坚守营垒不出兵作战，而派出轻骑兵弓高侯等人去割断吴楚军队后方的运粮通道。吴国军队缺乏粮食，饥饿起来，吴军多次向汉军挑战，太尉始终不出兵。夜间，军队突然惊动，内部互相攻击一阵扰乱，闹到了太尉的军帐外边。太尉始终安睡不起身。过了一会儿，军中重新安定了下来。后来吴国军队奔向营垒的东南角，太尉让防备西北方向。随即吴国的精兵果然奔向西北，不能够冲进营垒。吴国军队已经很饿了，就领着兵撤离。太尉派出精兵追击，把他们打得大败。吴王刘濞抛弃他的军队，而和壮士几千人逃跑，到达长江南岸丹徒进行自保。朝廷的军队乘胜攻击，将他们全都俘虏了，降服了他的壮士，又悬赏千金买吴王的人头。一个多月后，越地人斩了吴王的头来报告。双方攻守总计是三个月，而吴楚就被打败叛乱平

人斩吴王头以告。凡相攻守三月,而吴楚破平。于是诸将乃以太尉计谋为是。由此梁孝王与太尉有郤[10]。

定。这时将领们才认识到太尉的计谋是对的。也是从这次平叛开始,梁孝王和太尉之间产生了隔阂。

注释 1 太子:即刘启,后来的汉景帝。 缓急:偏义复词。此指紧急。 2 车骑将军:地位仅次于上卿的高级将领。 3 孝景三年:即公元前154年。 吴楚:此指以吴王刘濞为首的吴楚七国之乱。 4 剽轻:凶悍轻捷。 5 愿:希望。 梁:梁国,汉初所封侯国。辖境在今河南商丘和安徽砀山一带。 委:舍弃,放弃。 粮道:运粮的通道。 6 便宜:因利乘便,见机行事。 7 弓高侯:封爵名,即指韩王信之子韩颓当,因后投汉封此。弓高,汉县名,在今河北景县西北。 8 陬(zōu):隅,角落。 9 购:悬赏征求。 10 郤:通"郤"。郤,又通"隙"。

归,复置太尉官。五岁,迁为丞相,景帝甚重之。景帝废栗太子[1],丞相固争之,不得。景帝由此疏之。而梁孝王每朝,常与太后言条侯之短[2]。

窦太后曰:"皇后兄王信[3]可侯也。"景帝让曰:"始南皮、章武侯[4]先帝不侯,及臣即位乃侯之。信未得封也。"窦太后曰:"人主

周亚夫班师回朝,朝廷重新设置了太尉官职。五年后,周亚夫被提升为丞相,景帝特别器重他。景帝要废除栗太子,丞相力争反对,没有成效。景帝因为这件事疏远了他。而梁孝王每次来朝拜,常和太后说条侯的坏话。

窦太后说:"皇后的兄长王信可以封侯。"景帝推辞说:"当初先帝不封南皮侯、章武侯为侯,等到我即位才封他们为侯。现在还不能封王信为侯。"窦太后说:"君主

各以时行耳。自窦长君[5]在时,竟不得侯,死后乃其子彭祖顾得侯。吾甚恨[6]之。帝趣[7]侯信也!”景帝曰:“请得与丞相议之。”丞相议之,亚夫曰:“高皇帝约‘非刘氏不得王,非有功不得侯。不如[8]约,天下共击之’。今信虽皇后兄,无功,侯之,非约也。”景帝默然而止。

各自依时行事而已。窦长君在世的时候,始终得不到封侯。他死后,他的儿子彭祖反倒被封为侯,我感到特别遗憾。皇帝赶紧给王信封侯吧!”景帝说:“请让我和丞相商议一下。”景帝在和丞相议论的时候,周亚夫说:“高皇帝约定‘不是刘氏家族的人不能够封王,不是有功劳的人不能够封侯。不遵守这个约定,天下的人可以共同攻击他’。如今王信虽然是皇后的兄长,却没有功劳,给他封侯,不符合约定。”景帝沉默不语,这事也就停下来了。

注释 1 栗太子:即刘荣,景帝栗姬所生,后立为太子。 2 太后:指窦太后,汉景帝之母。 短:短处,坏处。 3 王信:景帝王皇后之兄。 4 南皮:即南皮侯,窦太后之侄儿,名窦彭祖,因封于南皮(今河北南皮县东北),故名。 章武侯:窦太后之弟窦广国封号。章武为其封邑,在今河北沧州市东。 5 窦长君:窦太后之兄,窦彭祖之父。 6 恨:遗憾。 7 趣:急促。 8 如:按照,遵守。

其后匈奴王唯徐卢等五人降,景帝欲侯之以劝后。[1]丞相亚夫曰:“彼背其主降陛下,陛下侯之,则何以责人臣不守节者

其后匈奴王徐卢等五个人来投降,景帝想封他们做侯来吸引别的匈奴人来归降。丞相周亚夫说:“他们背叛自己的君主投降陛下,陛下给他们封侯,那还怎么去谴责不守气节的臣子呢?”景帝说:“丞相的

乎？”景帝曰：“丞相议不可用。”乃悉封徐卢等为列侯。亚夫因谢病。景帝中三年[2]，以病免相。

意见不可采用。”于是就封徐卢等人为列侯。周亚夫因而借口有病辞职。景帝中元三年，周亚夫因病被免除了丞相职务。

顷之，景帝居禁中，召条侯，赐食。独置大胾，无切肉，又不置櫡。[3]条侯心不平，顾谓尚席[4]取櫡。景帝视而笑曰：“此不足君所[5]乎？”条侯免冠谢。上起[6]，条侯因趋出。景帝以目送之，曰：“此怏怏者非少主臣也[7]！”

不久，景帝居住在宫禁中，召条侯来，赐给他饮食。只在席上放了一大块肉，没有另外切碎的肉，又不放筷子。条侯心里不平，回头让主持宴席的人取来筷子。景帝看着他发笑说：“这不能满足您的需要吗？”条侯脱下帽子谢罪。皇上让他起来，条侯因而快步出宫。景帝用目光送他走了，说：“这个怏怏不满的人不能任年少君主的大臣啊！”

注释　1 徐卢：原匈奴王，后降汉封为容城侯。　劝：勉励。　2 景帝中三年：即公元前147年。　3 胾(zì)：切成大块的肉。　櫡(zhù)：同“箸”，筷子。　4 尚席：主持宴席之人。　5 所：指意愿、企求、需要。　6 上起：皇上让他起来。《汉书》作“上曰：‘起’”。　7 怏怏(yàng)：不满意的样子。　少主：此指后立的太子刘彻。

居无何，条侯子为父买工官尚方甲楯五百被可以葬者[1]。取庸[2]苦之，不予钱。庸知其盗买县官器，怒而上变告子，事连污条侯。[3]书

过了没有多久，条侯的儿子替父亲从工官和尚方两官署购买了五百具可以用作安葬品的铠甲和盾牌。这便搬取的雇工非常劳累，条侯的儿子却不给他们工钱。

既闻上，上下吏。吏簿责[4]条侯，条侯不对。景帝骂之曰："吾不用也。"召诣廷尉。廷尉责曰："君侯欲反邪？"亚夫曰："臣所买器，乃葬器也，何谓反邪？"吏曰："君侯纵不反地上，即欲反地下耳。"[5]吏侵之益急。初，吏捕条侯，条侯欲自杀，夫人止之，以故不得死，遂入廷尉。因不食五日，呕血而死。国除。

绝一岁，景帝乃更封绛侯勃他子坚为平曲侯[6]，续绛侯后。十九年卒，谥为共侯。子建德代侯，十三年，为太子太傅。坐酎金不善，元鼎五年，有罪，国除。[7]

条侯果饿死。死后，景帝乃封王信为盖侯[8]。

雇工知道他偷买了皇家用的器物，一怒之下就上书告发他，事情自然牵连到条侯。皇上看过上书以后，就把此事交给官吏办理。官吏根据文书所引的罪状责问条侯，条侯不回答。景帝责骂他说："我不任用你了。"下令把他送到廷尉那里去。廷尉责问说："您是想造反吗？"周亚夫说："我所购买的器物，都是安葬的用具，怎么可以说是造反呢？"官吏说："您即使不想在地上造反，也是想在地下造反吧。"官吏对周亚夫的迫害越来越严重。开始时，官吏拘捕条侯，条侯想自杀，他的夫人制止了他，所以他没有死掉，就被发遣到廷尉这里来了。他在狱中五天没有吃东西，吐血而死。他的封国随之被废除。

周亚夫的封爵断绝一年后，景帝又改封绛侯周勃的儿子周坚为平曲侯，接续绛侯的爵位。周坚在位十九年后去世，谥号为共侯。他的儿子建德接替侯位，建德在位十三年后，做了太子太傅。因为违反规定而交了成色不好的助祭献金，元鼎五年，建德被判有罪，封国被废除。

条侯果然是饿死了。他死了以后，景帝才封王信为盖侯。

注释 1 工官：官署名，主管制造日用器皿和武器的官府。 尚方：掌管供应制造帝王所用器物官署。 甲楯：即甲盾，铠甲、盾牌。 被：具，件。 2 取庸：搬取甲盾之雇工。 3 县官：朝廷，皇帝。《史记索隐》："县官谓天子也。所以谓国家为县官者，夏家王畿内县即国都也。王者官天下，故曰县官也。" 上变告子：即上告子之变，即上书告发他将要有变故（造反）。 4 簿责：根据文书所列罪状责问。簿，文书。 5 纵：即使。 地上：指活着。 地下：指死去。 6 平曲侯：封爵名，周坚所受。平曲，汉县名，在今江苏东海县东南。 7 酎(zhòu)金：汉代宗庙祭祀时，诸侯助祭所献金。 元鼎五年：即公元前112年。元鼎，为汉武帝第五个年号。 8 盖侯：封爵名，王信所受。盖，汉县名，在今山东沂源县东南。

太史公曰：绛侯周勃始为布衣时，鄙朴人也，才能不过凡庸。[1]及从高祖定天下，在将相位，诸吕欲作乱，勃匡国家难，复之乎正。[2]虽伊尹、周公，何以加哉！[3]亚夫之用兵，持威重，执坚刃，穰苴曷有加焉！[4]足己而不学，守节不逊，终以穷困。[5]悲夫！

太史公说：绛侯周勃当初做平民的时候，是个出身卑微、品性质朴的人，才能没有超过一般的人。等到跟从高祖平定天下，身居将相的高位，吕氏家族的人想发动叛乱，周勃挽救了国家的危难，重新使它归于正道。即便是伊尹、周公的功勋，怎么能超过他呢？周亚夫用兵作战，秉持着威严，意志坚忍，司马穰苴有哪些地方能超过他呢？但是他满足于自己的才智而不肯虚心学习，能谨守节操却不恭顺，最终因此而陷入了窘困的境地。很可悲呀！

注释 1 鄙朴：出身卑微，品性质朴。 凡庸：一般人。 2 匡：挽救。 乎：用法相当于"于"字。 3 伊尹：商代大臣，曾辅佐商汤建立商朝。 周公:即周公旦。 加:超过。 4 坚刃:即坚忍。刃,通“忍”。 穰苴(ráng jū):姓田,名穰苴。春秋时齐国著名的军事家。事详《司马穰苴列传》。 5 足己:满足于自己的才智。 不逊:不恭顺,不恭谦。

史记卷五十八

梁孝王世家第二十八

原文

梁孝王武者，孝文皇帝子也，而与孝景帝同母。母，窦太后[1]也。

孝文帝凡四男：长子曰太子，是为孝景帝；次子武；次子参；次子胜[2]。孝文帝即位二年[3]，以武为代王，以参为太原王，以胜为梁王。二岁，徙[4]代王为淮阳王。以代尽与太原王，号曰代王。参立十七年，孝文后二年[5]卒，谥为孝王。子登嗣立，是为代共[6]王。立二十九年，元光二年[7]卒。子义立，是为代王。十九年，

译文

梁孝王刘武，是孝文皇帝的儿子，他和孝景帝是同母所生。他们的母亲是窦太后。

孝文帝总共有四个男儿：长子是太子，这就是孝景帝；次子刘武；三子刘参；四子刘胜。孝文帝即位二年，封刘武为代王，封刘参为太原王，封刘胜为梁王。过了两年，把代王调为淮阳王。将代地全都封给了太原王，称号为代王。刘参被封后十七年，在孝文帝后元二年去世，谥号是孝王。儿子刘登继承王位，这就是代共王。共王继位二十九年，在元光二年去世。儿子刘义继位，这就是代王。代王十九年，朝廷扩充关隘，以常山为界，就把代王迁移到清河为王。将代王

汉广关，以常山为限，而徙代王王清河。[8]清河王徙以元鼎三年也。

初，武为淮阳王十年，而梁王胜卒，谥为梁怀王。怀王最少子，爱幸异于他子。其明年，徙淮阳王武为梁王。梁王之初王梁，孝文帝之十二年也。梁王自初王通历[9]已十一年矣。

迁移为清河王是在元鼎三年。

当初，刘武做淮阳王的第十年，梁王刘胜去世，谥号是梁怀王。怀王是孝文帝最小的儿子，文帝对他的宠爱超过了其他的儿子。第二年，文帝把淮阳王刘武改封为梁王。梁王到梁地为王之时，为孝文帝十二年。若从梁王最初封王算起，他已为王十一年了。

注释　1 窦太后：文帝皇后，清河观津人，好黄老之学。　2 胜：《史记正义》："《汉书》作'揖'，又云'诸姬生代孝王参、梁怀王揖'。言诸姬者，众妾卑贱，史不书姓，故云诸姬也。"　3 孝文帝二年即公元前178年。　4 徙：迁移，调动。　5 孝文后二年：公元前162年。　6 共(gōng)：《谥法解》正作"恭"。　7 元光二年：公元前133年。元光，武帝年号。　8 广关：扩充关隘。武帝元鼎三年(前114)，丁卯岁，徙函谷关于新安东界，此为东之"广关"。　限：界限。此为北之"广关"。　9 通历：通数，合起来计算。

梁王十四年，入朝。十七年，十八年，比年入朝，留，其明年，乃之国。[1]二十一年，入朝。二十二年，孝文帝崩[2]。二十四年，

梁王十四年，进京朝见皇帝。十七年和十八年，他都进京朝见皇帝，留在京师，第二年，才回到封国。二十一年，进京朝见皇帝。二十二年，孝文帝去世。二十四年，进京朝见皇帝。二十五年，再次进京朝见

入朝。二十五年，复入朝。是时上未置太子也。上与梁王燕饮，尝从容言曰："千秋万岁后传于王。"[3]王辞谢。虽知非至言[4]，然心内喜。太后亦然。

其春[5]，吴楚齐赵七国反。吴楚先击梁棘壁，杀数万人。梁孝王城守睢阳，而使韩安国、张羽等为大将军，以距吴楚。[6]吴楚以梁为限[7]，不敢过而西，与太尉亚夫等相距三月。吴楚破，而梁所破杀虏略与汉中分[8]。明年，汉立太子。其后梁最亲，有功，又为大国，居天下膏腴地。地北界泰山，西至高阳，四十余城，皆多大县[6]。

皇帝。这时皇上还没有设立太子。皇上在同梁王饮酒时，顺口说："我死了之后把皇位传给你。"梁王谦虚地推辞。他知道皇上说的不是真心话，但心里却很高兴。窦太后也是这样。

那年春天，吴、楚、齐、赵等七国反叛。吴楚联军首先攻击梁国的棘壁，杀死了几万人。梁孝王据守睢阳城，派出韩安国、张羽等为大将军，来抵御吴楚联军。吴楚联军由于梁国的阻击，无法越过梁国而继续向西前进，和太尉周亚夫等人相互对抗了三个月。在平定吴楚的叛乱中，梁国的战绩与朝廷是相当的。第二年，朝廷立了太子。其后梁王和皇帝最亲，又有功劳，又是大的封国，占有天下肥沃的土地。其封地北边以泰山为界，西边到了高阳，有四十多座城邑，多数是大县。

注释　1 比年：连年。　留：留在京师。　2 孝文帝崩：在公元前157年。　3 燕饮：在家庭内，不按君臣礼仪，设便宴聚饮。　从容：悠闲舒缓。　千秋万岁：死的讳称。　4 至言：至诚恳切之言。　5 其春：此指景帝三年，即公元前154年的春天。　6 城守：据城守御。　距：通"拒"，抵御。　7 限：阻隔。　8 中分：对半分。

孝王,窦太后少子也,爱之,赏赐不可胜道。于是孝王筑东苑[1],方三百余里。广睢阳城七十里。大治宫室,为复道,自宫连属于平台三十余里。[2]得赐天子旌旗[3],出从千乘万骑。东西驰猎,拟于天子。出言趩,入言警。[4]招延四方豪桀,自山以东游说之士莫不毕至,齐人羊胜、公孙诡、邹阳之属[5]。公孙诡多奇邪计,初见王,赐千金,官至中尉[6],梁号之曰公孙将军。梁多作兵器弩弓矛数十万,而府库金钱且百巨万[7],珠玉宝器多于京师。

孝王,是窦太后的小儿子,窦太后特别喜欢他,赏赐给他的钱财数不胜数。于是孝王建造了东苑,纵横三百多里。把睢阳城扩充到七十里。大规模建造宫室,在高空架设通道,从宫中连接到平台有三十多里。他出行时可以用只有皇帝才能使用的旌旗,跟从的有千车万马。自东到西到处奔驰打猎,仪仗规模类似于天子。出入宫殿都要清道禁绝,严加警戒。他还招揽延请四面八方的豪杰,从崤山以东那一带的游说人士,没有谁不去梁国的,齐国人如羊胜、公孙诡、邹阳等就是这类人。公孙诡多有奇特邪僻的计策,初次拜见梁王,梁王就赏赐给他千金,他官至中尉,梁国人称他为公孙将军。梁国制作了兵器、弓弩、戈矛等几十万件,而府库里面的金钱还有上亿,珠玉、宝器的数量比京师还要多。

注释 1 东苑:即兔园,俗称竹园。葛洪《西京杂记》云:"梁孝王苑中有落猨岩,栖龙岫、雁池、鹤洲、凫岛。诸宫观相连,奇果佳树,瑰禽异兽,靡不毕备。" 2 复道:高楼间或山岩险要处架空的通道,又名阁道。 连属(zhǔ):连接。 平台:孝王离宫名,在睢阳城东。《西京杂记》说此处"有落猿岩、凫洲、雁渚,连亘七十余里"。 3 天子旌旗:《汉官仪》曰:"天子法驾三十六乘,大驾八十一乘,皆备千乘万骑而出也。"。 4 趩(bì):清道。即禁绝行人。警:警戒。《史记索隐》:"《汉书仪》云:'皇帝辇动称警,出殿则传跸,止人清道。'言出入者,互文耳,入亦有跸。" 5 羊胜、公孙诡:事见《韩长孺列传》。邹阳:事见《鲁仲连邹阳列传》。 6 中尉:武官名,职掌相当于郡尉。 7 巨万:万万,上亿。极言其多。

二十九年十月,梁孝王入朝。景帝使使持节乘舆驷马[1],迎梁王于关下。既朝,上疏,因留。以太后亲故,王入则侍景帝同辇[2],出则同车游猎,射禽兽上林中。梁之侍中、郎、谒者著籍引出入天子殿门,与汉宦官无异。[3]

十一月,上废栗太子,窦太后心欲以孝王为后嗣。[4]大臣及袁盎等有所关说于景帝,窦太后义格,亦遂不复言以梁王为嗣事由此。[5]以事秘,世莫知。乃辞归国。

二十九年十月,梁孝王进京朝见皇帝。景帝派使者拿着符节乘着皇帝的副车,到函谷关前去迎接梁王。梁王朝见以后,上书请求留在京师。因为太后疼爱他的缘故,梁王入宫就侍奉景帝同乘辇车,出宫就和景帝同坐一车进行游猎,到上林苑中去射猎禽兽。梁国的侍中、郎官、谒者都登记名簿而随便进出天子的殿门,和朝廷的宦官没有两样。

十一月,皇上废除了栗太子,窦太后心中想让孝王做继承人。大臣们和袁盎等人在景帝面前进行了谏阻,窦太后的意见被阻遏了,景帝从此也就不再提让梁王做继承人这件事。因为此事太秘密,世人没有谁知晓内情。于是梁王就告辞回到了封国。

注释 1 节:符节,做凭证的信物。舆驷马:高车驷马。《汉书》作"舆驷"。一驷为四马。 2 辇(niǎn):辇车。即在宫中乘坐的人拉车。 3 侍中:官名,侍从皇帝,出入宫廷,为自列侯以下至郎中的加官。郎:

郎官,宫廷近侍。 谒者:官名,掌为国君传达诏令。 籍:名簿。 引:导引,通引。 4 废栗太子:事详《外戚世家》。栗太子,刘荣,栗姬所生。 后嗣:继承人。 5 袁盎(àng):景帝时大臣。事详《袁盎晁错列传》。 关说:谏阻。《史记索隐》:"关者,隔也。引事而关隔,其说不得行也。" 义:通"议"。《汉书》正作"议"。 格:受阻碍,被阻遏。

其夏四月,上立胶东王[1]为太子。梁王怨袁盎及议臣,乃与羊胜、公孙诡之属阴使人刺杀袁盎及他议臣十余人[2]。逐其贼[3],未得也。于是天子意[4]梁王,逐贼,果梁使之。乃遣使冠盖相望于道,覆按[5]梁,捕公孙诡、羊胜。公孙诡、羊胜匿王后宫。使者责二千石急,梁相轩丘豹及内史韩安国进谏王,王乃令胜、诡皆自杀,出之。[6]上由此怨望[7]于梁王。梁王恐,乃使韩安国因长公主[8]谢罪太后,然后得释。

上怒稍解,因上书请朝,既至关,茅兰说王,使

这年夏天四月,皇上确立胶东王为太子。梁王怨恨袁盎和参与议论的大臣,就和羊胜、公孙诡一班人谋划暗中派人刺杀了袁盎和其他参与议论的大臣等十多个人。朝廷追查凶手,没有能捕获。但天子猜测是梁王干的,后来捕获到凶手审问,果然是梁王指使的。于是朝廷接二连三地派遣使者到梁国去,通过在梁国反复调查,决定逮捕公孙诡、羊胜。公孙诡、羊胜藏匿在梁王后宫中。使者严逼二千石的官员交出凶手,梁相轩丘豹和内史韩安国向梁王进言劝告,梁王才命令羊胜、公孙诡自杀,把他们的尸首交出。皇上因此怨恨梁王。梁王恐惧,就派韩安国通过长公主向太后认错,这才使情况得到缓解。

皇上的怒气逐渐消释后,梁王呈上奏书请求朝见,他已经到了函谷关,茅兰劝说梁王,让他乘坐普通人的车辆,由两名随从骑手跟着进了京

乘布车，从两骑入，匿于长公主园。[9]汉使使迎王，王已入关，车骑尽居外，不知王处。太后泣曰："帝杀吾子！"景帝忧恐。于是梁王伏斧质于阙下[10]，谢罪，然后太后、景帝大喜，相泣，复如故。悉召王从官入关。然景帝益疏王，不同车辇矣。

都，藏匿在长公主的园囿之中。朝廷派使者去迎接梁王，梁王已经进入关内，他的车骑全部住在关外，不知道梁王在什么地方。太后哭泣着说："皇帝杀死了我的儿子！"景帝忧虑恐惧。于是梁王来到宫门前伏在斧质上认错，然后太后、景帝都特别高兴，母子兄弟三人面对面哭泣，兄弟二人恢复了原来的关系。景帝召唤梁王的随从官员进关。但是景帝更加疏远了梁王，不和他同坐车辇了。

注释　1 胶东王：刘彻，后为汉武帝。　2 属：《汉书·文三王传》此下有"谋"字。　阴：暗中。　3 贼：此指进行暗杀的人。　4 意：猜测，猜想。《史记索隐》："谓意疑梁刺之。"　5 覆按：审察，调查。覆，查看，审察。　6 二千石：此指王国国相一级的官员。　轩丘豹：姓轩丘，名豹。　内史：官名，诸侯王国内掌民政。　7 怨望：怨恨，责怪。望，埋怨。　8 长公主：指文帝长女馆陶公主刘嫖。皇帝之女称公主，姊妹称长公主，姑称大长公主。　9 稍解：逐渐消释。　茅兰：梁孝王臣名。　布车：当时一般人所乘之车。　10 斧质：杀人刑具。质，通"锧"，古代杀人所用的垫板。　阙：此指宫门。

三十五年冬，复朝。上疏欲留，上弗许。归国，意忽忽[1]不乐。北猎良山[2]，有献牛，足出背上，孝王

三十五年冬天，梁王再次来朝，呈上奏章想留在京师，皇上没有允许。他回到封国，心中恍恍惚惚很不愉快。他往北到梁山打猎，有人献上一头牛，牛有只脚长在背上，

恶之。六月中,病热,六日卒,谥曰孝王。

孝王慈孝[3],每闻太后病,口不能食,居不安寝,常欲留长安侍太后。太后亦爱之。及闻梁王薨,窦太后哭极哀,不食,曰:“帝果杀吾子!”景帝哀惧,不知所为。与长公主计之,乃分梁为五国,尽立孝王男五人为王,女五人皆食汤沐邑[4]。于是奏之太后,太后乃说[5],为帝加壹餐。

梁孝王长子买为梁王,是为共王;子明为济川王;子彭离为济东王;子定为山阳王;子不识为济阴王。

孝王未死时,财以巨万计,不可胜数。及死,藏府余黄金尚四十余万斤,他财物称是。[6]

梁共王三年,景帝崩[7]。共王立七年卒,子襄立,是为平王。

孝王厌恶这件事。六月中旬,梁王得了热病,六天就去世了,谥号为孝王。

孝王很孝顺,每次听说太后有病,就口不能进食,居不能安睡,常常想留在长安侍奉太后。太后也宠爱他。听说梁王去世了,窦太后哭得特别伤心,不进饮食,说:“皇帝果然杀死了我的儿子!”景帝又悲伤又恐惧,不知道怎么办好。他和长公主商议后,决定把梁国一分为五,把孝王的五个儿子全封为王,又让孝王的五个女儿都享受汤沐邑。景帝把这个想法奏报给太后,太后才高兴起来,为皇帝的这个举动才勉强吃了一些东西。

梁孝王的长子刘买为梁王,这就是共王;儿子刘明为济川王;儿子刘彭离为济东王;儿子刘定为山阳王;儿子刘不识为济阴王。

孝王还没有死的时候,财产上亿,多得数也数不清。等到他死了,府库里面余留的黄金还有四十多万斤,其他的财物也与此相当。

梁共王三年,景帝去世。共王在位七年去世,儿子刘襄继位,这就是平王。

注释 1 忽忽:恍惚不安的样子。 2 良山:《汉书》作“梁山”。在今山东梁山县东南。 3 慈孝:孝敬。慈,指对父母的孝敬奉养。 4 食:享受。 汤沐邑:收取赋税供用的私邑。 5 说:通“悦”。 6 藏(zàng)府:府库。藏,储存东西的地方。 称:相副,相当。 7 景帝崩:在公元前141年。

梁平王襄十四年。母曰陈太后。共王母曰李太后。李太后,亲平王之大母[1]也。而平王之后姓任,曰任王后。任王后甚有宠于平王襄。初,孝王在时,有罍樽,直千金。[2]孝王诫后世,善保[3]罍樽,无得以与人。任王后闻而欲得罍樽。平王大母李太后曰:“先王有命,无得以罍樽与人。他物虽百巨万,犹自恣[4]也。”任王后绝[5]欲得之。平王襄直[6]使人开府取罍樽,赐任王后。李太后大怒,汉使者来,欲自言,平王襄及任王后遮止,闭门,李太后与争门,措[7]指,遂不得见汉使者。李太后亦私与食

梁平王刘襄十四年。刘襄的母亲是陈太后。共王的母亲是李太后。李太后,是平王的亲祖母。而平王的王后姓任,叫任王后。任王后甚得平王刘襄的宠幸。当初,孝王在世的时候,有一座罍樽,价值千金。孝王告诫后代,珍藏这座罍樽,不能把它送给别人。任王后听说了就想得到罍樽。平王的祖母李太后说:“先王有命令,不能把罍樽给人。其他物品即使价值上亿,还是可以任意送人的。”任王后特别想得到它。平王刘襄径直派人打开府库取走罍樽,赐给任王后。李太后大为恼怒,朝廷的使者来到,她想自己去对使者陈说此事,平王刘襄和任王后拦阻她,把门关上,李太后和他们争着要开门,夹了手指,结果她没有能够见到朝廷的使者。李太后也暗地里和食官长以及郎中尹霸等士人通奸淫乱,

官长及郎中尹霸等士通乱，而王与任王后以此使人风止李太后，李太后内有淫行，亦已。[8]后病薨。病时，任后未尝请病；薨，又不持丧。[9]

而平王和任王后以此为把柄，派人阻止李太后，李太后自身有淫乱行为，也就作罢了。后来李太后病故。她生病时，任王后都没有去请安问病；她去世了，任王后也不居丧守孝。

注释 1 大母：祖母。 2 罍(léi)樽：上盖刻有云雷形花纹的酒杯。此器当为青铜制。 直：通“值”。 3 善保：珍藏。 4 自恣：任意，自由。 5 绝：非常，特别。 6 直：径直。 7 措(zé)：轧，夹注。 8 私：暗地。 食官长：官名。 郎中：官名，掌管皇宫车骑门户，内从侍卫，外从作战。《史记志疑》以为“士通”为人名，“等”字倒，故云此句当作“与食官长及郎中尹霸、士通等乱”，仅为一说，似难依凭。《汉书》此句“郎中”作“郎”，无“士”字，“通”作“奸”。 风(fěng)：通“讽”含蓄暗示或劝告。 9 请病：请安问病。 持丧：居丧守孝。

元朔中，睢阳人类犴反者，人有辱其父，而与淮阳太守客出同车。[1]太守客出下车，类犴反杀其仇于车上而去。淮阳太守怒，以让[2]梁二千石。二千石以下求反甚急，执反亲戚。反知国阴事，乃上变事，具告知王与大母争樽状。[3]时丞相以下见

元朔年间，睢阳有个叫类犴反的人，有人侮辱了他的父亲，这人和淮阳郡太守的客人同坐一辆车出门。太守的客人出门后下了车，类犴反把他的仇人杀死在车上就离去了。淮阳郡太守听闻后很生气，拿这件事责备梁国的二千石官员。二千石以下的官员急着去捉类犴反，拘执了类犴反的亲戚。类犴反知道梁国上面那些秘密而不可告人的事，就上书朝廷报告了梁国内部的变乱，把梁王和

知之,欲以伤梁长吏,其书闻天子。天子下吏验问[4],有之。公卿请废襄为庶人。天子曰:"李太后有淫行,而梁王襄无良师傅,故陷不义。"乃削梁八城,枭[5]任王后首于市。梁余尚有十城。襄立三十九年卒,谥为平王。子无伤立为梁王也。

祖母争罍樽的事全都报告了朝廷。当时梁国丞相以及以下的官员都知道这件事,类犴反想借此打击梁国的高级官员,他的上书让天子知道了。天子派人去调查,结果确有其事。公卿们请求将刘襄削爵为民。天子说:"李太后有淫乱行为,而梁王刘襄又没有好的师傅辅佐教导,才陷入了不义的境地。"天子就下令削减梁国八座城邑,把任王后在市上斩首示众。梁国还剩下十座城邑。刘襄在位三十九年去世,谥号是平王。之后,其子刘无伤继位为王。

注释 **1** 元朔:武帝年号,公元前128—前123年。 类犴(àn)反:人名。 淮阳:郡名,治所陈县,在今河南淮阳县。 **2** 让:责备。 **3** 阴事:秘密不可告人之事。 上变事:上书告发变乱之事。 **4** 验问:验证审问。 **5** 枭(xiāo):斩首示众。

济川王明者,梁孝王子,以桓邑侯孝景中六年为济川王[1]。七岁,坐射杀其中尉,汉有司请诛,天子弗忍诛,废明为庶人,迁房陵,地入于汉为郡。[2]

济川王刘明,梁孝王的儿子,以桓邑侯的身份在孝景帝中元六年被封为济川王。在位七年,犯了射杀其封国中尉的罪,朝廷有关的主管官员请求诛杀他,天子不忍心诛杀,就废黜刘明为平民,贬迁到房陵,他的封地归还朝廷后被设为郡。

济东王彭离者,梁孝王子,以孝景中六年为济

济东王刘彭离,梁孝王的儿子,在孝景帝中元六年封为济东王。

东王。二十九年，彭离骄悍，无人君礼，昏暮私与其奴、亡命少年数十人行剽杀人，取财物以为好[3]。所杀发觉者百余人，国皆知之，莫敢夜行。所杀者子上书言。汉有司请诛，上不忍，废以为庶人，迁上庸，地入于汉，为大河郡。[4]

二十九年，刘彭离骄纵凶悍，毫无人君的礼仪风范，夜幕中暗地里和他的家奴、亡命少年数十人，剽掠抢劫肆意杀人，把夺取财物当成嗜好。被他杀死并被发现的有一百余人，国中都知道他的暴行，没有谁敢夜间出行。被杀者的儿子上书告发了他。朝廷有关的负责官员请求诛杀他，皇上不忍心，废黜他为平民，将他贬迁到上庸，他的封地归还给朝廷，设为大河郡。

山阳哀王定者，梁孝王子，以孝景中六年为山阳王。九年卒，无子，国除，地入于汉，为山阳郡。

山阳哀王刘定，梁孝王的儿子，在孝景帝中元六年被封为山阳王。山阳王在位九年去世，没有子嗣，封国被废除，其封地归还给朝廷，设为山阳郡。

济阴哀王不识者，梁孝王子，以孝景中六年为济阴王。一岁卒，无子，国除，地入于汉，为济阴郡。

济阴哀王刘不识，梁孝王的儿子，在孝景帝中元六年被封为济阴王。济阴王在位一年就去世了，没有子嗣，封国被废除，其封地归还给朝廷，设为济阴郡。

注释　**1** 桓邑侯：刘明封爵名。桓邑，《汉志》阙，不详何地。　孝景中六年：景帝中元六年，即公元前144年。　**2** 七岁：指汉武帝建元三年，即公元前138年。　有司：有关主事官员。　房陵：县名，在今湖北房县。　**3** 好：喜好，嗜好。　**4** 上：此指汉武帝。　大河郡：武帝元鼎元年（前116）设。

太史公曰：梁孝王虽以亲爱之故，王膏腴之地，然会汉家隆盛，百姓殷富，故能植其财货，广宫室，车服拟于天子。[1]然亦僭[2]矣。

太史公说：梁孝王虽说是因与皇上是亲兄弟和受太后宠爱的缘故，被封在土地肥沃的地区为王，但也正碰上了汉家朝廷兴隆繁盛，百姓都很殷实富足，所以他才能积累那么多财富，扩建宫室，车马服饰类似于天子。然而这已经是超越本分了。

注释 1 亲爱："亲"指与景帝为亲兄弟，"爱"指受窦太后宠爱。 会：碰上。 隆盛：兴隆繁盛。 殷富：殷实富足。 植：通"殖"，增殖，增加，积累。 车服：车马服饰。 拟：比拟，类似。 2 僭：超越本分。

褚先生曰：臣为郎时，闻之于宫殿中老郎吏好事者称道之也。[1]窃以为令梁孝王怨望，欲为不善者，事从中生。[2]今太后，女主也，以爱少子故，欲令梁王为太子。大臣不时正言其不可状，阿意治小，私说意以受赏赐，非忠臣也。[3]齐如魏其侯窦婴[4]之正言也，何以有后祸？景帝与王燕见[5]，侍太后饮，景帝曰："千秋万岁之后传王。"

褚先生说：我做郎官的时候，从宫殿里喜欢说三道四的老郎吏口中听说了梁孝王的事。我私下认为让梁孝王产生怨恨责怪，有要做天子的不好想法，此事是由朝廷内部引起的。当时窦太后是朝廷的女主，因为宠爱小儿子的缘故，想让梁王做太子。大臣不在这时候刚正直言提出她不可以这样做的理由，却阿谀承意只管一些小事，暗地里讨她喜欢以便得到赏赐，这些人不是忠臣。大家若都像魏其侯窦婴那样刚正直言，怎么会有后来的祸患？景帝和梁王在内廷中相见，侍奉太后饮食，景帝说："我死了以后把帝位

太后喜说。窦婴在前，据地言曰："汉法之约，传子適孙，今帝何以得传弟，擅乱高帝约乎！"[6]于是景帝默然无声。太后意不说。

传给梁王。"太后听了很高兴。窦婴在跟前，伏地叩头提出意见说："汉朝律法规定，帝位只传嫡子嫡孙，如今皇帝为什么要把帝位传给弟弟，擅自违背高帝的规定呢！"于是景帝沉默不语。太后听后心里很不高兴。

注释 1 褚先生：即褚少孙，汉元、成间博士，曾续补《史记》。 老郎吏好事者：即好事的老郎吏。郎吏，帝王的侍从官员。 2 不善：不好。此指谋求做天子。 中：指朝廷内。 3 正言：刚正直言。 阿意：阿谀承意。 说意：使心意喜悦，讨得她喜欢。 4 窦婴：窦太后房侄，封魏其侯。详见《魏其武安侯列传》。 5 燕见：在内廷不以君臣间的正式礼仪相见。燕，通"宴"。 6 据地：以手按地。此指稽首伏地。据，按。 適孙：嫡长孙。適，通"嫡"。 擅：擅自。

故成王[1]与小弱弟立树下，取一桐叶以与之，曰："吾用封汝。"周公[2]闻之，进见曰："天王封弟，甚善。"成王曰："吾直[3]与戏耳。"周公曰："人主无过[4]举，不当有戏言，言之必行之。"于是乃封小弟以应县[5]。是后成王没齿[6]不敢有戏言，言必行之。《孝经》曰："非法

从前周成王和年纪幼弱的弟弟都站在树下，拿起一片树叶给弟弟，说："我把它封给你。"周公听到了，上前拜见说："天王封赏弟弟，很好。"成王说："我只是和他开玩笑罢了。"周公说："人主是不能做错事的，不应开玩笑，说了的话一定要实行。"于是成王就把小弟弟封在应邑。从此，成王终生不敢开玩笑，说过的话一定要实行。《孝经》上说："不符合礼法

不言，非道不行。”此圣人之法言也。今主上不宜出好言于梁王。梁王上有太后之重，骄蹇日久，数闻景帝好言，千秋万世之后传王，而实不行。[7]

的话不说，不在正道范围内的事不做。”这是圣人的经典言论。如今主上不应对梁王说好听的话。梁王有太后这个靠山，傲慢骄纵已久，又多次听到景帝说要在自己死后把帝位传给他，但景帝实际上又不会这样做。

注释 1 成王：周成王，武王之子。 2 周公：周武王之弟，辅佐成王，世称贤相。封于鲁。 3 直：只，但。 4 过：过错。 5 应县：实指汉代之应乡，邑名，非县制。地在今河南鲁山县东北。 6 没齿：指年老，意即终生。 7 骄蹇(jiǎn)：傲慢，不顺从。 数(shuò)：多次，屡次。

又诸侯王朝见天子，汉法凡当四见耳。始到，入小见；到正月朔旦，奉皮荐璧玉贺正月，法见；后三日，为王置酒，赐金钱财物；后二日，复入小见，辞去。[1]凡留长安不过二十日。小见者，燕见于禁门内，饮于省中，非士人所得入也。[2]今梁王西朝，因留，且半岁。入与人主同辇，出与同车，示风以大言而实不与，令出怨言，谋畔

再说诸侯王朝见天子，朝廷的法规规定，每次朝见，诸侯王可与天子见四次。诸侯王刚到达长安时，进宫中进行小见；到了正月初一清晨，捧着用皮垫着的璧玉向皇帝恭贺正月，这是按君臣礼法正式拜见；三日后，皇帝为诸侯王置办酒宴，赏赐给他们金钱财物；再过两日，诸侯王再次进宫小见，告辞离去。诸侯王总共留在长安的时间不超过二十日。小见，就是在宫门里面私下会见，在皇宫之内宴饮，这不是一般士人能够进得去的。如今梁王来长安朝见，因而留在长安，将近半年。他

逆，乃随而忧之，不亦远乎！[3] 非大贤人，不知退让。今汉之仪法，朝见贺正月者，常一王与四侯俱朝见，十余岁一至。[4] 今梁王常比年入朝见，久留。鄙语曰“骄子不孝”，非恶言也。[5] 故诸侯王当为置良师傅，相忠言之士，如汲黯[6]、韩长孺等，敢直言极谏，安得有患害！

在宫内和皇上同坐一小辇，在宫外与皇上同乘一辆车，皇上拿大话来示意传位给他而实际上又不能真传给他，致使他产生怨言，图谋叛逆，皇上这时才感到忧虑，这与处理事情的正确方法离得不是太远了吗？不是大贤人，不知道退让。如今汉朝的礼仪法规，朝见恭贺正月的，常常是一位诸侯王和四位有侯爵的一块儿朝见，十多年才来一次。如今梁王常常是连年进京朝见，并长久地留在京都。俗话说“骄纵的儿子不会孝顺”，这不是坏话。所以诸侯王应当选任优秀的师、傅，任忠正敢于直言的士人为相，像汲黯、韩长孺那样，若是如此，诸侯王哪里还会有祸患呢！

注释 1 小见：非正式的朝见，即帝王闲暇时召见臣下。 朔旦：初一清晨。 荐：垫。 法见：按正式的礼法朝见。 王：指来朝见的侯王。 2 禁门：即宫门。宫中门户有禁，非侍御者不得入，故称。 省中：即“禁中”，亦称“禁省”，即皇宫。 3 大言：说大话，即许以继承帝位。 远：指远离事理。 4 《史记志疑》：“惟所言汉诸侯王朝见期法，可补《汉》《史》之缺。” 5 鄙语：俗话。 恶言：坏话。 6 汲黯：字长孺，濮阳人，以直谏著称，武帝名之曰近于“社稷之臣”。事详《汲郑列传》。

盖闻梁王西入朝，谒窦太后，燕见，与景帝俱侍坐于太后前，语言私说。[1] 太后

听说梁王西来长安朝见，谒见窦太后，家人相见，他和景帝一起侍奉着坐在太后跟前，彼

谓帝曰："吾闻殷道亲亲，周道尊尊，其义一也。[2]安车大驾[3]，用梁孝王为寄。"景帝跪席举身[4]曰："诺。"罢酒出，帝召袁盎诸大臣通经术[5]者曰："太后言如是，何谓也？"皆对曰："太后意欲立梁王为帝太子。"帝问其状[6]，袁盎等曰："殷道亲亲者，立弟。周道尊尊者，立子。殷道质，质者法天，亲其所亲，故立弟。[7]周道文，文者法地，尊者敬也，敬其本始，故立长子。[8]周道，太子死，立適孙。殷道，太子死，立其弟。"帝曰："于公何如？"皆对曰："方今汉家法周，周道不得立弟，当立子。故《春秋》所以非宋宣公[9]。宋宣公死，不立子而与弟。弟受国死，复反[10]之与兄之子。弟之子争之，以为我当代

此交谈，气氛和谐愉悦。太后对景帝说："我听说殷代的主张是疼爱亲属，周代的主张是尊崇长辈，它们的道理是一致的。我要是离世了，就把梁孝王托付给你了。"景帝跪在席上直起身子说："是。"酒宴散后出来，皇帝召袁盎等精通经学的大臣来说："太后如此说，是什么意思？"他们都回答说："太后的心意是想立梁王为皇帝的太子。"皇帝询问其中的道理，袁盎等说："殷代主张疼爱亲属，就传位给弟。周代主张尊崇长辈，就传位给子。殷代的法度质朴，质朴就是效法上天，疼爱亲人，所以传位给弟。周代的法度尚礼，尚礼就是效法大地，尊就是崇敬，崇敬本源，所以传位给长子。周代的法度，太子死了，传位给嫡孙。殷代的法度，太子死了，传位给弟弟。"皇帝说："各位怎么看？"他们都回答说："当今汉朝的制度效法周代，周代的主张不能够传位给弟，应当传位给子。所以《春秋》由于这个缘故贬斥宋宣公。宋宣公死了，不将君位传给他的儿子而传给了他的弟弟。他的弟弟接受君位后死去，又将君位传给兄长宋宣公的儿子。宋宣公弟弟的

父后,即刺杀兄子。以故国乱,祸不绝。故《春秋》曰‘君子大居正,宋之祸宣公为之’[11]。臣请见太后白[12]之。”

儿子进行争夺,认为他们应当接替父亲的君位,就刺杀了宋宣公的儿子。国家为此混乱起来,祸患不断。所以《春秋》说‘君子奉崇遵守正道,宋国的祸患是宣公造成的’。我们请求拜见太后而向她陈说。”

注释 **1** 谒:进见。 私说:和谐欢悦。 **2** 亲亲:疼爱亲属。 尊尊:尊崇长辈。 **3** 安车:可以安坐的小车。妇人多乘用。此代指太后。 大驾:本指皇帝出行的车驾。此为死亡之讳称。 **4** 举身:伸直上身。 **5** 经术:经学,儒术。 **6** 状:情况,道理。 **7** 质:质朴。 法:效法。 **8** 文:文采。 本始:本原。 **9** 非:责备,贬黜。 宋宣公:名力,公元前747—前729年在位。《宋微子世家》:“宣公有太子与夷。十九年,宣公病,让其弟和,曰:‘父死子继,兄死弟及,天下通义也。我其立和。’和亦三让而受之。” **10** 反:同“返”。 **11** 语出《公羊传·隐公三年》。 大:尊崇。 居正:遵循正道、正统。 **12** 白:陈述,说明。

袁盎等入见太后:“太后言欲立梁王,梁王即终[1],欲谁立?”太后曰:“吾复立帝子。”袁盎等以宋宣公不立正,生祸,祸乱后五世不绝,小不忍害大义状报太后。太后乃解说[2],即使梁王归就国。而梁王闻其义出于袁盎诸大臣所[3],怨望,使

袁盎等人入宫谒见太后:“太后说想立梁王,梁王如果死去,想让谁继位?”太后说:“我再让皇帝的儿子继位。”袁盎等人用宋宣公不立应当继位的嫡子,结果产生祸患,此祸乱在以后的五代都没有中止,小有不忍心会有大危害的道理来劝说太后。太后才晓悟,然后高兴起来,随即让梁王回封国去即位。但

人来杀袁盎。袁盎顾之曰:"我所谓袁将军者也,公得毋[4]误乎?"刺者曰:"是矣!"刺之,置其剑,剑著身。[5]视其剑,新治。问长安中削厉工,工曰:"梁郎某子来治此剑。"[6]以此知而发觉之,发使者捕逐之。独梁王所欲杀大臣十余人,文吏穷本之,谋反端颇见。[7]太后不食,日夜泣不止。景帝甚忧之,问公卿大臣,大臣以为遣经术吏往治之,乃可解。[8]于是遣田叔、吕季主[9]往治之。此二人皆通经术,知大礼。来还,至霸昌厩[10],取火悉烧梁之反辞,但空手来对景帝。景帝曰:"何如?"对曰:"言[11]梁王不知也。造为之者,独其幸臣羊胜、公孙诡之属为之耳。谨以伏诛死,梁王无恙[12]也。"景帝喜说,曰:

是梁王听说这些主意是袁盎等诸位大臣出的,心里产生怨恨,派人来刺杀袁盎。袁盎回过头对刺客说:"我就是你所说的袁将军,各位莫非是搞错了吧?"刺客说:"没错!"就刺杀了他,把剑也丢弃了,剑附着在袁盎身上。官吏检查这把剑,是新打制的。查问长安城中打制磨砺刀剑的工匠,工匠说:"梁国的郎官某人来打制过这柄剑。"朝廷因此发现了刺杀的线索,派遣使者去捕捉刺客。这偏偏就是梁王所想要诛杀的十多名大臣,审案的官吏穷究本源,梁王谋反的迹象严重显露出来。太后开始不思饮食,日夜哭个不停。景帝特别忧虑,询问公卿大臣,大臣们认为派遣精晓经学的官吏前往此案,才可以解除太后的忧虑。于是景帝派遣田叔、吕季前去处理。这两个人都精通经学,明白大礼。他们回来了,到达霸昌厩,取来火,把梁王所供的反叛言辞都给烧毁了,只是空着手来回奏景帝。景帝说:"怎么样?"他们回答说:"梁王不知道刺杀的事。策划这件事的,只是他的宠幸之臣羊胜、公孙诡一班人。臣等按罪诛杀了他们,梁王没受到

"急趋谒太后。"太后闻之,立起坐餐,气平复。故曰,不通经术知古今之大礼,不可以为三公及左右近臣。少见之人,如从管中窥[13]天也。

什么伤害。"景帝听了很高兴,说:"赶紧去谒见太后。"太后听说了,马上起来进餐,变得心平气和。所以说,不精通经学,不知晓古今的大礼法,不可以担任三公和左右近臣。缺乏见识的人,如同从管中窥天一样。

注释 1 即终:如果去世。 2 解说(yuè):晓悟后喜悦。说,通"悦"。 3 义:通"议",主意,立议。 所:处所。此指身上。 4 得毋:副词,莫不是,该不会。 5 置:丢弃。 着:附着。 6 削厉工:制作和磨砺刀剑的工匠。 梁郎某子:《史记索隐》:"谓梁国之郎,是孝王官属。某子,史失其姓名也。" 7 独:偏偏就是。 穷本:穷尽本源,追根到底。 端:端倪,迹象。 见:显露。 8 治:处理。 解:此指解除太后的忧心。 9 主:负责,主持。 10 霸昌厩:厩名,在今陕西西安市东南。 11 言:当为衍文。 12 恙(yàng):伤害。 13 窥(kuī):从小孔里察看。

史记卷五十九

五宗世家第二十九

原文

孝景皇帝子凡十三人为王，而母五人，同母者为宗亲。栗姬子曰荣、德、阏于。[1]程姬子曰余、非、端。贾夫人子曰彭祖、胜。唐姬子曰发。王夫人儿姁[2]子曰越、寄、乘、舜。

河间献王德，以孝景帝前二年[3]用皇子为河间王。好儒学，被服造次必于儒者。[4]山东诸儒多从之游。[5]

二十六年卒，子共[6]王不害立。四年卒，子刚王基代立。十二年卒，子

译文

孝景皇帝的儿子总计有十三人为王，而他们的母亲是五个人，同一个母亲所生的是宗亲。栗姬所生的儿子叫刘荣、刘德、刘阏于。程姬所生的儿子叫刘余、刘非、刘端。贾夫人所生的儿子叫刘彭祖、刘胜。唐姬所生的儿子叫刘发。王夫人儿姁所生的儿子叫刘越、刘寄、刘乘、刘舜。

河间献王刘德，在孝景帝前元二年以皇子身份被封为河间王。他爱好儒家学说，衣着服饰言行举止必定仿效儒生。崤山以东地区的许多儒生都追随他，和他交往。

刘德在位二十六年去世，儿子恭王刘不害继位。刘不害在位四年去世，儿子刚王刘基接替继位。刘

顷王授代立。

基在位十二年去世，儿子顷王刘授接替继位。

临江哀王阏于，以孝景帝前二年用皇子为临江王。三年卒，无后，国除为郡。

临江哀王刘阏于，在孝景帝前元二年以皇子身份被封为临江王。在位三年去世，没有后代，封国被废除，设置为郡。

注释 1 栗姬：齐人，所生景帝长子刘荣，先被立为太子，后被废，栗姬亦以忧死。 阏(è)于：《汉书·景十三王传》无“于”字。 2 儿姁(xǔ)：武帝母、王皇后之妹。《外戚世家》：“先是臧儿又入其少女儿姁，儿姁生四男。”按：臧儿，王皇后及儿姁之母。 3 孝景帝前二年：即前元二年，公元前155年。 4 儒学：尊崇孔子，崇尚礼乐，主张德治、仁政的学术流派。 被服：衣着服饰。被，通“披”。 造次：言行举止。 5 山东：指崤山或华山以东地区。 游：交往，交游。 6 共(gōng)：又作“恭”。

临江闵王荣，以孝景前四年为皇太子，四岁废，用故太子为临江王。

四年，坐侵庙壖垣为宫，上征荣。[1]荣行，祖[2]于江陵北门。既已上车，轴折车废。江陵父老流涕窃言曰：“吾王不反矣！”荣至，诣中尉

临江闵王刘荣，在孝景帝前元四年立为皇太子，四年后被废黜，以原太子的身份封为临江王。

临江王在位四年，因犯有侵占祖庙内外墙垣间空地建造宫室的罪过，皇上征召刘荣赴京。刘荣出行时，在江陵城北门祭祀路神。登上马车之后，车轴折断，车子毁坏。江陵的父老流着泪私下交谈说：“我们的大王不会返回了！”刘荣到了京都，前往中尉府接受审讯。中尉郅都责问审讯临江王，临

府簿[3]。中尉郅都责讯[4]王，王恐，自杀。葬蓝田[5]，燕数万衔土置冢上，百姓怜之。

江王恐惧，自杀而死。他被安葬在蓝田，几万只燕子衔土放在他坟墓上，百姓都哀怜他。

荣最长，死无后，国除，地入于汉，为南郡。[6]

刘荣年岁最大，死了没有后代，封国被废除，封地归还给朝廷，被设置为南郡。

右[7]三国本王皆栗姬之子也。

以上三个封国的第一代王都是栗姬所生的儿子。

注释 1 堧垣(ruán yuán)：内外墙之间的空地。 征：征召。 2 祖：祭祀名，出行前血祭路神。 3 中尉：官名，掌管京城治安。 簿：对簿。即接受审讯。 4 郅都：汉代著名酷吏。详见《酷吏列传》。 责讯：责问审讯。 5 蓝田：县名，在今陕西蓝田县西。 6 按《史记正义》引颜师古云："荣实最长，而传居二王后者，以其从太子废后乃为王也。" 7 右：竖排称"右"，今横排当称"上"，以上。下同。

鲁共王余，以孝景前二年用皇子为淮阳王。二年，吴、楚反破后，以孝景前三年徙为鲁王。好治宫室苑囿[1]狗马。季年[2]好音，不喜辞辩。为人吃[3]。

鲁恭王刘余，在孝景帝前元二年以皇子身份被封为淮阳王。在位二年，吴楚等七国反叛被打败后，在孝景帝前元三年改封为鲁王。他喜好修建宫室和园林并畜养狗马等物。晚年喜好音乐，不喜欢言辞辩说。他天生口吃。

二十六年卒，子光代为王。初好音舆马；晚节啬[4]，惟恐不足于财。

刘余在位二十六年去世，他的儿子刘光接替为王。刘光最初喜好音乐车马；晚年变得吝啬，唯恐钱财不够用。

江都易王非，以孝景前二年用皇子为汝南王。吴楚反时，非年十五，有材力[5]，上书愿击吴。景帝赐非将军印，击吴。吴已破，二岁，徙为江都王，治吴故国[6]，以军功赐天子旌旗。元光五年，匈奴大入汉为贼，非上书愿击匈奴，上不许。[7]非好气力，治宫观，招四方豪桀[8]，骄奢甚。

江都易王刘非，在孝景帝前元二年以皇子身份被封为汝南王。吴楚七国反叛的时候，刘非十五岁，有才能和气力，呈上奏章希望出击吴国。景帝赐给刘非将军印章，让他出击吴军。吴国被打败以后，过了两年，景帝改封刘非为江都王，治理吴国原来所封的土地，因为立有军功，他被赐予天子旌旗。元光五年，匈奴大举进入朝廷边界进行残害，刘非呈上奏章希望还击匈奴，皇上未允许。刘非喜好使用气力，修建宫观，招集四方的豪杰，特别的骄纵奢侈。

注释　1 苑囿:帝王游玩打猎的风景园林。　2 季年:晚年。　3 吃:口吃，结巴。　4 晚节:晚年。　啬:吝啬。　5 材力:才能和气力。　6 吴故国:吴王刘濞的原有封国。　7 元光五年:公元前130年。元光，汉武帝年号。　贼:虐害，残害。　8 桀:通“杰”。

立二十六年卒，子建立为王。七年自杀。淮南、衡山谋反时，建颇闻其谋。[1]自以为国近淮南，恐一日发，为所并，即阴作兵器，而时佩其父所赐将军印，载[2]天子旗以

刘非在位二十六年去世，儿子刘建继位为王。刘建在位七年自杀而死。淮南王刘安、衡山王刘赐谋反的时候，刘建略微知道他们的谋划。他认为自己的封地江都国靠近淮南国，恐怕一旦发生事变，封地会被淮南国兼并，就暗中制作兵器，并时常佩带他父亲所获的将军印，在车上装饰着

出。易王死未葬，建有所说易王宠美人淖姬，夜使人迎与奸服舍中。[3]及淮南事发，治党与[4]，颇及江都王建。建恐，因使人多持金钱，事[5]绝其狱。而又信巫祝[6]，使人祷祠妄言。建又尽与其姊弟[7]奸。事既闻[8]，汉公卿请捕治建。天子不忍，使大臣即讯[9]王。王服[10]所犯，遂自杀。国除，地入于汉，为广陵郡。

天子旗帜出去巡游。易王死了还未安葬，刘建喜欢易王宠爱的美人淖姬，夜间派人把她接到守丧的房舍里来通奸。等到淮南王谋反之事被揭发，法司惩治同伙及涉案人，连及江都王刘建。刘建恐惧，因而派人带着很多金钱，想通过贿赂而避免这场官司。他又迷信巫祝，派人祷告祭祀，编造虚妄不经的话。刘建又和他的姐妹们通奸。这些事被天子知道以后，朝廷公卿请求逮捕惩治刘建。天子不忍心，派大臣去就地讯问江都王。江都王承认自己所犯的罪过，自杀而死，其封国被废除，封地收归还朝廷，被设为广陵郡。

注释　1 淮南、衡山谋反：刘安与刘赐谋反。详见《淮南衡山列传》。　颇：略微。　2 载(zài)：装饰。　3 淖(nào)姬：易王之妾。《汉书》作“淖姬等几十人”。　服舍：守丧的房舍。　4 党与：同伙及涉嫌人。　5 事：指从事贿赂活动。　6 巫祝：迷信职业者。巫，所称能以舞降神的人。祝，祠庙中司祭祀的人。　7 姊弟：姐妹。　8 闻：特指上报后天子已经知道。　9 即讯：就地审讯。　10 服：认罪，伏罪。

胶西[1]于王端，以孝景前三年吴楚七国反破后，端用皇子为胶西王。端为人贼戾，又阴痿，一近妇人，

胶西于王刘端，在孝景帝前元三年吴楚七国反叛被打败以后，以皇子的身份被封为胶西王。刘端为人残暴凶狠，又有阳痿病，一接

病之数月。[2]而有爱幸少年为郎。为郎者顷之与后宫乱，端禽[3]灭之，及杀其子母。数犯上法，汉公卿数请诛端，天子为兄弟之故不忍，而端所为滋甚。有司再请，削其国，去太半[4]。端心愠，遂为无訾省。[5]府库坏漏，尽腐财物，以巨万计，终不得收徙[6]。令吏毋得收租赋。端皆去卫[7]，封其宫门，从一门出游。数变名姓，为布衣，之他郡国。

相、二千石往者，奉汉法以治，端辄求其罪告之，无罪者诈药杀之。[8]所以设诈究变，强足以距谏，智足以饰非。[9]相、二千石从王治，则汉绳[10]以法。故胶西小国，而所杀伤二千

近妇人，就要病好几个月。他有一个宠爱的少年做郎官。这个做郎官的人不久就和后宫淫乱，刘端把郎官擒拿并杀死了，连带杀了他的儿子和母亲。由于刘端多次触犯皇上的法规，朝廷的公卿屡次请求诛灭他，天子因其是自己兄弟的缘故而不忍心，于是他更加肆无忌惮。有关的主管官员再次请求削减其封国的土地，最终朝廷收回了其中的一大半。刘端心中怨恨，就诸事不理，也不理钱财。府库坏掉了，经常漏水，使保存在里面的财物全部腐坏，损失上亿，但刘端也不将财物好好收藏或转移到别处。他命令官吏不要收取田租赋税。他还撤除所有的警卫人员，把宫门封堵上，只从一座门出去巡游。他又多次变换姓名，扮成平民，去其他的郡国。

相、二千石级的官员前往刘端的封国，依据朝廷的法规来处治他，他总是搜罗这些官员的罪过进行告发，找不到罪过的就设诡计或用毒药杀死他们。他设诡计的办法变化无穷，他的强悍足以拒绝劝告，他的智巧足以粉饰过错。相、二千石官如果依从胶西王的意愿办事，那么朝廷又会按法规来惩处他们。所以胶西虽是一个小国，但在这里被杀伤的二千石一级的官员特别多。

石甚众。

立四十七年，卒，竟无男代后，国除，地入于汉，为胶西郡。

右三国本王皆程姬之子也。

刘端在位四十七年，去世后没有儿子继承王位，封国被废除，其封地归还给朝廷，被设为胶西郡。

以上三个封国的第一代封王都是程姬所生的儿子。

注释 1 胶西：封国名，都高密，在今山东高密市西南。 2 贼戾：残暴凶狠。 阴痿：即阳痿。《史记正义》："不能御妇人。" 3 禽：通"擒"。 4 太半：即大半，达三分之二以上。 5 愠(yùn)：含怒，怨恨。 无訾省：谓诸事不理，也不理钱财。訾，通"资"。 6 收徙：收藏保护或迁置他处。 7 卫：指警卫人员。 8 相、二千石：吴楚七国反叛后，汉朝廷派往诸侯国的高级官员。相，总理政务。二千石，郡守、国相一级的其他官员。 诈：欺骗，诡计。 9 究变：有无穷变化。究，穷，极。 距：通"拒"。 10 绳：惩处，治罪。

赵王彭祖，以孝景前二年用皇子为广川[1]王。赵王遂[2]反破后，彭祖王广川。四年，徙为赵王。十五年，孝景帝崩[3]。彭祖为人巧佞，卑谄足恭，而心刻深。[4]好法律，持诡辩以中[5]人。彭祖多内宠姬及子孙。相、二千石欲奉汉法以治，则害于

赵王刘彭祖，在孝景帝前元二年以皇子身份被封为广川王。赵王刘遂参与吴楚七国反叛被打败后，刘彭祖被封在广川做王。四年，改封为赵王。十五年，孝景帝去世。刘彭祖为人巧言献媚，卑下奉承，过分恭顺，但心地苛刻残酷。喜好玩弄法律条文，拿诡诳的辩论来中伤人。刘彭祖内宫的宠姬和子孙很多。相、二千石级的官员想遵奉朝廷的法规来惩处他，那么就会给赵王的家中

王家。是以每相、二千石至，彭祖衣皂布衣，自行迎，除二千石舍，多设疑事以作动之，得二千石失言，中忌讳，辄书之。[6]二千石欲治者，则以此迫劫；不听，乃上书告，及污以奸利事。彭祖立五十余年，相、二千石无能满二岁，辄以罪去，大者死，小者刑，以故二千石莫敢治。而赵王擅权，使使即县为贾人榷会，入多于国经租税。[7]以是赵王家多金钱，然所赐姬诸子，亦尽之矣。彭祖取故江都易王宠姬王建所盗与奸淖姬者为姬，甚爱之。

彭祖不好治宫室、禨祥，好为吏事。[8]上书愿督[9]国中盗贼。常夜从走卒行徼[10]邯郸中。诸使过客以彭祖险陂[11]，莫敢留邯郸。

带来危害。因此每次相、二千石的官员到达，刘彭祖穿着差役穿的黑色布衣，亲自出来迎接，打扫二千石级官员住的房舍，故意提出许多疑难问题引诱对方行动，搜集一些二千石级官员的失言之处，有涉及朝廷忌讳的内容，就记录下来。二千石级的官员想要处治他，他就拿出这些记录来迫使他们就范；他们若不听从，他就呈上奏章告发，并诬加一些作奸犯科图取私利的事。刘彭祖在位五十多年，相、二千石级的官员在他封国任职没有能做满两年的，都因为有罪离去，严重的处死，罪轻的判刑，由于这样的缘故，二千石级的官员没有谁敢惩处他。而赵王专权，派使者直接到县里替商人确定买卖价格并垄断经营，其收入多于王国的正常租税。因此赵王家中多有金钱，然而他用来赐给姬妾和各个儿子，都花光了。刘彭祖娶了原被江都易王刘非所宠，后又与刘非之子刘建通奸的淖姬为姬妾，特别宠爱她。

刘彭祖不喜欢修建宫室和祷神求福，喜欢做下级官吏干的事。他上书天子，请求视察国内的盗贼。还常常在夜里让走卒跟着自己在邯郸城

其太子丹与其女及同产姊[12]奸。与其客江充[13]有郤，充告丹，丹以故废。赵更立太子。

中山靖王胜，以孝景前三年用皇子为中山王。十四年，孝景帝崩。胜为人乐酒好内，有子枝属百二十余人。[14]常与兄赵王相非，曰："兄为王，专代吏治事。王者当日听音乐声色[15]。"赵王亦非之，曰："中山王徒日淫，不佐天子拊循百姓，何以称为藩臣！"[16]

立四十二年卒，子哀王昌立。一年卒，子昆侈代为中山王。

右二国本王皆贾夫人之子也。

中进行巡察。来往的使者和过路的宾客因为刘彭祖邪恶不正，没有谁敢在邯郸城中留宿。

他的太子刘丹和他的女儿及同胞姐姐通奸。刘丹跟他的门客江充有隔阂，江充告发了刘丹，刘丹因此被废黜。赵国改立了太子。

中山靖王刘胜，在孝景帝前元三年以皇子的身份被封为中山王。刘胜在位十四年，孝景帝去世。他为人嗜酒贪杯喜好女色，有子孙一百二十多人。他常常和兄长赵王互相指责，说："哥哥做王，专门代替官吏办事。做王的人应当每日听音乐享受歌舞女色。"赵王也指责他，说："中山王只是每日淫乐，不辅佐天子抚慰百姓，怎么称得上是藩卫之臣！"

刘胜在位四十二年去世，儿子哀王刘昌继位。刘昌在位一年去世，儿子刘昆侈接替做中山王。

以上两个封国的第一代封王都是贾夫人的儿子。

注释　1 广川：封国名，都信都，在今河北衡水冀州区。　2 遂：刘遂，刘邦第六子刘友之子，吕后时封赵王，参与吴楚七国叛乱。　3 孝景帝崩：在公元前141年。　4 巧佞：巧言献媚。　卑谄：卑下奉承。　足恭：过分恭顺以取媚于人。　刻深：苛刻残酷。《史记索隐》："谓刻害深，无仁恩也。” 5 中:中伤。 6 皂布衣:差役所穿的黑色布衣。皂,黑色。 除:打扫。 作动:引诱对方行动。《汉书》作“诈动”。 7 榷(què):专卖,垄断独营。 会(kuài):通“侩”,买卖的居间人,如今之市场经纪人。 经:常。 8 机祥:敬奉鬼神以求福。 吏:指下级官吏。 9 督:视察。 10 徼(jiào):巡察。 11 使:指京师使者。 险陂(bì):邪恶不正。 12 同产姊:同母所生的姐姐。 13 江充:邯郸人,靠告发刘彭祖起家,后在一次宫廷事变中为武帝太子刘据所杀。 14 内:指女色。 枝属:亲属。《汉书》无此二字。 15 声色:歌舞女色。 16 拊循:亦作“抚循”,安抚,抚慰。 藩臣:诸侯均当是藩卫天子之臣。

长沙[1]定王发,发之母唐姬,故程姬侍者。景帝召程姬,程姬有所辟[2],不愿进,而饰侍者唐儿使夜进。上醉不知,以为程姬而幸之,遂有身[3]。已乃觉非程姬也。及生子,因命曰发。以孝景前二年用皇子为长沙王。以其母微,无宠,故王卑湿贫[4]国。

立二十七年卒,子康王庸立。二十八年卒,子鲋鮈[5]立为长沙王。

右一国本王唐姬之子也。

长沙定王刘发,刘发的母亲唐姬,原来是程姬的侍女。景帝召幸程姬,程姬正来月经,不愿进侍,就把侍女唐儿打扮好,让她夜晚去进侍。皇上醉了不知底细,认为是程姬,就行房事了,结果唐儿有了身孕。皇上随后才发觉不是程姬。等到唐儿生了儿子,就取名叫发。在孝景帝前元二年,刘发以皇子身份被封为长沙王。因为他母亲卑贱,不受宠爱,所以他被封在低洼、潮湿、贫穷的地方。

刘发在位二十七年去世,儿子康王刘庸继位。刘庸在位二十八年去世,儿子刘鲋鮈继位做长沙王。

以上封国的第一代封王是唐姬的儿子。

注释　1 长沙:封国名,都临湘,在今湖南长沙市。 2 有所辟:指月经。辟,通“避”。 3 身:身孕。 4 卑湿贫:低洼、潮湿、贫穷。《史记集解》引应劭曰:“景帝后二年,诸王来朝,有诏更前称寿歌舞,定王但张袖小举手,左右笑其拙,上怪问之,对曰:‘臣国小地狭,不足回旋。’帝以武陵、零陵、桂阳属焉。” 5 鲋鮈(fù jū):人名。

广川惠王越,以孝景中二年用皇子为广川王。

十二年卒,子齐立为王。齐有幸臣桑距[1]。已而有罪,欲诛距,距亡,王因禽其宗族。距怨王,乃上书告王齐与同产奸。自是之后,王齐数上书告言汉公卿及幸臣所忠等。

胶东康王寄,以孝景中二年用皇子为胶东王。二十八年卒。淮南王谋反时,寄微闻其事,私作楼车镞矢战守备,候淮南之起。[2]及吏治淮南之事,辞出[3]之。寄于上最亲[4],意伤之,发病而死,不敢置后。于是上闻寄有长子者名贤,母无宠;少子名庆,

广川惠王刘越,在孝景帝中元二年以皇子的身份封为广川王。

刘越在位十二年去世,儿子刘齐做王。刘齐有位宠幸的臣子叫桑距。随后桑距犯了罪,刘齐想诛杀桑距,桑距逃亡了,广川王因此擒灭了他的宗族。桑距怨恨广川王,就上书告发广川王刘齐和同胞姊妹通奸。从这以后,广川王刘齐多次上书告发朝廷的公卿及受皇上宠幸之臣所忠等人。

胶东康王刘寄,在孝景帝中元二年以皇子身份封为胶东王。二十八年去世。淮南王刘安谋反的时候,刘寄暗中听说这件事,私自制作楼车、镞矢等攻战守御的装备,等候淮南王谋反起事。等到官吏惩办淮南王反叛之事,从淮南王的供词中将刘寄牵扯出来。刘寄与皇上关系最亲,对自己参与谋反特别悔恨,结果发病死去了,他自知有罪而不

母爱幸，寄常欲立之，为不次，因有过，遂无言。[5]上怜之，乃以贤为胶东王奉康王嗣，而封庆于故衡山地，为六安王。

胶东王贤立十四年卒，谥为哀王。子庆[6]为王。

六安王庆，以元狩二年[7]用胶东康王子为六安王。

清河哀王乘，以孝景中三年用皇子为清河王。十二年卒，无后，国除，地入于汉，为清河郡。

敢设立继承人。皇上这时才知道了此事。刘寄有长子名贤，他的母亲不受宠幸；有小儿子名庆，他的母亲受宠幸，刘寄曾经想立刘庆做继位人，因为不符合次序，又因为自己有罪过，就没有对朝廷提出。皇上怜悯刘寄，就封刘贤为胶东王，作为康王的嫡系，而把刘庆封在原来衡山王的地盘，封为六安王。

胶东王刘贤在位十四年去世，谥号是哀王。他的儿子刘通平继承王位。

六安王刘庆，在元狩二年以胶东康王儿子的身份被封为六安王。

清河哀王刘乘，在孝景帝中元三年以皇子身份被封为清河王。刘乘在位十二年去世，没有后代，封国被废除，其封地归还给朝廷，被设置为清河郡。

注释　1 桑距:《汉书》作“乘距”。　2 微:暗中。　楼车:装有望楼能窥看敌国营垒虚实的车。　镞(zú):金属箭头。　3 辞出之:此指从淮南王的口供中将刘寄牵扯出来。一以为“出，犹脱，谓解脱其罪”。4 最亲:刘寄母王夫人是武帝母王皇后之妹。　5 常:通“尝”。　不次:不合次序。　6 庆:不当与叔父同名,《汉兴以来诸侯王年表》及《汉书·景十三王传》均作“通平”，一本作“建”。　7 元狩二年:公元前121年。元狩，武帝年号。

常山宪王舜，以孝景中五年用皇子为常山[1]王。舜最亲，景帝少子，骄怠多淫，数犯禁，上常宽释之。立三十二年卒，太子勃代立为王。

初，宪王舜有所不爱姬生长男棁[2]。棁以母无宠故，亦不得幸于王。王后脩生太子勃。王内多，所幸姬生子平、子商，王后希得幸。[3]及宪王病甚，诸幸姬常侍病，故王后亦以妒媢[4]不常侍病，辄归舍。医进药，太子勃不自尝药，又不宿留侍病。及王薨，王后、太子乃至。宪王雅[5]不以长子棁为人数，及薨，又不分与财物。郎或说太子、王后，令诸子与长子棁共分财物，太子、王后不听。太子代立，又不收恤[6]棁。

常山宪王刘舜，在孝景帝中元五年以皇子身份被封为常山王。刘舜在兄弟中跟皇帝最亲，是景帝最小的儿子，骄纵荒怠，多次淫乱，屡次触犯禁令，皇上总是不追究他的罪过。刘舜在位三十二年去世，太子刘勃继位为王。

当初，宪王刘舜有个他不喜爱的姬妾生了长子刘棁。刘棁因为母亲不受宠幸的缘故，也没有得到宪王的喜爱。宪王王后脩生了太子刘勃。宪王姬妾很多，他所宠幸的姬妾生了儿子刘平、儿子刘商，王后很少得到亲近。等到宪王病得很严重，那些受宠幸的姬妾经常去侍候疾病，而王后则出于嫉妒不常去，去了也总是很快就回自己房舍去了。医生呈进药物，太子刘勃不去亲自品尝药物，又不留宿王室侍候疾病。等到宪王去世，王后、太子才到。宪王向来不把长子刘棁看作他的儿子，等到他去世，也不分给刘棁财物。郎官中有人劝说太子、王后，建议让诸子和长子刘棁共同分配财物，太子、王后不听从。太子继承王位后，又不容纳抚恤刘棁。刘棁怨恨王后、太子。朝廷的使者来视察宪王的丧事，刘棁亲自对使者讲宪王患病的时候，

棁怨王后、太子。汉使者视宪王丧，棁自言宪王病时，王后、太子不侍，及薨，六日出舍，太子勃私奸，饮酒，博戏，击筑，与女子载驰，环城过市，入牢视囚。[7]天子遣大行骞验王后及问王勃，请逮勃所与奸诸证左，王又匿之。[8]吏求捕，勃大急，使人致击笞掠，擅出汉所疑囚者。有司请诛宪王后脩及王勃。上以脩素无行，使棁陷之罪，勃无良师傅，不忍诛。有司请废王后脩，徙王勃以家属处房陵[9]，上许之。

勃王数月，迁于房陵，国绝。月余，天子为最亲，乃诏有司曰："常山宪王蚤夭，后妾不和，適孽诬争，陷于不义以灭国，朕甚闵焉。[10]其封宪王子平三万户，为真定王；封子商三万户，为泗水王。

王后、太子不去侍候，等到去世了，六日后就走出了服丧的房舍，太子刘勃暗地奸淫，饮酒作乐，博局为戏，击筑听乐，用车载着女人奔驰，环绕城墙奔跑，从闹市穿行，进入牢房探视囚犯。天子派遣大行官张骞来查验王后和审讯常山王刘勃，张骞请求逮捕和刘勃一起为非作歹的几个证人，常山王又把他们藏匿起来。官吏到处搜寻追捕，刘勃非常着急，以至于派人鞭笞击打提供佐证的人，擅自放走朝廷所怀疑的囚犯。有关的主管官员请求诛杀宪王王后脩和常山王刘勃。皇上因为脩一向没有好的品行，让刘棁告发她，而刘勃没有好的师傅辅佐教导，不忍心诛杀他。有关的主管官员请求废黜王后脩，把常山王刘勃连同家属贬迁到房陵，皇上允许了。

刘勃为王几个月，就被贬黜到房陵，封国被废。一个多月以后，天子认为常山宪王是自己最亲近的弟弟，就诏令有关主管官员说："常山宪王早夭了，王后和姬妾不和睦，嫡子和庶孽互相诬告争执，陷在不义的境地，因而封国被废了，我特别怜悯他们。姑且封给宪王儿子刘平

真定王平，元鼎四年[11]用常山宪王子为真定王。

泗水思王商，以元鼎四年用常山宪王子为泗水王。十一年卒，子哀王安世立。十一年卒，无子。于是上怜泗水王绝，乃立安世弟贺为泗水王。

右四国本王皆王夫人儿姁子也。其后汉益封其支子[12]为六安王、泗水王二国。凡儿姁子孙，于今为六王。

三万户，做真定王；封给儿子刘商三万户，做泗水王。

真定王刘平，元鼎四年以常山宪王儿子的身份被封为真定王。

泗水思王刘商，在元鼎四年以常山宪王儿子的身份被封为泗水王。刘商在位十一年去世，儿子哀王刘安世继位。刘安世在位十一年去世，没有子嗣。皇上怜悯泗水王绝后，便封刘安世的弟弟刘贺为泗水王。

以上四个封国第一代封王都是王夫人儿姁的儿子。其后朝廷又增封她的支子为六安王、泗水王。儿姁的子孙，到现在共有六位王。

注释 1 常山：封国名，都元氏，在今河北元氏县西北。 2 棁：音zhuó。 3 内：姬妾。 希：稀少，罕见。 4 妒媢(mào)：嫉妒。 5 雅：平素，向来。 6 收恤：容纳抚恤，收容救济。 7 舍：服丧的庐舍。 博戏：博局游戏，用六箸十二棋。 筑：击弦乐器。 8 大行：官名，掌管接待宾客。 謇：张謇。 验：查验，验证。 问：审讯。 证左：证人。 9 房陵：县名，在今湖北房县。 10 蚤：通“早”。 適孽：古代称正妻所生之子为嫡子，妾媵所生之子为孽子。適，通“嫡”。孽子，亦称“庶孽”“庶子”。 11 元鼎四年：公元前113年。元鼎，武帝年号。 12 支子：除嫡妻的长子之外，嫡妻的其他儿子及姬妾之子皆为支子。

太史公曰:高祖时诸侯皆赋,得自除内史以下,汉独为置丞相,黄金印。[1]诸侯自除御史、廷尉正、博士,拟于天子。[2]自吴楚反后,五宗王世[3],汉为置二千石,去"丞相"曰"相",银印。诸侯独得食租税,夺之权[4]。其后诸侯贫者或乘牛车也。

太史公说:高祖在位的时期,诸侯王都可以享用封国的赋税收入,能够自行任用内史以下的官员,朝廷只替他们设置丞相,并颁发由丞相佩带的黄金制的印信。诸侯王自行任用御史、廷尉正、博士等官,跟天子相类似。自从吴楚等七国反叛以后,到五宗王的时代,朝廷替他们设置二千石的所有官员,改"丞相"称"相",相佩带的是银制印信。诸侯王只能够享受赋税,夺掉了他们理政的权力。此后诸侯王中贫穷的有人只能乘坐牛车了。

注释 **1** 诸侯:指诸侯王。 皆赋:王国所有的赋税收入都归诸侯王使用。 除:任用。 内史:官名,管理民政。 丞相:指诸侯王国的丞相。 **2** 御史:官名,主掌监察。 廷尉正:官名,掌司法。 博士:学官名,掌通古今,备顾问。 拟:类似。 **3** 世:时代。 **4** 权:管理政事的大权。

史记卷六十

三王世家第三十

原文

“大司马臣去病昧死再拜上疏皇帝陛下[1]：陛下过听，使臣去病待罪行间。[2]宜专边塞之思虑，暴骸中野无以报，乃敢惟他议以干用事者，诚见陛下忧劳天下，哀怜百姓以自忘，亏膳贬乐，损郎员。[3]皇子赖天，能胜衣趋拜，至今无号位师傅官。[4]陛下恭让不恤，群臣私望，不敢越职而言。臣窃不胜犬马心，昧死愿陛下诏有司，因盛夏吉时定皇子位。[5]唯陛下幸察[6]。臣

译文

“大司马臣霍去病冒死再拜呈上奏章给皇帝陛下：承蒙陛下错爱，让我霍去病能在军中供职。本应专心考虑边防事务，把骸骨曝露在旷野都无法报答陛下，现在竟敢考虑职分以外的事来干扰朝廷的办事官员，实在是看到陛下为天下忧思劳苦，哀伤怜悯百姓都把自己忘却了，减省了饮食音乐，裁抑了郎吏官员。皇子们依赖上天保佑，长大成人已能行趋拜之礼，但到如今还没有封号爵位和设置教导辅佐的官员。陛下谦恭礼让不怜悯皇子，群臣们私下希望早日给皇子授予封号爵位，但不敢越过职分而进言。我个人按捺不住愿效犬马之劳的心意，冒死进言，希望陛下诏告有关的主管官员，趁着盛夏的吉庆时日

去病昧死再拜以闻皇帝陛下。”三月乙亥,御史臣光守尚书令奏未央宫。[7]制曰:“下御史。”[8]

确定皇子的爵位。恭请陛下明察。臣霍去病冒死再拜以此奏知皇帝陛下。”三月乙亥日,御史臣光兼领尚书令,将奏章呈给未央宫。皇帝的制书说:“交御史办理。”

注释 1 大司马:官名,武帝时废太尉所设,常与其他将军名号联称,职掌全国军政。 去病:即霍去病。武帝卫皇后子夫之妹卫少儿之子,以冠军侯为骠骑将军,因为多次出击匈奴有功,而加“大司马”官号。事详《卫将军骠骑列传》。 昧(mèi)死:冒死。 疏:一种奏章。 2 过听:误听。意指因而用错了人。 待罪:供职的谦辞。 行间:行伍之间,即军中。 3 暴(pù):暴露。即置于露天之下,受到日晒雨淋。暴,“曝”之古字。 中野:旷野之中。 惟:思考。 干:求,扰。 亏:减省。 贬:抑损。 损:减少。 4 胜衣:指能穿戴成人的礼仪衣冠。 师傅:教导辅佐。 5 犬马心:为主人效犬马之劳的心意。 盛夏吉时:《史记索隐》按:“《明堂月令》云‘季夏月,可以封诸侯,立大官’是也。” 6 幸察:敬词,指对方的明察能使自己感到荣幸。 7 御史:朝廷侍从官,具有监察、治符玺等多种职能。 光:人名。 守:试用或兼理的官员。 尚书令:官名。掌章奏文书,属少府。 未央宫:汉廷朝见之宫,在汉长安故城内西南隅。 8 制:秦始皇议定:命为“制”,令为“诏”。《史记集解·秦始皇本纪》引蔡邕曰:“制书,帝者制度之命也,其文曰‘制’。诏,诏书。诏,告也。”《史记正义·秦始皇本纪》:“制诏三代无文,秦始有之。” 下:下交。

六年三月戊申朔乙亥[1],御史臣光守尚书令、丞非[2],下御史,书到言:“丞相臣青翟、御史大夫

元狩六年三月戊申日是初一,乙亥日,御史臣光兼理尚书令、尚书左右丞非,下批给御史的文书到达,说:“丞相臣庄青翟、御史大夫臣张汤、太

臣汤、太常臣充、大行令臣息、太子少傅臣安行宗正事昧死上言[3]:大司马去病上疏曰:'陛下过听,使臣去病待罪行间。宜专边塞之思虑,暴骸中野无以报,乃敢惟他议以干用事者,诚见陛下忧劳天下,哀怜百姓以自忘,亏膳贬乐,损郎员。皇子赖天,能胜衣趋拜,至今无号位师傅官。陛下恭让不恤,群臣私望,不敢越职而言。臣窃不胜犬马心,昧死愿陛下诏有司,因盛夏吉时定皇子位。唯愿陛下幸察。'制曰'下御史'。臣谨与中二千石二千石臣贺等议[4]:古者裂地立国,并建诸侯以承天子,所以尊宗庙重社稷也。[5]今臣去病上疏,不忘其职,因以宣恩[6],乃道天子卑让自贬以劳天下,

常臣赵充、大行令臣李息、太子少傅臣任安兼代宗正事务冒死上奏:大司马霍去病呈上奏疏说:'承蒙陛下错爱,让我霍去病能在军中供职。本应专心考虑边防事务,把骸骨曝露在旷野都无法报答陛下,现在竟敢考虑职分以外的事来干扰朝廷的办事官员,实在是看到陛下为天下忧思劳苦,哀伤怜悯百姓都把自己忘却了,减省了饮食音乐,裁抑了郎吏官员。皇子们依赖上天保佑,长大成人已能行趋拜之礼,但到如今还没有封号爵位和设置教导辅佐的官员。陛下谦恭礼让不怜悯皇子,群臣们私下希望早日给皇子授予封号爵位,但不敢越过职分而进言。我个人按捺不住愿效犬马之劳的心意,冒死进言,希望陛下诏告有关的主管官员,趁着盛夏的吉庆时日确定皇子的位号。恭请陛下明察。'皇帝的制书说'交御史处理'。臣谨与中二千石二千石臣公孙贺等商议:古代分地建国,同时封立诸侯国来承奉天子,这是因为尊崇宗庙,重视社稷之故。如今臣霍去病呈上奏疏,不忘他的职分,借此来宣扬皇上洪恩,他说天子谦恭礼让,只顾自我贬损而为天下劳苦,他忧虑到皇子

虑皇子未有号位。臣青翟、臣汤等宜奉义遵职,愚憧而不逮事[7]。方今盛夏吉时,臣青翟、臣汤等昧死请立皇子臣闳、臣旦、臣胥为诸侯王。昧死请所立国名。"

们还没有封号爵位。臣庄青翟、臣张汤等应该恭奉礼义,遵守职责,可是愚昧呆痴而不能成事。如今正是盛夏吉庆时日,臣庄青翟、臣张汤冒死请求封立皇子臣刘闳、臣刘旦、臣刘胥为诸侯王。冒死请求确定他们封国的名称。"

注释 **1** 六年:指武帝元狩六年,即公元前117年。 乙亥:三月二十八日。 **2** 丞:尚书令的助手尚书左、右丞。 非:人名。 **3** 青翟(dí):庄青翟。 汤:张汤。武帝时著名酷吏。 太常:官名,九卿之一,掌礼乐祭祀。 充:盖为赵充。 大行令:官名,掌接待宾客及少数民族事务。 息:李息。 太子少傅:官名,掌教导辅佐太子。 安:任安。 行:兼代官职。 宗正:官名,掌皇族事务。 **4** 中(zhòng)二千石:月俸各百八十斛,岁二千一百六十斛,相当于秦爵二十级中的十九级关内侯。 二千石:月俸各百二十斛,岁得一千四百四十斛,相当于秦爵二十级中的第十五级少上造。 贺:公孙贺。 **5** 承:承奉。 宗庙、社稷:帝王祭祀祖先之所称"宗庙",祭祀土地神、谷神之所称"社稷"。二者并代称国家。 **6** 宣恩:宣扬皇恩。 **7** 愚憧(chōng):愚笨痴呆。 逮事:及事,成事。

制曰:"盖闻周封八百,姬姓并列,或子、男、附庸。[1]《礼》'支子不祭'[2]。云并建诸侯所以重社稷,朕无闻焉。且天非为君生民

皇帝的制书说:"听说周代分封八百诸侯,姬姓相并而列,有的是子爵,有的是男爵,有的是附庸国。《礼记·曲礼》记载'支子不祭祀祖先'。说同时封立诸侯王是为了重视社稷,我没有听说过。而且上天不是为了国君才生出

也。朕之不德,海内未洽,乃以未教成者强君连城,即股肱何劝?[3]其更议以列侯家之。[4]"三月丙子[5],奏未央宫。

民众的。我还德行浅薄,海内也没有安定和睦,你们就让这些还没有教导成器的皇子勉强地去治理相连的城邑,这对大臣们会有什么影响?还是另行讨论封他们为列侯吧。"三月丙子日,在未央宫呈上奏书。

注释 1 姬姓:周的始祖后稷,别姓姬氏。 子、男:周封爵五等,分别为公、侯、伯、子、男。 附庸:附属于诸侯的小国。 2 支子不祭:文见《礼记·曲礼下》:"支子不祭,祭必告于宗子。"宗子,嫡长子。 3 洽(qià):和睦。 强:勉强。 君:统治。 连城:城邑相连。 股肱:指大臣。 4 列侯:秦爵二十级的最高级,一般侯爵只食邑不建国。 家:诸侯王称"国",列侯食邑称"家"。 5 丙子:二十九日。《史记会注考证》:"冈白驹曰:'此月日上疏发句之文。疏末月日乃记奏之月日也。'"

"丞相臣青翟、御史大夫臣汤昧死言:臣谨与列侯臣婴齐、中二千石二千石臣贺、谏大大博士臣安等议曰[1]:伏[2]闻周封八百,姬姓并列,奉承天子。康叔以祖考显,而伯禽以周公立,咸为建国诸侯,以相傅为辅。[3]百官奉宪,各遵其职,而国统备矣。[4]窃

"丞相臣庄青翟、御史大夫臣张汤冒死进言:臣等谨与列侯臣婴齐、中二千石二千石臣公孙贺、谏大夫博士臣任安等商议说:我们听说周代分封八百诸侯,姬姓相并而列,供奉承卫着天子。康叔因祖先而显贵,伯禽因周公而得以封立,他们都成了有国土的诸侯,由傅相来辅佐。百官遵奉法令,各守职责,这样国家的统纪就完备了。我们私下认为同时封立诸侯王是重视社稷的做法,可以使四海的诸侯各自按照他们的职分供奉贡品和祭品。支

以为并建诸侯所以重社稷者，四海诸侯各以其职奉贡祭[5]。支子不得奉祭宗祖，礼也。封建使守藩国[6]，帝王所以扶德施化。陛下奉承天统，明开圣绪，尊贤显功，兴灭继绝。[7]续萧文终之后于酂，褒厉群臣平津侯等。[8]昭六亲之序，明天施之属，使诸侯王封君得推私恩分子弟户邑，锡号尊建百有余国。[9]而家皇子为列侯，则尊卑相逾，列位失序，不可以垂统于万世。[10]臣请立臣闳、臣旦、臣胥为诸侯王。”三月丙子，奏未央宫。

子不能够供奉和祭祀祖宗，是礼制规定的。封侯建国可以让他们守卫藩属国土，正是帝王扶持德义、施行教化的措施。陛下承奉着天赐的统纪，英明地开拓了圣迹的端绪，尊敬贤能，奖励功业，使将灭者得以重兴，使已绝者得以延续。让萧文终的后代续封在酂县，褒奖、激励着平津侯等人。昭显了六亲的尊卑次序，明示了天施的应有德属，让诸侯王和封君能够推广私恩，把户邑分给所有的子弟，被赐予名号和建立封国的人有一百多个。然而却只把皇子封为列侯，那么尊卑的等级互相逾越，排列的位次失去秩序，这样的基业是不可以传万世的。臣等请求封立臣刘闳、臣刘旦、臣刘胥为诸侯王。”三月丙子日，奏章呈给了皇上。

注释 1 谏大夫：官名，掌议论。 博士：学官名。属太常，掌通古今，备顾问。 2 伏：谦敬副词。虔敬地。 3 康叔：周武王弟姬封，原封于康（在今河南禹州西北），故称。 考：已死的父亲。 伯禽：周武王弟周公姬旦之子，封于奄国之故墟（在今山东曲阜市），称“鲁公”。 相傅：即傅相。辅导国君或诸侯之官。 4 奉宪：遵奉法令。 国统：国家世代相承的典制、规范。 5 贡祭：依规定呈献的贡品和祭品。 6 封建：封王侯而建国家。 藩：藩卫，屏障。 7 天统：天赐的统纪。 圣绪：圣迹的端绪。 兴灭继绝:兴灭国而继绝世。 8 萧文终:即萧何,谥号"文终",初封于沛郡之酂(cuó)县(在今河南永城县西北)。 酂(zàn):县名,在今湖北光化县西北。武帝元狩六年封萧何后代萧秦成于此。 平津侯:公孙弘。武帝时丞相。详见《平津侯主父偃列传》。 9 六亲:说法甚多。依颜师古说为父、母、兄、弟、妻、子。 封君:受有封邑的公主和列侯等贵族。 推私恩:武帝时主父偃提出实行的推恩令,即推广恩德,将封土食邑分配给所有的子弟。 锡:赐。 10 尊卑相逾:《史记索隐》:"谓诸侯王子已为列侯,而今又家皇子为列侯,是尊卑相逾越矣。" 垂统:指把基业传给后代。

制曰:"康叔亲属有十而独尊者,褒有德也。[1]周公祭天命郊,故鲁有白牡、骍刚之牲。[2]群公不毛[3],贤不肖差也。'高山仰之,景行向之'[4],朕甚慕焉。所以抑未成,家以列侯可。"四月戊寅,奏未央宫。

皇帝的制书说:"康叔有兄弟十人而唯独他得以尊贵的原因,是由于褒奖有德之人的缘故。周公被赐命可以在郊外祭天,所以鲁国祭祀用了白色公畜、赤色公牛等牲口。其他的公侯用的祭牲毛色都不纯一,这就是贤能和不贤能之间的差别。'高山巍峨人仰望,大路平坦人向往',我特别欣慕他们。用这种办法贬抑还没有教导成人的皇子,封他们为列侯就可以了。"四月戊寅日,奏章呈给皇上。

注释 1 康叔亲属有十:周武王姬发同母兄弟十人,康叔排行第九。武王初封群兄弟,康叔因年纪小未受封,后被封于卫。详见《卫康叔世家》。 有德:周公旦对康叔进行了殷代兴亡经验教训的告诫,故他受封后能和集民众,成王莅政,举康叔为朝廷司寇,并赐给卫国许多宝器,以彰其有德。 2 祭天命郊:依礼法只有天子才可祭天。成王为表彰周公的功德，特命鲁国可在郊外祭天。 白牡：白色公畜。骍刚：赤色公牛。《史记集解》引《公羊传》曰：“鲁祭周公，牲用白牡，鲁国用骍刚。” 3 不毛：指毛色不纯一的祭牲。 4 高山仰之，景行向之：语见《诗经·小雅·车辖》。高山，喻道德崇高。景行，大路，喻行为正大光明。

“丞相臣青翟、御史大夫臣汤昧死言：臣青翟等与列侯、吏二千石、谏大夫、博士臣庆[1]等议：昧死奏请立皇子为诸侯王。制曰：‘康叔亲属有十而独尊者，褒有德也。周公祭天命郊，故鲁有白牡、骍刚之牲。群公不毛，贤不肖差也。“高山仰之，景行向之”，朕甚慕焉。所以抑未成，家以列侯可。’臣青翟、臣汤、博士臣将行等伏闻康叔亲属有十，武王继体，周公辅成王，其八人皆以祖考之尊建为大国。[2]康叔之年幼，周公在三公[3]之位，而伯禽据国于鲁，盖爵命之

“丞相臣庄青翟、御史大夫臣张汤冒死进言：臣庄青翟等与列侯、二千石官吏、谏大夫、博士臣庆等人商议：冒死上奏请求封立皇子为诸侯王。制书说：‘康叔兄弟有十人而他独自得到尊贵的原因，是由于褒奖有德之人的缘故。周公被赐命可以在郊外祭天，所以鲁国祭祀用了白色公畜、赤色公牛等牲口。其他的公侯用的祭牲毛色都不纯一，这就是贤能和不贤能之间的差别。‘高山巍峨人仰望，大路平坦人向往’，我特别钦慕他们。用这种办法贬抑还没有教导成人的皇子，封他们为列侯就可以了。”臣庄青翟、臣张汤、博士臣将行等虔敬地听说康叔兄弟有十人，武王继位，周公辅佐成王，其他八人都因为祖先的尊贵而建立了大国。康叔年纪小，周公担任三公之职，伯禽依靠周公的功劳而拥有了鲁国，大概康叔、伯禽在受封爵的时候，还没有长大成人。康叔后来制止了禄父造反

时，未至成人。康叔后捍禄父之难，伯禽殄淮夷之乱。[4] 昔五帝异制，周爵五等，春秋三等，皆因时而序尊卑。[5] 高皇帝拨乱世反诸正，昭至德，定海内，封建诸侯，爵位二等。[6] 皇子或在襁褓 [7] 而立为诸侯王，奉承天子，为万世法则，不可易。陛下躬亲仁义，体行圣德，表里文武。显慈孝之行，广贤能之路。内褒有德，外讨强暴。极临北海，西溱月氏，匈奴、西域，举国奉师。[8] 舆械 [9] 之费，不赋于民。虚御府之藏以赏元戎，开禁仓以振贫穷，减戍卒之半。[10] 百蛮之君，靡不乡风，承流称意。[11] 远方殊俗，重译而朝，泽及方外。[12] 故珍兽至，嘉谷 [13] 兴，天应甚彰。今诸侯支子封至诸侯王，

而保卫了王室，伯禽平定了淮夷的叛乱。从前五帝时的制度各不相同，周的封爵是五等，春秋时变成了三等，都是依据时代的不同来安排尊卑次序。高皇帝治理乱世，使其返回到正道，彰显了最高的品德，平定了海内，分封建立了诸侯国，把爵位确立为二等。有的皇子还是婴儿就被封为诸侯王，供奉承卫天子，这成了万世的法则，不可更改。陛下亲自奉行仁义，身体力行地实践圣人之德，内外一致地修文习武。彰显出慈爱孝敬的品行，广开了收纳贤能的道路。对内褒扬有德的臣民，对外诛讨强暴的敌寇。北边最远临近北海，西边到达了月氏，匈奴、西域各部族，都举国供应我军。车舆和兵械费用的支付，不需要从民众身上收取赋税。将皇室府库中贮藏的钱全部拿出来奖赏将士，打开禁宫仓库来赈济贫民，还将戍卒减少了一半。百蛮的君长，无不闻风向往，承奉汉朝的意旨而为。远方不同习俗的首领，辗转翻译前来朝贺，您的恩泽施及中原以外。所以珍贵的禽兽出现，吉祥的稻禾兴发，上天的瑞应非常显明。如今诸侯王的支子有的都封为了诸侯王，却要把皇子封为列侯，臣庄青翟、

而家皇子为列侯,臣青翟、臣汤等窃伏孰计之,皆以为尊卑失序,使天下失望,不可。[14] 臣请立臣闳、臣旦、臣胥为诸侯王。"四月癸未,奏未央宫,留中[15] 不下。

臣张汤等人私下仔细计议过,都认为这样做会使尊卑失去次序,让天下的人失望,这是不可以的。臣请求封臣刘闳、臣刘旦、臣刘胥为诸侯王。"四月癸未日,上奏皇上,奏章留在宫中没有批下。

注释 1 庆:人名。 2 将行:人名。 继体:继位。 3 三公:指太师、太傅、太保。 4 捍(hàn):保卫。 禄父之难:武王灭商,封纣子武庚禄父,成王时武庚禄父叛乱,周公兴师平定后,将武庚所辖原商之余民赐给康叔,将他封为卫君。 殄(tiǎn):消灭。 淮夷之乱:武庚作乱时率淮夷一道反叛。《鲁周公世家》载:"宁淮夷东土,二年而毕定。" 5 五帝:指黄帝、颛顼、帝喾、尧、舜。 春秋三等:《史记集解》引郑玄曰:"春秋变周之文,从殷之实,合伯、子、男以为一,则殷爵三等者,公、侯、伯也。" 6 拨:治理。 昭:彰显,发扬。 二等:指诸侯王和列侯。 7 襁褓:亦作"襁保""强葆",裹婴儿的小布被,亦代指婴儿时期。 8 极:极边。 北海:此指今俄罗斯境内的贝加尔湖。 溱(zhēn):通"臻",至,到。 奉:供应,支援。 9 舆械:指车辆和武器等军事装备。 10 虚:使……空虚。意为全部拿出。 御府:皇帝的府库。 元戎:大的兵车,此指大军将士。 禁仓:禁宫的仓库。 振:同"赈",救济。 11 百蛮:中原以外的各部族。 乡:通"向"。 承流:承受汉朝的教化。 12 重译:辗转翻译。 方外:中原以外的地区。 13 嘉谷:即嘉禾,长得奇特,象征吉庆瑞应的禾稻。嘉,美好。 14 今诸侯支子封至诸侯王:《史记索隐》:"谓立胶东王子庆为六安王,常山王子平为真定王,子商为泗水王是也。" 尊卑失序:《史记索隐》:"时诸王称'国',列侯称'家'也,故云'家皇子'为尊卑失序。" 15 中:宫禁之中。

“丞相臣青翟、太仆[1]臣贺行御史大夫事、太常臣充、太子少傅臣安行宗正事昧死言：臣青翟等前奏大司马臣去病上疏言，皇子未有号位，臣谨与御史大夫臣汤、中二千石、二千石、谏大夫、博士臣庆等昧死请立皇子臣闳等为诸侯王。陛下让文武，躬自切，及皇子未教。[2]群臣之议，儒者称其术，或悖其心。[3]陛下固辞弗许，家皇子为列侯。臣青翟等窃与列侯臣寿成[4]等二十七人议，皆曰以为尊卑失序。高皇帝建天下，为汉太祖，王子孙，广[5]支辅。先帝法则弗改，所以宣至尊也。臣请令史官择吉日，具礼仪上，御史奏舆地图，他皆如前故事。[6]”制曰：“可。”四月丙申[7]，奏未央宫。

“丞相臣庄青翟、太仆臣公孙贺兼理御史大夫职务、太常臣赵充、太子少傅臣任安兼理宗正职务冒死进言：臣庄青翟等前次呈奏大司马臣霍去病呈上奏疏进言，皇子还没有封号爵位，臣谨与御史大夫臣张汤、中二千石、二千石、谏大夫、博士臣庆等冒死请求封皇子臣刘闳等为诸侯王。陛下谦让说自己不敢与文王、武王比文治武功，应严格要求自己，还说皇子们还没有教导好。群臣议论，儒者称扬他们的学说，有的却和他们的内心相违背。陛下坚决辞让而不加应允，只准封皇子为列侯。臣庄青翟等私下和列侯臣萧寿成等二十七人商议，都说这样做会使尊卑失序。高皇帝创建天下，成为汉家太祖，封王孙为王，广设旁支来辅助。先帝的法则不能改动，就是因为要宣扬至高的尊严。臣请求命令史官选定吉庆日期，开列礼仪呈上，御史奏上地图，其他的事务都按旧规办理。”皇帝的制书说：“可以。”四月丙申日，上奏给未央宫。

注释　1 太仆：官名，掌皇帝的舆马和马政，九卿之一。　2 让：谦让，辞让。 切：责备。 3 术：学说，主张。 悖：违背。 4 寿成：萧何的玄孙酂侯寿成。后为太常。 5 广：扩大，增加。 6 具：开列。 舆地图：即地图。《史记索隐》："谓地为'舆'者，天地有覆载之德，故谓天为'盖'，谓地为'舆'，故地图称'舆地图'。疑自古有此名，非始汉也。" 故事：旧例，常规。 7 丙申：十九日。

"太仆臣贺行御史大夫事昧死言：太常臣充言卜入[1]四月二十八日乙巳，可立诸侯王。臣昧死奏舆地图，请所立国名。礼仪别奏。臣昧死请。"

制曰："立皇子闳为齐王，旦为燕王，胥为广陵王。[2]"四月丁酉[3]，奏未央宫。

六年四月戊寅朔，癸卯，御史大夫汤下丞相，丞相下中二千石，二千石下郡太守、诸侯相，丞书从事下当用者。[4]如律令[5]。

"太仆臣公孙贺兼理御史大夫事冒死进言：太常臣赵充进言说，通过占卜求得四月二十八日乙巳，可以封诸侯王。臣冒死奏上地图，请求确定要封的国名。分封典礼的礼仪另行呈奏。臣冒死请求。"

制书说："封皇子刘闳为齐王，刘旦为燕王，刘胥为广陵王。"四月丁酉日，上奏给未央宫。

元狩六年四月戊寅日是四月初一，四月二十六日，御史大夫张汤将皇上旨意传给丞相，丞相传给中二千石，二千石传给郡太守、诸侯相，郡国主办文书的助理官员传给有关办事人员。按照法令执行。

注释 1 卜入：通过占卜求得。 2 齐：封国名，都临淄，在今山东淄博市东北。 燕：封国名，都蓟(jì)，在今北京市西南。 广陵：封国名，都广陵，在今江苏扬州市东北。 3 丁酉：二十日。 4 癸卯：二十六日。 太守：原名"郡守"，景帝中二年更名"太守"。 丞书从事：指郡国主办文书的助理官员。 当用者:有关办事人员。 5 如律令:按照法令执行。

"维六年四月乙巳,皇帝使御史大夫汤庙立子闳为齐王。[1]曰:於戏,小子闳,受兹青社![2]朕承祖考,维稽古建尔国家[3],封于东土,世为汉藩辅。於戏念哉!恭朕之诏,惟命不于常。[4]人之好德,克明显光。[5]义之不图,俾君子怠。[6]悉尔心,允执其中,天禄永终。[7]厥有僽不臧[8],乃凶于而国,害于尔躬。於戏,保国艾[9]民,可不敬与!王其戒[10]之。"

右齐王策。

"元狩六年四月乙巳日,皇帝派御史大夫张汤在宗庙策封皇子刘闳为齐王。说:呜呼,小子刘闳,接受这青色的建社茅土!我承继祖先的基业,由于考察了古制才建立你的国家,封在东方的土地上,世世代代为朝廷的藩卫辅佐。呜呼,要牢记呀!敬听我的诏书,要想着天命不是固定不变的。人要是爱好善德,才能彰显光明。假若不图求德义,就会使君子懈怠而不归附。竭尽你的心意,诚信地执持中和之心,才能自始至终保住天禄。如有罪行而不行善,就会给你的国家带来凶祸,危害你的性命。呜呼,保卫国土、治理民众,怎么可以不谨慎诚敬呢?齐王一定要谨慎戒慎。"

以上是授予齐王的策文。

注释 1 维:语气词,用于句首,在陈述句中多借以引出时间。 庙立:在宗庙授予封策。 2 於戏:即"呜呼"。 兹:这,此。 青社:青色的象征建立社坛的茅土。《史记集解》引张晏曰:"王者以五色土为太社,封四方诸侯,各以其方色土与之,苴以白茅,归以立社。" 3 维:连词,表因果关系,可译为因为或由于。 稽:考察。 4 恭:敬听。 惟:思,想。 命:指天命。 常:固定不变。意谓皇天无亲,唯德是辅,善则继体,恶则失国。

5 克:能。 显:彰显。 6 俾:使。 怠:懈怠。《史记索隐》:"谓若不图于义,则君子懈怠,无归附心。" 7 悉:尽。 允:诚信。 中:指中和之心。 终:自始至终地保有。 8 厥:如果。 僽(qiān):同"愆",错失,罪过。 臧:善。 9 艾(yì):通"乂",治理。 10 戒:戒谨,戒慎,小心谨慎。《史记集解》引徐广曰:"立八年,无后,绝。"

"维六年四月乙巳,皇帝使御史大夫汤庙立子旦为燕王。曰:於戏,小子旦,受兹玄[1]社!朕承祖考,维稽古建尔国家,封于北土,世为汉藩辅。於戏!荤粥氏虐老兽心,侵犯寇盗,加以奸巧边萌。[2]於戏!朕命将率徂征厥罪,万夫长,千夫长,三十有二君皆来,降期奔师。[3]荤粥徙域,北州以绥。[4]悉尔心,毋作怨,毋俷德,毋乃废备。[5]非教士[6]不得从征。於戏,保国艾民,可不敬与!王其戒之。[7]"

右燕王策。

"元狩六年四月乙巳日,皇帝派御史大夫张汤在宗庙策封皇子刘旦为燕王。说:呜呼,小子刘旦,接受这黑色的建社茅土!我承继祖先的基业,由于考察了古制才建立你的国家,封在北方的土地上,世世代代为朝廷的藩卫辅佐。呜呼!荤粥氏虐待老人、贪暴而无仁义,侵犯边境、寇害劫掠,还对边民奸杀巧夺。呜呼!我命令将帅前往征讨他们的罪恶,于是万夫的头领,千夫的头领,三十二个部落酋长都来降服,从此偃旗息鼓,军队奔逃。荤粥氏远徙漠北,北方因而安定。竭尽你的心意,不要结怨,不要败德,不要就此废弃边备。没有经过任何战阵教习的士人不能随从出征。呜呼,保卫国土、治理民众,怎么可以不谨慎诚敬呢?燕王一定要谨慎。"

以上是授予燕王的策文。

注释 1 玄:黑色,代指北方。 2 荤粥(xūn yù)氏:远古唐、虞以上匈奴部族名,有山戎、猃狁、荤粥诸称。见《匈奴列传》。 虐老:匈奴"壮者食肥美,老者食其余。贵健壮,贱老弱"。是其意。 兽心:是说贪暴而无仁义。 寇盗:寇害劫掠。 萌(méng):通"氓",民。 3 将率:即"将帅"。 徂(cú):往。 厥:其。 长:头领。 君:指部落酋长。 来:来降。 降期:偃其旗鼓。期,通"旗"。 奔师:军队奔逃。 4 徙域:匈奴迁徙于漠北。 绥:安定。 5 作:结。 俷(féi):败。 废备:废弃边备、武备。《史记索隐》载,褚先生解云:"言无乏武备,常备匈奴也。" 6 教士:素加战阵教习之士。 7《史记集解》引徐广曰:"立三十年,自杀,国除。"

"维六年四月乙巳,皇帝使御史大夫汤庙立子胥为广陵王。曰:於戏,小子胥,受兹赤社!朕承祖考,维稽古建尔国家,封于南土,世为汉藩辅。古人有言曰:'大江之南,五湖之间,其人轻心。[1] 杨州保疆,三代要服,不及以政。[2]'於戏!悉尔心,战战兢兢,乃惠乃顺,毋侗好轶,毋迩宵人,维法维则。[3]《书》云:'臣不作威,不作福',靡有后羞。[4] 於戏,保国艾民,

"元狩六年四月乙巳日,皇帝派御史大夫张汤在宗庙策封皇子刘胥为广陵王。说:呜呼,小子刘胥,接受这赤色的建社茅土!我承继祖先的基业,由于考察了古制才建立你的国家,封在南方的土地上,世世代代为朝廷的藩卫辅佐。古人有言论说:'长江的南面,五湖之间的地带,那里的民众人心轻浮。扬州是古代中原依恃的边疆,夏、商、周三代也属边远地区,朝廷的政令达不到这里。'呜呼!竭尽你的心意,要战战兢兢,对下要慈惠对上要忠顺,不要轻脱无知、好逸恶劳,不要接近小人,一切要依从法则。《尚书》讲'做臣子的不作威,不作福',才不会在以后遭受耻辱。呜呼,保卫国土、治理民众,怎么可以不谨慎诚敬呢?

可不敬与！王其戒之。[5]”

右广陵王策。

广陵王一定要谨慎。”

以上是授予广陵王的策文。

注释 1 大江：即长江。 五湖：泛指太湖流域一带的湖泊。一说指具区(太湖)、洮滆、彭蠡、青草、洞庭。 轻心：浮躁。 2 杨州：即扬州，古九州之一。 保：《史记集解》引李奇曰：“保，恃也。” 要服：古以京畿为中心，其外每五百里为一服，分甸服、侯服、绥服、要服、荒服五服。详见《夏本纪》。要服已是边远地区。 3 战战兢兢：小心谨慎貌。 惠：指对下慈惠。 顺：指对上忠顺。 侗(tóng)：轻脱无知。 迩：近。 宵人：小人，坏人。或作“佞人”。 维法维则：遵守法则。 4《书》：此指《尚书·周书·洪范》。原文为“臣无有作福作威”。 羞：耻辱。 5《史记集解》引徐广曰：“立六十四年，自杀。”

太史公曰：古人有言曰“爱之欲其富，亲之欲其贵”。故王者壃土建国，封立子弟，所以褒亲亲，序骨肉，尊先祖，贵支体，广同姓于天下也。[1]是以形势强而王室安。自古至今，所由来久矣。非有异也，故弗论箸[2]也。燕齐之事，无足采者。然封立三王，天子恭让，群臣守义，文辞烂然[3]，甚可观也，是以附之世家。

太史公说：古人有言论说“爱他就想让他富有，亲他就想让他显贵”。所以君王们划分土地而建立国家，分封子弟，用来褒奖亲属，序列骨肉至亲，尊崇祖先，使子孙显贵，在天下扩大同族的势力。因此国势强大而王室安定。从古到今，由来已久了。只因没有什么特别之处，所以就不加论述了。至于燕王、齐王受封之事，也没有值得说的。然而策封三王时，天子谦恭礼让，群臣坚守道义，奏章策书的文辞优美，特别值得观览，因此就将它们附列在世家之中。

注释 1 壇土:分划土地。壇,同“疆”,界限。 亲亲:所爱的亲属。 骨肉:至亲。 支体:此指子孙。支,通“肢”。 广:扩大。 2 箸:通“著”。 3 烂然:精练华丽而光辉照人。

褚先生曰:臣幸得以文学为侍郎,好览观太史公之列传。传中称《三王世家》文辞可观,求其世家,终不能得。窃从长老好故事者取其封策书,编列其事而传之,令后世得观贤主之指意。[1]

盖闻孝武帝之时,同日而俱拜三子为王:封一子于齐,一子于广陵,一子于燕。各因子才力智能,及土地之刚柔,人民之轻重,为作策以申戒之。[2]谓王:“世为汉藩辅,保国治民,可不敬与!王其戒之。”夫贤主所作,固非浅闻者所能知,非博闻强记君子者所不能究竟其意。[3]至其次序分绝,

褚先生说:我荣幸地以文章博学而做了侍郎,喜好观阅太史公所写的列传。传中提到《三王世家》文辞值得观览,就去寻求这篇世家,始终得不到原本。我私下从年长有德而喜好谈论旧事的人手中取到了有关的封策文书,编列他们的事迹而写成传文,让后世的人能够看到贤主的旨意。

听说孝武帝的时候,同一日封三位皇子为王:将一位皇子封在齐,将一位皇子封在广陵,将一位皇子封在燕。武帝依据皇子才力智能的强弱,以及所封土地的贫瘠或肥沃程度,人民轻浮或庄重的品格,分别替他们撰写了策书来反复进行告诫。他对三位王说:“你们要世世代代成为朝廷的藩卫辅佐,保卫国土、治理民众,怎么可以不谨慎诚敬呢?各王一定要谨慎。”贤主所撰写的策书,本来就不是浅见寡闻的人所能知晓的,不是博闻强记的君子是不能穷尽其深意的。至于策

文字之上下，简之参差长短，[4] 皆有意，人莫之能知。谨论次其真草[5]诏书，编于左方，令览者自通其意而解说之。

书的前后次序、中间分段，语言文字的上下表述，书简的长短参差不齐，都有深意，人们没有谁能了解清楚。谨论定编次这些真本诏书，编列在下方，让观阅的人自己去体会、解读其含义吧。

注释　1 依此段可知《史记》中之《三王世家》在元、成间即已亡佚其原稿；今此篇明言为褚少孙所编列。然今见《史记》中称“褚先生”者，是否亦有后人之伪托，亦难深究矣。　指意：即旨意。指，通“旨”。　2 刚柔：指贫瘠与肥沃。　轻重：指轻浮与庄重。　3 浅闻：浅见寡闻。　究竟：穷尽。　4 分绝：分段。　简：书简，此指策文。　参差(cēn cī)：不整齐。　5 真草：真本，原稿。草，初稿。

王夫人[1]者，赵人也，与卫夫人并幸武帝，而生子闳。闳且立为王时，其母病，武帝自临问之。曰：“子当为王，欲安所置之[2]？”王夫人曰：“陛下在，妾又何等可言者。”帝曰：“虽然，意所欲，欲于何所王之？”王夫人曰：“愿置之雒[3]阳。”武帝曰：“雒阳有武库敖仓，天下衝阸[4]，汉国之大都也。先帝以来，无子王于雒阳

王夫人，是赵地人，和卫夫人同时受到武帝宠幸，生了儿子刘闳。刘闳将要被封为王的时候，他母亲重病，武帝亲临问候。他说：“儿子应当封王了，你想让我把他封在什么地方？”王夫人说：“陛下健在，妾又哪里可以说话呢。”皇帝说：“即使这样，依你所想，想把哪里封给儿子？”王夫人说：“希望把他封在雒阳。”武帝说：“雒阳地区有武库敖仓，是天下的冲要险阻之地，是国家的大都会。从先帝以来，还没有皇子被封在雒阳的。除了

者。去雒阳,余尽可。”王夫人不应。武帝曰:“关东之国无大于齐者。齐东负[5]海而城郭大,古时独临菑中十万户,天下膏腴地莫盛于齐者矣。”王夫人以手击头,谢曰:“幸甚。”王夫人死而帝痛之,使使者拜之曰:“皇帝谨使使太中大夫明奉璧一,赐夫人为齐王太后。[6]”子闳王齐,年少,无有子,立,不幸早死,国绝,为郡。天下称齐不宜王云。

雒阳,其余什么地方都可以。”王夫人不应声。武帝说:“函谷关以东的国土没有比齐地更大的。齐地东边背靠大海并且城郭很大,古时代仅是临菑城中就有十万户,天下土地肥沃的地方没有哪里比齐地还强的。”王夫人用手击打头部表示感谢说:“非常荣幸。”王夫人死了,皇帝十分痛心,他派遣使者拜祭她说:“皇帝谨派遣使者太中大夫明捧着璧玉一块,赐夫人为齐王太后。”她的儿子刘闳做了齐王,年纪小,没有儿子,立国之后,不幸早死了,封国被取消,设置为郡。天下人说齐地不宜封王。

注释 1 王夫人:汉武之姬妾。《外戚世家》“及卫后色衰,赵之王夫人幸,有子,为齐王”是也。 2 安所置之:封在什么地方。 3 雒:魏晋以前之“洛”字。 4 衝(chōng)阸:冲要险阻之处。衝,《说文》曰:“通道也,从行童声。《春秋传》曰:‘及衝,以戈击之。’” 5 负:背靠。 6 太中大夫:官名,掌议论。 明:人名。 奉:捧。

所谓“受此土”者,诸侯王始封者必受土于天子之社,归立之以为国社,以岁时祠之。[1]《春秋大传》曰:“天子之国有泰社。东方

所谓“受此土”的意思,是初次受封的诸侯王,必定要从天子的太社接受茅土,回去以后依据它建立封国的社坛,按年按时祭祀它。《春秋大传》说:“天子的京师有太社。

青，南方赤，西方白，北方黑，上方黄。”故将封于东方者取青土，封于南方者取赤土，封于西方者取白土，封于北方者取黑土，封于上方者取黄土。各取其色物，裹以白茅，封以为社。此始受封于天子者也。此之为主土[2]。主土者，立社而奉之也。“朕承祖考’，祖者先也，考者父也。“维稽古”，维者度也，念也，稽者当也，当顺古之道也。

齐地多变诈，不习于礼义，故戒之曰“恭朕之诏，唯命不可为常。人之好德，能明显光。不图于义，使君子怠慢。悉若心，信执其中，天禄长终。[3]有过不善，乃凶于而国，而害于若身”。齐王之国，左右维

社坛的土东方是青色，南方是赤色，西方是白色，北方是黑色，上方是黄色。”所以将要封在东方的就取青色土，要封在南方的取赤色土，要封在西方的取白色土，要封在北方的取黑色土，要封在上方的取黄色土。各取属于封地方位的土，用白茅草包裹起来，封好以后依据它建立封国的社坛。这是表示开始时是接受了天子分封的意思。这就是标志受封于何方的主土。主土，要建立社坛供奉它。“朕承祖考”的意思，祖就是祖先，考就是去世了的父亲。“维稽古”的意思，维就是猜度，就是思考，稽就是应当，是应当顺从古代的礼制。

齐地的人多变奸诈，不熟习礼仪，所以武帝告诫齐王说“敬听我的诏书，要想着天命不是固定不变的。人要是喜好善德，才能彰显光明。假若不图求德义，就会使君子懈怠而不归附。竭尽你的心意，诚信地执持中和之心，才能长久地保住天禄。如有过失而不善，就会给你的国家带来凶祸，并危害你的性命。”齐王到了封国，左右大臣用礼义来维系护持，不幸他中年早逝了。然而齐王保全了自身而没有过错，遵循了策文的旨意。

有关的文字记载说：“靛青染料从

持以礼义，不幸中年早夭。然全身无过，如其策意。

传曰“青采出于蓝，而质青于蓝”者，教使然也。[4]远哉贤主，昭然独见：诫齐王以慎内；诫燕王以无作怨，无俷德；诫广陵王以慎外，无作威与福。[5]

夫广陵在吴越之地，其民精而轻，故诫之曰“江湖之间，其人轻心。杨州葆疆，三代之时，迫要使从中国俗服，不大及以政教，以意御之而已。无侗好佚，无迩宵人，维法是则。无长好佚乐驰骋弋猎淫康，而近小人。常念法度，则无羞辱矣”。[6]三江、五湖有鱼盐之利，铜山之富，天下所仰。故诫之曰“臣不作福”者，勿使行财币，厚赏赐，以立声誉，为四方所归也。又曰“臣不作威”者，勿使因轻以倍[7]义也。

蓼蓝中提取，它的质地却更青于蓼蓝”的道理，是教化使之如此。深远呀贤主，光辉英明而有独到的见识：教诫齐王要谨慎于内在修养；教诫燕王不要结怨，不要败德；教诫广陵王要谨慎与外族的来往，不要作威作福。

广陵处在吴越地带，这里的民众精明而轻浮，所以武帝教诫广陵王说“长江五湖之间，那里的民众人心轻浮。古代九州依恃扬州作为边疆，三代的时候只迫使它在总体上依从中原的风俗习惯，不大涉及政治教化，只用仁德将它制御罢了。不要轻脱无知、好逸恶劳，不要接近小人。一切要依从法则。不要专意于喜好佚乐、驰骋弋猎、过度安闲并亲近小人。常常想到法度，就不会遭受耻辱了。”三江、五湖有着盛产鱼盐的实利，山中出铜的富足，天下人都仰望着。所以教戒说“做臣子的不要奢侈享乐”的意思，就是不要滥用钱财，通过丰厚的奖赏来建立自己的声誉，以使四方民众归心。又教诫说“做臣子的不依恃威权”，意思是让他不要由于轻浮而背弃仁义。

注释 1 按:以下所解释的此类策文,即褚先生“论次其真草诏书”的有关内容。 祠:祭祀。 2 主土:主于何方、受封于何方之土。 3 若心:即上策文之“尔心”。若,尔,你。 信:允,诚信。 4 传:有关的文字记载。《荀子·劝学篇》有“青取之于蓝而青于蓝”句。 青:靛(diàn)青,一种染料。 蓝:蓼蓝,叶子可制作染料。 5 昭然:意谓光辉英明。 独见:有独到见识。 内:内在修养。 外:外在行为表现。 6 精:精明。 轻:轻浮。 要:大体,总体。 意:一本作“德”。 御:驾驭,治理。 长:一本无此字。 淫康:过度安乐。 7 倍:通“背”,背弃。

会孝武帝崩,孝昭帝初立,先朝广陵王胥,厚赏赐金钱财币,直三千余万,益地百里,邑万户。[1]

会昭帝崩,宣帝初立,缘恩行义,以本始元年中,裂汉地,尽以封广陵王胥四子:一子为朝阳侯;一子为平曲侯;一子为南利侯;最爱少子弘,立以为高密王。[2]

其后胥果作威福,通楚王使者。楚王宣言曰:“我先元王[3],高帝少弟也,封三十二城。今地邑益少,我欲与广陵王共发

等到孝武帝去世,孝昭帝刚刚继位,昭帝先让广陵王刘胥来朝,赏赐他许多金钱财币,价值三千多万钱,增封给他上百里封地,居民有上万户。

昭帝去世,宣帝刚刚继位,他念骨肉之亲,对刘胥广施恩典,在本始元年中,划出朝廷的土地,将广陵王刘胥的四个儿子都给予分封:一子被封为朝阳侯;一子被封为平曲侯;一子被封为南利侯;其父最喜爱的小儿子刘弘,被封为高密王。

此后刘胥果然作威作福,和楚王的使者相交往。楚王公开放出话说:“我的先人元王,是高帝的弟弟,封了三十二座城。如今封地食邑更加小了,我想和广陵王共同发兵。立广陵王做皇上,我要恢复封为楚王

兵云。立广陵王为上，我复王楚三十二城，如元王时。”事发觉，公卿有司请行罚诛。天子以骨肉之故，不忍致法于胥，下诏书无治广陵王，独诛首恶楚王。传曰“蓬生麻中，不扶自直；白沙在泥中，与之皆黑”者，土地教化使之然也。其后胥复祝诅[4]谋反，自杀，国除。

时的三十二座城，如同元王时候一样。”事情被发觉，公卿和有关的负责官员请求施行诛罚。天子念及骨肉之情，不忍心将刘胥依律裁处，下诏不惩治广陵王，只诛杀首谋作恶的楚王。有关的文字记载说“蓬草生长在麻中，不需扶它自然会笔直；白沙混在污泥里，会和污泥一样的黑”的意思，是受封地区的风俗教化让他这样的。此后刘胥再次祈神降殃而图谋反叛，事败后自杀了，封国被废除。

注释 1 先朝：让首先来朝。 直：通“值”。 2 缘：因。 本始元年：公元前73年。本始，汉宣帝年号。 朝阳侯：刘圣。朝阳，县名，在今山东济阳县东北。 平曲侯：刘曾。平曲，县名，在今江苏东海县东南。 南利侯：刘昌。南利，在今河南上蔡县东。 3 元王：刘交。汉高祖刘邦之同母少弟。详见《楚元王世家》。 4 祝诅：祈神降殃祸于人。

燕土墝埆，北迫匈奴，其人民勇而少虑，故诫之曰“荤粥氏无有孝行而禽兽心，以窃盗侵犯边民。[1]朕诏将军往征其罪，万夫长，千夫长，三十有二君皆来，降旗奔师。荤粥徙域

燕国的土地贫瘠，北边接近匈奴，这地方的人民勇敢但缺少谋虑，所以武帝教诫燕王说：“荤粥氏没有孝敬行为且贪暴而无仁义，因而偷窃劫掠，犯边境和民众。我诏令将军前往征讨他们的罪恶，于是万夫的头领，千夫的头领，三十二个部落酋长都来降服，从此偃旗息鼓而军

远处，北州以安矣”。“悉若心，无作怨”者，勿使从俗以怨望[2]也。“无俷德”者，勿使王背德也。“无废备”者，无乏武备，常备匈奴也。“非教士不得从征”者，言非习礼义不得在于侧也。

队奔逃。荤粥氏远徙漠北，北方因而安定了。”“竭尽你的心意，不要结怨”的意思，是不让他依从习俗而对朝廷产生怨恨。“不要败德”的意思，是不让燕王违背德义。“不要废弃边备”的意思，是不要缺乏武器装备，要时刻防备着匈奴。“不是经过战阵教习的士人不能随从出征”的意思，是说不习礼义就不能在自己的身边。

会武帝年老长，而太子不幸薨，未有所立，而旦使来上书，请身入宿卫于长安。[3]孝武见其书，击地，怒曰：“生子当置之齐鲁礼义之乡，乃置之燕赵，果有争心，不让之端[4]见矣。”于是使使即斩其使者于阙下[5]。

正遇上武帝年老，而太子又遭不幸去世，还没有再立太子，于是刘旦派使者来呈上奏章，请求自己进入京都值宿警卫。孝武帝看到他的奏章，摔在地上，发怒说：“生了儿子应当把他安置在齐鲁这样的礼义之乡，却把他安置到了燕赵，果然产生了争夺思想，不谦让的苗头显露出来了。”于是派人在宫门前把燕王的使者斩杀了。

注释　1 垗埆(qiāo què)：土地瘠薄。　迫：接近。　虑：思考，谋虑。
2 怨望：怨恨。　3 太子：指刘据。因“巫蛊”之祸被迫谋反死难，事在征和二年，即公元前 91 年。　宿卫：值宿警卫。　4 端：端倪，苗头。
5 阙下：宫门前。阙，宫门前左右各二的楼台式建筑物。

会武帝崩，昭帝初立，旦果作怨而望大臣。自以长子当立，与齐王子刘泽等谋为叛逆，出言曰："我安得弟在者！今立者乃大将军子也。"[1]欲发兵。事发觉，当诛。昭帝缘恩宽忍，抑案不扬[2]。公卿使大臣请，遣宗正与太中大夫公户满意、御史二人，偕往使燕，风喻之。[3]到燕，各异日，更见责王。宗正者，主宗室诸刘属籍，先见王，为列陈道昭帝实武帝子状。[4]侍御史[5]乃复见王，责之以正法，问："王欲发兵罪名明白，当坐之。汉家有正法，王犯纤介[6]小罪过，即行法直断耳，安能宽王。"惊动以文法。王意益下[7]，心恐。公户满意习于经术，最后见王，称引古今通义，国家大礼，文章尔雅。[8]谓王曰："古者

等到武帝去世，昭帝刚刚继位，刘旦果然结怨而责恨大臣们。他自认为是长子，应当继位，刘旦和从前的齐王刘寿的儿子刘泽等人谋划叛逆之事，放出言论说："我哪里有弟弟在哩！如今继皇位的是大将军的儿子。"想要发兵。谋反事被发觉，应当诛杀。昭帝念及恩情，宽大忍耐，按住事情不加宣扬。公卿派出大臣请求，就派遣宗正和太中大夫公户满意、御史两个人，一同出使燕国，加以讽劝晓谕。到了燕国，他们各自在不同的时日，更替会见并指责燕王。宗正，主管皇帝宗室各个刘姓家属的名册，先去会见燕王，向他列举事实，陈说昭帝确实是武帝的儿子。之后侍御史才去会见燕王，拿朝廷的法律去责备他，问道："您想发兵谋反的罪名是清楚的，应当依法处罪。汉家有朝廷法律，您犯有细微的小罪过，就可以按照法律直接断案的，怎么能宽大您。"用法律条文使他受到惊惧震动。燕王的情绪更加低落，心里恐慌。公户满意对经学很熟悉，最后一个去会见燕王，给他讲述古今通用的义理，以及国家大的方面的礼法，言辞深奥

天子必内有异姓大夫,所以正骨肉也;外有同姓大夫,所以正异族也。[9] 周公辅成王,诛其两弟[10],故治。武帝在时,尚能宽王。今昭帝始立,年幼,富于春秋,未临政,委任大臣。[11] 古者诛罚不阿[12]亲戚,故天下治。方今大臣辅政,奉法直行,无敢所阿,恐不能宽王。王可自谨,无自令身死国灭,为天下笑。"于是燕王旦乃恐惧服罪,叩头谢过。大臣欲和合骨肉,难伤之以法。

文雅。他对燕王说:"古时候的天子,必定在朝内有异姓的大夫,用他来匡正至亲骨肉;朝外有同姓的大夫,用他来匡正异姓诸侯。周公辅佐成王,诛杀了他的两个弟弟,所以天下得到治理。武帝在世时,还能宽赦您。如今昭帝刚刚继位,年龄幼小,春秋富有,没有亲自掌政,把国事委托给大臣。古时诛讨惩罚不徧袒亲戚,所以天下大治。当今大臣辅理朝政,奉行法律公正处事,不敢有所徧袒,恐怕不能宽恕您。您可要自我谨慎,不要使自身死亡而封国绝灭,为天下人所耻笑。"这时燕王刘旦才恐惧服罪,叩头认错。大臣们想使他们骨肉和好,不忍用法律来制裁他。

注释 1 齐王:指武帝时已被废除的齐懿王刘寿。 我安得弟在者:《史记索隐》:"昭帝,鉤弋夫人所生,武帝崩时,年才七八岁耳。胥、旦早封在外,实含有疑。然武帝春秋高,惑于内宠,诛太子而立童孺,能不使胥、旦疑怨。亦由权臣辅政,贪立幼主之利,遂得鉤弋子当阳。斯实父德不弘,遂令子道不顺。然犬各吠非其主,太中、宗正,人臣之职,又亦当如此。" 2 抑案:制止按住。 扬:宣扬。 3 公户满意:人名。公户,姓。满意,名。 风喻:讽劝晓谕。风,通"讽"。 4 属籍:家属名册。 列陈:列举。二字同义。 5 侍御史:官名,在御史大夫下,执行奉使出外和举劾非法等职务。 6 纤介:细微。 7 下:低落。 8 经术:经学。 文章:此指言辞。 尔雅:意即文雅。 **9** 内:朝内。 外:朝外。 **10** 两弟:指管叔鲜、蔡叔度和武庚禄父共同叛乱,周公诛管叔,放蔡叔,天下和集。 **11** 富于春秋:指年轻。 临政:亲自掌政。 **12** 阿:阿谀,此指偏袒。

其后旦复与左将军上官桀等谋反,宣言曰“我次太子,太子不在,我当立,大臣共抑我”云云。[1] 大将军光[2] 辅政,与公卿大臣议曰:“燕王旦不改过悔正,行恶不变。”于是修法[3] 直断,行罚诛。旦自杀,国除,如其策指。有司请诛旦妻子。孝昭以骨肉之亲,不忍致法,宽赦旦妻子,免为庶人[4]。传曰“兰根与白芷,渐之滫中,君子不近,庶人不服”者,所以渐然也。[5]

宣帝初立,推恩宣德,以本始元年中尽复封燕王旦两子:一子为安定侯;立燕故太子建为广阳王,以奉燕王祭祀。

此后刘旦再次和左将军上官桀等人谋反,公开放出话说“我仅次于太子,太子不在了,我应当继位,大臣们共同压制我”等等。大将军霍光辅理朝政,和公卿大臣们商议说:“燕王刘旦不加悔改继续作恶。”于是修明法纪直接裁断,实行处罚予以诛杀。刘旦自杀,封国被废除,正像策文所指出的那样。有关的主管官员请求诛杀刘旦的妻子和儿女。孝昭帝念及骨肉之情,不忍心对刘旦的妻子和儿女用刑,宽赦了他们,将他们削为平民。有的文献说:“兰根和白芷,浸在脏水中,君子不接近,平民不佩戴”的意思,是因为浸臭的缘故。

宣帝刚刚继位,广施恩德,在本始元年重新分封了燕王刘旦的两个儿子:一子为定安侯刘贤;封立燕王原来的太子刘建做广阳王,以便供奉燕王的祭祀。

注释 1 上官桀:曾任太仆,时为左将军,与霍光同受武帝遗命辅佐昭帝。 抑:压制。 2 光:霍光。受武帝遗命辅佐昭帝,为西汉中期的重要政治家。 3 修法:修明法纪。 4 庶人:平民。 5 兰根、白芷:均香草名。 滫(xiǔ):淘米水。此指臭水、脏水。《史记会注考证》引中井积德曰:“以喻燕、赵恶俗也。” 服:佩带。 渐(jiān):浸染、浸泡。